习近平著作选读

第 一 卷

人民出版社

图书在版编目（CIP）数据

习近平著作选读．第一卷／习近平著．

　—北京：人民出版社，2023.4

ISBN 978－7－01－025550－7

I.①习…　II.①习…　III.①习近平－著作　IV.① D2-0

中国国家版本馆 CIP 数据核字（2023）第 051398 号

习 近 平 著 作 选 读

XI JINPING ZHUZUO XUANDU

第　一　卷

人 民 出 版 社 出版发行

（100706　北京市东城区隆福寺街 99 号）

北京瑞禾彩色印刷有限公司印刷　新华书店经销

2023 年 4 月第 1 版　2023 年 4 月北京第 1 次印刷

开本：880 毫米 × 1230 毫米 1/32　印张：20

字数：400 千字

ISBN 978－7－01－025550－7　定价：35.00 元

邮购地址 100706　北京市东城区隆福寺街 99 号

人民东方图书销售中心　电话（010）65250042　65289539

出 版 说 明

编辑出版这部选读，是为了向广大干部群众提供党的十八大以来习近平同志最重要、最基本的著作，帮助读者深入学习和理解以习近平同志为核心的党中央团结带领全党全国各族人民在新时代进行伟大斗争、实现伟大变革的过程中，在推进马克思主义基本原理同中国具体实际相结合、同中华优秀传统文化相结合的过程中取得的重大理论创新成果，深刻认识和把握习近平新时代中国特色社会主义思想对全面建设社会主义现代化国家、全面推进中华民族伟大复兴重大而深远的指导意义。

这部选读以习近平同志在中国共产党第二十次全国代表大会上的报告《高举中国特色社会主义伟大旗帜，为全面建设社会主义现代化国家而团结奋斗》为开卷篇，其他著作按时间顺序编排。第一卷收入的是习近平同志在二〇一二年十一月至二〇一七年十月这段时间内的重要著作，共有讲话、演讲、指示、批示、训令等七十一篇。部分著作是第一次公开发表。

一些著作编入本书时，作了少量的文字订正。为了便于读者阅读，编辑时作了必要的注释，附在篇末。

在编辑本书时，作者逐篇审定了全部文稿。

中共中央文献编辑委员会
二〇二三年四月

目　　录

高举中国特色社会主义伟大旗帜，为全面建设社会主义现代化国家而团结奋斗[*]

（二○二二年十月十六日）

同志们：

现在，我代表第十九届中央委员会向大会作报告。

中国共产党第二十次全国代表大会，是在全党全国各族人民迈上全面建设社会主义现代化国家新征程、向第二个百年奋斗目标进军的关键时刻召开的一次十分重要的大会。

大会的主题是：高举中国特色社会主义伟大旗帜，全面贯彻新时代中国特色社会主义思想，弘扬伟大建党精神，自信自强、守正创新，踔厉奋发、勇毅前行，为全面建设社会主义现代化国家、全面推进中华民族伟大复兴而团结奋斗。

中国共产党已走过百年奋斗历程。我们党立志于中华民族千秋伟业，致力于人类和平与发展崇高事业，责任无比重大，使命无上光荣。全党同志务必不忘初心、牢记使

---

*　这是习近平同志在中国共产党第二十次全国代表大会上的报告。

命，务必谦虚谨慎、艰苦奋斗，务必敢于斗争、善于斗争，坚定历史自信，增强历史主动，谱写新时代中国特色社会主义更加绚丽的华章。

一、过去五年的工作和新时代
十年的伟大变革

十九大以来的五年，是极不寻常、极不平凡的五年。党中央统筹中华民族伟大复兴战略全局和世界百年未有之大变局，召开七次全会，分别就宪法修改、深化党和国家机构改革，坚持和完善中国特色社会主义制度、推进国家治理体系和治理能力现代化，制定"十四五"规划和二〇三五年远景目标，全面总结党的百年奋斗重大成就和历史经验等重大问题作出决定和决议，就党和国家事业发展作出重大战略部署，团结带领全党全军全国各族人民有效应对严峻复杂的国际形势和接踵而至的巨大风险挑战，以奋发有为的精神把新时代中国特色社会主义不断推向前进。

五年来，我们坚持加强党的全面领导和党中央集中统一领导，全力推进全面建成小康社会进程，完整、准确、全面贯彻新发展理念，着力推动高质量发展，主动构建新发展格局，蹄疾步稳推进改革，扎实推进全过程人民民主，全面推进依法治国，积极发展社会主义先进文化，突出保障和改善民生，集中力量实施脱贫攻坚战，大力推进生态文明建设，坚决维护国家安全，防范化解重大风险，保持社会大局稳定，大力度推进国防和军队现代化建设，全方位开展中国特色大国外交，全面推进党的建设新的伟大工程。我们隆重庆祝中国共产党成立一百周年、中华人民共和国成立七十周年，制定第三个历史决议，在全党开展党史学习教育，建成中国共产党历史展览馆，号召全党学习和践行伟大建党精神，在新的征程上更加坚定、更加自觉地牢记初心使命、开创美好未来。特别是面对突如其来的新冠肺炎疫情，我们坚持人民至上、生命至上，坚持外防输入、内防反弹，坚持动态清零不动摇，开展抗击疫情人民战争、总体战、阻击战，最大限度保护了人民生命安全和身体健康，统筹疫情防控和经济社会发展取得重大积极成果。面对香港局势动荡变化，我们依照宪法和基本法有效实施对特别行政区的全面管治权，制定实施香港特别行政区维护国家安全法，落实"爱国者治港"原则，香港局势实现由乱到治的重大转折，深入推进粤港澳大湾区建设，支持香港、澳门发展经济、改善民生、保持稳定。面对"台独"势力分裂活动和外部势力干涉台湾事务的严重挑衅，我们坚决开展反分裂、反干涉重大斗争，展示了我们维护国家主权和领土完整、反对"台独"的坚强决心和强大能力，进一步掌握了实现祖国完全统一的战略主动，进一步巩固了国际社会坚持一个中国的格局。面对国际局势急剧变化，特别是面对外部讹诈、遏制、封锁、极限施压，我们坚持国家利益为重、国内政治优先，保持战略定力，发扬斗争精神，展示不畏强权的坚定意志，在斗争中维护国家尊严和核心利益，牢牢掌握了我国发展和安全主动权。五年来，我们党团结带领人民，攻克了许多长期没有解决的难题，办成了许多事关长远的大事要事，推动党和国家事业取得举世瞩目的重大成就。

同志们！十八大召开至今已经十年了。十年来，我们经历了对党和人民事业具有重大现实意义和深远历史意义的三件大事：一是迎来中国共产党成立一百周年，二是中国特色社会主义进入新时代，三是完成脱贫攻坚、全面建成小康社会的历史任务，实现第一个百年奋斗目标。这是中国共产党和中国人民团结奋斗赢得的历史性胜利，是彪炳中华民族发展史册的历史性胜利，也是对世界具有深远影响的历史性胜利。

十年前，我们面对的形势是，改革开放和社会主义现代化建设取得巨大成就，党的建设新的伟大工程取得显著成效，为我们继续前进奠定了坚实基础、创造了良好条件、提供了重要保障，同时一系列长期积累及新出现的突出矛盾和问题亟待解决。党内存在不少对坚持党的领导认识模糊、行动乏力问题，存在不少落实党的领导弱化、虚化、淡化问题，有些党员、干部政治信仰发生动摇，一些地方和部门形式主义、官僚主义、享乐主义和奢靡之风屡禁不止，特权思想和特权现象较为严重，一些贪腐问题触目惊心；经济结构性体制性矛盾突出，发展不平衡、不协调、不可持续，传统发展模式难以为继，一些深层次体制机制问题和利益固化藩篱日益显现；一些人对中国特色社会主义政治制度自信不足，有法不依、执法不严等问题严重存在；拜金主义、享乐主义、极端个人主义和历史虚无主义等错误思潮不时出现，网络舆论乱象丛生，严重影响人们思想和社会舆论环境；民生保障存在不少薄弱环节；资源环境约束趋紧、环境污染等问题突出；维护国家安全制度不完善、应对各种重大风险能力不强，国防和军队现代化存在不少短板弱项；香港、澳门落实"一国两制"的体制机制不健全；国家安全受到严峻挑战，等等。当时，党内和社会上不少人对党和国家前途忧心忡忡。面对这些影响党长期执政、国家长治久安、人民幸福安康的突出矛盾和问题，党中央审时度势、果敢抉择，锐意进取、攻坚克难，团结带领全党全军全国各族人民撸起袖子加油干、风雨无阻向前行，义无反顾进行具有许多新的历史特点的伟大斗争。

十年来，我们坚持马克思列宁主义、毛泽东思想、邓小平理论、"三个代表"重要思想、科学发展观，全面贯彻新时代中国特色社会主义思想，全面贯彻党的基本路线、基本方略，采取一系列战略性举措，推进一系列变革性实践，实现一系列突破性进展，取得一系列标志性成果，经受住了来自政治、经济、意识形态、自然界等方面的风险挑战考验，党和国家事业取得历史性成就、发生历史性变革，推动我国迈上全面建设社会主义现代化国家新征程。

——我们创立了新时代中国特色社会主义思想，明确坚持和发展中国特色社会主义的基本方略，提出一系列治国理政新理念新思想新战略，实现了马克思主义中国化时代化新的飞跃，坚持不懈用这一创新理论武装头脑、指导实践、推动工作，为新时代党和国家事业发展提供了根本遵循。

——我们全面加强党的领导，明确中国特色社会主义最本质的特征是中国共产党领导，中国特色社会主义制度的最大优势是中国共产党领导，中国共产党是最高政治领导力量，坚持党中央集中统一领导是最高政治原则，系统完善党的领导制度体系，全党增强"四个意识"，自觉在思想上政治上行动上同党中央保持高度一致，不断提高政治判断力、政治领悟力、政治执行力，确保党中央权威和集中统一领导，确保党发挥总揽全局、协调各方的领导核心作用，我们这个拥有九千六百多万名党员的马克思主义政党更加团结统一。

——我们对新时代党和国家事业发展作出科学完整的战略部署，提出实现中华民族伟大复兴的中国梦，以中国式现代化推进中华民族伟大复兴，统揽伟大斗争、伟大工程、伟大事业、伟大梦想，明确"五位一体"总体布局和"四个全面"战略布局，确定稳中求进工作总基调，统筹发展和安全，明确我国社会主要矛盾是人民日益增长的美好生活需要和不平衡不充分的发展之间的矛盾，并紧紧围绕这个社会主要矛盾推进各项工作，不断丰富和发展人类文明新形态。

——我们经过接续奋斗，实现了小康这个中华民族的千年梦想，我国发展站在了更高历史起点上。我们坚持精准扶贫、尽锐出战，打赢了人类历史上规模最大的脱贫攻坚战，全国八百三十二个贫困县全部摘帽，近一亿农村贫困人口实现脱贫，九百六十多万贫困人口实现易地搬迁，历史性地解决了绝对贫困问题，为全球减贫事业作出了重大贡献。

——我们提出并贯彻新发展理念，着力推进高质量发展，推动构建新发展格局，实施供给侧结构性改革，制定一系列具有全局性意义的区域重大战略，我国经济实力实现历史性跃升。国内生产总值从五十四万亿元增长到一百一十四万亿元，我国经济总量占世界经济的比重达百分之十八点五，提高七点二个百分点，稳居世界第二位；人均国内生产总值从三万九千八百元增加到八万一千元。谷物总产量稳居世界首位，十四亿多人的粮食安全、能源安全得到有效保障。城镇化率提高十一点六个百分点，达到百分之六十四点七。制造业规模、外汇储备稳居世界第一。建成世界最大的高速铁路网、高速公路网，机场港口、水利、能源、信息等基础设施建设取得重大成就。我们加快推进科技自立自强，全社会研发经费支出从一万亿元增加到二万八千亿元，居世界第二位，研发人员总量居世界首位。基础研究和原始创新不断加强，一些关键核心技术实现突破，战略性新兴产业发展壮大，载人航天、探月探火、深海深地探测、超级计算机、卫星导航、量子信息、核电技术、新能源技术、大飞机制造、生物医药等取得重大成果，进入创新型国家行列。

——我们以巨大的政治勇气全面深化改革，打响改革攻坚战，加强改革顶层设计，敢于突进深水区，敢于啃硬骨头，敢于涉险滩，敢于面对新矛盾新挑战，冲破思想观念束缚，突破利益固化藩篱，坚决破除各方面体制机制弊端，各领域基础性制度框架基本建立，许多领域实现历史性变革、系统性重塑、整体性重构，新一轮党和国家机构改革全面完成，中国特色社会主义制度更加成熟更加定型，国家治理体系和治理能力现代化水平明显提高。

——我们实行更加积极主动的开放战略，构建面向全球的高标准自由贸易区网络，加快推进自由贸易试验区、海南自由贸易港建设，共建"一带一路"成为深受欢迎的国际公共产品和国际合作平台。我国成为一百四十多个国家和地区的主要贸易伙伴，货物贸易总额居世界第一，吸引外资和对外投资居世界前列，形成更大范围、更宽领域、更深层次对外开放格局。

——我们坚持走中国特色社会主义政治发展道路，全面发展全过程人民民主，社会主义民主政治制度化、规范化、程序化全面推进，社会主义协商民主广泛开展，人民当家作主更为扎实，基层民主活力增强，爱国统一战线巩固拓展，民族团结进步呈现新气象，党的宗教工作基本方针得到全面贯彻，人权得到更好保障。社会主义法治国家建设深入推进，全面依法治国总体格局基本形成，中国特色社会主义法治体系加快建设，司法体制改革取得重大进展，社会公平正义保障更为坚实，法治中国建设开创新局面。

——我们确立和坚持马克思主义在意识形态领域指导地位的根本制度，新时代党的创新理论深入人心，社会主义核心价值观广泛传播，中华优秀传统文化得到创造性转化、创新性发展，文化事业日益繁荣，网络生态持续向好，意识形态领域形势发生全局性、根本性转变。我们隆重庆祝中国人民解放军建军九十周年、改革开放四十年，隆重纪念中国人民抗日战争暨世界反法西斯战争胜利七十周年、中国人民志愿军抗美援朝出国作战七十周年，成功举办北京冬奥会、冬残奥会，青年一代更加积极向上，全党全国各族人民文化自信明显增强、精神面貌更加奋发昂扬。

——我们深入贯彻以人民为中心的发展思想，在幼有所育、学有所教、劳有所得、病有所医、老有所养、住有所居、弱有所扶上持续用力，人民生活全方位改善。人均预期寿命增长到七十八点二岁。居民人均可支配收入从一万六千五百元增加到三万五千一百元。城镇新增就业年均一千三百万人以上。建成世界上规模最大的教育体系、社会保障体系、医疗卫生体系，教育普及水平实现历史性跨越，基本养老保险覆盖十亿四千万人，基本医疗保险参保率稳定在百分之九十五。及时调整生育政策。改造棚户区住房四千二百多万套，改造农村危房二千四百多万户，城乡居民住房条件明显改善。互联网上网人数达十亿三千万人。人民群众获得感、幸福感、安全感更加充实、更有保障、更可持续，共同富裕取得新成效。

——我们坚持绿水青山就是金山银山的理念，坚持山水林田湖草沙一体化保护和系统治理，全方位、全地域、全过程加强生态环境保护，生态文明制度体系更加健全，污染防治攻坚向纵深推进，绿色、循环、低碳发展迈出坚实步伐，生态环境保护发生历史性、转折性、全局性变化，我们的祖国天更蓝、山更绿、水更清。

——我们贯彻总体国家安全观，国家安全领导体制和法治体系、战略体系、政策体系不断完善，在原则问题上寸步不让，以坚定的意志品质维护国家主权、安全、发展利益，国家安全得到全面加强。共建共治共享的社会治理制度进一步健全，民族分裂势力、宗教极端势力、暴力恐怖势力得到有效遏制，扫黑除恶专项斗争取得阶段性成果，有力应对一系列重大自然灾害，平安中国建设迈向更高水平。

——我们确立党在新时代的强军目标，贯彻新时代党的强军思想，贯彻新时代军事战略方针，坚持党对人民军队的绝对领导，召开古田全军政治工作会议，以整风精神推进政治整训，牢固树立战斗力这个唯一的根本的标准，坚决把全军工作重心归正到备战打仗上来，统筹加强各方向各领域军事斗争，大抓实战化军事训练，大刀阔斧深化国防和军队改革，重构人民军队领导指挥体制、现代军事力量体系、军事政策制度，加快国防和军队现代化建设，裁减现役员额三十万胜利完成，人民军队体制一新、结构一新、格局一新、面貌一新，现代化水平和实战能力显著提升，中国特色强军之路越走越宽广。

——我们全面准确推进“一国两制”实践，坚持“一国两制”、“港人治港”、“澳人治澳”、高度自治的方针，推动香港进入由乱到治走向由治及兴的新阶段，香港、澳门保持长期稳定发展良好态势。我们提出新时代解决台湾问题的总体方略，促进两岸交流合作，坚决反对"台独"分裂行径，坚决反对外部势力干涉，牢牢把握两岸关系主导权和主动权。

——我们全面推进中国特色大国外交，推动构建人类命运共同体，坚定维护国际公平正义，倡导践行真正的多边主义，旗帜鲜明反对一切霸权主义和强权政治，毫不动摇反对任何单边主义、保护主义、霸凌行径。我们完善外交总体布局，积极建设覆盖全球的伙伴关系网络，推动构建新型国际关系。我们展现负责任大国担当，积极参与全球治理体系改革和建设，全面开展抗击新冠肺炎疫情国际合作，赢得广泛国际赞誉，我国国际影响力、感召力、塑造力显著提升。

——我们深入推进全面从严治党，坚持打铁必须自身硬，从制定和落实中央八项规定开局破题，提出和落实新时代党的建设总要求，以党的政治建设统领党的建设各项工作，坚持思想建党和制度治党同向发力，严肃党内政治生活，持续开展党内集中教育，提出和坚持新时代党的组织路线，突出政治标准选贤任能，加强政治巡视，形成比较完善的党内法规体系，推动全党坚定理想信念、严密组织体系、严明纪律规矩。我们持之以恒正风肃纪，以钉钉子精神纠治"四风"，反对特权思想和特权现象，坚决整治群众身边的不正之风和腐败问题，刹住了一些长期没有刹住的歪风，纠治了一些多年未除的顽瘴痼疾。我们开展了史无前例的反腐败斗争，以"得罪千百人、不负十四亿"的使命担当祛病治乱，不敢腐、不能腐、不想腐一体推进，"打虎"、"拍蝇"、"猎狐"多管齐下，反腐败斗争取得压倒性胜利并全面巩固，消除了党、国家、军队内部存在的严重隐患，确保党和人民赋予的权力始终用来为人民谋幸福。经过不懈努力，党找到了自我革命这一跳出治乱兴衰历史周期率的第二个答案，自我净化、自我完善、自我革新、自我提高能力显著增强，管党治党宽松软状况得到根本扭转，风清气正的党内政治生态不断形成和发展，确保党永远不变质、不变色、不变味。

在充分肯定党和国家事业取得举世瞩目成就的同时，必须清醒看到，我们的工作还存在一些不足，面临不少困难和问题。主要有：发展不平衡不充分问题仍然突出，推进高质量发展还有许多卡点瓶颈，科技创新能力还不强；确保粮食、能源、产业链供应链可靠安全和防范金融风险还须解决许多重大问题；重点领域改革还有不少硬骨头要啃；意识形态领域存在不少挑战；城乡区域发展和收入分配差距仍然较大；群众在就业、教育、医疗、托育、养老、住房等方面面临不少难题；生态环境保护任务依然艰巨；一些党员、干部缺乏担当精神，斗争本领不强，实干精神不足，形式主义、官僚主义现象仍较突出；铲除腐败滋生土壤任务依然艰巨，等等。对这些问题，我们已经采取一系列措施加以解决，今后必须加大工作力度。

同志们！新时代的伟大成就是党和人民一道拼出来、干出来、奋斗出来的！在这里，我代表中共中央，向全体中国共产党员，向全国各族人民，向各民主党派、各人民团体和各界爱国人士，向香港特别行政区同胞、澳门特别行政区同胞和台湾同胞以及广大侨胞，向关心和支持中国现代化建设的各国朋友，表示衷心的感谢！

新时代十年的伟大变革，在党史、新中国史、改革开放史、社会主义发展史、中华民族发展史上具有里程碑意义。走过百年奋斗历程的中国共产党在革命性锻造中更加坚强有力，党的政治领导力、思想引领力、群众组织力、社会号召力显著增强，党同人民群众始终保持血肉联系，中国共产党在世界形势深刻变化的历史进程中始终走在时代前列，在应对国内外各种风险和考验的历史进程中始终成为全国人民的主心骨，在坚持和发展中国特色社会主义的历史进程中始终成为坚强领导核心。中国人民的前进动力更加强大、奋斗精神更加昂扬、必胜信念更加坚定，焕发出更为强烈的历史自觉和主动精神，中国共产党和中国人民正信心百倍推进中华民族从站起来、富起来到强起来的伟大飞跃。改革开放和社会主义现代化建设深入推进，书写了经济快速发展和社会长期稳定两大奇迹新篇章，我国发展具备了更为坚实的物质基础、更为完善的制度保证，实现中华民族伟大复兴进入了不可逆转的历史进程。科学社会主义在二十一世纪的中国焕发出新的蓬勃生机，中国式现代化为人类实现现代化提供了新的选择，中国共产党和中国人民为解决人类面临的共同问题提供更多更好的中国智慧、中国方案、中国力量，为人类和平与发展崇高事业作出新的更大的贡献！

二、开辟马克思主义中国化
时代化新境界

马克思主义是我们立党立国、兴党兴国的根本指导思想。实践告诉我们，中国共产党为什么能，中国特色社会主义为什么好，归根到底是马克思主义行，是中国化时代化的马克思主义行。拥有马克思主义科学理论指导是我们党坚定信仰信念、把握历史主动的根本所在。

推进马克思主义中国化时代化是一个追求真理、揭示真理、笃行真理的过程。十八大以来，国内外形势新变化和实践新要求，迫切需要我们从理论和实践的结合上深入回答关系党和国家事业发展、党治国理政的一系列重大时代课题。我们党勇于进行理论探索和创新，以全新的视野深化对共产党执政规律、社会主义建设规律、人类社会发展规律的认识，取得重大理论创新成果，集中体现为新时代中国特色社会主义思想。十九大、十九届六中全会提出的"十个明确"、"十四个坚持"、"十三个方面成就"概括了这一思想的主要内容，必须长期坚持并不断丰富发展。

中国共产党人深刻认识到，只有把马克思主义基本原理同中国具体实际相结合、同中华优秀传统文化相结合，坚持运用辩证唯物主义和历史唯物主义，才能正确回答时代和实践提出的重大问题，才能始终保持马克思主义的蓬勃生机和旺盛活力。

坚持和发展马克思主义，必须同中国具体实际相结合。我们坚持以马克思主义为指导，是要运用其科学的世界观和方法论解决中国的问题，而不是要背诵和重复其具体结论和词句，更不能把马克思主义当成一成不变的教条。我们必须坚持解放思想、实事求是、与时俱进、求真务实，一切从实际出发，着眼解决新时代改革开放和社会主义现代化建设的实际问题，不断回答中国之问、世界之问、人民之问、时代之问，作出符合中国实际和时代要求的正确回答，得出符合客观规律的科学认识，形成与时俱进的理论成果，更好指导中国实践。

坚持和发展马克思主义，必须同中华优秀传统文化相结合。只有植根本国、本民族历史文化沃土，马克思主义真理之树才能根深叶茂。中华优秀传统文化源远流长、博大精深，是中华文明的智慧结晶，其中蕴含的天下为公、民为邦本、为政以德、革故鼎新、任人唯贤、天人合一、自强不息、厚德载物、讲信修睦、亲仁善邻等，是中国人民在长期生产生活中积累的宇宙观、天下观、社会观、道德观的重要体现，同科学社会主义价值观主张具有高度契合性。我们必须坚定历史自信、文化自信，坚持古为今用、推陈出新，把马克思主义思想精髓同中华优秀传统文化精华贯通起来、同人民群众日用而不觉的共同价值观念融通起来，不断赋予科学理论鲜明的中国特色，不断夯实马克思主义中国化时代化的历史基础和群众基础，让马克思主义在中国牢牢扎根。

实践没有止境，理论创新也没有止境。不断谱写马克思主义中国化时代化新篇章，是当代中国共产党人的庄严历史责任。继续推进实践基础上的理论创新，首先要把握好新时代中国特色社会主义思想的世界观和方法论，坚持好、运用好贯穿其中的立场观点方法。

——必须坚持人民至上。人民性是马克思主义的本质属性，党的理论是来自人民、为了人民、造福人民的理论，人民的创造性实践是理论创新的不竭源泉。一切脱离人民的理论都是苍白无力的，一切不为人民造福的理论都是没有生命力的。我们要站稳人民立场、把握人民愿望、尊重人民创造、集中人民智慧，形成为人民所喜爱、所认同、所拥有的理论，使之成为指导人民认识世界和改造世界的强大思想武器。

——必须坚持自信自立。中国人民和中华民族从近代以后的深重苦难走向伟大复兴的光明前景，从来就没有教科书，更没有现成答案。党的百年奋斗成功道路是党领导人民独立自主探索开辟出来的，马克思主义的中国篇章是中国共产党人依靠自身力量实践出来的，贯穿其中的一个基本点就是中国的问题必须从中国基本国情出发，由中国人自己来解答。我们要坚持对马克思主义的坚定信仰、对中国特色社会主义的坚定信念，坚定道路自信、理论自信、制度自信、文化自信，以更加积极的历史担当和创造精神为发展马克思主义作出新的贡献，既不能刻舟求剑、封闭僵化，也不能照抄照搬、食洋不化。

——必须坚持守正创新。我们从事的是前无古人的伟大事业，守正才能不迷失方向、不犯颠覆性错误，创新才能把握时代、引领时代。我们要以科学的态度对待科学、以真理的精神追求真理，坚持马克思主义基本原理不动摇，坚持党的全面领导不动摇，坚持中国特色社会主义不动摇，紧跟时代步伐，顺应实践发展，以满腔热忱对待一切新生事物，不断拓展认识的广度和深度，敢于说前人没有说过的新话，敢于干前人没有干过的事情，以新的理论指导新的实践。

——必须坚持问题导向。问题是时代的声音，回答并指导解决问题是理论的根本任务。今天我们所面临问题的复杂程度、解决问题的艰巨程度明显加大，给理论创新提出了全新要求。我们要增强问题意识，聚焦实践遇到的新问题、改革发展稳定存在的深层次问题、人民群众急难愁盼问题、国际变局中的重大问题、党的建设面临的突出问题，不断提出真正解决问题的新理念新思路新办法。

——必须坚持系统观念。万事万物是相互联系、相互依存的。只有用普遍联系的、全面系统的、发展变化的观点观察事物，才能把握事物发展规律。我国是一个发展中大国，仍处于社会主义初级阶段，正在经历广泛而深刻的社会变革，推进改革发展、调整利益关系往往牵一发而动全身。我们要善于通过历史看现实、透过现象看本质，把握好全局和局部、当前和长远、宏观和微观、主要矛盾和次要矛盾、特殊和一般的关系，不断提高战略思维、历史思维、辩证思维、系统思维、创新思维、法治思维、底线思维能力，为前瞻性思考、全局性谋划、整体性推进党和国家各项事业提供科学思想方法。

——必须坚持胸怀天下。中国共产党是为中国人民谋幸福、为中华民族谋复兴的党，也是为人类谋进步、为世界谋大同的党。我们要拓展世界眼光，深刻洞察人类发展进步潮流，积极回应各国人民普遍关切，为解决人类面临的共同问题作出贡献，以海纳百川的宽阔胸襟借鉴吸收人类一切优秀文明成果，推动建设更加美好的世界。

三、新时代新征程中国共产党的
使命任务

从现在起，中国共产党的中心任务就是团结带领全国各族人民全面建成社会主义现代化强国、实现第二个百年奋斗目标，以中国式现代化全面推进中华民族伟大复兴。

在新中国成立特别是改革开放以来长期探索和实践基础上，经过十八大以来在理论和实践上的创新突破，我们党成功推进和拓展了中国式现代化。

中国式现代化，是中国共产党领导的社会主义现代化，既有各国现代化的共同特征，更有基于自己国情的中国特色。

——中国式现代化是人口规模巨大的现代化。我国十四亿多人口整体迈进现代化社会，规模超过现有发达国家人口的总和，艰巨性和复杂性前所未有，发展途径和推进方式也必然具有自己的特点。我们始终从国情出发想问题、作决策、办事情，既不好高骛远，也不因循守旧，保持历史耐心，坚持稳中求进、循序渐进、持续推进。

——中国式现代化是全体人民共同富裕的现代化。共同富裕是中国特色社会主义的本质要求，也是一个长期的历史过程。我们坚持把实现人民对美好生活的向往作为现代化建设的出发点和落脚点，着力维护和促进社会公平正义，着力促进全体人民共同富裕，坚决防止两极分化。

——中国式现代化是物质文明和精神文明相协调的现代化。物质富足、精神富有是社会主义现代化的根本要求。物质贫困不是社会主义，精神贫乏也不是社会主义。我们不断厚植现代化的物质基础，不断夯实人民幸福生活的物质条件，同时大力发展社会主义先进文化，加强理想信念教育，传承中华文明，促进物的全面丰富和人的全面发展。

——中国式现代化是人与自然和谐共生的现代化。人与自然是生命共同体，无止境地向自然索取甚至破坏自然必然会遭到大自然的报复。我们坚持可持续发展，坚持节约优先、保护优先、自然恢复为主的方针，像保护眼睛一样保护自然和生态环境，坚定不移走生产发展、生活富裕、生态良好的文明发展道路，实现中华民族永续发展。

——中国式现代化是走和平发展道路的现代化。我国不走一些国家通过战争、殖民、掠夺等方式实现现代化的老路，那种损人利己、充满血腥罪恶的老路给广大发展中国家人民带来深重苦难。我们坚定站在历史正确的一边、站在人类文明进步的一边，高举和平、发展、合作、共赢旗帜，在坚定维护世界和平与发展中谋求自身发展，又以自身发展更好维护世界和平与发展。

中国式现代化的本质要求是：坚持中国共产党领导，坚持中国特色社会主义，实现高质量发展，发展全过程人民民主，丰富人民精神世界，实现全体人民共同富裕，促进人与自然和谐共生，推动构建人类命运共同体，创造人类文明新形态。

全面建成社会主义现代化强国，总的战略安排是分两步走：从二〇二〇年到二〇三五年基本实现社会主义现代化；从二〇三五年到本世纪中叶把我国建成富强民主文明和谐美丽的社会主义现代化强国。

到二〇三五年，我国发展的总体目标是：经济实力、科技实力、综合国力大幅跃升，人均国内生产总值迈上新的大台阶，达到中等发达国家水平；实现高水平科技自立自强，进入创新型国家前列；建成现代化经济体系，形成新发展格局，基本实现新型工业化、信息化、城镇化、农业现代化；基本实现国家治理体系和治理能力现代化，全过程人民民主制度更加健全，基本建成法治国家、法治政府、法治社会；建成教育强国、科技强国、人才强国、文化强国、体育强国、健康中国，国家文化软实力显著增强；人民生活更加幸福美好，居民人均可支配收入再上新台阶，中等收入群体比重明显提高，基本公共服务实现均等化，农村基本具备现代生活条件，社会保持长期稳定，人的全面发展、全体人民共同富裕取得更为明显的实质性进展；广泛形成绿色生产生活方式，碳排放达峰后稳中有降，生态环境根本好转，美丽中国目标基本实现；国家安全体系和能力全面加强，基本实现国防和军队现代化。

在基本实现现代化的基础上，我们要继续奋斗，到本世纪中叶，把我国建设成为综合国力和国际影响力领先的社会主义现代化强国。

未来五年是全面建设社会主义现代化国家开局起步的关键时期，主要目标任务是：经济高质量发展取得新突破，科技自立自强能力显著提升，构建新发展格局和建设现代化经济体系取得重大进展；改革开放迈出新步伐，国家治理体系和治理能力现代化深入推进，社会主义市场经济体制更加完善，更高水平开放型经济新体制基本形成；全过程人民民主制度化、规范化、程序化水平进一步提高，中国特色社会主义法治体系更加完善；人民精神文化生活更加丰富，中华民族凝聚力和中华文化影响力不断增强；居民收入增长和经济增长基本同步，劳动报酬提高与劳动生产率提高基本同步，基本公共服务均等化水平明显提升，多层次社会保障体系更加健全；城乡人居环境明显改善，美丽中国建设成效显著；国家安全更为巩固，建军一百年奋斗目标如期实现，平安中国建设扎实推进；中国国际地位和影响进一步提高，在全球治理中发挥更大作用。

全面建设社会主义现代化国家，是一项伟大而艰巨的事业，前途光明，任重道远。当前，世界百年未有之大变局加速演进，新一轮科技革命和产业变革深入发展，国际力量对比深刻调整，我国发展面临新的战略机遇。同时，世纪疫情影响深远，逆全球化思潮抬头，单边主义、保护主义明显上升，世界经济复苏乏力，局部冲突和动荡频发，全球性问题加剧，世界进入新的动荡变革期。我国改革发展稳定面临不少深层次矛盾躲不开、绕不过，党的建设特别是党风廉政建设和反腐败斗争面临不少顽固性、多发性问题，来自外部的打压遏制随时可能升级。我国发展进入战略机遇和风险挑战并存、不确定难预料因素增多的时期，各种"黑天鹅"、"灰犀牛"事件随时可能发生。我们必须增强忧患意识，坚持底线思维，做到居安思危、未雨绸缪，准备经受风高浪急甚至惊涛骇浪的重大考验。前进道路上，必须牢牢把握以下重大原则。

——坚持和加强党的全面领导。坚决维护党中央权威和集中统一领导，把党的领导落实到党和国家事业各领域各方面各环节，使党始终成为风雨来袭时全体人民最可靠的主心骨，确保我国社会主义现代化建设正确方向，确保拥有团结奋斗的强大政治凝聚力、发展自信心，集聚起万众一心、共克时艰的磅礴力量。

——坚持中国特色社会主义道路。坚持以经济建设为中心，坚持四项基本原则，坚持改革开放，坚持独立自主、自力更生，坚持道不变、志不改，既不走封闭僵化的老路，也不走改旗易帜的邪路，坚持把国家和民族发展放在自己力量的基点上，坚持把中国发展进步的命运牢牢掌握在自己手中。

——坚持以人民为中心的发展思想。维护人民根本利益，增进民生福祉，不断实现发展为了人民、发展依靠人民、发展成果由人民共享，让现代化建设成果更多更公平惠及全体人民。

——坚持深化改革开放。深入推进改革创新，坚定不移扩大开放，着力破解深层次体制机制障碍，不断彰显中国特色社会主义制度优势，不断增强社会主义现代化建设的动力和活力，把我国制度优势更好转化为国家治理效能。

——坚持发扬斗争精神。增强全党全国各族人民的志气、骨气、底气，不信邪、不怕鬼、不怕压，知难而进、迎难而上，统筹发展和安全，全力战胜前进道路上各种困难和挑战，依靠顽强斗争打开事业发展新天地。

同志们！今天，我们比历史上任何时期都更接近、更有信心和能力实现中华民族伟大复兴的目标，同时必须准备付出更为艰巨、更为艰苦的努力。全党必须坚定信心、锐意进取，主动识变应变求变，主动防范化解风险，不断夺取全面建设社会主义现代化国家新胜利！

四、加快构建新发展格局，
着力推动高质量发展

高质量发展是全面建设社会主义现代化国家的首要任务。发展是党执政兴国的第一要务。没有坚实的物质技术基础，就不可能全面建成社会主义现代化强国。必须完整、准确、全面贯彻新发展理念，坚持社会主义市场经济改革方向，坚持高水平对外开放，加快构建以国内大循环为主体、国内国际双循环相互促进的新发展格局。

我们要坚持以推动高质量发展为主题，把实施扩大内

需战略同深化供给侧结构性改革有机结合起来，增强国内大循环内生动力和可靠性，提升国际循环质量和水平，加快建设现代化经济体系，着力提高全要素生产率，着力提升产业链供应链韧性和安全水平，着力推进城乡融合和区域协调发展，推动经济实现质的有效提升和量的合理增长。

（一）构建高水平社会主义市场经济体制。坚持和完善社会主义基本经济制度，毫不动摇巩固和发展公有制经济，毫不动摇鼓励、支持、引导非公有制经济发展，充分发挥市场在资源配置中的决定性作用，更好发挥政府作用。深化国资国企改革，加快国有经济布局优化和结构调整，推动国有资本和国有企业做强做优做大，提升企业核心竞争力。优化民营企业发展环境，依法保护民营企业产权和企业家权益，促进民营经济发展壮大。完善中国特色现代企业制度，弘扬企业家精神，加快建设世界一流企业。支持中小微企业发展。深化简政放权、放管结合、优化服务改革。构建全国统一大市场，深化要素市场化改革，建设高标准市场体系。完善产权保护、市场准入、公平竞争、社会信用等市场经济基础制度，优化营商环境。健全宏观经济治理体系，发挥国家发展规划的战略导向作用，加强财政政策和货币政策协调配合，着力扩大内需，增强消费对经济发展的基础性作用和投资对优化供给结构的关键作用。健全现代预算制度，优化税制结构，完善财政转移支付体系。深化金融体制改革，建设现代中央银行制度，加强和完善现代金融监管，强化金融稳定保障体系，依法将各类金融活动全部纳入监管，守住不发生系统性风险底线。健全资本市场功能，提高直接融资比重。加强反垄断和反不正当竞争，破除地方保护和行政性垄断，依法规范和引导资本健康发展。

（二）建设现代化产业体系。坚持把发展经济的着力点放在实体经济上，推进新型工业化，加快建设制造强国、质量强国、航天强国、交通强国、网络强国、数字中国。实施产业基础再造工程和重大技术装备攻关工程，支持专精特新企业发展，推动制造业高端化、智能化、绿色化发展。巩固优势产业领先地位，在关系安全发展的领域加快补齐短板，提升战略性资源供应保障能力。推动战略性新兴产业融合集群发展，构建新一代信息技术、人工智能、生物技术、新能源、新材料、高端装备、绿色环保等一批新的增长引擎。构建优质高效的服务业新体系，推动现代服务业同先进制造业、现代农业深度融合。加快发展物联网，建设高效顺畅的流通体系，降低物流成本。加快发展数字经济，促进数字经济和实体经济深度融合，打造具有国际竞争力的数字产业集群。优化基础设施布局、结构、功能和系统集成，构建现代化基础设施体系。

（三）全面推进乡村振兴。全面建设社会主义现代化国家，最艰巨最繁重的任务仍然在农村。坚持农业农村优先发展，坚持城乡融合发展，畅通城乡要素流动。加快建设农业强国，扎实推动乡村产业、人才、文化、生态、组织振兴。全方位夯实粮食安全根基，全面落实粮食安全党政同责，牢牢守住十八亿亩耕地红线，逐步把永久基本农田全部建成高标准农田，深入实施种业振兴行动，强化农业科技和装备支撑，健全种粮农民收益保障机制和主产区利益补偿机制，确保中国人的饭碗牢牢端在自己手中。树立大食物观，发展设施农业，构建多元化食物供给体系。发展乡村特色产业，拓宽农民增收致富渠道。巩固拓展脱贫攻坚成果，增强脱贫地区和脱贫群众内生发展动力。统筹乡村基础设施和公共服务布局，建设宜居宜业和美乡村。巩固和完善农村基本经营制度，发展新型农村集体经济，发展新型农业经营主体和社会化服务，发展农业适度规模经营。深化农村土地制度改革，赋予农民更加充分的财产权益。保障进城落户农民合法土地权益，鼓励依法自愿有偿转让。完善农业支持保护制度，健全农村金融服务体系。

（四）促进区域协调发展。深入实施区域协调发展战略、区域重大战略、主体功能区战略、新型城镇化战略，优化重大生产力布局，构建优势互补、高质量发展的区域经济布局和国土空间体系。推动西部大开发形成新格局，推动东北全面振兴取得新突破，促进中部地区加快崛起，鼓励东部地区加快推进现代化。支持革命老区、民族地区加快发展，加强边疆地区建设，推进兴边富民、稳边固边。推进京津冀协同发展、长江经济带发展、长三角一体化发展，推动黄河流域生态保护和高质量发展。高标准、高质量建设雄安新区，推动成渝地区双城经济圈建设。健全主体功能区制度，优化国土空间发展格局。推进以人为核心的新型城镇化，加快农业转移人口市民化。以城市群、都市圈为依托构建大中小城市协调发展格局，推进以县城为重要载体的城镇化建设。坚持人民城市人民建、人民城市为人民，提高城市规划、建设、治理水平，加快转变超大特大城市发展方式，实施城市更新行动，加强城市基础设施建设，打造宜居、韧性、智慧城市。发展海洋经济，保护海洋生态环境，加快建设海洋强国。

（五）推进高水平对外开放。依托我国超大规模市场优势，以国内大循环吸引全球资源要素，增强国内国际两个市场两种资源联动效应，提升贸易投资合作质量和水平。稳步扩大规则、规制、管理、标准等制度型开放。推动货物贸易优化升级，创新服务贸易发展机制，发展数字贸易，加快建设贸易强国。合理缩减外资准入负面清单，依法保护外商投资权益，营造市场化、法治化、国际化一流营商环境。推动共建"一带一路"高质量发展。优化区域开放布局，巩固东部沿海地区开放先导地位，提高中西部和东北地区开放水平。加快建设西部陆海新通道。加快建设海南自由贸易港，实施自由贸易试验区提升战略，扩大面向全球的高标准自由贸易区网络。有序推进人民币国际化。深度参与全球产业分工和合作，维护多元稳定的国际经济格局和经贸关系。

五、实施科教兴国战略，强化
现代化建设人才支撑

教育、科技、人才是全面建设社会主义现代化国家的基础性、战略性支撑。必须坚持科技是第一生产力、人才是第一资源、创新是第一动力，深入实施科教兴国战略、人才强国战略、创新驱动发展战略，开辟发展新领域新赛道，不断塑造发展新动能新优势。

我们要坚持教育优先发展、科技自立自强、人才引领驱动，加快建设教育强国、科技强国、人才强国，坚持为党育人、为国育才，全面提高人才自主培养质量，着力造就拔尖创新人才，聚天下英才而用之。

（一）办好人民满意的教育。教育是国之大计、党之大计。培养什么人、怎样培养人、为谁培养人是教育的根本问题。育人的根本在于立德。全面贯彻党的教育方针，落实立德树人根本任务，培养德智体美劳全面发展的社会主义建设者和接班人。坚持以人民为中心发展教育，加快建设高质量教育体系，发展素质教育，促进教育公平。加快义务教育优质均衡发展和城乡一体化，优化区域教育资源配置，强化学前教育、特殊教育普惠发展，坚持高中阶段学校多样化发展，完善覆盖全学段学生资助体系。统筹职业教育、高等教育、继续教育协同创新，推进职普融通、产教融合、科教融汇，优化职业教育类型定位。加强基础学科、新兴学科、交叉学科建设，加快建设中国特色、世界一流的大学和优势学科。引导规范民办教育发展。加大国家通用语言文字推广力度。深化教育领域综合改革，加强教材建设和管理，完善学校管理和教育评价体系，健全学校家庭社会育人机制。加强师德师风建设，培养高素质教师队伍，弘扬尊师重教社会风尚。推进教育数字化，建设全民终身学习的学习型社会、学习型大国。

（二）完善科技创新体系。坚持创新在我国现代化建设全局中的核心地位。完善党中央对科技工作统一领导的体制，健全新型举国体制，强化国家战略科技力量，优化配置创新资源，优化国家科研机构、高水平研究型大学、科技领军企业定位和布局，形成国家实验室体系，统筹推进国际科技创新中心、区域科技创新中心建设，加强科技基础能力建设，强化科技战略咨询，提升国家创新体系整体效能。深化科技体制改革，深化科技评价改革，加大多元化科技投入，加强知识产权法治保障，形成支持全面创新的基础制度。培育创新文化，弘扬科学家精神，涵养优良学风，营造创新氛围。扩大国际科技交流合作，加强国际化科研环境建设，形成具有全球竞争力的开放创新生态。

（三）加快实施创新驱动发展战略。坚持面向世界科技前沿、面向经济主战场、面向国家重大需求、面向人民生命健康，加快实现高水平科技自立自强。以国家战略需求为导向，集聚力量进行原创性引领性科技攻关，坚决打赢关键核心技术攻坚战。加快实施一批具有战略性全局性前瞻性的国家重大科技项目，增强自主创新能力。加强基础研究，突出原创，鼓励自由探索。提升科技投入效能，深化财政科技经费分配使用机制改革，激发创新活力。加强企业主导的产学研深度融合，强化目标导向，提高科技成果转化和产业化水平。强化企业科技创新主体地位，发挥科技型骨干企业引领支撑作用，营造有利于科技型中小微企业成长的良好环境，推动创新链产业链资金链人才链深度融合。

（四）深入实施人才强国战略。培养造就大批德才兼备的高素质人才，是国家和民族长远发展大计。功以才成，业由才广。坚持党管人才原则，坚持尊重劳动、尊重知识、尊重人才、尊重创造，实施更加积极、更加开放、更加有效的人才政策，引导广大人才爱党报国、敬业奉献、服务人民。完善人才战略布局，坚持各方面人才一起抓，建设规模宏大、结构合理、素质优良的人才队伍。加快建设世界重要人才中心和创新高地，促进人才区域合理布局和协调发展，着力形成人才国际竞争的比较优势。加快建设国家战略人才力量，努力培养造就更多大师、战略科学家、一流科技领军人才和创新团队、青年科技人才、卓越工程师、大国工匠、高技能人才。加强人才国际交流，用好用活各类人才。深化人才发展体制机制改革，真心爱才、悉心育才、倾心引才、精心用才，求贤若渴，不拘一格，把各方面优秀人才集聚到党和人民事业中来。

六、发展全过程人民民主，
保障人民当家作主

我国是工人阶级领导的、以工农联盟为基础的人民民主专政的社会主义国家，国家一切权力属于人民。人民民主是社会主义的生命，是全面建设社会主义现代化国家的应有之义。全过程人民民主是社会主义民主政治的本质属性，是最广泛、最真实、最管用的民主。必须坚定不移走中国特色社会主义政治发展道路，坚持党的领导、人民当家作主、依法治国有机统一，坚持人民主体地位，充分体现人民意志、保障人民权益、激发人民创造活力。

我们要健全人民当家作主制度体系，扩大人民有序政治参与，保证人民依法实行民主选举、民主协商、民主决策、民主管理、民主监督，发挥人民群众积极性、主动性、创造性，巩固和发展生动活泼、安定团结的政治局面。

（一）加强人民当家作主制度保障。坚持和完善我国根本政治制度、基本政治制度、重要政治制度，拓展民主渠道，丰富民主形式，确保人民依法通过各种途径和形式管理国家事务，管理经济和文化事业，管理社会事务。支持和保证人民通过人民代表大会行使国家权力，保证各级人大都由民主选举产生、对人民负责、受人民监督。支持和保证人大及其常委会依法行使立法权、监督权、决定权、任免权，健全人大对行政机关、监察机关、审判机关、检察机关监督制度，维护国家法治统一、尊严、权威。加强人大代表工作能力建设，密切人大代表同人民群众的联系。健全吸纳民意、汇集民智工作机制，建设好基层立法联系点。深化工会、共青团、妇联等群团组织改革和建设，有效发挥桥梁纽带作用。坚持走中国人权发展道路，积极参与全球人权治理，推动人权事业全面发展。

（二）全面发展协商民主。协商民主是实践全过程人民民主的重要形式。完善协商民主体系，统筹推进政党协商、人大协商、政府协商、政协协商、人民团体协商、基层协商以及社会组织协商，健全各种制度化协商平台，推进协商民主广泛多层制度化发展。坚持和完善中国共产党领导的多党合作和政治协商制度，坚持党的领导、统一战线、协商民主有机结合，坚持发扬民主和增进团结相互贯通、建言资政和凝聚共识双向发力，发挥人民政协作为专门协商机构作用，加强制度化、规范化、程序化等功能建设，提高深度协商互动、意见充分表达、广泛凝聚共识水平，完善人民政协民主监督和委员联系界别群众制度机制。

（三）积极发展基层民主。基层民主是全过程人民民主的重要体现。健全基层党组织领导的基层群众自治机制，加强基层组织建设，完善基层直接民主制度体系和工作体系，增强城乡社区群众自我管理、自我服务、自我教育、自我监督的实效。完善办事公开制度，拓宽基层各类群体有序参与基层治理渠道，保障人民依法管理基层公共事务和公益事业。全心全意依靠工人阶级，健全以职工代表大会为基本形式的企事业单位民主管理制度，维护职工合法权益。

（四）巩固和发展最广泛的爱国统一战线。人心是最大的政治，统一战线是凝聚人心、汇聚力量的强大法宝。完善大统战工作格局，坚持大团结大联合，动员全体中华儿女围绕实现中华民族伟大复兴中国梦一起来想、一起来干。发挥我国社会主义新型政党制度优势，坚持长期共存、互相监督、肝胆相照、荣辱与共，加强同民主党派和无党派人士的团结合作，支持民主党派加强自身建设、更好履行职能。以铸牢中华民族共同体意识为主线，坚定不移走中国特色解决民族问题的正确道路，坚持和完善民族区域自治制度，加强和改进党的民族工作，全面推进民族团结进步事业。坚持我国宗教中国化方向，积极引导宗教与社会主义社会相适应。加强党外知识分子思想政治工作，做好新的社会阶层人士工作，强化共同奋斗的政治引领。全面构建亲清政商关系，促进非公有制经济健康发展和非公有制经济人士健康成长。加强和改进侨务工作，形成共同致力民族复兴的强大力量。

七、坚持全面依法治国，
推进法治中国建设

全面依法治国是国家治理的一场深刻革命，关系党执政兴国，关系人民幸福安康，关系党和国家长治久安。必须更好发挥法治固根本、稳预期、利长远的保障作用，在法治轨道上全面建设社会主义现代化国家。

我们要坚持走中国特色社会主义法治道路，建设中国特色社会主义法治体系、建设社会主义法治国家，围绕保障和促进社会公平正义，坚持依法治国、依法执政、依法行政共同推进，坚持法治国家、法治政府、法治社会一体建设，全面推进科学立法、严格执法、公正司法、全民守法，全面推进国家各方面工作法治化。

（一）完善以宪法为核心的中国特色社会主义法律体

系。坚持依法治国首先要坚持依宪治国，坚持依法执政首先要坚持依宪执政，坚持宪法确定的中国共产党领导地位不动摇，坚持宪法确定的人民民主专政的国体和人民代表大会制度的政体不动摇。加强宪法实施和监督，健全保证宪法全面实施的制度体系，更好发挥宪法在治国理政中的重要作用，维护宪法权威。加强重点领域、新兴领域、涉外领域立法，统筹推进国内法治和涉外法治，以良法促进发展、保障善治。推进科学立法、民主立法、依法立法，统筹立改废释纂，增强立法系统性、整体性、协同性、时效性。完善和加强备案审查制度。坚持科学决策、民主决策、依法决策，全面落实重大决策程序制度。

（二）扎实推进依法行政。法治政府建设是全面依法治国的重点任务和主体工程。转变政府职能，优化政府职责体系和组织结构，推进机构、职能、权限、程序、责任法定化，提高行政效率和公信力。深化事业单位改革。深化行政执法体制改革，全面推进严格规范公正文明执法，加大关系群众切身利益的重点领域执法力度，完善行政执法程序，健全行政裁量基准。强化行政执法监督机制和能力建设，严格落实行政执法责任制和责任追究制度。完善基层综合执法体制机制。

（三）严格公正司法。公正司法是维护社会公平正义的最后一道防线。深化司法体制综合配套改革，全面准确落实司法责任制，加快建设公正高效权威的社会主义司法制度，努力让人民群众在每一个司法案件中感受到公平正义。规范司法权力运行，健全公安机关、检察机关、审判机关、司法行政机关各司其职、相互配合、相互制约的体制机制。强化对司法活动的制约监督，促进司法公正。加强检察机关法律监督工作。完善公益诉讼制度。

（四）加快建设法治社会。法治社会是构筑法治国家的基础。弘扬社会主义法治精神，传承中华优秀传统法律文化，引导全体人民做社会主义法治的忠实崇尚者、自觉遵守者、坚定捍卫者。建设覆盖城乡的现代公共法律服务体系，深入开展法治宣传教育，增强全民法治观念。推进多层次多领域依法治理，提升社会治理法治化水平。发挥领导干部示范带头作用，努力使尊法学法守法用法在全社会蔚然成风。

八、推进文化自信自强，铸就社会主义文化新辉煌

全面建设社会主义现代化国家，必须坚持中国特色社会主义文化发展道路，增强文化自信，围绕举旗帜、聚民心、育新人、兴文化、展形象建设社会主义文化强国，发展面向现代化、面向世界、面向未来的，民族的科学的大众的社会主义文化，激发全民族文化创新创造活力，增强实现中华民族伟大复兴的精神力量。

我们要坚持马克思主义在意识形态领域指导地位的根本制度，坚持为人民服务、为社会主义服务，坚持百花齐放、百家争鸣，坚持创造性转化、创新性发展，以社会主义核心价值观为引领，发展社会主义先进文化，弘扬革命

文化，传承中华优秀传统文化，满足人民日益增长的精神文化需求，巩固全党全国各族人民团结奋斗的共同思想基础，不断提升国家文化软实力和中华文化影响力。

（一）建设具有强大凝聚力和引领力的社会主义意识形态。意识形态工作是为国家立心、为民族立魂的工作。牢牢掌握党对意识形态工作领导权，全面落实意识形态工作责任制，巩固壮大奋进新时代的主流思想舆论。健全用党的创新理论武装全党、教育人民、指导实践工作体系。深入实施马克思主义理论研究和建设工程，加快构建中国特色哲学社会科学学科体系、学术体系、话语体系，培育壮大哲学社会科学人才队伍。加强全媒体传播体系建设，塑造主流舆论新格局。健全网络综合治理体系，推动形成良好网络生态。

（二）广泛践行社会主义核心价值观。社会主义核心价值观是凝聚人心、汇聚民力的强大力量。弘扬以伟大建党精神为源头的中国共产党人精神谱系，用好红色资源，深入开展社会主义核心价值观宣传教育，深化爱国主义、集体主义、社会主义教育，着力培养担当民族复兴大任的时代新人。推动理想信念教育常态化制度化，持续抓好党史、新中国史、改革开放史、社会主义发展史宣传教育，引导人民知史爱党、知史爱国，不断坚定中国特色社会主义共同理想。用社会主义核心价值观铸魂育人，完善思想政治工作体系，推进大中小学思想政治教育一体化建设。坚持依法治国和以德治国相结合，把社会主义核心价值观融入法治建设、融入社会发展、融入日常生活。

（三）提高全社会文明程度。实施公民道德建设工程，弘扬中华传统美德，加强家庭家教家风建设，加强和改进未成年人思想道德建设，推动明大德、守公德、严私德，提高人民道德水准和文明素养。统筹推动文明培育、文明实践、文明创建，推进城乡精神文明建设融合发展，在全社会弘扬劳动精神、奋斗精神、奉献精神、创造精神、勤俭节约精神，培育时代新风新貌。加强国家科普能力建设，深化全民阅读活动。完善志愿服务制度和工作体系。弘扬诚信文化，健全诚信建设长效机制。发挥党和国家功勋荣誉表彰的精神引领、典型示范作用，推动全社会见贤思齐、崇尚英雄、争做先锋。

（四）繁荣发展文化事业和文化产业。坚持以人民为中心的创作导向，推出更多增强人民精神力量的优秀作品，培育造就大批德艺双馨的文学艺术家和规模宏大的文化文艺人才队伍。坚持把社会效益放在首位、社会效益和经济效益相统一，深化文化体制改革，完善文化经济政策。实施国家文化数字化战略，健全现代公共文化服务体系，创新实施文化惠民工程。健全现代文化产业体系和市场体系，实施重大文化产业项目带动战略。加大文物和文化遗产保护力度，加强城乡建设中历史文化保护传承，建好用好国家文化公园。坚持以文塑旅、以旅彰文，推进文化和旅游深度融合发展。广泛开展全民健身活动，加强青少年体育工作，促进群众体育和竞技体育全面发展，加快建设体育强国。

（五）增强中华文明传播力影响力。坚守中华文化立场，提炼展示中华文明的精神标识和文化精髓，加快构建中国话语和中国叙事体系，讲好中国故事、传播好中国声音，展现可信、可爱、可敬的中国形象。加强国际传播能力建设，全面提升国际传播效能，形成同我国综合国力和国际地位相匹配的国际话语权。深化文明交流互鉴，推动中华文化更好走向世界。

九、增进民生福祉，提高人民生活品质

江山就是人民，人民就是江山。中国共产党领导人民打江山、守江山，守的是人民的心。治国有常，利民为本。为民造福是立党为公、执政为民的本质要求。必须坚持在发展中保障和改善民生，鼓励共同奋斗创造美好生活，不断实现人民对美好生活的向往。

我们要实现好、维护好、发展好最广大人民根本利益，紧紧抓住人民最关心最直接最现实的利益问题，坚持尽力而为、量力而行，深入群众、深入基层，采取更多惠民生、暖民心举措，着力解决好人民群众急难愁盼问题，健全基本公共服务体系，提高公共服务水平，增强均衡性和可及性，扎实推进共同富裕。

（一）完善分配制度。分配制度是促进共同富裕的基础性制度。坚持按劳分配为主体、多种分配方式并存，构建初次分配、再分配、第三次分配协调配套的制度体系。努力提高居民收入在国民收入分配中的比重，提高劳动报酬在初次分配中的比重。坚持多劳多得，鼓励勤劳致富，

促进机会公平，增加低收入者收入，扩大中等收入群体。完善按要素分配政策制度，探索多种渠道增加中低收入群众要素收入，多渠道增加城乡居民财产性收入。加大税收、社会保障、转移支付等的调节力度。完善个人所得税制度，规范收入分配秩序，规范财富积累机制，保护合法收入，调节过高收入，取缔非法收入。引导、支持有意愿有能力的企业、社会组织和个人积极参与公益慈善事业。

（二）实施就业优先战略。就业是最基本的民生。强化就业优先政策，健全就业促进机制，促进高质量充分就业。健全就业公共服务体系，完善重点群体就业支持体系，加强困难群体就业兜底帮扶。统筹城乡就业政策体系，破除妨碍劳动力、人才流动的体制和政策弊端，消除影响平等就业的不合理限制和就业歧视，使人人都有通过勤奋劳动实现自身发展的机会。健全终身职业技能培训制度，推动解决结构性就业矛盾。完善促进创业带动就业的保障制度，支持和规范发展新就业形态。健全劳动法律法规，完善劳动关系协商协调机制，完善劳动者权益保障制度，加强灵活就业和新就业形态劳动者权益保障。

（三）健全社会保障体系。社会保障体系是人民生活的安全网和社会运行的稳定器。健全覆盖全民、统筹城乡、公平统一、安全规范、可持续的多层次社会保障体系。完善基本养老保险全国统筹制度，发展多层次、多支柱养老保险体系。实施渐进式延迟法定退休年龄。扩大社会保险覆盖面，健全基本养老、基本医疗保险筹资和待遇调整机制，推动基本医疗保险、失业保险、工伤保险省级统筹。促进多层次医疗保障有序衔接，完善大病保险和医疗救助制度，落实异地就医结算，建立长期护理保险制度，积极发展商业医疗保险。加快完善全国统一的社会保险公共服务平台。健全社保基金保值增值和安全监管体系。健全分层分类的社会救助体系。坚持男女平等基本国策，保障妇女儿童合法权益。完善残疾人社会保障制度和关爱服务体系，促进残疾人事业全面发展。坚持房子是用来住的、不是用来炒的定位，加快建立多主体供给、多渠道保障、租购并举的住房制度。

（四）推进健康中国建设。人民健康是民族昌盛和国家强盛的重要标志。把保障人民健康放在优先发展的战略位置，完善人民健康促进政策。优化人口发展战略，建立生育支持政策体系，降低生育、养育、教育成本。实施积极应对人口老龄化国家战略，发展养老事业和养老产业，优化孤寡老人服务，推动实现全体老年人享有基本养老服务。深化医药卫生体制改革，促进医保、医疗、医药协同发展和治理。促进优质医疗资源扩容和区域均衡布局，坚持预防为主，加强重大慢性病健康管理，提高基层防病治病和健康管理能力。深化以公益性为导向的公立医院改革，规范民营医院发展。发展壮大医疗卫生队伍，把工作重点放在农村和社区。重视心理健康和精神卫生。促进中医药传承创新发展。创新医防协同、医防融合机制，健全公共卫生体系，提高重大疫情早发现能力，加强重大疫情防控救治体系和应急能力建设，有效遏制重大传染性疾病传播。深入开展健康中国行动和爱国卫生运动，倡导文明健康生活方式。

十、推动绿色发展，促进人与自然和谐共生

大自然是人类赖以生存发展的基本条件。尊重自然、顺应自然、保护自然，是全面建设社会主义现代化国家的内在要求。必须牢固树立和践行绿水青山就是金山银山的理念，站在人与自然和谐共生的高度谋划发展。

我们要推进美丽中国建设，坚持山水林田湖草沙一体化保护和系统治理，统筹产业结构调整、污染治理、生态保护、应对气候变化，协同推进降碳、减污、扩绿、增长，推进生态优先、节约集约、绿色低碳发展。

（一）加快发展方式绿色转型。推动经济社会发展绿色化、低碳化是实现高质量发展的关键环节。加快推动产业结构、能源结构、交通运输结构等调整优化。实施全面节约战略，推进各类资源节约集约利用，加快构建废弃物循环利用体系。完善支持绿色发展的财税、金融、投资、价格政策和标准体系，发展绿色低碳产业，健全资源环境要素市场化配置体系，加快节能降碳先进技术研发和推广应用，倡导绿色消费，推动形成绿色低碳的生产方式和生活方式。

（二）深入推进环境污染防治。坚持精准治污、科学治污、依法治污，持续深入打好蓝天、碧水、净土保卫战。加强污染物协同控制，基本消除重污染天气。统筹水资源、

水环境、水生态治理，推动重要江河湖库生态保护治理，基本消除城市黑臭水体。加强土壤污染源头防控，开展新污染物治理。提升环境基础设施建设水平，推进城乡人居环境整治。全面实行排污许可制，健全现代环境治理体系。严密防控环境风险。深入推进中央生态环境保护督察。

（三）提升生态系统多样性、稳定性、持续性。以国家重点生态功能区、生态保护红线、自然保护地等为重点，加快实施重要生态系统保护和修复重大工程。推进以国家公园为主体的自然保护地体系建设。实施生物多样性保护重大工程。科学开展大规模国土绿化行动。深化集体林权制度改革。推行草原森林河流湖泊湿地休养生息，实施好长江十年禁渔，健全耕地休耕轮作制度。建立生态产品价值实现机制，完善生态保护补偿制度。加强生物安全管理，防治外来物种侵害。

（四）积极稳妥推进碳达峰碳中和。实现碳达峰碳中和是一场广泛而深刻的经济社会系统性变革。立足我国能源资源禀赋，坚持先立后破，有计划分步骤实施碳达峰行动。完善能源消耗总量和强度调控，重点控制化石能源消费，逐步转向碳排放总量和强度"双控"制度。推动能源清洁低碳高效利用，推进工业、建筑、交通等领域清洁低碳转型。深入推进能源革命，加强煤炭清洁高效利用，加大油气资源勘探开发和增储上产力度，加快规划建设新型能源体系，统筹水电开发和生态保护，积极安全有序发展核电，加强能源产供储销体系建设，确保能源安全。完善碳排放统计核算制度，健全碳排放权市场交易制度。提升生态系统碳汇能力。积极参与应对气候变化全球治理。

十一、推进国家安全体系和能力现代化，坚决维护国家安全和社会稳定

国家安全是民族复兴的根基，社会稳定是国家强盛的前提。必须坚定不移贯彻总体国家安全观，把维护国家安全贯穿党和国家工作各方面全过程，确保国家安全和社会稳定。

我们要坚持以人民安全为宗旨、以政治安全为根本、以经济安全为基础、以军事科技文化社会安全为保障、以促进国际安全为依托，统筹外部安全和内部安全、国土安全和国民安全、传统安全和非传统安全、自身安全和共同安全，统筹维护和塑造国家安全，夯实国家安全和社会稳定基层基础，完善参与全球安全治理机制，建设更高水平的平安中国，以新安全格局保障新发展格局。

（一）健全国家安全体系。坚持党中央对国家安全工作的集中统一领导，完善高效权威的国家安全领导体制。强化国家安全工作协调机制，完善国家安全法治体系、战略体系、政策体系、风险监测预警体系、国家应急管理体系，完善重点领域安全保障体系和重要专项协调指挥体系，强化经济、重大基础设施、金融、网络、数据、生物、资源、核、太空、海洋等安全保障体系建设。健全反制裁、反干涉、反"长臂管辖"机制。完善国家安

全力量布局，构建全域联动、立体高效的国家安全防护体系。

（二）增强维护国家安全能力。坚定维护国家政权安全、制度安全、意识形态安全，加强重点领域安全能力建设，确保粮食、能源资源、重要产业链供应链安全，加强海外安全保障能力建设，维护我国公民、法人在海外合法权益，维护海洋权益，坚定捍卫国家主权、安全、发展利益。提高防范化解重大风险能力，严密防范系统性安全风险，严厉打击敌对势力渗透、破坏、颠覆、分裂活动。全面加强国家安全教育，提高各级领导干部统筹发展和安全能力，增强全民国家安全意识和素养，筑牢国家安全人民防线。

（三）提高公共安全治理水平。坚持安全第一、预防为主，建立大安全大应急框架，完善公共安全体系，推动公共安全治理模式向事前预防转型。推进安全生产风险专项整治，加强重点行业、重点领域安全监管。提高防灾减灾救灾和重大突发公共事件处置保障能力，加强国家区域应急力量建设。强化食品药品安全监管，健全生物安全监管预警防控体系。加强个人信息保护。

（四）完善社会治理体系。健全共建共治共享的社会治理制度，提升社会治理效能。在社会基层坚持和发展新时代"枫桥经验"，完善正确处理新形势下人民内部矛盾机制，加强和改进人民信访工作，畅通和规范群众诉求表达、利益协调、权益保障通道，完善网格化管理、精细化服务、信息化支撑的基层治理平台，健全城乡社区治理体系，及时把矛盾纠纷化解在基层、化解在萌芽状态。加快推进市域社会治理现代化，提高市域社会治理能力。强化社会治安整体防控，推进扫黑除恶常态化，依法严惩群众反映强烈的各类违法犯罪活动。发展壮大群防群治力量，营造见义勇为社会氛围，建设人人有责、人人尽责、人人享有的社会治理共同体。

十二、实现建军一百年奋斗目标，开创国防和军队现代化新局面

如期实现建军一百年奋斗目标，加快把人民军队建成世界一流军队，是全面建设社会主义现代化国家的战略要求。必须贯彻新时代党的强军思想，贯彻新时代军事战略方针，坚持党对人民军队的绝对领导，坚持政治建军、改革强军、科技强军、人才强军、依法治军，坚持边斗争、边备战、边建设，坚持机械化信息化智能化融合发展，加快军事理论现代化、军队组织形态现代化、军事人员现代化、武器装备现代化，提高捍卫国家主权、安全、发展利益战略能力，有效履行新时代人民军队使命任务。

全面加强人民军队党的建设，确保枪杆子永远听党指挥。健全贯彻军委主席负责制体制机制。深化党的创新理论武装，开展"学习强军思想、建功强军事业"教育实践活动。加强军史学习教育，繁荣发展强军文化，强化战斗精神培育。建强人民军队党的组织体系，推进政治整训常态化制度化，持之以恒正风肃纪反腐。

全面加强练兵备战，提高人民军队打赢能力。研究掌握信息化智能化战争特点规律，创新军事战略指导，发展人民战争战略战术。打造强大战略威慑力量体系，增加新域新质作战力量比重，加快无人智能作战力量发展，统筹网络信息体系建设运用。优化联合作战指挥体系，推进侦察预警、联合打击、战场支撑、综合保障体系和能力建设。深入推进实战化军事训练，深化联合训练、对抗训练、科技练兵。加强军事力量常态化多样化运用，坚定灵活开展军事斗争，塑造安全态势，遏控危机冲突，打赢局部战争。

全面加强军事治理，巩固拓展国防和军队改革成果，完善军事力量结构编成，体系优化军事政策制度。加强国防和军队建设重大任务战建备统筹，加快建设现代化后勤，实施国防科技和武器装备重大工程，加速科技向战斗力转化。深化军队院校改革，建强新型军事人才培养体系，创新军事人力资源管理。加强依法治军机制建设和战略规划，完善中国特色军事法治体系。改进战略管理，提高军事系统运行效能和国防资源使用效益。

巩固提高一体化国家战略体系和能力。加强军地战略规划统筹、政策制度衔接、资源要素共享。优化国防科技工业体系和布局，加强国防科技工业能力建设。深化全民国防教育。加强国防动员和后备力量建设，推进现代边海空防建设。加强军人军属荣誉激励和权益保障，做好退役军人服务保障工作。巩固发展军政军民团结。

人民军队始终是党和人民完全可以信赖的英雄军队，

有信心、有能力维护国家主权、统一和领土完整，有信心、有能力为实现中华民族伟大复兴提供战略支撑，有信心、有能力为世界和平与发展作出更大贡献！

十三、坚持和完善"一国两制"，推进祖国统一

"一国两制"是中国特色社会主义的伟大创举，是香港、澳门回归后保持长期繁荣稳定的最佳制度安排，必须长期坚持。

全面准确、坚定不移贯彻"一国两制"、"港人治港"、"澳人治澳"、高度自治的方针，坚持依法治港治澳，维护宪法和基本法确定的特别行政区宪制秩序。坚持和完善"一国两制"制度体系，落实中央全面管治权，落实"爱国者治港"、"爱国者治澳"原则，落实特别行政区维护国家安全的法律制度和执行机制。坚持中央全面管治权和保障特别行政区高度自治权相统一，坚持行政主导，支持行政长官和特别行政区政府依法施政，提升全面治理能力和管治水平，完善特别行政区司法制度和法律体系，保持香港、澳门资本主义制度和生活方式长期不变，促进香港、澳门长期繁荣稳定。

支持香港、澳门发展经济、改善民生、破解经济社会发展中的深层次矛盾和问题。发挥香港、澳门优势和特点，巩固提升香港、澳门在国际金融、贸易、航运航空、创新科技、文化旅游等领域的地位，深化香港、澳门同各

国各地区更加开放、更加密切的交往合作。推进粤港澳大湾区建设，支持香港、澳门更好融入国家发展大局，为实现中华民族伟大复兴更好发挥作用。

发展壮大爱国爱港爱澳力量，增强港澳同胞的爱国精神，形成更广泛的国内外支持"一国两制"的统一战线。坚决打击反中乱港乱澳势力，坚决防范和遏制外部势力干预港澳事务。

解决台湾问题、实现祖国完全统一，是党矢志不渝的历史任务，是全体中华儿女的共同愿望，是实现中华民族伟大复兴的必然要求。坚持贯彻新时代党解决台湾问题的总体方略，牢牢把握两岸关系主导权和主动权，坚定不移推进祖国统一大业。

"和平统一、一国两制"方针是实现两岸统一的最佳方式，对两岸同胞和中华民族最有利。我们坚持一个中国原则和"九二共识"，在此基础上，推进同台湾各党派、各界别、各阶层人士就两岸关系和国家统一开展广泛深入协商，共同推动两岸关系和平发展、推进祖国和平统一进程。我们坚持团结广大台湾同胞，坚定支持岛内爱国统一力量，共同把握历史大势，坚守民族大义，坚定反"独"促统。伟大祖国永远是所有爱国统一力量的坚强后盾！

两岸同胞血脉相连，是血浓于水的一家人。我们始终尊重、关爱、造福台湾同胞，继续致力于促进两岸经济文化交流合作，深化两岸各领域融合发展，完善增进台湾同胞福祉的制度和政策，推动两岸共同弘扬中华文化，促进两岸同胞心灵契合。

台湾是中国的台湾。解决台湾问题是中国人自己的事，要由中国人来决定。我们坚持以最大诚意、尽最大努力争取和平统一的前景，但决不承诺放弃使用武力，保留采取一切必要措施的选项，这针对的是外部势力干涉和极少数"台独"分裂分子及其分裂活动，绝非针对广大台湾同胞。国家统一、民族复兴的历史车轮滚滚向前，祖国完全统一一定要实现，也一定能够实现！

十四、促进世界和平与发展，推动构建人类命运共同体

当前，世界之变、时代之变、历史之变正以前所未有的方式展开。一方面，和平、发展、合作、共赢的历史潮流不可阻挡，人心所向、大势所趋决定了人类前途终归光明。另一方面，恃强凌弱、巧取豪夺、零和博弈等霸权霸道霸凌行径危害深重，和平赤字、发展赤字、安全赤字、治理赤字加重，人类社会面临前所未有的挑战。世界又一次站在历史的十字路口，何去何从取决于各国人民的抉择。

中国始终坚持维护世界和平、促进共同发展的外交政策宗旨，致力于推动构建人类命运共同体。

中国坚定奉行独立自主的和平外交政策，始终根据事情本身的是非曲直决定自己的立场和政策，维护国际关系基本准则，维护国际公平正义。中国尊重各国主权和领土完整，坚持国家不分大小、强弱、贫富一律平等，尊重各

国人民自主选择的发展道路和社会制度，坚决反对一切形式的霸权主义和强权政治，反对冷战思维，反对干涉别国内政，反对搞双重标准。中国奉行防御性的国防政策，中国的发展是世界和平力量的增长，无论发展到什么程度，中国永远不称霸、永远不搞扩张。

中国坚持在和平共处五项原则基础上同各国发展友好合作，推动构建新型国际关系，深化拓展平等、开放、合作的全球伙伴关系，致力于扩大同各国利益的汇合点。促进大国协调和良性互动，推动构建和平共处、总体稳定、均衡发展的大国关系格局。坚持亲诚惠容和与邻为善、以邻为伴周边外交方针，深化同周边国家友好互信和利益融合。秉持真实亲诚理念和正确义利观加强同发展中国家团结合作，维护发展中国家共同利益。中国共产党愿在独立自主、完全平等、互相尊重、互不干涉内部事务原则基础上加强同各国政党和政治组织交流合作，积极推进人大、政协、军队、地方、民间等各方面对外交往。

中国坚持对外开放的基本国策，坚定奉行互利共赢的开放战略，不断以中国新发展为世界提供新机遇，推动建设开放型世界经济，更好惠及各国人民。中国坚持经济全球化正确方向，推动贸易和投资自由化便利化，推进双边、区域和多边合作，促进国际宏观经济政策协调，共同营造有利于发展的国际环境，共同培育全球发展新动能，反对保护主义，反对"筑墙设垒"、"脱钩断链"，反对单边制裁、极限施压。中国愿加大对全球发展合作的资源投入，致力于缩小南北差距，坚定支持和帮助广大发展中国家加快发展。

中国积极参与全球治理体系改革和建设，践行共商共建共享的全球治理观，坚持真正的多边主义，推进国际关系民主化，推动全球治理朝着更加公正合理的方向发展。坚定维护以联合国为核心的国际体系、以国际法为基础的国际秩序、以联合国宪章宗旨和原则为基础的国际关系基本准则，反对一切形式的单边主义，反对搞针对特定国家的阵营化和排他性小圈子。推动世界贸易组织、亚太经合组织等多边机制更好发挥作用，扩大金砖国家、上海合作组织等合作机制影响力，增强新兴市场国家和发展中国家在全球事务中的代表性和发言权。中国坚持积极参与全球安全规则制定，加强国际安全合作，积极参与联合国维和行动，为维护世界和平和地区稳定发挥建设性作用。

构建人类命运共同体是世界各国人民前途所在。万物并育而不相害，道并行而不相悖。只有各国行天下之大道，和睦相处、合作共赢，繁荣才能持久，安全才有保障。中国提出了全球发展倡议、全球安全倡议，愿同国际社会一道努力落实。中国坚持对话协商，推动建设一个持久和平的世界；坚持共建共享，推动建设一个普遍安全的世界；坚持合作共赢，推动建设一个共同繁荣的世界；坚持交流互鉴，推动建设一个开放包容的世界；坚持绿色低碳，推动建设一个清洁美丽的世界。

我们真诚呼吁，世界各国弘扬和平、发展、公平、正义、民主、自由的全人类共同价值，促进各国人民相知相亲，尊重世界文明多样性，以文明交流超越文明隔阂、文明互鉴超越文明冲突、文明共存超越文明优越，共同应对各种全球性挑战。

我们所处的是一个充满挑战的时代，也是一个充满希望的时代。中国人民愿同世界人民携手开创人类更加美好的未来！

十五、坚定不移全面从严治党，深入推进新时代党的建设新的伟大工程

全面建设社会主义现代化国家、全面推进中华民族伟大复兴，关键在党。我们党作为世界上最大的马克思主义执政党，要始终赢得人民拥护、巩固长期执政地位，必须时刻保持解决大党独有难题的清醒和坚定。经过十八大以来全面从严治党，我们解决了党内许多突出问题，但党面临的执政考验、改革开放考验、市场经济考验、外部环境考验将长期存在，精神懈怠危险、能力不足危险、脱离群众危险、消极腐败危险将长期存在。全党必须牢记，全面从严治党永远在路上，党的自我革命永远在路上，决不能有松劲歇脚、疲劳厌战的情绪，必须持之以恒推进全面从严治党，深入推进新时代党的建设新的伟大工程，以党的自我革命引领社会革命。

我们要落实新时代党的建设总要求，健全全面从严治党体系，全面推进党的自我净化、自我完善、自我革新、自我提高，使我们党坚守初心使命，始终成为中国特色社会主义事业的坚强领导核心。

（一）坚持和加强党中央集中统一领导。党的领导是全面的、系统的、整体的，必须全面、系统、整体加以落实。健全总揽全局、协调各方的党的领导制度体系，完善党中央重大决策部署落实机制，确保全党在政治立场、政治方向、政治原则、政治道路上同党中央保持高度一致，确保党的团结统一。完善党中央决策议事协调机构，加强党中央对重大工作的集中统一领导。加强党的政治建设，严明政治纪律和政治规矩，落实各级党委（党组）主体责任，提高各级党组织和党员干部政治判断力、政治领悟力、政治执行力。坚持科学执政、民主执政、依法执政，贯彻民主集中制，创新和改进领导方式，提高党把方向、谋大局、定政策、促改革能力，调动各方面积极性。增强党内政治生活政治性、时代性、原则性、战斗性，用好批评和自我批评武器，持续净化党内政治生态。

（二）坚持不懈用新时代中国特色社会主义思想凝心铸魂。用党的创新理论武装全党是党的思想建设的根本任务。全面加强党的思想建设，坚持用新时代中国特色社会主义思想统一思想、统一意志、统一行动，组织实施党的创新理论学习教育计划，建设马克思主义学习型政党。加强理想信念教育，引导全党牢记党的宗旨，解决好世界观、人生观、价值观这个总开关问题，自觉做共产主义远大理想和中国特色社会主义共同理想的坚定信仰者和忠实实践者。坚持学思用贯通、知信行统一，把新时代中国特色社会主义思想转化为坚定理想、锤炼党性和指导实践、推动工作的强大力量。坚持理论武装同常态化长效化开展党史学习教育相结合，引导党员、干部不断学史明理、学史增信、学史崇德、学史力行，传承红色基因，赓续红色血脉。以县处级以上领导干部为重点在全党深入开展主题教育。

（三）完善党的自我革命制度规范体系。坚持制度治党、依规治党，以党章为根本，以民主集中制为核心，完善党内法规制度体系，增强党内法规权威性和执行力，形成坚持真理、修正错误，发现问题、纠正偏差的机制。健全党统一领导、全面覆盖、权威高效的监督体系，完善权力监督制约机制，以党内监督为主导，促进各类监督贯通协调，让权力在阳光下运行。推进政治监督具体化、精准化、常态化，增强对"一把手"和领导班子监督实效。发挥政治巡视利剑作用，加强巡视整改和成果运用。落实全面从严治党政治责任，用好问责利器。

（四）建设堪当民族复兴重任的高素质干部队伍。全面建设社会主义现代化国家，必须有一支政治过硬、适应新时代要求、具备领导现代化建设能力的干部队伍。坚持党管干部原则，坚持德才兼备、以德为先、五湖四海、任人唯贤，把新时代好干部标准落到实处。树立选人用人正确导向，选拔忠诚干净担当的高素质专业化干部，选优配强各级领导班子。坚持把政治标准放在首位，做深做实干部政治素质考察，突出把好政治关、廉洁关。加强实践锻炼、专业训练，注重在重大斗争中磨砺干部，增强干部推动高质量发展本领、服务群众本领、防范化解风险本领。加强干部斗争精神和斗争本领养成，着力增强防风险、迎挑战、抗打压能力，带头担当作为，做到平常时候看得出来、关键时刻站得出来、危难关头豁得出来。完善干部考核评价体系，引导干部树立和践行正确政绩观，推动干部能上能下、能进能出，形成能者上、优者奖、庸者下、劣者汰的良好局面。抓好后继有人这个根本大计，健全培养选拔优秀年轻干部常态化工作机制，把到基层和艰苦地区锻炼成长作为年轻干部培养的重要途径。重视女干部培养选拔工作，发挥女干部重要作用。重视培养和用好少数民族干部，统筹做好党外干部工作。做好离退休干部工作。加强和改进公务员工作，优化机构编制资源配置。坚持严管和厚爱相结合，加强对干部全方位管理和经常性监督，落实"三个区分开来"，激励干部敢于担当、积极作为。关心关爱基层干部特别是条件艰苦地区干部。

（五）增强党组织政治功能和组织功能。严密的组织体系是党的优势所在、力量所在。各级党组织要履行党章赋予的各项职责，把党的路线方针政策和党中央决策部署贯彻落实好，把各领域广大群众组织凝聚好。坚持大抓基层的鲜明导向，抓党建促乡村振兴，加强城市社区党建工作，推进以党建引领基层治理，持续整顿软弱涣散基层党组织，把基层党组织建设成为有效实现党的领导的坚强战斗堡垒。全面提高机关党建质量，推进事业单位党建工作。推进国有企业、金融企业在完善公司治理中加强党的领导，加强混合所有制企业、非公有制企业党建工作，理顺行业协会、学会、商会党建工作管理体制。加强新经济组织、新社会组织、新就业群体党的建设。注重从青年和产业工人、农民、知识分子中发展党员，加强和改进党员特别是流动党员教育管理。落实党内民主制度，保障党员权利，激励党员发挥先锋模范作用。严肃稳妥处置不合格党员，保持党员队伍先进性和纯洁性。

（六）坚持以严的基调强化正风肃纪。党风问题关系执政党的生死存亡。弘扬党的光荣传统和优良作风，促进党员干部特别是领导干部带头深入调查研究，扑下身子干实事、谋实招、求实效。锲而不舍落实中央八项规定精神，抓住"关键少数"以上率下，持续深化纠治"四风"，重点纠治形式主义、官僚主义，坚决破除特权思想和特权行为。把握作风建设地区性、行业性、阶段性特点，抓住普遍发生、反复出现的问题深化整治，推进作风建设常态化长效化。全面加强党的纪律建设，督促领导干部特别是高级干部严于律己、严负其责、严管所辖，对违反党纪的问题，发现一起坚决查处一起。坚持党性党风党纪一起抓，从思想上固本培元，提高党性觉悟，增强拒腐防变能力，涵养富贵不能淫、贫贱不能移、威武不能屈的浩然正气。

（七）坚决打赢反腐败斗争攻坚战持久战。腐败是危害党的生命力和战斗力的最大毒瘤，反腐败是最彻底的自我革命。只要存在腐败问题产生的土壤和条件，反腐败斗争就一刻不能停，必须永远吹冲锋号。坚持不敢腐、不能腐、不想腐一体推进，同时发力、同向发力、综合发力。以零容忍态度反腐惩恶，更加有力遏制增量，更加有效清除存量，坚决查处政治问题和经济问题交织的腐败，坚决防止领导干部成为利益集团和权势团体的代言人、代理人，坚决治理政商勾连破坏政治生态和经济发展环境问题，决不姑息。深化整治权力集中、资金密集、资源富集领域的腐败，坚决惩治群众身边的"蝇贪"，严肃查处领导干部配偶、子女及其配偶等亲属和身边工作人员利用影响力谋私贪腐问题，坚持受贿行贿一起查，惩治新型腐败和隐性腐败。深化反腐败国际合作，一体构建追逃防逃追赃机制。深化标本兼治，推进反腐败国家立法，加强新时代廉洁文化建设，教育引导广大党员、干部增强不想腐的自觉，清清白白做人、干干净净做事，使严厉惩治、规范权力、教育引导紧密结合、协调联动，不断取得更多制度性成果和更大治理效能。

同志们！时代呼唤着我们，人民期待着我们，唯有矢志不渝、笃行不怠，方能不负时代、不负人民。全党必须牢记，坚持党的全面领导是坚持和发展中国特色社会主义的必由之路，中国特色社会主义是实现中华民族伟大复兴的必由之路，团结奋斗是中国人民创造历史伟业的必由之路，贯彻新发展理念是新时代我国发展壮大的必由之路，全面从严治党是党永葆生机活力、走好新的赶考之路的必由之路。这是我们在长期实践中得出的至关紧要的规律性认识，必须倍加珍惜、始终坚持，咬定青山不放松，引领和保障中国特色社会主义巍巍巨轮乘风破浪、行稳致远。

团结就是力量，团结才能胜利。全面建设社会主义现代化国家，必须充分发挥亿万人民的创造伟力。全党要坚持全心全意为人民服务的根本宗旨，树牢群众观点，贯彻群众路线，尊重人民首创精神，坚持一切为了人民、一切依靠人民，从群众中来、到群众中去，始终保持同人民群众的血肉联系，始终接受人民批评和监督，始终同人民同呼吸、共命运、心连心，不断巩固全国各族人民大团结，加强海内外中华儿女大团结，形成同心共圆中国梦的强大合力。

青年强，则国家强。当代中国青年生逢其时，施展才干的舞台无比广阔，实现梦想的前景无比光明。全党要把青年工作作为战略性工作来抓，用党的科学理论武装青年，用党的初心使命感召青年，做青年朋友的知心人、青年工作的热心人、青年群众的引路人。广大青年要坚定不移听党话、跟党走，怀抱梦想又脚踏实地，敢想敢为又善作善成，立志做有理想、敢担当、能吃苦、肯奋斗的新时代好青年，让青春在全面建设社会主义现代化国家的火热实践中绽放绚丽之花。

同志们！党用伟大奋斗创造了百年伟业，也一定能用新的伟大奋斗创造新的伟业。全党全军全国各族人民要紧密团结在党中央周围，牢记空谈误国、实干兴邦，坚定信心、同心同德，埋头苦干、奋勇前进，为全面建设社会主义现代化国家、全面推进中华民族伟大复兴而团结奋斗！

人民对美好生活的向往，
就是我们的奋斗目标*

（二〇一二年十一月十五日）

刚才，我们召开了中国共产党第十八届中央委员会第一次全体会议，选举产生了新一届中央领导机构，选举我为中央委员会总书记。我代表新一届中央领导机构成员感谢全党同志的信任，我们一定不负重托，不辱使命。

全党同志的重托，全国各族人民的期望，是对我们做好工作的巨大鼓舞，也是我们肩上的重大责任。

这个重大责任，就是对民族的责任。我们的民族是伟大的民族。在五千多年的文明发展历程中，中华民族为人类文明进步作出了不可磨灭的贡献。近代以后，我们的民族历经磨难，中华民族到了最危险的时候。自那时以来，为了实现中华民族伟大复兴，无数仁人志士奋起抗争，但一次又一次地失败了。中国共产党成立后，团结带领人民前仆后继、顽强奋斗，把贫穷落后的旧中国变成日益走向繁荣富强的新中国，中华民族伟大复兴展现出前所未有的

---

* 这是习近平同志在中共十八届中央政治局常委同中外记者见面时讲话的主要部分。

光明前景。我们的责任，就是要团结带领全党全国各族人民，接过历史的接力棒，继续为实现中华民族伟大复兴而努力奋斗，使中华民族更加坚强有力地自立于世界民族之林，为人类作出新的更大的贡献。

这个重大责任，就是对人民的责任。我们的人民是伟大的人民。在漫长的历史进程中，中国人民依靠自己的勤劳、勇敢、智慧，开创了各民族和睦共处的美好家园，培育了历久弥新的优秀文化。我们的人民热爱生活，期盼有更好的教育、更稳定的工作、更满意的收入、更可靠的社会保障、更高水平的医疗卫生服务、更舒适的居住条件、更优美的环境，期盼孩子们能成长得更好、工作得更好、生活得更好。人民对美好生活的向往，就是我们的奋斗目标。人世间的一切幸福都需要靠辛勤的劳动来创造。我们的责任，就是要团结带领全党全国各族人民，继续解放思想，坚持改革开放，不断解放和发展社会生产力，努力解决群众的生产生活困难，坚定不移走共同富裕的道路。

这个重大责任，就是对党的责任。我们的党是全心全意为人民服务的政党。党领导人民已经取得举世瞩目的成就，我们完全有理由因此而自豪，但我们自豪而不自满，决不会躺在过去的功劳簿上。新形势下，我们党面临着许多严峻挑战，党内存在着许多亟待解决的问题。尤其是一些党员干部中发生的贪污腐败、脱离群众、形式主义、官僚主义等问题，必须下大气力解决。全党必须警醒起来。打铁还需自身硬。我们的责任，就是同全党同志一道，坚持党要管党、从严治党，切实解决自身存在的突出问题，切实改进工作作风，密切联系群众，使我们党始终成为中国特色社会主义事业的坚强领导核心。

人民是历史的创造者，群众是真正的英雄。人民群众是我们力量的源泉。我们深深知道，每个人的力量是有限的，但只要我们万众一心、众志成城，就没有克服不了的困难；每个人的工作时间是有限的，但全心全意为人民服务是无限的。责任重于泰山，事业任重道远。我们一定要始终与人民心心相印、与人民同甘共苦、与人民团结奋斗，夙夜在公，勤勉工作，努力向历史、向人民交出一份合格的答卷。

实现中华民族伟大复兴是
中华民族近代以来最伟大的梦想[*]

（二〇一二年十一月二十九日）

《复兴之路》这个展览，回顾了中华民族的昨天，展示了中华民族的今天，宣示了中华民族的明天，给人以深刻教育和启示。中华民族的昨天，可以说是"雄关漫道真如铁"〔1〕。近代以后，中华民族遭受的苦难之重、付出的牺牲之大，在世界历史上都是罕见的。但是，中国人民从不屈服，不断奋起抗争，终于掌握了自己的命运，开始了建设自己国家的伟大进程，充分展示了以爱国主义为核心的伟大民族精神。中华民族的今天，正可谓"人间正道是沧桑"〔2〕。改革开放以来，我们总结历史经验，不断艰辛探索，终于找到了实现中华民族伟大复兴的正确道路，取得了举世瞩目的成果。这条道路就是中国特色社会主义。中华民族的明天，可以说是"长风破浪会有时"〔3〕。经过鸦片战争以来一百七十多年的持续奋斗，中华民族伟大复兴展现出光明的前景。现在，我们比历史上任何时期都更接近中华民族伟大复兴的目标，比历史上任何时期都更有

＊　这是习近平同志在参观《复兴之路》展览时的讲话。

信心、有能力实现这个目标。

回首过去，全党同志必须牢记，落后就要挨打，发展才能自强。审视现在，全党同志必须牢记，道路决定命运，找到一条正确的道路多么不容易，我们必须坚定不移走下去。展望未来，全党同志必须牢记，要把蓝图变为现实，还有很长的路要走，需要我们付出长期艰苦的努力。

每个人都有理想和追求，都有自己的梦想。现在，大家都在讨论中国梦，我以为，实现中华民族伟大复兴，就是中华民族近代以来最伟大的梦想。这个梦想，凝聚了几代中国人的夙愿，体现了中华民族和中国人民的整体利益，是每一个中华儿女的共同期盼。历史告诉我们，每个人的前途命运都与国家和民族的前途命运紧密相连。国家好、民族好，大家才会好。实现中华民族伟大复兴是一项光荣而艰巨的事业，需要一代又一代中国人共同为之努力。空谈误国，实干兴邦。我们这一代共产党人一定要承前启后、继往开来，把我们的党建设好，团结全体中华儿女把我们国家建设好，把我们民族发展好，继续朝着中华民族伟大复兴的目标奋勇前进。

我坚信，到中国共产党成立一百年时全面建成小康社会的目标一定能实现，到新中国成立一百年时建成富强民主文明和谐的社会主义现代化国家的目标一定能实现，中华民族伟大复兴的梦想一定能实现。

注　释

〔1〕见毛泽东《忆秦娥·娄山关》(《毛泽东诗词集》，中央文献出版社 2003 年版，第 45 页)。

〔2〕见毛泽东《七律·人民解放军占领南京》(《毛泽东诗词集》，中央文献出版社 2003 年版，第 64 页)。

〔3〕见唐代李白《行路难三首（其一)》。

改革开放永无止境[*]

（二〇一二年十二月七日——十一日）

现在，我国进一步发展面临着一系列突出矛盾和挑战，解决这些方面的矛盾和问题，必须进一步推进改革开放。党的十八大强调，必须以更大的政治勇气和智慧，不失时机深化重要领域改革，构建系统完备、科学规范、运行有效的制度体系，使各方面制度更加成熟更加定型。这是在全面建成小康社会决定性阶段对全党全国发出的深化改革开放新的宣言书、新的动员令。

我国改革已经进入攻坚期和深水区，进一步深化改革，必须更加注重改革的系统性、整体性、协同性，统筹推进重要领域和关键环节改革。这里，我想讲四句话，就是坚定信心，凝聚共识，统筹谋划，协同推进。

坚定信心，就是要坚定不移推进改革开放。改革开放是决定当代中国命运的关键一招，也是决定实现"两个一百年"奋斗目标、实现中华民族伟大复兴的关键一招。我们现在的关键一招还是改革开放。实践发展永无止境，解放思想永无止境，改革开放也永无止境，停顿和倒退没

---

[*]　这是习近平同志在广东省考察工作时讲话的一部分。

有出路。现在，推进改革矛盾多、难度大，但不改不行。我们要拿出勇气，坚持改革开放正确方向，敢于啃硬骨头，敢于涉险滩，既勇于冲破思想观念的障碍、又勇于突破利益固化的藩篱，做到改革不停顿、开放不止步。我们的改革开放是有方向、有立场、有原则的。有的人把改革定义为往西方"普世价值"、西方政治制度的方向改，否则就是不改革。这是偷换概念，曲解我们的改革。我们当然要高举改革旗帜，但我们的改革是在中国特色社会主义道路上不断前进的改革，既不走封闭僵化的老路，也不走改旗易帜的邪路。

凝聚共识，就是要形成推进改革开放的合力。人心齐、泰山移。没有广泛共识，改革难以顺利推进，推进了也难以取得全面成功。现在，经济体制深刻变革，社会结构深刻变动，利益格局深刻调整，思想观念深刻变化，凝聚改革共识难度加大，统筹兼顾各方面利益任务艰巨而繁重。这就更需要下功夫去凝聚共识。凝聚共识很重要，思想认识不统一时要找最大公约数。我们十三亿人，八千二百多万党员，包括海外同胞，大家能凝聚共识，本身就是力量。同时，我们也要看到，不同地方、不同阶层、不同领域、不同方面，大家会有不同想法。那就要考虑，哪些是可以"求同"的？哪些是可以经过做工作、形成或转化为共识的？哪些是可以继续"存异"的？把最大公约数找出来，在改革开放上形成聚焦，做事就能事半而功倍。磨刀不误砍柴工。这些工作要做，不要怕耽误功夫，事缓则圆。包括一些工作试点先行，也可以解决思想认识问题。我们要尊重人民首创精神，最大限度集中群众智慧，把党内外一切可以团结的力量广泛团结起来，把国内外一切可以调动的积极因素充分调动起来，汇合成推进改革开放的强大力量。

统筹谋划，就是要提高改革决策的科学性。不谋全局者，不足谋一域。改革推进到现在，必须在深入调查研究的基础上提出全面深化改革的顶层设计和总体规划，提出改革的战略目标、战略重点、优先顺序、主攻方向、工作机制、推进方式，提出改革总体方案、路线图、时间表。这也应该同"两个一百年"奋斗目标相适应。实现"两个一百年"奋斗目标，要以改革开放为抓手，要有相应的改革开放举措。所谓顶层设计，就是要对经济体制、政治体制、文化体制、社会体制、生态文明体制作出统筹设计，加强对各项改革关联性的研判，努力做到全局和局部相配套、治本和治标相结合、渐进和突破相促进。改革也要辨证施治，既要养血润燥、化瘀行血，又要固本培元、壮筋续骨，使各项改革发挥最大效能。

协同推进，就是要增强改革措施的协调性。我们的改革历来就是全面改革。我不赞成那种笼统认为中国改革在某个方面滞后的说法。在某些方面、某个时期，快一点、慢一点是有的，但总体上不存在中国改革哪些方面改了，哪些方面没有改。问题的实质是改什么、不改什么，有些不改的、不能改的，再过多长时间也是不改，这不能说不改革。现在，重大改革都是牵一发而动全身的，更需要全面考量、协调推进。不能畸轻畸重，也难以单刀突进。对看准了的改革，要下决心推进，争取早日取得成效。对涉及面广泛的改革，要同时推进配套改革，聚合各项相关改革协调推进的正能量。对看得还不那么准、又必须取得突破的改革，可以先进行试点，摸着石头过河，尊重实践、尊重创造，鼓励大胆探索、勇于开拓，在实践中开创新路，取得经验后再推开。

摸着石头过河，这是富有中国特色、符合中国国情的改革方法。不能说改革开放初期要摸着石头过河，现在再摸着石头过河就不能提了。为什么呢？我们是一个大国，决不能在根本性问题上出现颠覆性错误，出现后就无法挽回、无法弥补。同时，又不能因此就什么都不动、什么也不改，那样就是僵化、封闭、保守。怎么办呢？采取试点探索、投石问路的方法，取得了经验，形成了共识，看得很准了，感觉到推开很稳当了，再推开。渐进式改革，就是积小胜为大胜。改革开放三十多年回首一看，变化就很大。基辛格[1]曾经对我发感慨，说当年他来中国进行破冰之旅时，想到了中国可能出现的一些变化，想做一些推动的事情，但中国今天的情况他从来没有想到过，无法想象，超出想象。我们决不能自乱阵脚。我们强调道路自信、理论自信、制度自信，就是要树立信心。方法上，治大国若烹小鲜，大国政贵有恒，不能朝令夕改，不要折腾。今天喊这个口号，明天换那个口号，这不行。这不叫新思路，而叫不稳当。

注　释

〔1〕基辛格，即亨利·艾尔弗雷德·基辛格，一九二三年生。曾任美国总统国家安全事务助理、国务卿。积极协助尼克松总统恢复中美两国的正常关系，一九七一年七月到北京与周恩来总理就两国关系正常化问题举行会谈。此后多次访华。

没有贫困地区的小康
就没有全面小康[*]

（二〇一二年十二月二十九日）

我这次来的目的，就是慰问革命老区群众。阜平地处太行山深处，是著名的革命老区，属于燕山—太行山集中连片特殊困难地区，很有代表性。一直想找个机会过来看望一下乡亲们，了解困难群众生产生活情况，同大家一起商量脱贫致富之策。要看就要真看，看真贫，通过典型了解贫困地区真实情况，窥一斑而见全豹。这有利于正确决策。本来很贫困，却粉饰太平，结果只会把事情办糟。有的地方贫困，原因是多方面的，不等于工作没做好，大家不要有顾虑。

来之前看了有关材料，刚才听了你们的工作汇报，对阜平的历史沿革、基本县情、经济社会发展情况有了一个全面了解。近年来，你们在经济发展、民生改善、社会管理、生态旅游、扶贫开发以及基层党建工作等各个方面都取得了新的进步。你们常年工作生活在这里，条件相对艰苦，工作十分辛苦，为改变阜平面貌做了大量工作、付出

---

* 这是习近平同志在河北省阜平县考察扶贫开发工作时讲话的一部分。

很大努力。在此，我向你们并通过你们，向全县二十一万干部群众，表示诚挚的问候！

阜平是一个拥有光荣革命历史的地方，是我党我军历史上创建的第一块敌后抗日根据地——晋察冀根据地的首府，是晋察冀边区政治、军事、文化中心。聂荣臻元帅等老一辈革命家曾在这里战斗和生活了十一年。一九四八年四月，毛主席率领中央机关从陕北来到阜平的城南庄，在这里召开中央书记处扩大会议，调整南线战略，为三大战役胜利奠定了坚实基础。阜平和阜平人民为中国革命胜利作出了重要贡献，党和人民永远不会忘记。

我对聂帅怀有深厚感情。我上的小学——北京八一小学，前身就是设在阜平县城南庄的荣臻小学，后来从阜平迁到北京。聂帅对阜平非常关心，他讲过，阜平不富，死不瞑目。说到阜平老百姓生活依然贫困，聂帅掉了眼泪。我在福州工作时就知道这个情况。所以，我脑子里对阜平有很深印象，从小就有印象，这是我对阜平革命老区的一个情结。

这些年来，河北也好、保定也好、阜平也好，在积极推进扶贫开发方面做了大量工作，取得很大成绩。这是值得肯定的。由于自然条件不好、交通不方便、生产生活条件与平原地区相差不少，阜平现在还比较贫困。从县里提供的材料看，阜平全县二十一万人口中，扶贫对象有九万人，比例较高，扶贫开发任务仍十分艰巨。到二〇二〇年全面建成小康社会，自然要包括农村的全面小康，也必须包括革命老区、贫困地区的全面小康。所以，党中央特别关心革命老区、贫困地区发展。

改革开放三十多年来，我国经济社会发展取得很大成就，人民生活水平总体上发生很大变化，与过去不能同日而语了。同时，我们也要清醒地看到，由于我国还处在社会主义初级阶段，由于我们国家大、各地发展条件不同，我国还有为数不少的困难群众。按照人均年收入二千三百元的国家扶贫标准，全国农村扶贫对象还有一亿二千多万人。我们在国际场合说我国是发展中国家、所承担的国际义务要适当，就是这个道理。城镇各类困难群众也为数不少。怎样支持和帮助他们过上好日子，是我经常想的一个问题。消除贫困、改善民生、实现共同富裕，是社会主义的本质要求。现在，我国大部分群众生活水平有了很大提高，出现了中等收入群体，也出现了高收入群体，但还存在大量低收入群众。真正要帮助的，还是低收入群众。平均数会掩盖差距。我离开浙江时，二〇〇六年城镇居民人均可支配收入达到一万八千二百多元，农村居民人均纯收入也达到七千三百多元，但平均数线下的在百分之四十以上，不少人没有达到平均数。对各类困难群众，我们要格外关注、格外关爱、格外关心，时刻把他们的安危冷暖放在心上，关心他们的疾苦，千方百计帮助他们排忧解难。郑板桥[1]有一首诗写道："衙斋卧听萧萧竹，疑是民间疾苦声。些小吾曹州县吏，一枝一叶总关情。"我们共产党人对人民群众的疾苦更要有这样的情怀，要有仁爱之心、关爱之心，更多关注困难群众，不断提高全体人民生活水平。

　　全面建成小康社会，最艰巨最繁重的任务在农村、特别是在贫困地区。没有农村的小康，特别是没有贫困地区的小康，就没有全面建成小康社会。大家要深刻理解这句话的含义。因此，要提高对做好扶贫开发工作重要性的认识，增强做好扶贫开发工作的责任感和使命感。

　　中央对扶贫开发工作高度重视，党的十八大以及最近召开的中央经济工作会议和中央农村工作会议，都对扶贫开发工作提出了明确要求。去年，中央召开了中央扶贫开发工作会议，部署了新的十年扶贫开发工作，出台了一系列扶持贫困地区加快发展的政策措施。深入推进扶贫开发，帮助困难群众特别是革命老区、贫困山区困难群众早日脱贫致富，到二○二○年稳定实现扶贫对象不愁吃、不愁穿，保障其义务教育、基本医疗、住房安全，是中央确定的目标。我们要加大投入力度，把集中连片特殊困难地区[2]作为主战场，把稳定解决扶贫对象温饱、尽快实现脱贫致富作为首要任务，坚持政府主导，坚持统筹发展，注重增强扶贫对象和贫困地区自我发展能力，注重解决制约发展的突出问题，努力推动贫困地区经济社会加快发展。

注　　释

　　〔1〕郑板桥，即郑燮（一六九三——一七六六），清代江苏兴化（今江苏兴化）人。清代书画家、文学家，曾任山东范县（今河南范县）、潍县（今

山东潍坊）知县。本文引语见郑燮《潍县署中画竹呈年伯包大中丞括》。

〔2〕集中连片特殊困难地区，指六盘山区、秦巴山区、武陵山区、乌蒙山区、滇桂黔石漠化区、滇西边境山区、大兴安岭南麓山区、燕山—太行山区、吕梁山区、大别山区、罗霄山区等区域的连片特困地区和已明确实施特殊政策的西藏，四川、云南、甘肃、青海四省涉藏州县，新疆南疆三地州（喀什地区、和田地区、克孜勒苏柯尔克孜自治州）。二〇一六年起，新疆阿克苏地区一市六县享受集中连片特困地区政策。

关于坚持和发展
中国特色社会主义的几个问题 *

（二〇一三年一月五日）

第一，中国特色社会主义是社会主义而不是其他什么主义，科学社会主义基本原则不能丢，丢了就不是社会主义。我们党始终强调，中国特色社会主义，既坚持了科学社会主义基本原则，又根据时代条件赋予其鲜明的中国特色。这就是说，中国特色社会主义是社会主义，不是别的什么主义。一个国家实行什么样的主义，关键要看这个主义能否解决这个国家面临的历史性课题。在中华民族积贫积弱、任人宰割的时期，各种主义和思潮都进行过尝试，资本主义道路没有走通，改良主义、自由主义、社会达尔文主义、无政府主义、实用主义、民粹主义、工团主义等也都"你方唱罢我登场"〔1〕，但都没能解决中国的前途和命运问题。是马克思列宁主义、毛泽东思想引导中国人民走出了漫漫长夜、建立了新中国，是中国特色社会主义使中国快速发展起来了。不说更早的时期，就从改革开放开

---

* 这是习近平同志在新进中央委员会的委员、候补委员学习贯彻党的十八大精神研讨班上讲话的一部分。

始，特别是苏联解体、东欧剧变[2]以后，唱衰中国的舆论在国际上不绝于耳，各式各样的"中国崩溃论"从来没有中断过。但是，中国非但没有崩溃，反而综合国力与日俱增，人民生活水平不断提高，"风景这边独好"[3]。历史和现实都告诉我们，只有社会主义才能救中国，只有中国特色社会主义才能发展中国，这是历史的结论、人民的选择。

近些年来，国内外有些舆论提出中国现在搞的究竟还是不是社会主义的疑问，有人说是"资本社会主义"，还有人干脆说是"国家资本主义"、"新官僚资本主义"。这些都是完全错误的。我们说中国特色社会主义是社会主义，那就是不论怎么改革、怎么开放，我们都始终要坚持中国特色社会主义道路、中国特色社会主义理论体系、中国特色社会主义制度，坚持党的十八大提出的夺取中国特色社会主义新胜利的基本要求。这就包括在中国共产党领导下，立足基本国情，以经济建设为中心，坚持四项基本原则，坚持改革开放，解放和发展社会生产力，建设社会主义市场经济、社会主义民主政治、社会主义先进文化、社会主义和谐社会、社会主义生态文明，促进人的全面发展，逐步实现全体人民共同富裕，建设富强民主文明和谐的社会主义现代化国家；包括坚持人民代表大会制度的根本政治制度，中国共产党领导的多党合作和政治协商制度、民族区域自治制度以及基层群众自治制度等基本政治制度，中国特色社会主义法律体系，公有制为主体、多种所有制经济共同发展的基本经济制度。这些都是在新的历史条件下体现科学社会主义基本原则的内容，如果丢掉了这些，那就不成其为社会主义了。

邓小平同志曾经深刻地、总结性地指出："我们的现代化建设，必须从中国的实际出发。无论是革命还是建设，都要注意学习和借鉴外国经验。但是，照抄照搬别国经验、别国模式，从来不能得到成功。这方面我们有过不少教训。"[4]过去不能搞全盘苏化，现在也不能搞全盘西化或者其他什么化。冷战结束后，不少发展中国家被迫采纳了西方模式，结果党争纷起、社会动荡、人民流离失所，至今都难以稳定下来。《庄子·秋水》中写道："且子独不闻夫寿陵余子之学行于邯郸与？未得国能，又失其故行矣，直匍匐而归耳。"我们千万不能"邯郸学步，失其故行"。我们就是把马克思主义中国化，就是搞中国特色社会主义。近年来，随着我国综合国力和国际地位上升，国际上关于"北京共识"、"中国模式"、"中国道路"等议论和研究也多了起来，其中不乏赞扬者。一些外国学者认为，中国的快速发展，导致一些西方理论正在被质疑，一种新版的马克思主义理论正在颠覆西方的传统理论。我们始终认为，各国的发展道路应由各国人民选择。所谓的"中国模式"是中国人民在自己的奋斗实践中创造的中国特色社会主义道路。我们坚信，随着中国特色社会主义不断发展，我们的制度必将越来越成熟，我国社会主义制度的优越性必将进一步显现，我们的道路必将越走越宽广，我国发展道路对世界的影响必将越来越大。我们就是要有这样的道路自信、理论自信、制度自信，真正做到

"千磨万击还坚劲，任尔东西南北风"〔5〕。

第二，我们党领导人民进行社会主义建设，有改革开放前和改革开放后两个历史时期，这是两个相互联系又有重大区别的时期，但本质上都是我们党领导人民进行社会主义建设的实践探索。中国特色社会主义是在改革开放历史新时期开创的，但也是在新中国已经建立起社会主义基本制度并进行了二十多年建设的基础上开创的。正确认识这个问题，要把握三个方面。一是，如果没有一九七八年我们党果断决定实行改革开放，并坚定不移推进改革开放，坚定不移把握改革开放的正确方向，社会主义中国就不可能有今天这样的大好局面，就可能面临严重危机，就可能遇到像苏联、东欧国家那样的亡党亡国危机。同时，如果没有一九四九年建立新中国并进行社会主义革命和建设，积累了重要的思想、物质、制度条件，积累了正反两方面经验，改革开放也很难顺利推进。二是，虽然这两个历史时期在进行社会主义建设的思想指导、方针政策、实际工作上有很大差别，但两者决不是彼此割裂的，更不是根本对立的。我们党在社会主义建设实践中提出了许多正确主张，当时没有真正落实，改革开放后得到了真正贯彻，将来也还是要坚持和发展的。马克思早就说过："人们自己创造自己的历史，但是他们并不是随心所欲地创造，并不是在他们自己选定的条件下创造，而是在直接碰到的、既定的、从过去承继下来的条件下创造。"〔6〕三是，对改革开放前的历史时期要正确评价，不能用改革开放后的历史时期否定改革开放前的历史时期，也不能用改革开放前的历史时期否定改革开放后的历史时期。改革开放前的社会主义实践探索为改革开放后的社会主义实践探索积累了条件，改革开放后的社会主义实践探索是对前一个时期的坚持、改革、发展。对改革开放前的社会主义实践探索，要坚持实事求是的思想路线，分清主流和支流，坚持真理，修正错误，发扬经验，吸取教训，在这个基础上把党和人民事业继续推向前进。

我之所以强调这个问题，是因为这个重大政治问题处理不好，就会产生严重政治后果。古人说："灭人之国，必先去其史。"[7]国内外敌对势力往往就是拿中国革命史、新中国历史来做文章，竭尽攻击、丑化、污蔑之能事，根本目的就是要搞乱人心，煽动推翻中国共产党的领导和我国社会主义制度。苏联为什么解体？苏共为什么垮台？一个重要原因就是意识形态领域的斗争十分激烈，全面否定苏联历史、苏共历史，否定列宁，否定斯大林，搞历史虚无主义，思想搞乱了，各级党组织几乎没任何作用了，军队都不在党的领导之下了。最后，苏联共产党偌大一个党就作鸟兽散了，苏联偌大一个社会主义国家就分崩离析了。这是前车之鉴啊！邓小平同志指出："毛泽东思想这个旗帜丢不得。丢掉了这个旗帜，实际上就否定了我们党的光辉历史。总的来说，我们党的历史还是光辉的历史。虽然我们党在历史上，包括建国以后的三十年中，犯过一些大错误，甚至犯过搞'文化大革命'这样的大错误，但是我们党终究把革命搞成功了。中国在世界上的地位，是在中华人民共和国成立以后才大大提高的。只有中华人民共和国的成立，才使我们这个人口占世界总人口近四分之一的大国，在世界上站起来，而且站住了。"[8]他还强调："对毛泽东同志的评价，对毛泽东思想的阐述，不是仅仅涉及毛泽东同志个人的问题，这同我们党、我们国家的整个历史是分不开的。要看到这个全局。""这不只是个理论问题，尤其是个政治问题，是国际国内的很大的政治问题。"[9]这就是一个伟大马克思主义政治家的眼界和胸怀。试想一下，如果当时全盘否定了毛泽东同志，那我们党还能站得住吗？我们国家的社会主义制度还能站得住吗？那就站不住了，站不住就会天下大乱。所以，正确处理改革开放前后的社会主义实践探索的关系，不只是一个历史问题，更主要的是一个政治问题。建议大家把《关于建国以来党的若干历史问题的决议》找出来再看看。

第三，马克思主义必定随着时代、实践和科学的发展而不断发展，不可能一成不变，社会主义从来都是在开拓中前进的。坚持和发展中国特色社会主义是一篇大文章，邓小平同志为它确定了基本思路和基本原则，以江泽民同志为核心的党的第三代中央领导集体、以胡锦涛同志为总书记的党中央在这篇大文章上都写下了精彩的篇章。现在，我们这一代共产党人的任务，就是继续把这篇大文章写下去。三十多年来，中国特色社会主义取得了巨大成就，加之新中国成立以后打下的基础，这是它得以站得住、行得远的重要基础。我们对社会主义的认识，对中国特色社会主义规律的把握，已经达到了一个前所未有的新的高度，这一点不容置疑。同时，也要看到，我国社会主义还处在初级阶段，我们还面临很多没有弄清楚的问题和待解的难题，对许多重大问题的认识和处理都还处在不断深化的过程之中，这一点也不容置疑。对事物的认识是需要一个过程的，而对社会主义这个我们只搞了几十年的东西，我们的认识和把握也还是非常有限的，还需要在实践中不断深化和发展。

坚持马克思主义，坚持社会主义，一定要有发展的观点，一定要以我国改革开放和现代化建设的实际问题、以我们正在做的事情为中心，着眼于马克思主义理论的运用，着眼于对实际问题的理论思考，着眼于新的实践和新的发展。我们说过，世界上没有放之四海而皆准的发展道路和发展模式，也没有一成不变的发展道路和发展模式。我们过去取得的实践和理论成果，能够帮助我们更好面对和解决前进中的问题，但不能成为我们骄傲自满的理由，更不能成为我们继续前进的包袱。我们的事业越前进、越发展，新情况新问题就会越多，面临的风险和挑战就会越多，面对的不可预料的事情就会越多。我们必须增强忧患意识，做到居安思危。解放思想、实事求是、与时俱进，是马克思主义活的灵魂，是我们适应新形势、认识新事物、完成新任务的根本思想武器。全党同志首先是各级领导干部必须坚持马克思主义的发展观点，坚持实践是检验真理的唯一标准，发挥历史的主动性和创造性，清醒认识世情、国情、党情的变和不变，永远要有逢山开路、遇河架桥的精神，锐意进取，大胆探索，敢于和善于分析回答现实生活中和群众思想上迫切需要解决的问题，不断深化改革开放，不断有所发现、有所创造、有所前进，不断推进理论创新、实践创新、制度创新。

第四，我们党始终坚持共产主义远大理想，共产党员特别是党员领导干部要做共产主义远大理想和中国特色社会主义共同理想的坚定信仰者和忠实践行者。对马克思主义的信仰，对社会主义和共产主义的信念，是共产党人的政治灵魂，是共产党人经受住任何考验的精神支柱。党章明确规定，党的最高理想和最终目标是实现共产主义。党章同时明确规定，中国共产党人追求的共产主义最高理想，只有在社会主义社会充分发展和高度发达的基础上才能实现。想一下子、两下子就进入共产主义，那是不切实际的。邓小平同志说，巩固和发展社会主义制度，还需要一个很长的历史阶段，需要我们几代人、十几代人，甚至几十代人坚持不懈地努力奋斗[10]。几十代人，那是多么长啊！从孔老夫子到现在也不过七十几代人。这样看问题，充分说明了我们中国共产党人政治上的清醒。必须认识到，我们现在的努力以及将来多少代人的持续努力，都是朝着最终实现共产主义这个大目标前进的。同时，必须认识到，实现共产主义是一个非常漫长的历史过程，我们必须立足党在现阶段的奋斗目标，脚踏实地推进我们的事业。如果丢失了我们共产党人的远大目标，就会迷失方向，变成功利主义、实用主义。中国特色社会主义是党的最高纲领和基本纲领的统一。中国特色社会主义的基本纲领，概言之，就是建立富强民主文明和谐的社会主义现代化国家。这既是从我国正处于并将长期处于社会主义初级阶段的基本国情出发的，也没有脱离党的最高理想。我们既要坚定走中国特色社会主义道路的信念，也要胸怀共产主义的崇高理想，矢志不移贯彻执行党在社会主义初级阶段的基本路线和基本纲领，做好当前每一项工作。

革命理想高于天。没有远大理想，不是合格的共产党员；离开现实工作而空谈远大理想，也不是合格的共产党员。在我们党九十多年的历史中，一代又一代共产党人为了追求民族独立和人民解放，不惜流血牺牲，靠的就是一种信仰，为的就是一个理想。尽管他们也知道，自己追求的理想并不会在自己手中实现，但他们坚信，只要一代又一代人为之持续努力，一代又一代人为此作出牺牲，崇高的理想就一定能实现，正所谓"砍头不要紧，只要主义真"〔11〕。今天，衡量一名共产党员、一名领导干部是否具有共产主义远大理想，是有客观标准的，那就要看他能否坚持全心全意为人民服务的根本宗旨，能否吃苦在前、享受在后，能否勤奋工作、廉洁奉公，能否为理想而奋不顾身去拼搏、去奋斗、去献出自己的全部精力乃至生命。一切迷惘迟疑的观点，一切及时行乐的思想，一切贪图私利的行为，一切无所作为的作风，都是与此格格不入的。一些人认为共产主义是可望而不可及的，甚至认为是望都望不到、看都看不见的，是虚无缥缈的。这就涉及是唯物史观还是唯心史观的世界观问题。我们一些同志之所以理想渺茫、信仰动摇，根本的就是历史唯物主义观点不牢固。要教育引导广大党员、干部把践行中国特色社会主义共同理想和坚定共产主义远大理想统一起来，做到虔诚而执着、至信而深厚。有了坚定的理想信念，站位就高了，眼界就宽了，心胸就开阔了，就能坚持正确政治方向，在胜利和顺境时不骄傲不急躁，在困难和逆境时不消沉不动摇，经受住各种风险和困难考验，自觉抵御各种腐朽思想的侵蚀，永葆共产党人政治本色。

事实一再告诉我们，马克思、恩格斯关于资本主义社会基本矛盾的分析没有过时，关于资本主义必然消亡、社会主义必然胜利的历史唯物主义观点也没有过时。这是社会历史发展不可逆转的总趋势，但道路是曲折的。资本主义最终消亡、社会主义最终胜利，必然是一个很长的历史过程。我们要深刻认识资本主义社会的自我调节能力，充分估计到西方发达国家在经济科技军事方面长期占据优势的客观现实，认真做好两种社会制度长期合作和斗争的各方面准备。在相当长时期内，初级阶段的社会主义还必须同生产力更发达的资本主义长期合作和斗争，还必须认真学习和借鉴资本主义创造的有益文明成果，甚至必须面对被人们用西方发达国家的长处来比较我国社会主义发展中的不足并加以指责的现实。我们必须有很强大的战略定力，坚决抵制抛弃社会主义的各种错误主张，自觉纠正超越阶段的错误观念。最重要的，还是要集中精力办好自己的事情，不断壮大我们的综合国力，不断改善我们人民的生活，不断建设对资本主义具有优越性的社会主义，不断为我们赢得主动、赢得优势、赢得未来打下更加坚实的基础。

通过以上分析，我们可以更加深刻地认识到，道路问题是关系党的事业兴衰成败第一位的问题，道路就是党的生命。毛泽东同志指出："革命党是群众的向导，在革命中未有革命党领错了路而革命不失败的。"〔12〕我们党在革命、建设、改革各个历史时期，坚持从我国国情出发，探索并形成了符合中国实际的新民主主义革命道路、社会主义改造和社会主义建设道路、中国特色社会主义道路，这种独立自主的探索精神，这种坚持走自己路的坚定决心，是我们党不断从挫折中觉醒、不断从胜利走向胜利的真谛。鲁迅先生有句名言：其实地上本没有路，走的人多了，也便成了路〔13〕。中国特色社会主义，是科学社会主义理论逻辑和中国社会发展历史逻辑的辩证统一，是根植于中国大地、反映中国人民意愿、适应中国和时代发展进步要求的科学社会主义，是全面建成小康社会、加快推进社会主义现代化、实现中华民族伟大复兴的必由之路。只要我们坚持独立自主走自己的路，毫不动摇坚持和发展中国特色社会主义，我们就一定能在中国共产党成立一百年时全面建成小康社会，就一定能在新中国成立一百年时建成富强民主文明和谐的社会主义现代化国家。

注　释

〔1〕见清代曹雪芹《红楼梦》第一回。

〔2〕苏联解体、东欧剧变通常统称为苏东剧变，指二十世纪八十年代末至九十年代初苏联和东欧的南斯拉夫、罗马尼亚、波兰、匈牙利、保加利

亚、民主德国、捷克斯洛伐克、阿尔巴尼亚等社会主义国家的政治和经济制度发生根本性变化的事件。由于社会长期积累的政治、经济、民族矛盾日益尖锐和西方国家施加的影响与压力，苏东各国执政的共产党和工人党在短时间内丧失政权。苏联、南斯拉夫、捷克斯洛伐克三国解体。民主德国并入联邦德国。剧变后的苏东各国均宣布彻底抛弃以高度集中的政治经济体制为特征的苏联社会主义模式，将实行几十年的社会主义制度转变为资本主义制度。从时间顺序上看，东欧各国政权变化在先，苏联解体在后，但肇始者和实际源头在苏联，故称作苏东剧变。这一剧变对苏东各国的政治、经济和社会造成了重大冲击，也标志着第二次世界大战结束后形成的世界格局发生了重大变化和冷战结束。

〔３〕见毛泽东《清平乐·会昌》（《毛泽东诗词集》，中央文献出版社 2003 年版，第 40 页）。

〔４〕见邓小平《中国共产党第十二次全国代表大会开幕词》（《邓小平文选》第 3 卷，人民出版社 1993 年版，第 2—3 页）。

〔５〕见清代郑燮《竹石》。

〔６〕见马克思《路易·波拿巴的雾月十八日》（《马克思恩格斯选集》第 1 卷，人民出版社 2012 年版，第 669 页）。

〔７〕见清代龚自珍《古史钩沉论二》。

〔８〕见邓小平《对起草〈关于建国以来党的若干历史问题的决议〉的意见》（《邓小平文选》第 2 卷，人民出版社 1994 年版，第 298—299 页）。

〔９〕见邓小平《对起草〈关于建国以来党的若干历史问题的决议〉的意见》（《邓小平文选》第 2 卷，人民出版社 1994 年版，第 299 页）。

〔10〕见邓小平《在武昌、深圳、珠海、上海等地的谈话要点》（《邓小平文选》第 3 卷，人民出版社 1993 年版，第 379—380 页）。

〔11〕见夏明翰《就义诗》。

〔12〕见毛泽东《中国社会各阶级的分析》（《毛泽东选集》第 1 卷，人民出版社 1991 年版，第 3 页）。

〔13〕见鲁迅《故乡》（《鲁迅全集》第 1 卷，人民文学出版社 2005 年版，第 510 页）。

八项规定是改进作风的
切入口和动员令*

（二〇一三年一月二十二日）

改进工作作风的任务非常繁重，八项规定[1]是一个切入口和动员令。八项规定既不是最高标准，更不是最终目的，只是我们改进作风的第一步，是我们作为共产党人应该做到的基本要求。"善禁者，先禁其身而后人。"[2]各级领导干部要以身作则、率先垂范，说到的就要做到，承诺的就要兑现，中央政治局同志从我本人做起。领导干部的一言一行、一举一动，群众都看在眼里、记在心上。干部心系群众、埋头苦干，群众就会赞许你、拥护你、追随你；干部不务实事、骄奢淫逸，群众就会痛恨你、反对你、疏远你。我们的财力是不断增加了，但决不能大手大脚糟蹋浪费！要坚持勤俭办一切事业，坚决反对讲排场比阔气，坚决抵制享乐主义和奢靡之风。各级领导干部要时刻把群众的安危冷暖放在心上，多想想困难群众，多想想贫困地区，多做一些雪中送炭、急人之困的工作，少做

---

* 这是习近平同志在中共第十八届中央纪律检查委员会第二次全体会议上讲话的一部分。

些锦上添花、花上垒花的虚功。在我们社会主义国家，决不能发生旧社会那种"朱门酒肉臭，路有冻死骨"[3]的现象。

一月十五日，我看了新华社的一份材料，题目是《网民呼吁遏制餐饮环节"舌尖上的浪费"》。材料反映，有人统计，我国每年餐桌浪费多达二千多亿元，被倒掉的食物相当于二亿多人一年的口粮。材料还反映，中国农业大学专家课题组对大中小三类城市二千七百桌不同规模的餐桌剩余饭菜的蛋白质、脂肪等进行分析，保守估算，我国一年仅餐饮浪费的食物蛋白质就达八百万吨，相当于二亿六千万人一年所需；浪费脂肪三百万吨，相当于一亿三千万人一年所需。除餐饮消费环节产生巨大浪费外，居民日常生活中的食品浪费现象也很严重。我看了以后感到，材料中列举的数字是不是十分准确还可以进一步研究，但我国餐饮浪费包括其他方面的浪费现象的确触目惊心、令人痛心！究其原因，公款吃喝、商务宴请和居民家庭食物浪费日益严重，饮食消费观念不当、公款消费缺乏监督等是重要原因。广大干部群众对餐饮浪费等各种浪费行为特别是公款浪费行为反映强烈。"俭则约，约则百善俱兴；侈则肆，肆则百恶俱纵。"[4]勤俭是我们的传家宝，什么时候都不能丢掉。要大力弘扬中华民族勤俭节约的优秀传统，大力宣传节约光荣、浪费可耻的思想观念，努力使厉行节约、反对浪费在全社会蔚然成风。各级党政军机关、事业单位，各人民团体、国有企业，各级领导干部，都要率先垂范，严格执行公务接待制度，严格落实各项节约措施，坚决杜绝公款浪费现象。要加强监督检查，鼓励节约，整治浪费。中央办公厅已就此发出通知。各级党委和政府要采取有力措施，持之以恒抓下去，狠刹浪费之风。当前，尤其要注意做好"两会"、春节期间的厉行节约、反对浪费工作。

各地区各部门要不折不扣执行改进工作作风相关规定，把要求落实到每一项工作、每一个环节之中。上级机关要切实负起领导和管理责任，对下级机关不符合规定的行为和现象，要责令整改、严肃纠正。各级党委和政府要把各项要求和责任落实到日常工作之中，每年要着力解决几个突出问题。作风是否确实好转，要以人民满意为标准。要广泛听取群众意见和建议，自觉接受群众评议和社会监督。群众不满意的地方就要及时整改。中央纪委、监察部[5]和各级纪检监察机关要加大检查监督力度，执好纪、问好责、把好关。要加大责任追究力度，严格执行有关纪律处分规定，以严明的纪律督促各级领导机关和领导干部改进作风。

作风问题具有顽固性和反复性，抓一抓有好转，松一松就反弹。有人担心，八项规定执行起来会不会是一阵风，或者是流于形式，这种担心不是没有道理的。能不能打消干部群众的这个疑问，关键看我们怎么做。发布八项规定只是开端、只是破题，还需要下很大功夫。我们要以踏石留印、抓铁有痕的劲头抓下去，善始善终、善作善成，防止虎头蛇尾，让全党全体人民来监督，让人民群众不断看到实实在在的成效和变化。

注　释

〔1〕八项规定，即中央八项规定。指二〇一二年十二月中共十八届中央政治局会议审议通过的《十八届中央政治局关于改进工作作风、密切联系群众的八项规定》。主要内容是：改进调查研究、精简会议活动、精简文件简报、规范出访活动、改进警卫工作、改进新闻报道、严格文稿发表、厉行勤俭节约。中共十九届中央政治局和二十届中央政治局分别制定了贯彻落实中央八项规定的实施细则。

〔2〕见东汉荀悦《申鉴·政体》。

〔3〕见唐代杜甫《自京赴奉先县咏怀五百字》。

〔4〕见明代吕坤《呻吟语·存心》。

〔5〕监察部，即中华人民共和国监察部。根据二〇一八年二月中共十九届三中全会审议通过的《中共中央关于深化党和国家机构改革的决定》和《深化党和国家机构改革方案》，将监察部、国家预防腐败局的职责，最高人民检察院查处贪污贿赂、失职渎职以及预防职务犯罪等反腐败相关职责整合，组建国家监察委员会，同中央纪律检查委员会合署办公，履行纪检、监察两项职责，实行一套工作机构、两个机关名称，不再保留监察部。二〇一八年三月二十三日，中华人民共和国国家监察委员会揭牌。

牢牢把握强军目标，
建设一支强大人民军队[*]

（二〇一三年三月十一日）

建设强大的人民军队是我们党的不懈追求。在各个历史时期，我们党都根据形势任务的变化，及时提出明确的目标要求，引领我军建设不断向前发展。在去年年底军委扩大会议上，经过广泛征求意见和深入思考，我提出要为建设一支听党指挥、能打胜仗、作风优良的人民军队而奋斗。这是总结我们党建军治军成功经验、适应国际战略形势和国家安全环境发展变化、着眼于解决军队建设所面临的突出矛盾和问题提出来的，是党在新形势下的强军目标。这一目标明确了加强军队建设的聚焦点和着力点，听党指挥是灵魂，决定军队建设的政治方向；能打胜仗是核心，反映军队的根本职能和军队建设的根本指向；作风优良是保证，关系军队的性质、宗旨、本色。这三者相互联系、密不可分，与我军一以贯之的建军治军指导思想和方针原则是一致的，与革命化现代化正规化建设相统一的全

---

* 这是习近平同志在十二届全国人大一次会议解放军代表团全体会议上讲话的一部分。

面建设思想是一致的。全军要准确把握这一强军目标，用以统领军队建设、改革和军事斗争准备，努力把国防和军队建设提高到一个新水平。

我军作为执行党的政治任务的武装集团，必须把听党指挥作为军队建设的首要，确保部队绝对忠诚、绝对纯洁、绝对可靠。我军是党缔造的，一诞生便与党紧紧地联系在一起，始终在党的绝对领导下行动和战斗。我们党是马克思主义政党，是全心全意为人民服务的政党，只有坚持党对军队的绝对领导，才能从根本上保证人民军队的性质。八十多年来，我军之所以能始终保持强大的凝聚力、向心力、战斗力，经受住各种考验，不断从胜利走向胜利，最根本的就是靠党的坚强领导。如果丢掉了这一条，军队就会变质。任何时候任何情况下，我军都必须铸牢听党指挥这个强军之魂，坚持党对军队绝对领导的根本原则和人民军队的根本宗旨不动摇，贯彻执行党的理论和路线方针政策不动摇，始终忠于党、忠于社会主义、忠于祖国、忠于人民，做到一切行动听从党中央和中央军委指挥。各种敌对势力总是幻想着在我军这座钢铁长城上打开缺口，千方百计对我军进行意识形态渗透，极力鼓吹"军队非党化、非政治化"和"军队国家化"，说到底就是妄图使我军脱离党的领导。现在，我军官兵成分结构发生了很大变化，一些同志对党指挥枪的极端重要性缺乏足够认识，这个现象要引起我们高度重视。要坚持把从思想上政治上建设和掌握部队摆在突出位置，按照走在前列要求深入学习贯彻党的十八大精神，深入开展中国特色社会主义宣传教育，持续培育当代革命军人核心价值观，大力发展先进军事文化，扎实搞好"坚定信念、铸牢军魂"主题教育活动，组织官兵认真学习党史军史，坚定党对军队绝对领导的政治自信和政治自觉，打牢官兵高举旗帜、听党指挥的思想政治基础。要全面加强军队党的建设，保持党员队伍的先进性和纯洁性，把各级党组织建设成为坚强领导核心和战斗堡垒。要端正选人用人导向，坚持从政治上考察和使用干部，确保枪杆子永远掌握在忠于党的可靠的人手中。

军队首先是一个战斗队，必须坚持一切建设和工作向能打胜仗聚焦。我们坚持走和平发展道路，决不干称王称霸的事，决不会搞侵略扩张，但如果有人要把战争强加到我们头上，我们必须能决战决胜。我们渴望和平，但决不会因此而放弃我们的正当权益，决不会拿国家的核心利益做交易。能战方能止战，准备打才可能不必打，越不能打越可能挨打，这就是战争与和平的辩证法。俗话说，文无第一，武无第二。我军素以能征善战著称于世，创造过许多辉煌的战绩。同时，我们必须看到，能打胜仗的能力标准是随着战争实践发展而不断变化的，以前能打胜仗不等于现在能打胜仗。我军打现代化战争能力不够，各级干部指挥现代化战争能力不够，这两个问题依然很现实地摆在我们面前。我们必须扭住能打仗、打胜仗这个强军之要，强化官兵当兵打仗、带兵打仗、练兵打仗思想，牢固树立战斗力这个唯一的根本的标准，按照打仗的要求搞建设、抓准备，确保部队召之即来、来之能战、战之必胜。要与时俱进加强军事战略指导，坚持不懈拓展和深化军事斗争准备，扭住核心军事能力建设不放松，统筹安排并抓好非战争军事行动能力建设，把各项准备工作往前头赶、朝实里抓。要推动信息化建设加速发展，扎实抓好新型作战力量建设，大力发展高新技术武器装备，加快全面建设现代后勤步伐，加强高素质新型军事人才培养，深化国防和军队改革，构建中国特色现代军事力量体系。军事训练是未来战争的预演。要在全军形成大抓军事训练的鲜明导向，从实战需要出发从难从严训练部队，着力提高军事训练实战化水平，使部队都练就过硬的打赢本领。在相对和平环境中，我军始终面临精神懈怠的危险，一些官兵容易滋生松懈麻痹思想。要加强战斗精神培育，教育引导全军大力发扬我军大无畏的英雄气概和英勇顽强的战斗作风，保持旺盛革命热情和高昂战斗意志。

作风优良是我军的鲜明特色和政治优势，必须把作风建设作为军队一项基础性长期性工作抓紧抓实，永葆人民军队政治本色。古往今来，作风优良才能塑造英雄部队，作风松散可以搞垮常胜之师。在长期实践中，我军培育和形成了一整套光荣传统和优良作风，把这些宝贵精神财富一代代传下去，关系军队建设全局。现在，社会环境变化了，军队不是也不可能生活在真空中，社会上一些不良风气在部队都会有所表现，一些病菌也在不断侵蚀部队的肌体。有病就要治，而且大病小病都要治，要及时治。如果讳疾忌医，小病拖成了大病，宿疾难医，军队就不成其为军队，更谈不上能打胜仗了！"木之折也必通蠹，墙之坏也必通隙。"[1]如果我们不能及时解决自身存在的问题，任其发展下去，就会自毁长城啊！这绝不是危言耸听。按照军委统一部署，全军上下正在大抓作风建设，取得了初步成效。这只是开端、只是破题，必须常抓不懈、一抓到底，决不能搞一阵风、一阵子。现在，我们制定的规定和要求涉及部队中存在的一些问题，但有些深层次问题还没有触及。下一步，要把改进作风工作引向深入，贯彻到军队建设和管理每个环节，真正在求实、务实、落实上下功夫。全军要夯实依法治军、从严治军这个强军之基，坚持以纪律建设为核心，旗帜鲜明反对腐败、反对特权，坚决反对和纠正形式主义、官僚主义、弄虚作假、奢侈浪费等问题，保持人民军队长期形成的良好形象。要扎实抓好"学习贯彻党章、弘扬优良作风"教育活动，认真贯彻整风精神，着力纠正官兵反映强烈的突出问题，特别是发生在士兵身边的不正之风。基层是部队全部工作和战斗力的基础。各级要强化强基固本思想，把工作重心放在基层，研究解决基层建设中的突出矛盾和问题，推动基层建设全面进步。

注　释

〔1〕见《韩非子·亡征》。

在第十二届全国人民代表大会
第一次会议上的讲话

（二○一三年三月十七日）

各位代表：

这次大会选举我担任中华人民共和国主席，我对各位代表和全国各族人民的信任，表示衷心的感谢！

我深知，担任国家主席这一崇高职务，使命光荣，责任重大。我将忠实履行宪法赋予的职责，忠于祖国，忠于人民，恪尽职守，夙夜在公，为民服务，为国尽力，自觉接受人民监督，决不辜负各位代表和全国各族人民的信任和重托。

各位代表！

中华人民共和国走过了光辉的历程。在以毛泽东同志为核心的党的第一代中央领导集体、以邓小平同志为核心的党的第二代中央领导集体、以江泽民同志为核心的党的第三代中央领导集体、以胡锦涛同志为总书记的党中央领导下，全国各族人民勠力同心、接力奋斗，战胜前进道路上的各种艰难险阻，取得了举世瞩目的辉煌成就。

今天，我们的人民共和国正以昂扬的姿态屹立在世界东方。

胡锦涛同志担任国家主席十年间，以丰富的政治智慧、高超的领导才能、勤勉的工作精神，为坚持和发展中国特色社会主义建立了卓越的功勋，赢得了全国各族人民衷心爱戴和国际社会普遍赞誉。我们向胡锦涛同志，表示衷心的感谢和崇高的敬意！

各位代表！

中华民族具有五千多年连绵不断的文明历史，创造了博大精深的中华文化，为人类文明进步作出了不可磨灭的贡献。经过几千年的沧桑岁月，把我国五十六个民族、十三亿多人紧紧凝聚在一起的，是我们共同经历的非凡奋斗，是我们共同创造的美好家园，是我们共同培育的民族精神，而贯穿其中的、更重要的是我们共同坚守的理想信念。

实现全面建成小康社会、建成富强民主文明和谐的社会主义现代化国家的奋斗目标，实现中华民族伟大复兴的中国梦，就是要实现国家富强、民族振兴、人民幸福，既深深体现了今天中国人的理想，也深深反映了我们先人们不懈追求进步的光荣传统。

面对浩浩荡荡的时代潮流，面对人民群众过上更好生活的殷切期待，我们不能有丝毫自满，不能有丝毫懈怠，必须再接再厉、一往无前，继续把中国特色社会主义事业推向前进，继续为实现中华民族伟大复兴的中国梦而努力奋斗。

——实现中国梦必须走中国道路。这就是中国特色社会主义道路。这条道路来之不易，它是在改革开放三十多年的伟大实践中走出来的，是在中华人民共和国成立六十多年的持续探索中走出来的，是在对近代以来一百七十多年中华民族发展历程的深刻总结中走出来的，是在对中华民族五千多年悠久文明的传承中走出来的，具有深厚的历史渊源和广泛的现实基础。中华民族是具有非凡创造力的民族，我们创造了伟大的中华文明，我们也能够继续拓展和走好适合中国国情的发展道路。全国各族人民一定要增强对中国特色社会主义的道路自信、理论自信、制度自信，坚定不移沿着正确的中国道路奋勇前进。

　　——实现中国梦必须弘扬中国精神。这就是以爱国主义为核心的民族精神，以改革创新为核心的时代精神。这种精神是凝心聚力的兴国之魂、强国之魂。爱国主义始终是把中华民族坚强团结在一起的精神力量，改革创新始终是鞭策我们在改革开放中与时俱进的精神力量。全国各族人民一定要弘扬伟大的民族精神和时代精神，不断增强团结一心的精神纽带、自强不息的精神动力，永远朝气蓬勃迈向未来。

　　——实现中国梦必须凝聚中国力量。这就是中国各族人民大团结的力量。中国梦是民族的梦，也是每个中国人的梦。只要我们紧密团结，万众一心，为实现共同梦想而奋斗，实现梦想的力量就无比强大，我们每个人为实现自己梦想的努力就拥有广阔的空间。生活在我们伟大祖国和伟大时代的中国人民，共同享有人生出彩的机会，共同享有梦想成真的机会，共同享有同祖国和时代一起成长与进步的机会。有梦想，有机会，有奋斗，一切美好的东西都能够创造出来。全国各族人民一定要牢记使命，心往一处想，劲往一处使，用十三亿人的智慧和力量汇集起不可战胜的磅礴力量。

中国梦归根到底是人民的梦，必须紧紧依靠人民来实现，必须不断为人民造福。

我们要坚持党的领导、人民当家作主、依法治国有机统一，坚持人民主体地位，扩大人民民主，推进依法治国，坚持和完善人民代表大会制度的根本政治制度，中国共产党领导的多党合作和政治协商制度、民族区域自治制度以及基层群众自治制度等基本政治制度，建设服务政府、责任政府、法治政府、廉洁政府，充分调动人民积极性。

我们要坚持发展是硬道理的战略思想，坚持以经济建设为中心，全面推进社会主义经济建设、政治建设、文化建设、社会建设、生态文明建设，深化改革开放，推动科学发展，不断夯实实现中国梦的物质文化基础。

我们要随时随刻倾听人民呼声、回应人民期待，保证人民平等参与、平等发展权利，维护社会公平正义，在学有所教、劳有所得、病有所医、老有所养、住有所居上持续取得新进展，不断实现好、维护好、发展好最广大人民根本利益，使发展成果更多更公平惠及全体人民，在经济社会不断发展的基础上，朝着共同富裕方向稳步前进。

我们要巩固和发展最广泛的爱国统一战线，加强中国共产党同民主党派和无党派人士团结合作，巩固和发展平等团结互助和谐的社会主义民族关系，发挥宗教界人士和信教群众在促进经济社会发展中的积极作用，最大限度团结一切可以团结的力量。

各位代表！

"功崇惟志，业广惟勤。"[1]我国仍处于并将长期处于社会主义初级阶段，实现中国梦，创造全体人民更加美好的生活，任重而道远，需要我们每一个人继续付出辛勤劳动和艰苦努力。

全国广大工人、农民、知识分子，要发挥聪明才智，勤奋工作，积极在经济社会发展中发挥主力军和生力军作用。一切国家机关工作人员，要克己奉公，廉政勤政，关心人民疾苦，为人民办实事。中国人民解放军全体指战员，中国人民武装警察部队全体官兵，要按照听党指挥、能打胜仗、作风优良的强军目标，提高履行使命能力，坚决捍卫国家主权、安全、发展利益，坚决保卫人民生命财产安全。一切非公有制经济人士和其他新的社会阶层人士，要发扬劳动创造精神和创业精神，回馈社会，造福人民，做合格的中国特色社会主义事业的建设者。全国广大青少年，要志存高远，增长知识，锤炼意志，让青春在时代进步中焕发出绚丽的光彩。

香港特别行政区同胞、澳门特别行政区同胞，要以国家和香港、澳门整体利益为重，共同维护和促进香港、澳门长期繁荣稳定。广大台湾同胞和大陆同胞要携起手来，支持、维护、推动两岸关系和平发展，增进两岸同胞福祉，共同开创中华民族新的前程。广大海外侨胞，要弘扬中华民族勤劳善良的优良传统，努力为促进祖国发展、促进中国人民同当地人民的友谊作出贡献。

中国人民爱好和平。我们将高举和平、发展、合作、共赢的旗帜，始终不渝走和平发展道路，始终不渝奉行互利共赢的开放战略，致力于同世界各国发展友好合作，履行应尽的国际责任和义务，继续同各国人民一道推进人类和平与发展的崇高事业。

各位代表！

中国共产党是领导和团结全国各族人民建设中国特色社会主义伟大事业的核心力量，肩负着历史重任，经受着时代考验，必须坚持立党为公、执政为民，坚持党要管党、从严治党，全面加强党的建设，不断提高党的领导水平和执政水平、提高拒腐防变和抵御风险能力。全体共产党员特别是党的领导干部，要坚定理想信念，始终把人民放在心中最高的位置，弘扬党的光荣传统和优良作风，坚决反对形式主义、官僚主义，坚决反对享乐主义、奢靡之风，坚决同一切消极腐败现象作斗争，永葆共产党人政治本色，矢志不移为党和人民事业而奋斗。

各位代表！

实现伟大目标需要坚忍不拔的努力。全国各党派、各团体、各民族、各阶层、各界人士要更加紧密地团结在中共中央周围，全面贯彻落实中共十八大精神，以邓小平理论、"三个代表"重要思想、科学发展观为指导，始终谦虚谨慎、艰苦奋斗，始终埋头苦干、锐意进取，不断夺取全面建成小康社会、加快推进社会主义现代化新的更大的胜利，不断为人类作出新的更大的贡献！

注　　释

〔1〕见《尚书·周官》。

顺应时代前进潮流，
促进世界和平发展 *

（二〇一三年三月二十三日）

尊敬的托尔库诺夫院长，
尊敬的戈洛杰茨副总理，
老师们，同学们：

今天，有机会来到美丽的莫斯科国际关系学院，同各位老师、同学见面，感到十分高兴。

莫斯科国际关系学院是享誉世界的知名学府，名师荟萃，英才辈出，我对贵院在各领域取得的优异成绩，表示热烈的祝贺！

俄罗斯是中国的友好邻邦。这次访问俄罗斯，是我担任中国国家主席后第一次出访，是这次出访的第一站，也是时隔三年再次来到你们美丽富饶的国家。昨天，我同普京总统举行了富有成果的会谈，并共同出席了俄罗斯中国旅游年开幕式。

早春三月，意味着一个新的万物复苏季节的到来，意味着一个新的播种的时刻的到来。常言道，一年之计在于

---

* 这是习近平同志在俄罗斯莫斯科国际关系学院的演讲。

春。中俄双方把握这美好的早春时节，为两国关系和世界
和平与发展辛勤耕耘，必将收获新的成果，造福两国人民
和各国人民。

老师们、同学们！

国际关系学院是专门从事国际问题研究和教学的高等
学府，相信你们对国际形势更加关注，更能感受到过去几
十年国际社会沧海桑田般的巨大变化。我们所处的是一个
风云变幻的时代，面对的是一个日新月异的世界。

——这个世界，和平、发展、合作、共赢成为时代潮
流，旧的殖民体系土崩瓦解，冷战时期的集团对抗不复存
在，任何国家或国家集团都再也无法单独主宰世界事务。

——这个世界，一大批新兴市场国家和发展中国家走
上发展的快车道，十几亿、几十亿人口正在加速走向现代
化，多个发展中心在世界各地区逐渐形成，国际力量对比
继续朝着有利于世界和平与发展的方向发展。

——这个世界，各国相互联系、相互依存的程度空前
加深，人类生活在同一个地球村里，生活在历史和现实交
汇的同一个时空里，越来越成为你中有我、我中有你的命
运共同体。

——这个世界，人类依然面临诸多难题和挑战，国际
金融危机[1]深层次影响继续显现，形形色色的保护主义
明显升温，地区热点此起彼伏，霸权主义、强权政治和新
干涉主义有所上升，军备竞争、恐怖主义、网络安全等传
统安全威胁和非传统安全威胁相互交织，维护世界和平、
促进共同发展依然任重道远。

　　我们希望世界变得更加美好，我们也有理由相信，世界会变得更加美好。同时，我们也清楚地知道，前途是光明的，道路是曲折的。车尔尼雪夫斯基[2]曾经写道："历史的道路不是涅瓦大街上的人行道，它完全是在田野中前进的，有时穿过尘埃，有时穿过泥泞，有时横渡沼泽，有时行经丛林。"人类社会发展的历史证明，无论会遇到什么样的曲折，历史都总是按照自己的规律向前发展，没有任何力量能够阻挡历史前进的车轮。

　　世界潮流，浩浩荡荡，顺之则昌，逆之则亡。要跟上时代前进步伐，就不能身体已进入二十一世纪，而脑袋还停留在过去，停留在殖民扩张的旧时代里，停留在冷战思维、零和博弈的老框框内。

　　面对国际形势的深刻变化和世界各国同舟共济的客观要求，各国应该共同推动建立以合作共赢为核心的新型国际关系，各国人民应该一起来维护世界和平、促进共同发展。

　　我们主张，各国和各国人民应该共同享受尊严。要坚持国家不分大小、强弱、贫富一律平等，尊重各国人民自主选择发展道路的权利，反对干涉别国内政，维护国际公平正义。"鞋子合不合脚，自己穿了才知道"。一个国家的发展道路合不合适，只有这个国家的人民才最有发言权。

　　我们主张，各国和各国人民应该共同享受发展成果。每个国家在谋求自身发展的同时，要积极促进其他各国共同发展。世界长期发展不可能建立在一批国家越来越富裕而另一批国家却长期贫穷落后的基础之上。只有各国共同发展了，世界才能更好发展。那种以邻为壑、转嫁危机、损人利己的做法既不道德，也难以持久。

我们主张，各国和各国人民应该共同享受安全保障。各国要同心协力，妥善应对各种问题和挑战。越是面临全球性挑战，越要合作应对，共同变压力为动力、化危机为生机。面对错综复杂的国际安全威胁，单打独斗不行，迷信武力更不行，合作安全、集体安全、共同安全才是解决问题的正确选择。

随着世界多极化、经济全球化深入发展和文化多样化、社会信息化持续推进，今天的人类比以往任何时候都更有条件朝和平与发展的目标迈进，而合作共赢就是实现这一目标的现实途径。

世界的命运必须由各国人民共同掌握。各国主权范围内的事情只能由本国政府和人民去管，世界上的事情只能由各国政府和人民共同商量来办。这是处理国际事务的民主原则，国际社会应该共同遵守。

老师们、同学们！

去年十一月，中国共产党召开了第十八次全国代表大会，明确了今后一个时期中国的发展蓝图，提出到二〇二〇年国内生产总值和城乡居民人均收入将在二〇一〇年的基础上翻一番，在中国共产党建党一百年时全面建成小康社会，在新中国成立一百年时建成富强民主文明和谐的社会主义现代化国家。同时，我们也清醒地认识到，作为拥有十三亿多人口的发展中大国，中国在发展道路上面临的风险和挑战依然会很大、很严峻，要实现已确定的奋斗目标必须付出持续的艰辛努力。

实现中华民族伟大复兴，是近代以来中国人民最伟大的梦想，我们称之为"中国梦"，基本内涵是实现国家富强、民族振兴、人民幸福。中华民族历来爱好和平。近代以来，中国人民蒙受了外国侵略和内部战乱的百年苦难，深知和平的宝贵，最需要在和平环境中进行国家建设，以不断改善人民生活。中国将坚定不移走和平发展道路，致力于促进开放的发展、合作的发展、共赢的发展，同时呼吁各国共同走和平发展道路。中国始终奉行防御性的国防政策，不搞军备竞赛，不对任何国家构成军事威胁。中国发展壮大，带给世界的是更多机遇而不是什么威胁。我们要实现的中国梦，不仅造福中国人民，而且造福各国人民。

我们高兴地看到，中俄两国互为最大邻国，在国家发展蓝图上有很多契合之处。俄罗斯提出到二〇二〇年人均国内生产总值将达到或接近发达国家水平的目标，现在正在强国富民的道路上加快前进。我们衷心祝愿俄罗斯早日实现自己的奋斗目标。一个繁荣强大的俄罗斯，符合中国利益，也有利于亚太与世界和平稳定。

中俄关系是世界上最重要的一组双边关系，更是最好的一组大国关系。一个高水平、强有力的中俄关系，不仅符合中俄双方利益，也是维护国际战略平衡和世界和平稳定的重要保障。经过双方二十多年不懈努力，中俄建立起全面战略协作伙伴关系，这种关系充分照顾对方利益和关切，给两国人民带来了实实在在的好处。我们两国彻底解决了历史遗留的边界问题，签署了《中俄睦邻友好合作条约》[3]，为中俄关系长远发展奠定了坚实基础。

当前，中俄都处在民族复兴的重要时期，两国关系已进入互相提供重要发展机遇、互为主要优先合作伙伴的新阶段。对发展新形势下的中俄关系，我认为应该在以下几个方面多下功夫。

第一，坚定不移发展面向未来的关系。中俄世代友好、永不为敌，是两国人民共同心愿。我们双方要登高望远，统筹谋划两国关系发展。普京总统讲过："俄罗斯需要一个繁荣稳定的中国，中国也需要一个强大成功的俄罗斯。"我完全同意他的看法。我们两国共同发展，将给中俄全面战略协作伙伴关系提供更广阔发展空间，将为国际秩序和国际体系朝着公正合理的方向发展提供正能量。我们两国要永做好邻居、好朋友、好伙伴，以实际行动坚定支持对方维护本国核心利益，坚定支持对方发展复兴，坚定支持对方走符合本国国情的发展道路，坚定支持对方办好自己的事情。

第二，坚定不移发展合作共赢的关系。中俄国情不同、条件各异，彼此密切合作、取长补短可以起到一加一大于二的效果。去年，中俄贸易额达到八百八十二亿美元，人员交流达到三百三十万人次，这些数字充分反映出中俄关系的巨大发展潜力和广阔发展前景。中俄两国的能源合作不断深化。继十七世纪的"万里茶道"[4]之后，中俄油气管道成为联通两国新的"世纪动脉"。当前，我们两国正积极推动各自国家和地区发展战略相互对接，不断创造出更多利益契合点和合作增长点。我们要推动两国合作从能源资源向投资、基础设施建设、高技术、金融等领域拓展，从商品进出口向联合研发、联合生产转变，不断提高两国务实合作层次和水平。

第三，坚定不移发展两国人民友好关系。国之交在于民相亲。人民的深厚友谊是国家关系发展的力量源泉。这里，我想讲几个两国人民相互支持和帮助的事例。抗日战争时期，苏联飞行大队长库里申科来华同中国人民并肩作战，他动情地说："我像体验我的祖国的灾难一样，体验着中国劳动人民正在遭受的灾难。"他英勇牺牲在中国大地上。中国人民没有忘记这位英雄，一对普通的中国母子已为他守陵半个多世纪。二〇〇四年俄罗斯发生别斯兰人质事件〔5〕后，中国邀请部分受伤儿童赴华接受康复治疗，这些孩子在中国受到精心照料，俄方带队医生阿兰表示："你们的医生给孩子们这么大的帮助，我们的孩子会永远记住你们的。"二〇〇八年中国汶川特大地震〔6〕发生后，俄罗斯在第一时间向中国伸出援手，并邀请灾区孩子到俄罗斯远东等地疗养。三年前，我在符拉迪沃斯托克"海洋"全俄儿童中心，亲眼目睹了俄罗斯老师给予中国儿童的悉心照料和温馨关怀。中国孩子亲身体会到了俄罗斯人民的友爱和善良，这应验了大爱无疆这句中国人常说的话。这样的感人事迹还有很多，滋润着两国人民友谊之树枝繁叶茂。

中俄两国都具有悠久的历史、灿烂的文化，人文交流对增进两国人民友谊具有不可替代的作用。孔子、老子等中国古代思想家为俄罗斯人民所熟悉。中国老一辈革命家深受俄罗斯文化影响，我们这一代人也读了很多俄罗斯文学的经典作品。我年轻时就读过普希金[7]、莱蒙托夫[8]、屠格涅夫[9]、陀思妥耶夫斯基[10]、托尔斯泰[11]、契诃夫[12]等文学巨匠的作品，让我感受到俄罗斯文学的魅力。中俄两国文化交流有着深厚基础。

青年是国家的未来，是世界的未来，也是中俄友好事业的未来。这次访俄期间，我和普京总统共同宣布，两国将于二〇一四年和二〇一五年互办中俄青年友好交流年。中方还将邀请包括莫斯科国际关系学院学生在内的俄罗斯大学生代表团访华。在座各位同学是俄罗斯青年一代的精英。我期待着越来越多的中俄青年接过中俄友谊的接力棒，积极投身两国人民友好事业。

老师们、同学们！

俄罗斯有句谚语："大船必能远航。"中国有句古诗："长风破浪会有时，直挂云帆济沧海。"[13]我相信，在两国政府和人民共同努力下，中俄关系一定能够继续乘风破浪、扬帆远航，更好造福两国人民，更好促进世界和平与发展！

谢谢大家。

注　　释

〔1〕这次国际金融危机源于二〇〇七年的美国次贷危机，是由美国次级

房屋信贷行业违约剧增、信用紧缩引发的一次金融市场危机。次级抵押贷款是美国一些贷款机构向信用程度较差和收入不高的借款人提供的贷款。二〇〇六年春季开始，随着美国利率上升和住房价格下跌，很多次级抵押贷款的借款人无法按期偿还借款，一些次级抵押贷款机构遭受严重损失甚至破产，部分买入此类投资产品的美国和欧洲投资基金也受到重创。二〇〇七年八月，美国第五大投资银行贝尔斯登宣布旗下两只对冲基金倒闭，随后花旗、美林证券、摩根士丹利、瑞银等投资银行相继爆出巨额亏损，次贷危机全面爆发。二〇〇八年九月，美国第四大投资银行雷曼兄弟破产，击垮了全球投资者的信心，包括中国在内的全球股市持续暴跌，美国、日本、欧盟等全球主要金融市场流动性出现严重不足，形成国际性金融危机。随着危机蔓延，不仅美国经济受到严重影响，其他国家经济也受到冲击。这次危机是美国二十世纪三十年代"大萧条"以来最为严重的一次金融危机，对国际金融秩序造成了极大的冲击和破坏。

〔2〕车尔尼雪夫斯基，即尼古拉·加夫里洛维奇·车尔尼雪夫斯基（一八二八——一八八九），俄国革命民主主义者，哲学家、文艺评论家、作家。主要著作有论著《艺术与现实的美学关系》和长篇小说《怎么办？》等。本文引语参见车尔尼雪夫斯基对美国经济学家亨·查·凯里《就政治经济问题致美利坚合众国总统的信》的评论。

〔3〕《中俄睦邻友好合作条约》，中俄两国于二〇〇一年七月十六日在莫斯科签署，二〇〇二年二月二十八日生效。条约核心的思想是：在不结盟、不对抗、不针对第三国的基础上，发展两国的长期睦邻友好和互利合作，将两国世代友好、永不为敌的和平思想和永做好邻居、好朋友、好伙伴的坚定意愿，以法律的形式确定下来。二〇二一年六月二十八日，中俄两国正式决定该条约延期。

〔4〕"万里茶道"，指明末清初晋商开辟的从中国福建起，到达俄罗斯恰克图，再在俄罗斯境内继续延伸到圣彼得堡的茶叶贸易路线，途经大小二百多个城市，总长达一万三千公里，是与"丝绸之路"齐名的一条重要国际贸易通道。

〔5〕别斯兰人质事件，指二〇〇四年九月一日发生在俄罗斯南部北奥塞梯共和国别斯兰市第一中学的恐怖主义袭击事件。该事件导致包括一百八十

多名未成年人在内的三百多名人质遇难。

〔6〕汶川特大地震，指二〇〇八年五月十二日十四时二十八分发生于中国四川省汶川县的里氏八点零级地震。这是新中国成立以来破坏性最强、波及范围最广、救灾难度最大的一次地震。

〔7〕普希金，即亚历山大·谢尔盖耶维奇·普希金（一七九九——一八三七），俄国诗人、作家。主要作品有诗歌《自由颂》、诗体小说《叶甫盖尼·奥涅金》、长篇小说《上尉的女儿》等。

〔8〕莱蒙托夫，即米哈伊尔·尤里耶维奇·莱蒙托夫（一八一四——一八四一），俄国诗人、作家。主要作品有长诗《恶魔》、长篇小说《当代英雄》等。

〔9〕屠格涅夫，即伊万·谢尔盖耶维奇·屠格涅夫（一八一八——一八八三），俄国作家。主要作品有特写集《猎人笔记》、中篇小说《多余人日记》、长篇小说《罗亭》等。

〔10〕陀思妥耶夫斯基，即费奥多尔·米哈伊洛维奇·陀思妥耶夫斯基（一八二一——一八八一），俄国作家。主要作品有长篇小说《被侮辱与被损害的》、《罪与罚》等。

〔11〕托尔斯泰，即列夫·尼古拉耶维奇·托尔斯泰（一八二八——一九一〇），俄国作家。主要作品有长篇小说《战争与和平》、《安娜·卡列尼娜》、《复活》等。

〔12〕契诃夫，即安东·帕夫洛维奇·契诃夫（一八六〇——一九〇四），俄国作家。主要作品有短篇小说《变色龙》、《套中人》，戏剧《万尼亚舅舅》等。

〔13〕见唐代李白《行路难三首（其一）》。

良好的生态环境是
最普惠的民生福祉[*]

（二〇一三年四月十日）

青山绿水、碧海蓝天是海南建设国际旅游岛最强的优势和最大的本钱，是一笔既买不来也借不到的宝贵财富，必须倍加珍爱、精心呵护。九百多年前，苏东坡[1]被贬海南儋州时，就写下不少描绘海南风景的诗句，如"云散月明谁点缀，天容海色本澄清"[2]、"飞泉泻万仞，舞鹤双低昂"[3]、"丹荔破玉肤，黄柑溢芳津"[4]，等等。保护海南生态环境，不仅是海南自身发展的需要，也是我们国家的需要。十三亿中国人应该有环境优美、适宜度假的地方。海南的同志在保护生态环境方面责任重大、使命光荣。

综观世界发展史，保护生态环境就是保护生产力，改善生态环境就是发展生产力。良好的生态环境是最公平的公共产品，是最普惠的民生福祉。对人的生存来说，金山银山固然重要，但绿水青山是人民幸福生活的重要内容，是金钱不能替代的。你挣到了钱，但空气、饮用水都

---

* 这是习近平同志在海南省考察工作结束时讲话的一部分。

不合格，哪有什么幸福可言！党的十八大明确把生态文明建设列入中国特色社会主义事业总体布局，强调要努力建设美丽中国。中央要求把海南建设成为全国生态文明示范区，是希望你们闯出一条人与自然和谐发展的新路，为全国的生态文明建设当个表率。大家要在过去工作的基础上，提出更高要求，采取更有力的举措，加快建设美丽海南。

生态环境保护的成败，归根结底取决于经济结构和经济发展方式。经济发展不应是对资源和生态环境的竭泽而渔，生态环境保护也不应是舍弃经济发展的缘木求鱼，而是要坚持在发展中保护、在保护中发展，实现经济社会发展与人口、资源、环境相协调，不断提高资源利用水平，加快构建绿色生产体系，大力增强全社会节约意识、环保意识、生态意识。海南作为一个正在发展中的地区，一定要正确处理好保护和发展的关系，既牢牢把握生态立省这个前提，又牢牢抓好发展这个第一要务，始终做到保护和发展并举。要坚持标本兼治、常抓不懈，从影响群众生活最突出的事情做起，既下大气力解决当前突出问题，又探索建立长久管用、能调动各方面积极性的体制机制，改善环境质量，保护人民健康，让城乡环境更宜居、人民生活更美好。

要着力在"增绿"和"护蓝"上下功夫。森林是自然生态系统的支柱。老百姓讲，在海南大地上插根扁担都能发芽。要充分利用这一优势，突出抓好"绿化宝岛"工程，巩固和扩大天然林、海防林和其他公益林的建设成果。海洋是支撑未来发展的资源宝库和战略空间。要坚持陆海统筹、河海兼顾、综合施策，突出做好海洋污染防控、红树林等典型生态系统和生物多样性保护、水土流失治理等工作，努力使海南的青山更绿、海水更蓝、沙滩更美、空气更清新，为子孙后代留下可持续发展的"绿色银行"。

注　释

〔1〕苏东坡，即苏轼（一〇三七——一一〇一），北宋眉州眉山（今四川眉山）人。北宋文学家、书画家。

〔2〕见北宋苏轼《六月二十日夜渡海》。

〔3〕见北宋苏轼《和陶拟古九首（其四）》。

〔4〕见北宋苏轼《和陶田舍始春怀古二首（其二）》。

实干才能梦想成真 *

（二〇一三年四月二十八日）

我们已经确定了今后的奋斗目标，这就是到中国共产党成立一百年时全面建成小康社会，到新中国成立一百年时建成富强民主文明和谐的社会主义现代化国家，努力实现中华民族伟大复兴的中国梦。

尽管前进道路并不平坦，改革发展稳定任务仍很艰巨而繁重，但面对未来，我们充满必胜信心。我国工人阶级一定要在坚持中国道路、弘扬中国精神、凝聚中国力量上发挥模范带头作用，万众一心、众志成城，为实现中华民族伟大复兴的中国梦而不懈奋斗。

人民创造历史，劳动开创未来。劳动是推动人类社会进步的根本力量。幸福不会从天而降，梦想不会自动成真。实现我们的奋斗目标，开创我们的美好未来，必须紧紧依靠人民、始终为了人民，必须依靠辛勤劳动、诚实劳动、创造性劳动。我们说"空谈误国，实干兴邦"，实干首先就要脚踏实地劳动。

在迈向未来的征程上，我们必须充分发挥我国工人阶

---

* 这是习近平同志在同全国劳动模范代表座谈时讲话的一部分。

级的重要作用，焕发他们的历史主动精神，调动劳动和创造的积极性。

第一，必须充分发挥工人阶级的主力军作用。工人阶级是我国的领导阶级，是我国先进生产力和生产关系的代表，是我们党最坚实最可靠的阶级基础，是全面建成小康社会、坚持和发展中国特色社会主义的主力军。

改革开放以来，我国工人阶级队伍不断壮大，素质全面提高，结构更加优化，面貌焕然一新，先进性不断增强。展望未来，坚持和发展中国特色社会主义，必须全心全意依靠工人阶级、巩固工人阶级的领导阶级地位，充分发挥工人阶级的主力军作用。全心全意依靠工人阶级不能只当口号喊、标签贴，而要贯彻到党和国家政策制定、工作推进全过程，落实到企业生产经营各方面。

第二，必须紧紧依靠工人阶级发展中国特色社会主义。中国特色社会主义是当代中国发展进步的根本方向，是实现中国梦的必由之路，也是引领我国工人阶级走向更加光明未来的必由之路。我国工人阶级要增强历史使命感和责任感，立足本职、胸怀全局，自觉把人生理想、家庭幸福融入国家富强、民族复兴的伟业之中，把个人梦与中国梦紧密联系在一起，始终以国家主人翁姿态为坚持和发展中国特色社会主义作出贡献。

我国工人阶级要牢固树立中国特色社会主义理想信念，坚定永远跟党走的信念，坚决拥护社会主义制度，坚决拥护改革开放，始终做坚持中国道路的柱石；要自觉践行社会主义核心价值观，发扬我国工人阶级的伟大品格，用先进思想、模范行动影响和带动全社会，不断为中国精神注入新能量，始终做弘扬中国精神的楷模；要坚持以振兴中华为己任，充分发挥伟大创造力量，发扬工人阶级识大体、顾大局的光荣传统，自觉维护安定团结的政治局面，始终做凝聚中国力量的中坚。

第三，必须坚持崇尚劳动、造福劳动者。劳动是财富的源泉，也是幸福的源泉。人世间的美好梦想，只有通过诚实劳动才能实现；发展中的各种难题，只有通过诚实劳动才能破解；生命里的一切辉煌，只有通过诚实劳动才能铸就。劳动创造了中华民族，造就了中华民族的辉煌历史，也必将创造出中华民族的光明未来。"一勤天下无难事。"必须牢固树立劳动最光荣、劳动最崇高、劳动最伟大、劳动最美丽的观念，让全体人民进一步焕发劳动热情、释放创造潜能，通过劳动创造更加美好的生活。

全社会都要贯彻尊重劳动、尊重知识、尊重人才、尊重创造的重大方针，维护和发展劳动者的利益，保障劳动者的权利。要坚持社会公平正义，排除阻碍劳动者参与发展、分享发展成果的障碍，努力让劳动者实现体面劳动、全面发展。全社会都要热爱劳动，以辛勤劳动为荣，以好逸恶劳为耻。

第四，必须大力弘扬劳模精神、发挥劳模作用。榜样的力量是无穷的。劳动模范是民族的精英、人民的楷模。长期以来，广大劳模以平凡的劳动创造了不平凡的业绩，铸就了"爱岗敬业、争创一流，艰苦奋斗、勇于创新，淡泊名利、甘于奉献"的劳模精神，丰富了民族精神和时代精神的内涵，是我们极为宝贵的精神财富。

实现我们的发展目标，不仅要在物质上强大起来，而且要在精神上强大起来。全国各族人民都要向劳模学习，以劳模为榜样，发挥只争朝夕的奋斗精神，共同投身实现中华民族伟大复兴的宏伟事业。广大劳动模范和先进人物要珍惜荣誉、再接再厉，爱岗敬业、无私奉献，做坚定理想信念的模范、勤奋劳动的模范、增进团结的模范。当代工人不仅要有力量，还要有智慧、有技术，能发明、会创新，以实际行动奏响时代主旋律。各级党委、政府和工会组织要高度重视劳模、关心爱护劳模，支持劳模发挥骨干带头作用，帮助劳模解决生产生活中的问题，广泛宣传劳模先进事迹，使劳模精神不断发扬光大。

党对工会寄予厚望，职工群众对工会充满期待。中国工会是中国共产党领导的工人阶级群众组织，是党联系职工群众的桥梁和纽带，是社会主义国家政权的重要社会支柱。中国特色社会主义工会发展道路是中国特色社会主义道路的重要组成部分，深刻反映了中国工会的性质和特点，是工会组织和工会工作始终沿着正确方向前进的重要保证。要始终坚持这条道路，不断拓展这条道路，努力使这条道路越走越宽广。

时代在发展，事业在创新，工会工作也要发展、也要创新。要顺应时代要求、适应社会变化，善于创造科学有效的工作方法，让职工群众真正感受到工会是"职工之家"，工会干部是最可信赖的"娘家人"。要把竭诚为职工群众服务作为工会一切工作的出发点和落脚点，全心全意为广大职工群众服务，认真倾听职工群众呼声，维护好广大职工群众包括农民工合法权益，扎扎实实为职工群众做好事、办实事、解难事，不断促进社会主义和谐劳动关系。要高度重视广大职工的多样化需求，不断拓展职工成长成才空间，着力培养造就一大批知识型、技术型、创新型的高素质职工。各级党委和政府要加强和改善对工会的领导，支持工会开展工作，为工会工作提供更多资源和手段，为工会履职创造更好条件。

千里之行，始于足下。我们国家的发展前景十分光明，但道路不可能一帆风顺，蓝图不可能一蹴而就，梦想不可能一夜成真。人间万事出艰辛。越是美好的未来，越需要我们付出艰辛努力。

真抓才能攻坚克难，实干才能梦想成真。我们要在全社会大力弘扬真抓实干、埋头苦干的良好风尚。各级领导干部要带头发扬劳模精神，出实策、鼓实劲、办实事，不图虚名，不务虚功，坚决反对干部群众反映强烈的形式主义、官僚主义、享乐主义和奢靡之风"四风"，以身作则带领群众把各项工作落到实处。

我深信，有党中央的坚强领导，有我国工人阶级和全体劳动群众的团结奋进，有全国各族人民的共同奋斗，我们一定能开创更加美好的未来，中华民族伟大复兴的中国梦一定能够实现！

群众路线是党的生命线和
根本工作路线 *

（二〇一三年六月十八日）

群众路线是我们党的生命线和根本工作路线。开展党的群众路线教育实践活动，是我们党在新形势下坚持党要管党、从严治党的重大决策，是顺应群众期盼、加强学习型服务型创新型马克思主义执政党建设的重大部署，是推进中国特色社会主义的重大举措，对保持党的先进性和纯洁性、巩固党的执政基础和执政地位，对全面建成小康社会，具有重大而深远的意义。

第一，开展党的群众路线教育实践活动，是实现党的十八大确定的奋斗目标的必然要求。党的十八大提出，在中国共产党成立一百年时全面建成小康社会，在新中国成立一百年时建成富强民主文明和谐的社会主义现代化国家。党的十八大之后，党中央又提出实现中华民族伟大复兴的中国梦。实现党的十八大确定的奋斗目标和中国梦，要求全党同志必须有优良作风。

---

* 这是习近平同志在党的群众路线教育实践活动工作会议上讲话的一部分。

　　什么是优良作风？优良作风就是我们党历来坚持的理论联系实际、密切联系群众、批评和自我批评以及艰苦奋斗、求真务实等作风。在革命、建设、改革长期实践中，我们党始终要求全党同志坚持光荣传统、发扬优良作风，为党和人民事业不断从胜利走向胜利提供了重要保障。

　　特别是在改革开放历史新时期，我们清醒地认识到，随着改革不断深入和对外开放不断扩大，党必将面临前所未有的风险和挑战，党的作风建设始终是摆在我们面前的一项重大而紧迫的任务，抓作风建设一丝都不能放松、一刻都不能停顿。

　　改革开放初期，邓小平同志就强调："在目前的历史转变时期，问题堆积成山，工作百端待举，加强党的领导，端正党的作风，具有决定的意义。"[1]以邓小平同志为核心的党的第二代中央领导集体、以江泽民同志为核心的党的第三代中央领导集体、以胡锦涛同志为总书记的党中央都高度重视作风建设，这些年来先后开展了整党、"三讲"教育、保持共产党员先进性教育、深入学习实践科学发展观活动等。我们党始终强调，执政党的党风关系党的形象，关系人心向背，关系党和国家生死存亡；加强和改进党的作风建设，核心问题是保持党同人民群众的血肉联系；马克思主义执政党的最大危险就是脱离群众。

　　回过头来看，党的十一届三中全会以来，由于我们党重新确立了解放思想、实事求是的思想路线，始终高度重视抓作风建设，始终高度重视保持党同人民群众的血肉联系，全党精神面貌和作风状况焕然一新，为改革开放和社会主义现代化建设顺利推进提供了重要保障。

历史和现实都告诉我们，密切联系群众，是党的性质和宗旨的体现，是中国共产党区别于其他政党的显著标志，也是党发展壮大的重要原因；能否保持党同人民群众的血肉联系，决定着党的事业的成败。

我们党来自人民、植根人民、服务人民，党的根基在人民、血脉在人民、力量在人民。失去了人民拥护和支持，党的事业和工作就无从谈起。党要继续经受住执政考验、改革开放考验、市场经济考验、外部环境考验，就必须始终密切联系群众。在任何时候任何情况下，与人民同呼吸共命运的立场不能变，全心全意为人民服务的宗旨不能忘，群众是真正英雄的历史唯物主义观点不能丢，始终坚持立党为公、执政为民。

现在，我们要实现党的十八大确定的奋斗目标和中国梦，必须紧紧依靠人民，充分调动最广大人民的积极性、主动性、创造性。开展党的群众路线教育实践活动，就是要使全党同志牢记并恪守全心全意为人民服务的根本宗旨，以优良作风把人民紧紧凝聚在一起，为实现党的十八大确定的目标任务和中国梦而努力奋斗。

第二，开展党的群众路线教育实践活动，是保持党的先进性和纯洁性、巩固党的执政基础和执政地位的必然要求。保持党的先进性和纯洁性，巩固党的执政基础和执政地位，是党的建设面临的根本问题和时代课题。

我们多次讲，党的先进性和党的执政地位都不是一劳永逸、一成不变的，过去先进不等于现在先进，现在先进不等于永远先进；过去拥有不等于现在拥有，现在拥有不等于永远拥有。这是用辩证唯物主义和历史唯物主义观察问题得出的结论。保持党的先进性和纯洁性、巩固党的执政基础和执政地位靠什么？最重要的就是靠坚持党的群众路线、密切联系群众。

得民心者得天下，失民心者失天下，人民拥护和支持是党执政的最牢固根基。人心向背关系党的生死存亡。党只有始终与人民心连心、同呼吸、共命运，始终依靠人民推动历史前进，才能做到哪怕"黑云压城城欲摧"[2]，"我自岿然不动"[3]，安如泰山、坚如磐石。开展党的群众路线教育实践活动，就是要把为民务实清廉的价值追求深深植根于全党同志的思想和行动中，夯实党的执政基础，巩固党的执政地位，增强党的创造力、凝聚力、战斗力，使保持党的先进性和纯洁性、巩固党的执政基础和执政地位具有广泛、深厚、可靠的群众基础。

第三，开展党的群众路线教育实践活动，是解决群众反映强烈的突出问题的必然要求。总体上看，当前各级党组织和党员、干部贯彻执行党的群众路线情况是好的，党群干群关系也是好的，广大党员、干部在改革发展稳定各项工作中冲锋陷阵、忘我奉献，发挥了先锋模范作用，赢得了广大人民群众肯定和拥护。这是主流，必须充分肯定。

同时，我们必须看到，面对世情、国情、党情的深刻变化，精神懈怠危险、能力不足危险、脱离群众危险、消极腐败危险更加尖锐地摆在全党面前，党内脱离群众的现象大量存在，一些问题还相当严重，集中表现在形式主义、官僚主义、享乐主义和奢靡之风这"四风"上。

在形式主义方面，主要是知行不一、不求实效，文山会海、花拳绣腿，贪图虚名、弄虚作假。有的不认真学习党的理论和做好工作所需要的知识，学了也是为应付场面，蜻蜓点水，浅尝辄止，不求甚解，无心也无力在实践中认真运用。有的习惯于以会议落实会议、以文件落实文件，热衷于造声势、出风头，把安排领导出场讲话、组织发新闻、上电视作为头等大事，最后工作却不了了之。有的抓工作不讲实效，不下功夫解决存在的矛盾和问题，难以给领导留下印象的事不做，形不成多大影响的事不做，工作汇报或年终总结看上去不漂亮的事不做，仪式一场接着一场，总结一份接着一份，评奖一个接着一个，最后都是"客里空"[4]。有的下基层调研走马观花，下去就是为了出出镜、露露脸，坐在车上转，隔着玻璃看，只看"门面"和"窗口"，不看"后院"和"角落"，群众说是"调查研究隔层纸，政策执行隔座山"。有的明知报上来的是假情况、假数字、假典型，也听之任之，甚至通过挖空心思造假来粉饰太平。

在官僚主义方面，主要是脱离实际、脱离群众，高高在上、漠视现实，唯我独尊、自我膨胀。有的对实际情况不了解不关注，不愿深入困难艰苦地区，不愿帮助基层和群众解决实际问题，甚至不愿同基层和普通群众打交道，怕给自己添麻烦，工作上敷衍塞责、推诿扯皮、得过且过。有的不顾地方实际和群众意愿，喜欢拍脑袋决策、拍胸脯表态，盲目铺摊子、上项目，最后拍屁股走人，留下一堆后遗症。有的对上吹吹拍拍、曲意逢迎，对下吆五喝六、横眉竖目，门难进、脸难看、事难办，甚至不给钱不办事，收了钱乱办事。有的对待上级部署囫囵吞枣、断章取义，执行上级决定照本宣科、等因奉此，或者照猫画虎、生搬硬套，以前怎么做就怎么做，别人怎么做就怎么做，完全不顾本地本部门实际情况。有的官气十足、独断专行，老子天下第一，一切都要自己说了算，拒绝批评帮助，容不下他人，听不得不同意见。

在享乐主义方面，主要是精神懈怠、不思进取，追名逐利、贪图享受，讲究排场、玩风盛行。有的意志消沉、信念动摇，奉行及时行乐的人生哲学，"今朝有酒今朝醉"〔5〕，"人生得意须尽欢"〔6〕。有的追求物质享受，情趣低俗，玩物丧志，沉湎花天酒地，热衷灯红酒绿，纵情声色犬马。有的拈轻怕重，安于现状，不愿吃苦出力，满足于现有学识和见解，陶醉于已经取得的成绩，不立新目标，缺乏新动力，"清茶报纸二郎腿，闲聊旁观混光阴"。

在奢靡之风方面，主要是铺张浪费、挥霍无度，大兴土木、节庆泛滥，生活奢华、骄奢淫逸，甚至以权谋私、腐化堕落。有的修建豪华气派的办公大楼，甚至占地上百亩、耗资几个亿，搞得富丽堂皇，吃喝玩乐一应俱全。有的热衷于造节办节，节庆泛滥成灾，动辄花费几百万、几千万，劳民伤财啊！有的热衷于个人享受，住房不厌其大其多，车子不厌其豪华，菜肴不厌其精美，穿戴讲究名牌，对超出规定的生活待遇安之若素，还总嫌不够。有的要求超规格接待，住高档酒店，吃山珍海味，喝美酒佳酿，觥筹交错之后还要"意思意思"。有的兜里揣着价值不菲的会员卡、消费卡，在高档会馆里乐不思蜀，在高级运动场所流连忘返，在名山秀水间朝歌夜弦，在异国风情中醉生梦死，有的甚至到境外赌博场所挥金如土啊！有的作风不检点，甚至道德败坏、生活放荡，不以为耻、反以为荣。

我讲这些情况，就是要全党都警醒起来。如果任由这些问题蔓延开来，后果不堪设想，那就有可能发生毛泽东同志所形象比喻的"霸王别姬"了[7]。更为严重的是，我们一些同志对这些问题见怪不怪，甚至觉得理所当然，"久入鲍肆而不闻其臭"[8]。这就更加危险了。

我们一定要牢记"奢靡之始，危亡之渐"[9]的古训，对作风之弊、行为之垢来一次大排查、大检修、大扫除，切实解决人民群众反映强烈的突出问题。

注　释

〔1〕见邓小平《坚持四项基本原则》（《邓小平文选》第2卷，人民出版社1994年版，第178页）。

〔2〕见唐代李贺《雁门太守行》。

〔3〕见毛泽东《西江月·井冈山》（《毛泽东诗词集》，中央文献出版社2003年版，第13页）。

〔4〕"客里空"，是苏联卫国战争时期的剧作《前线》中一个惯于捕风捉影、捏造事实的新闻记者。后来借以泛指脱离事实、虚构浮夸、说空话的作风。

〔5〕见唐代罗隐《自遣》。

〔6〕见唐代李白《将进酒》。

〔7〕毛泽东一九六二年一月三十日在扩大的中央工作会议上的讲话中指出："我们现在有些第一书记，连封建时代的刘邦都不如，倒有点像项羽。这些同志如果不改，最后要垮台的。不是有一出戏叫《霸王别姬》吗？这些同志如果总是不改，难免有一天要'别姬'就是了。"见《毛泽东文集》第8卷（人民出版社1999年版，第295—296页）。以此告诫全党同志，要善于听取不同意见，贯彻落实好民主集中制，防止独断专行、脱离群众、最终垮台。

〔8〕参见《孔子家语·六本》。原文是："与不善人居，如入鲍鱼之肆，久而不闻其臭，亦与之化矣。"

〔9〕见北宋欧阳修、宋祁等《新唐书·褚遂良传》。

着力培养选拔党和人民
需要的好干部[*]

（二〇一三年六月二十八日）

当前，全党全国各族人民正在为全面建成小康社会、实现中华民族伟大复兴的中国梦而团结奋斗。面对复杂多变的国际形势和艰巨繁重的国内改革发展稳定任务，我们必须准备进行具有许多新的历史特点的伟大斗争。这是党的十八大报告中的一句话。"新的历史特点"这个概念，含义是很深刻的，是全面审视和判断国内国际两个大局发展大势得出的重要判断。

进行具有许多新的历史特点的伟大斗争，实现党的十八大确定的各项目标任务，关键在党，关键在人。关键在党，就要确保党在发展中国特色社会主义历史进程中始终成为坚强领导核心。关键在人，就要建设一支宏大的高素质干部队伍。

我们党历来高度重视选贤任能，始终把选人用人作为关系党和人民事业的关键性、根本性问题来抓。治国之要，首在用人。也就是古人说的："尚贤者，政之本

＊ 这是习近平同志在全国组织工作会议上讲话的一部分。

也。"[1]"为政之要，莫先于用人。"[2]

近年来，各级党委和组织部门贯彻执行党的干部路线，选人用人主流是好的，但也存在这样那样的一些问题，如果不能很好解决，就会涣散党心、冷了人心。

现在，大家想得比较多、议得比较多的有三个问题：怎样是好干部？怎样成长为好干部？怎样把好干部用起来？正确回答和解决这三个问题，我们的干部工作就能做得更好。

第一个问题，怎样是好干部？这本来是一个十分清楚的问题，党章有明确要求。然而，由于受选人用人上的不正之风的影响，由于一些地方选出来的干部素质和能力明显不合格，甚至出了一些"带病提拔"、违规提拔的干部，致使不少同志对这个问题的认识模糊了。这也说明我们的组织工作还大有可改进之处，因为如果选来选去使大家对好干部的标准都弄不清了，那显然是选出来的一些人不仅没有起到标杆作用，反而起了反作用。这个问题要引起深思！

好干部的标准，大的方面说，就是德才兼备。同时，好干部的标准又是具体的、历史的。不同历史时期，对干部德才的具体要求有所不同。革命战争年代，对党忠诚、英勇善战、不怕牺牲的干部就是好干部。社会主义革命和建设时期，懂政治、懂业务、又红又专的干部就是好干部。改革开放初期，拥护党的十一届三中全会确定的路线方针政策，有知识、懂专业、锐意改革的干部就是好干部。现在，我们提出政治上靠得住、工作上有本事、作风上过得硬、人民群众信得过等具体要求，突出了好干部标准的时代内涵。

概括起来说，好干部要做到信念坚定、为民服务、勤政务实、敢于担当、清正廉洁。信念坚定，党的干部必须坚定共产主义远大理想，真诚信仰马克思主义，矢志不渝为中国特色社会主义而奋斗，坚持党的基本理论、基本路线、基本纲领、基本经验、基本要求不动摇。为民服务，党的干部必须做人民公仆，忠诚于人民，以人民忧乐为忧乐，以人民甘苦为甘苦，全心全意为人民服务。勤政务实，党的干部必须勤勉敬业、求真务实、真抓实干、精益求精，创造出经得起实践、人民、历史检验的实绩。敢于担当，党的干部必须坚持原则、认真负责，面对大是大非敢于亮剑，面对矛盾敢于迎难而上，面对危机敢于挺身而出，面对失误敢于承担责任，面对歪风邪气敢于坚决斗争。清正廉洁，党的干部必须敬畏权力、管好权力、慎用权力，守住自己的政治生命，保持拒腐蚀、永不沾的政治本色。这些说起来大家都明白，但要真正做到就不那么容易了。

这几条都很重要，一段时间以来，我在不同场合都强调了这些要求。这里，我想特别强调一下理想信念、敢于担当这两个问题，这是当前干部队伍中比较突出的问题。

理想信念坚定，是好干部第一位的标准，是不是好干部首先看这一条。如果理想信念不坚定，不相信马克思主义，不相信中国特色社会主义，政治上不合格，经不起风浪，这样的干部能耐再大也不是我们党需要的好干部。只有理想信念坚定，用坚定理想信念炼就了"金刚不坏之身"，干部才能在大是大非面前旗帜鲜明，在风浪考验面前无所畏惧，在各种诱惑面前立场坚定，在关键时刻靠得住、信得过、能放心。

理想信念就是人的志向。古人说："志之所趋，无远勿届，穷山距海，不能限也。志之所向，无坚不入，锐兵精甲，不能御也。"[3] 意思是说，志存高远的人，再遥远的地方也能达到，再坚固的东西也能突破。在革命、建设、改革各个历史时期，有无数共产党员为了党和人民事业英勇牺牲了，支撑他们的就是"革命理想高于天"的精神力量。

应该充分肯定，我们大多数干部理想信念是坚定的，政治上是可靠的。同时，在我们的干部队伍中，也有的对共产主义心存怀疑，认为那是虚无缥缈、难以企及的幻想；有的不信马列信鬼神，从封建迷信中寻找精神寄托，热衷于算命看相、烧香拜佛，遇事"问计于神"；有的是非观念淡薄、原则性不强、正义感退化，糊里糊涂当官，浑浑噩噩过日子；有的甚至向往西方社会制度和价值观念，对社会主义前途命运丧失信心；有的在涉及党的领导和中国特色社会主义道路等原则性问题的政治挑衅面前态度暧昧、消极躲避、不敢亮剑，甚至故意模糊立场、耍滑头，等等。党的领导干部特别是高级干部，在大是大非面前没有态度，出了政治性事件、遇到敏感性问题没有立场、无动于衷，岂非咄咄怪事！

有人说要"爱惜羽毛"，也就是所谓"声誉"，那也要看看你爱惜的是哪家的"声誉"，究竟是个人主义的、一些别有用心的人会喝彩的"声誉"，还是站在党和人民立场上的声誉？作为共产党人只能要后一种声誉。一心想着要前一种"声誉"，那将是十分危险的！

现在，形式主义、官僚主义、享乐主义和奢靡之风为什么盛行？为什么不断有人沦为腐败分子，走向犯罪的深渊？说到底，还是理想信念不坚定。我常说，理想信念是共产党人精神上的"钙"，理想信念坚定，骨头就硬；没有理想信念，或理想信念不坚定，精神上就会"缺钙"，就会得"软骨病"。

事实一再表明，理想信念动摇是最危险的动摇，理想信念滑坡是最危险的滑坡。我一直在想，如果哪天在我们眼前发生"颜色革命"那样的复杂局面，我们的干部是不是都能毅然决然站出来捍卫党的领导、捍卫社会主义制度？我相信，绝大多数党员、干部是能够做到的。

革命战争年代，检验一个干部理想信念坚定不坚定，就看他能不能为党和人民事业舍生忘死，能不能冲锋号一响立即冲上去，这样的检验很直接。和平建设时期，生死考验有，但毕竟不多，检验一个干部理想信念是否坚定确实比较难，X 光、CT、核磁共振成像也没有办法。

当然，也不是不能检验。那就主要看干部是否能在重大政治考验面前有政治定力，是否能树立牢固的宗旨意识，是否能对工作极端负责，是否能做到吃苦在前、享受在后，是否能在急难险重任务面前勇挑重担，是否能经得起权力、金钱、美色的诱惑。这样的检验需要一个过程，不是一下子、经历一两件事、听几句口号就能解决的，要看长期表现，甚至看一辈子。

坚持原则、敢于担当是党的干部必须具备的基本素质。"为官避事平生耻。"[4]担当大小，体现着干部的胸怀、勇气、格调，有多大担当才能干多大事业。

现在，一些干部中好人主义盛行，不敢批评、不愿批评，不敢负责、不愿负责的现象相当普遍。有的怕得罪人，怕丢选票，搞无原则的一团和气，信奉多栽花、少栽刺的庸俗哲学，各人自扫门前雪、不管他人瓦上霜，事不关己高高挂起，满足于做得过且过的太平官；有的身居其位不谋其政，遇到矛盾绕道走，遇到群众诉求躲着行，推诿扯皮、敷衍塞责，致使小事拖大、大事拖成大祸；有的为人圆滑世故，处事精明透顶，工作拈轻怕重，岗位挑肥拣瘦，遇事明哲保身，有功劳抢得快，出了问题上推下卸。更可怕的是，这样的人有些还混得左右逢源甚至如鱼得水，付出的比别人少，得到的比别人多。这种不求有功、但求无过的"圆滑官"、"老好人"、"推拉门"、"墙头草"多了，党和人民事业还怎么向前发展啊？这些问题危害极大，必须下大气力解决。

说到底，无私才能无畏，无私才敢担当，心底无私天地宽。担当就是责任，好干部必须有责任重于泰山的意识，坚持党的原则第一、党的事业第一、人民利益第一，敢于旗帜鲜明，敢于较真碰硬，对工作任劳任怨、尽心竭力、善始善终、善作善成。"疾风识劲草，烈火见真金。"为了党和人民事业，我们的干部要敢想、敢做、敢当，做我们时代的劲草、真金。

当然，敢于担当，是为了党和人民事业，而不是个人风头主义，飞扬跋扈、唯我独尊并不是敢于担当。春秋时期宋国大夫正考父是几朝元老，但他对自己要求很严，他在家庙的鼎上铸下铭训："一命而偻，再命而伛，三命而俯。循墙而走，亦莫余敢侮。饘于是，鬻于是，以糊余口。"[5]意思是说，每逢有任命提拔时都越来越谨慎，一次提拔要低着头，再次提拔要曲背，三次提拔要弯腰，连走路都靠墙走。生活中只要有这只鼎煮粥糊口就可以了。我看了这个故事之后，很有感触。我们的干部都是党的干部，权力都是党和人民赋予的，更应该在工作中敢作敢为、锐意进取，在做人上谦虚谨慎、戒骄戒躁。

第二个问题，怎样成长为好干部？好干部不会自然而然产生。成长为一个好干部，一靠自身努力，二靠组织培养。从干部自身来讲，个人必须努力，这是干部成长的内因，也是决定性因素。

干部的党性修养、思想觉悟、道德水平不会随着党龄的增加而自然提高，也不会随着职务的升迁而自然提高，而需要终生努力。成为好干部，就要不断改造主观世界、加强党性修养、加强品格陶冶。要时刻用党章、用共产党员标准要求自己，要有"与人不求备，检身若不及"[6]的精神，时刻自重自省自警自励，努力做到"心不动于微利之诱，目不眩于五色之惑"，老老实实做人，踏踏实实干事，清清白白为官。

学习是进步的阶梯。干部要勤于学、敏于思，认真学习马克思主义理论特别是中国特色社会主义理论体系，掌握贯穿其中的立场、观点、方法，提高战略思维、创新思维、辩证思维、底线思维能力，正确判断形势，始终保持政治上的清醒和坚定。还要认真学习各方面知识，丰富知识储备，完善知识结构，打牢履职尽责的知识基础。

好干部除了要加强学习，还要加强实践。"耳闻之不如目见之，目见之不如足践之。"[7]知识和经验犹如雄鹰之双翼，只有经风雨、见世面，才能飞得更高、飞得更远。越是条件艰苦、困难大、矛盾多的地方，越能锤炼人。干部要深入基层、深入实际、深入群众，在改革发展的主战场、维护稳定的第一线、服务群众的最前沿砥砺品质、提高本领。

好干部还要靠组织培养。形势越变化、党和人民事业越发展，越要重视干部培养。培养干部，要抓好党性教育这个核心，抓好道德建设这个基础，加强宗旨意识、公仆意识教育。要强化干部实践锻炼，积极为干部锻炼成长搭建平台。实践锻炼不是去"镀金"，更不是去走过场等着提拔，如果那样，必然会身子去了心没去，还是与群众格格不入，那就是弄虚作假了。要加强对干部经常性的管理监督，形成对干部的严格约束。没有监督的权力必然导致腐败，这是一条铁律。组织上培养干部不容易，要管理好、监督好，让他们始终有如履薄冰、如临深渊的警觉。对干部经常开展同志式的谈心谈话，既指出缺点不足，又给予鞭策鼓励，这是个好传统，要注意保持和发扬。

第三个问题，怎样把好干部用起来？好干部成长起来了，培养出来了，关键还是要用。不用，或者用不好，最终等于还是没有好干部。用一贤人则群贤毕至，见贤思齐就蔚然成风。选什么人就是风向标，就有什么样的干部作风，乃至就有什么样的党风。

必须看到，在有的地方和部门，正确用人导向并没有得到很好体现，一些德才平平、投机取巧的人屡屡得到提拔重用，一些踏实干事、不跑不要的干部却没有进步机会，干部群众对此意见很大。各级党委及组织部门要坚持党管干部原则，坚持正确用人导向，坚持德才兼备、以德为先，努力做到选贤任能、用当其时，知人善任、人尽其才，把好干部及时发现出来、合理使用起来。

用人得当，首先要知人。知人不深、识人不准，往往会出现用人不当、用人失误。"不知人之短，不知人之长，不知人长中之短，不知人短中之长，则不可以用人，不可以教人。"[8]对干部的认识不能停留在感觉和印象上，必须健全考察机制和办法，多渠道、多层次、多侧面深入了解。

要近距离接触干部，观察干部对重大问题的思考，看其见识见解；观察干部对群众的感情，看其品质情怀；观察干部对待名利的态度，看其境界格局；观察干部处理复杂问题的过程和结果，看其能力水平。考察识别干部，功夫要下在平时，并注意重要关头、关键时刻。"操千曲而后晓声，观千剑而后识器。"[9]干部业绩在实践，干部声名在民间。要多到基层干部群众中、多在乡语口碑中了解干部，既要在"大事"上看德，又要在"小节"中察德。

　　用人得当，就要坚持全面、历史、辩证看干部，注重一贯表现和全部工作。对那些勇担当、有本事、坚持原则、不怕得罪人、个性鲜明的干部，往往会出现认识不尽一致的情况，组织上一定要为他们说公道话。如何考准考实干部政绩，也是一个难点。要改进考核方法手段，既看发展又看基础，既看显绩又看潜绩，把民生改善、社会进步、生态效益等指标和实绩作为重要考核内容，再也不能简单以国内生产总值增长率来论英雄了。一些干部惯于拍脑袋决策、拍胸脯蛮干，然后拍屁股走人，留下一屁股烂账，最后官照当照升，不负任何责任。这是不行的。我说过了，对这种问题要实行责任制，而且要终身追究。请中央组织部抓紧研究落实。

　　用人得当，就要科学合理使用干部，也就是说要用当其时、用其所长。现在，有的地方用干部，涉及具体人时，往往只看资历、看轮到谁了，论资排辈、平衡照顾，而不是看谁更优秀、更合适，用非所长，结果干部干得很吃力，问题堆了一大堆，工作也难以打开局面。用什么人、用在什么岗位，一定要从工作需要出发，以事择人，不能简单把职位作为奖励干部的手段。"骏马能历险，力田不如牛。坚车能载重，渡河不如舟。"〔10〕我们要树立强烈的人才意识，寻觅人才求贤若渴，发现人才如获至宝，举荐人才不拘一格，使用人才各尽其能。只有这样，才能使大批好干部源源不断涌现出来，才能使大家的聪明才智充分释放出来。

　　有一种现象很值得注意，就是在一个地方、一个单位，一个干部好不好，群众有公论，实践有比较，领导心里也明白，但在具体用人时，结果却与事业需要和群众期盼大相径庭。这其中作祟的，是一些领导干部的私心杂念，是人们议论的"关系网"、"潜规则"。正是这些不健康的因素起作用，任人唯贤被丢在一边了，任人唯亲、任人唯利等问题发生了。干部群众对这些问题深恶痛绝。必须下决心加以整治，使用人之风真正纯洁起来。

注　释

〔1〕见《墨子·尚贤上》。

〔2〕见清代彭玉麟《海防善后事宜折》。

〔3〕见清代金缨《格言联璧·学问》。

〔4〕参见金代元好问《四哀诗·李钦叔》。原文是："当官避事平生耻，视死如归社稷心。"

〔5〕见《左传·昭公七年》。

〔6〕见《尚书·伊训》。

〔7〕见西汉刘向《说苑·政理》。

〔8〕见清代魏源《默觚下·治篇七》。

〔9〕见南北朝时期刘勰《文心雕龙·知音》。

〔10〕见清代顾嗣协《杂兴八首（其三）》。

必须准备进行具有许多新的
历史特点的伟大斗争 *

（二〇一三年七月——二〇一六年十二月）

一

党的十八大报告有一句话，我主持起草工作时就主张要写上去，就是"发展中国特色社会主义是一项长期的艰巨的历史任务，必须准备进行具有许多新的历史特点的伟大斗争"。这句话含义很深，特别是强调了要注意我们这个时代的新的历史特点，这里面就有我们要面对的机遇和挑战。

（二〇一三年七月八日在中央军委
专题民主生活会上的讲话）

---

* 这是习近平同志二〇一三年七月至二〇一六年十二月期间有关必须准备进行具有许多新的历史特点的伟大斗争重要论述的节录。

二

今天，我们正在进行具有许多新的历史特点的伟大斗争。全党要牢记毛泽东同志提出的"我们决不当李自成"[1]的深刻警示，牢记"两个务必"[2]，牢记"生于忧患，死于安乐"[3]的古训，着力解决好"其兴也勃焉，其亡也忽焉"的历史性课题[4]，增强党要管党、从严治党的自觉，提高党的执政能力和领导水平，增强党自我净化、自我完善、自我革新、自我提高能力。

（二〇一三年十二月二十六日在纪念毛泽东同志诞辰一百二十周年座谈会上的讲话）

三

"谎言重复一千遍就会变成真理。"各种敌对势力就是想利用这个逻辑！他们就是要把我们党、我们国家说得一塌糊涂、一无是处，诱使人们跟着他们的魔笛起舞。各种敌对势力绝不会让我们顺顺利利实现中华民族伟大复兴，这就是为什么我们要郑重提醒全党必须准备进行具有许多新的历史特点的伟大斗争的一个原因。这场斗争既包括硬实力的斗争，也包括软实力的较量。

（二〇一四年十月二十三日在中共

十八届四中全会第二次全体会议
上的讲话）

四

我们正在进行的中国特色社会主义事业，是前无古人
的开创性事业，前进道路不可能一帆风顺，我们必须准备
进行具有许多新的历史特点的伟大斗争。"其作始也简，其
将毕也必巨。"〔5〕我们要永远保持清醒头脑，继续发扬筚路
蓝缕、以启山林那么一种精神，继续保持空谈误国、实干
兴邦那么一种警醒，敢于战胜前进道路上的一切困难和挑
战，使中国特色社会主义道路始终成为中华民族创造辉煌
的必由之路，始终成为中华民族实现伟大复兴的必由之路，
始终成为中华民族为人类作出新的更大贡献的必由之路。

（二〇一五年二月十七日在二〇一五
年春节团拜会上的讲话）

五

当前，我们正在进行具有许多新的历史特点的伟大斗
争，深化国防和军队改革就是这场斗争的重要方面。

（二〇一五年十一月二十四日在中央
军委改革工作会议上的讲话）

六

　　发展中国特色社会主义是一项长期而艰巨的历史任务，必须准备进行具有许多新的历史特点的伟大斗争。当前和今后一个时期，我们在国际国内面临的矛盾风险挑战都不少，决不能掉以轻心。各种矛盾风险挑战源、各类矛盾风险挑战点是相互交织、相互作用的。如果防范不及、应对不力，就会传导、叠加、演变、升级，使小的矛盾风险挑战发展成大的矛盾风险挑战，局部的矛盾风险挑战发展成系统的矛盾风险挑战，国际上的矛盾风险挑战演变为国内的矛盾风险挑战，经济、社会、文化、生态领域的矛盾风险挑战转化为政治矛盾风险挑战，最终危及党的执政地位、危及国家安全。

　　推动创新发展、协调发展、绿色发展、开放发展、共享发展，前提都是国家安全、社会稳定。没有安全和稳定，一切都无从谈起。"明者防祸于未萌，智者图患于将来。"[6]我们必须积极主动、未雨绸缪，见微知著、防微杜渐，下好先手棋，打好主动仗，做好应对任何形式的矛盾风险挑战的准备，做好经济上、政治上、文化上、社会上、外交上、军事上各种斗争的准备，层层负责、人人担当。

（二〇一六年一月十八日在省部级
主要领导干部学习贯彻党的十八
届五中全会精神专题研讨班上的
讲话）

七

新的历史条件下，我们要更好进行具有许多新的历史特点的伟大斗争、推进中国特色社会主义伟大事业，就必须以更大力度推进党的建设新的伟大工程，坚定不移推进全面从严治党，切实把党建设好、管理好，保持党的先进性和纯洁性，增强党的创造力凝聚力战斗力，提高党的领导水平和执政水平，确保党始终成为中国特色社会主义事业的坚强领导核心。

（二〇一六年十月二十四日在中共十八届六中全会上所作的《关于〈关于新形势下党内政治生活的若干准则〉和〈中国共产党党内监督条例〉的说明》）

八

在我们这样一个拥有十三亿多人口的大国实现"两个一百年"奋斗目标，绝不会一帆风顺。古人说："人生天地间，长路有险夷。"[7]我们仔细想想，建党九十五年来，建国六十七年来，改革开放三十八年来，什么时候党和人民事业发展的道路都是不平坦的，都需要付出巨大努力和顽强斗争才能取得成功。也就是我说的，什么时候都不要想象可以敲锣打鼓、欢天喜地进入现代化，一代人有一代人的长征，既然是长征，就不可避免要"爬雪山"、"过草地"，不可避免要进行具有许多新的历史特点的伟大斗争。

（二〇一六年十二月十四日在中央
经济工作会议上的讲话）

注　释

〔1〕李自成（一六〇六——一六四五），明代陕西米脂双泉里李继迁寨（今陕西榆林横山境内）人。明末农民起义首领。一六四四年，在西安建立大顺政权，同年经山西攻入北京推翻明王朝。起义军进京后，一些将领骄傲轻敌、生活腐化，以致仅过了四十余天，就在明山海关驻军将领吴三桂勾引清兵的联合进攻下退出北京，并于一六四五年最后失败。"我们决不当李自成"这句话收入了《毛泽东年谱（一八九三——一九四九）》。一九四九年三月二十三日，毛泽东和周恩来乘汽车离开西柏坡前往北平（今北京）时，对周恩来说，今天是进京的日子，进京赶考去。周恩来笑答，我们应当都能考试及格，不要退回来。毛泽东说，退回来就失败了。我们决不当李自成，我们都希望考个好成绩。参见《毛泽东年谱（一八九三——一九四九）》（修订本）下卷（中央文献出版社 2013 年版，第 470 页）。

〔2〕"两个务必"，指"务必使同志们继续地保持谦虚、谨慎、不骄、不躁的作风，务必使同志们继续地保持艰苦奋斗的作风"。这是毛泽东一九四九年三月五日在《在中国共产党第七届中央委员会第二次全体会议上的报告》中提出的（《毛泽东选集》第 4 卷，人民出版社 1991 年版，第 1438—1439 页）。

〔3〕参见《孟子·告子下》。原文是："入则无法家拂士，出则无敌国外患者，国恒亡。然后知生于忧患而死于安乐也。"

〔4〕"其兴也勃焉，其亡也忽焉"这句话参见《左传·庄公十一年》，原

文是："禹、汤罪己，其兴也悖焉；桀、纣罪人，其亡也忽焉。""悖"亦用作"勃"、"浡"。一九四五年七月，民主人士黄炎培在访问延安时同毛泽东的谈话中提到这一历史性课题。黄炎培说到，希望将来中国共产党建立的政权能够跳出旧政权"其兴也浡焉"、"其亡也忽焉"的周期率。毛泽东说：我们已经找到新路，我们能跳出这周期率。这条新路，就是民主。只有让人民来监督政府，政府才不敢松懈。只有人人起来负责，才不会人亡政息。参见《毛泽东年谱（一八九三——一九四九）》（修订本）中卷（中央文献出版社2013年版，第610—611页）。这就是著名的"窑洞对"或"窑洞之问"。二〇二一年十一月十一日，习近平在中共十九届六中全会第二次全体会议上的讲话中指出："我们党历史这么长、规模这么大、执政这么久，如何跳出治乱兴衰的历史周期率？毛泽东同志在延安的窑洞里给出了第一个答案，这就是'只有让人民来监督政府，政府才不敢松懈'。经过百年奋斗特别是党的十八大以来新的实践，我们党又给出了第二个答案，这就是自我革命。"

〔5〕见《庄子·人间世》。

〔6〕这是西晋陈寿《三国志·吕蒙传》裴松之注引《吴书》中记载的虞翻的话。

〔7〕见金代元好问《临汾李氏任运堂二首（其一）》。

把宣传思想工作做得更好 *

（二〇一三年八月十九日）

宣传思想工作一定要把围绕中心、服务大局作为基本职责，胸怀大局、把握大势、着眼大事，找准工作切入点和着力点，做到因势而谋、应势而动、顺势而为。

经济建设是党的中心工作，意识形态工作是党的一项极端重要的工作。党的十一届三中全会以来，我们党始终坚持以经济建设为中心，集中精力把经济建设搞上去、把人民生活搞上去。只要国内外大势没有发生根本变化，坚持以经济建设为中心就不能也不应该改变。这是坚持党的基本路线一百年不动摇的根本要求，也是解决当代中国一切问题的根本要求。同时，只有物质文明建设和精神文明建设都搞好，国家物质力量和精神力量都增强，全国各族人民物质生活和精神生活都改善，中国特色社会主义事业才能顺利向前推进。

宣传思想工作就是要巩固马克思主义在意识形态领域的指导地位，巩固全党全国人民团结奋斗的共同思想基础。党员、干部要坚定马克思主义、共产主义信仰，脚踏

---

* 这是习近平同志在全国宣传思想工作会议上讲话的要点。

实地为实现党在现阶段的基本纲领而不懈努力，扎扎实实做好每一项工作，取得"接力赛"中我们这一棒的优异成绩。领导干部特别是高级干部要把系统掌握马克思主义基本理论作为看家本领，老老实实、原原本本学习马克思列宁主义、毛泽东思想特别是邓小平理论、"三个代表"重要思想、科学发展观。党校、干部学院、社会科学院、高校、理论学习中心组等都要把马克思主义作为必修课，成为马克思主义学习、研究、宣传的重要阵地。新干部、年轻干部尤其要抓好理论学习，通过坚持不懈学习，学会运用马克思主义立场、观点、方法观察和解决问题，坚定理想信念。

要深入开展中国特色社会主义宣传教育，把全国各族人民团结和凝聚在中国特色社会主义伟大旗帜之下。要加强社会主义核心价值体系建设，积极培育和践行社会主义核心价值观，全面提高公民道德素质，培育知荣辱、讲正气、作奉献、促和谐的良好风尚。

党性和人民性从来都是一致的、统一的。坚持党性，核心就是坚持正确政治方向，站稳政治立场，坚定宣传党的理论和路线方针政策，坚定宣传中央重大工作部署，坚定宣传中央关于形势的重大分析判断，坚决同党中央保持高度一致，坚决维护党中央权威。所有宣传思想部门和单位，所有宣传思想战线上的党员、干部都要旗帜鲜明坚持党性原则。坚持人民性，就是要把实现好、维护好、发展好最广大人民根本利益作为出发点和落脚点，坚持以民为本、以人为本。要树立以人民为中心的工作导向，把服务群众同教育引导群众结合起来，把满足需求同提高素养结合起来，多宣传报道人民群众的伟大奋斗和火热生活，多宣传报道人民群众中涌现出来的先进典型和感人事迹，丰富人民精神世界，增强人民精神力量，满足人民精神需求。

坚持团结稳定鼓劲、正面宣传为主，是宣传思想工作必须遵循的重要方针。我们正在进行具有许多新的历史特点的伟大斗争，面临的挑战和困难前所未有，必须坚持巩固壮大主流思想舆论，弘扬主旋律，传播正能量，激发全社会团结奋进的强大力量。关键是要提高质量和水平，把握好时、度、效，增强吸引力和感染力，让群众爱听爱看、产生共鸣，充分发挥正面宣传鼓舞人、激励人的作用。在事关大是大非和政治原则问题上，必须增强主动性、掌握主动权、打好主动仗，帮助干部群众划清是非界限、澄清模糊认识。

在长期实践中，我们党的宣传思想工作积累了十分丰富的经验。这些经验来之不易、弥足珍贵，是做好今后工作的重要遵循，一定要认真总结、长期坚持，并在实践中不断丰富和发展。"明者因时而变，知者随世而制。"〔1〕宣传思想工作创新，重点要抓好理念创新、手段创新、基层工作创新，努力以思想认识新飞跃打开工作新局面，积极探索有利于破解工作难题的新举措新办法，把创新的重心放在基层一线。要继续推进文化体制改革，推动文化事业全面繁荣和文化产业快速发展，建设社会主义文化强国。

在全面对外开放的条件下做宣传思想工作，一项重要任务是引导人们更加全面客观地认识当代中国、看待外部世界。宣传阐释中国特色，要讲清楚每个国家和民族的历史传统、文化积淀、基本国情不同，其发展道路必然有着自己的特色；讲清楚中华文化积淀着中华民族最深沉的精神追求，是中华民族生生不息、发展壮大的丰厚滋养；讲清楚中华优秀传统文化是中华民族的突出优势，是我们最深厚的文化软实力；讲清楚中国特色社会主义植根于中华文化沃土、反映中国人民意愿、适应中国和时代发展进步要求，有着深厚历史渊源和广泛现实基础。中华民族创造了源远流长的中华文化，中华民族也一定能够创造出中华文化新的辉煌。独特的文化传统，独特的历史命运，独特的基本国情，注定了我们必然要走适合自己特点的发展道路。对我国传统文化，对国外的东西，要坚持古为今用、洋为中用、去粗取精、去伪存真，经过科学的扬弃后使之为我所用。

对世界形势发展变化，对世界上出现的新事物新情况，对各国出现的新思想新观点新知识，我们要加强宣传报道，以利于积极借鉴人类文明创造的有益成果。要精心做好对外宣传工作，创新对外宣传方式，着力打造融通中外的新概念新范畴新表述，讲好中国故事，传播好中国声音。

宣传思想部门承担着十分重要的职责，必须守土有责、守土负责、守土尽责。宣传思想部门工作要强起来，首先是领导干部要强起来，班子要强起来。各级宣传部门领导同志要加强学习、加强实践，真正成为让人信服的行家里手。

　　做好宣传思想工作必须全党动手。各级党委要负起政治责任和领导责任，加强对宣传思想领域重大问题的分析研判和重大战略性任务的统筹指导，不断提高领导宣传思想工作能力和水平。要树立大宣传的工作理念，动员各条战线各个部门一起来做，把宣传思想工作同各个领域的行政管理、行业管理、社会管理更加紧密地结合起来。

注　　释

〔1〕见西汉桓宽《盐铁论·忧边》。

坚持亲诚惠容的周边外交理念 *

（二〇一三年十月二十四日）

做好周边外交工作，是实现"两个一百年"奋斗目标、实现中华民族伟大复兴的中国梦的需要，要更加奋发有为地推进周边外交，为我国发展争取良好的周边环境，使我国发展更多惠及周边国家，实现共同发展。

新中国成立后，以毛泽东同志为核心的党的第一代中央领导集体，以邓小平同志为核心的党的第二代中央领导集体，以江泽民同志为核心的党的第三代中央领导集体，以胡锦涛同志为总书记的党中央，都高度重视周边外交，提出了一系列重要战略思想和方针政策，开创和发展了我国总体有利的周边环境，为我们继续做好周边外交工作打下了坚实基础。党的十八大以来，党中央在保持外交大政方针延续性和稳定性的基础上，积极运筹外交全局，突出周边在我国发展大局和外交全局中的重要作用，开展了一系列重大外交活动。

无论从地理方位、自然环境还是相互关系看，周边对我国都具有极为重要的战略意义。思考周边问题、开展周

---

* 这是习近平同志在周边外交工作座谈会上讲话的要点。

边外交要有立体、多元、跨越时空的视角。审视我国的周边形势，周边环境发生了很大变化，我国同周边国家的关系发生了很大变化，我国同周边国家的经贸联系更加紧密、互动空前密切。这客观上要求我们的周边外交战略和工作必须与时俱进、更加主动。

我国周边充满生机活力，有明显发展优势和潜力，我国周边环境总体上是稳定的，睦邻友好、互利合作是周边国家对华关系的主流。我们要谋大势、讲战略、重运筹，把周边外交工作做得更好。

我国周边外交的战略目标，就是服从和服务于实现"两个一百年"奋斗目标、实现中华民族伟大复兴，全面发展同周边国家的关系，巩固睦邻友好，深化互利合作，维护和用好我国发展的重要战略机遇期，维护国家主权、安全、发展利益，努力使周边同我国政治关系更加友好、经济纽带更加牢固、安全合作更加深化、人文联系更加紧密。

我国周边外交的基本方针，就是坚持与邻为善、以邻为伴，坚持睦邻、安邻、富邻，突出体现亲、诚、惠、容的理念。发展同周边国家睦邻友好关系是我国周边外交的一贯方针。要坚持睦邻友好，守望相助；讲平等、重感情；常见面，多走动；多做得人心、暖人心的事，使周边国家对我们更友善、更亲近、更认同、更支持，增强亲和力、感召力、影响力。要诚心诚意对待周边国家，争取更多朋友和伙伴。要本着互惠互利的原则同周边国家开展合作，编织更加紧密的共同利益网络，把双方利益融合提升到更高水平，让周边国家得益于我国发展，使我国也从周边国家共同发展中获得裨益和助力。要倡导包容的思想，强调亚太之大容得下大家共同发展，以更加开放的胸襟和更加积极的态度促进地区合作。这些理念，首先我们自己要身体力行，使之成为地区国家遵循和秉持的共同理念和行为准则。

做好新形势下周边外交工作，要从战略高度分析和处理问题，提高驾驭全局、统筹谋划、操作实施能力，全面推进周边外交。要着力维护周边和平稳定大局。走和平发展道路是我们党根据时代发展潮流和我国根本利益作出的战略抉择，维护周边和平稳定是周边外交的重要目标。

要着力深化互利共赢格局。统筹经济、贸易、科技、金融等方面资源，利用好比较优势，找准深化同周边国家互利合作的战略契合点，积极参与区域经济合作。要同有关国家共同努力，加快基础设施互联互通，建设好丝绸之路经济带、二十一世纪海上丝绸之路。要以周边为基础加快实施自由贸易区战略，扩大贸易、投资合作空间，构建区域经济一体化新格局。要不断深化区域金融合作，积极筹建亚洲基础设施投资银行[1]，完善区域金融安全网络。要加快沿边地区开放，深化沿边省区同周边国家的互利合作。

要着力推进区域安全合作。我国同周边国家毗邻而居，开展安全合作是共同需要。要坚持互信、互利、平等、协作的新安全观，倡导全面安全、共同安全、合作安全理念，推进同周边国家的安全合作，主动参与区域和次区域安全合作，深化有关合作机制，增进战略互信。

要着力加强对周边国家的宣传工作、公共外交、民间外交、人文交流，巩固和扩大我国同周边国家关系长远发展的社会和民意基础。关系亲不亲，关键在民心。要全方位推进人文交流，深入开展旅游、科教、地方合作等友好交往，广交朋友，广结善缘。要对外介绍好我国的内外方针政策，讲好中国故事，传播好中国声音，把中国梦同周边各国人民过上美好生活的愿望、同地区发展前景对接起来，让命运共同体意识在周边国家落地生根。

政策和策略是党的生命，也是外交工作的生命。做好外交工作，胸中要装着国内国际两个大局，国内大局就是"两个一百年"奋斗目标，实现中华民族伟大复兴的中国梦；国际大局就是为我国改革发展稳定争取良好外部条件，维护国家主权、安全、发展利益，维护世界和平稳定、促进共同发展。要找到利益的共同点和交汇点，坚持正确义利观，有原则、讲情谊、讲道义，多向发展中国家提供力所能及的帮助。要推进外交工作改革创新，加强外交活动的策划设计，力求取得最大效果。要做好外交工作的统筹兼顾，组织和协调好方方面面，注意发挥各自优势，把外交工作办得更好。

周边外交任务艰巨繁重，从事外交工作的同志们要增强责任感、使命感、紧迫感，牢记宗旨、提高本领、锤炼作风，讲奉献、敢担当、勇创新，更加积极有为地做好周边外交工作。

注　　释

〔1〕亚洲基础设施投资银行，简称"亚投行"，是二〇一三年十月中国倡议成立的多边开发金融机构。二〇一五年十二月二十五日正式成立，次年一月十六日正式开业。该行秉持多边主义和共商共建共享原则，按照多边开发银行模式和原则运作，坚持国际性、规范性、高标准，同现有多边开发银行相互补充，致力于服务所有成员发展需求，提供更多高质量、低成本、可持续的基础设施投资，推动亚洲及其他地区基础设施建设和互联互通，深化区域合作，实现共同发展。截至二〇二三年一月，共有一百零六个成员，包括九十二个正式成员和十四个意向成员。

关于《中共中央关于全面深化改革若干重大问题的决定》的说明 *

（二〇一三年十一月九日）

受中央政治局委托，现在，我就《中共中央关于全面深化改革若干重大问题的决定》向全会作说明。

一、关于全会决定起草过程

改革开放以来，历届三中全会研究什么议题、作出什么决定、采取什么举措、释放什么信号，是人们判断新一届中央领导集体施政方针和工作重点的重要依据，对做好未来五年乃至十年工作意义重大。

党的十八大之后，中央即着手考虑十八届三中全会的议题。党的十八大统一提出了全面建成小康社会和全面深化改革开放的目标，强调必须以更大的政治勇气和智慧，不失时机深化重要领域改革，坚决破除一切妨碍科学发展的思想观念和体制机制弊端，构建系统完备、科学规范、运行有效的制度体系，使各方面制度更加成熟更加定型。

---

 * 这是习近平同志在中共十八届三中全会上所作的说明。

我们认为，要完成党的十八大提出的各项战略目标和工作部署，必须抓紧推进全面改革。

从党的十一届三中全会作出把党和国家工作中心转移到经济建设上来、实行改革开放的历史性决策以来，已经三十五个年头了。中国人民的面貌、社会主义中国的面貌、中国共产党的面貌能发生如此深刻的变化，我国能在国际社会赢得举足轻重的地位，靠的就是坚持不懈推进改革开放。

一九九二年，邓小平同志在南方谈话中说："不坚持社会主义，不改革开放，不发展经济，不改善人民生活，只能是死路一条。"[1]回过头来看，我们对邓小平同志这番话就有更深的理解了。所以，我们讲，只有社会主义才能救中国，只有改革开放才能发展中国、发展社会主义、发展马克思主义。

正是从历史经验和现实需要的高度，党的十八大以来，中央反复强调，改革开放是决定当代中国命运的关键一招，也是决定实现"两个一百年"奋斗目标、实现中华民族伟大复兴的关键一招，实践发展永无止境，解放思想永无止境，改革开放也永无止境，停顿和倒退没有出路，改革开放只有进行时、没有完成时。面对新形势新任务，我们必须通过全面深化改革，着力解决我国发展面临的一系列突出矛盾和问题，不断推进中国特色社会主义制度自我完善和发展。

当前，国内外环境都在发生极为广泛而深刻的变化，我国发展面临一系列突出矛盾和挑战，前进道路上还有不少困难和问题。比如：发展中不平衡、不协调、不可持续问题依然突出，科技创新能力不强，产业结构不合理，发展方式依然粗放，城乡区域发展差距和居民收入分配差距依然较大，社会矛盾明显增多，教育、就业、社会保障、医疗、住房、生态环境、食品药品安全、安全生产、社会治安、执法司法等关系群众切身利益的问题较多，部分群众生活困难，形式主义、官僚主义、享乐主义和奢靡之风问题突出，一些领域消极腐败现象易发多发，反腐败斗争形势依然严峻，等等。解决这些问题，关键在于深化改革。

今年四月，中央政治局经过深入思考和研究、广泛听取党内外各方面意见，决定党的十八届三中全会研究全面深化改革问题并作出决定。

四月二十日，中央发出《关于对党的十八届三中全会研究全面深化改革问题征求意见的通知》。各地区各部门一致认为，党的十八届三中全会重点研究全面深化改革问题，顺应了广大党员、干部、群众的愿望，抓住了全社会最关心的问题，普遍表示赞成。

改革开放以来历次三中全会都研究讨论深化改革问题，都是在释放一个重要信号，就是我们党将坚定不移高举改革开放的旗帜，坚定不移坚持党的十一届三中全会以来的理论和路线方针政策。说到底，就是要回答在新的历史条件下举什么旗、走什么路的问题。

党的十八届三中全会以全面深化改革为主要议题，是我们党坚持以邓小平理论、"三个代表"重要思想、科学发展观为指导，在新形势下坚定不移贯彻党的基本路线、基本纲领、基本经验、基本要求，坚定不移高举改革开放大旗的重要宣示和重要体现。

议题确定后，中央政治局决定成立文件起草组，由我担任组长，刘云山、张高丽同志为副组长，相关部门负责同志、部分省市领导同志参加，在中央政治局常委会领导下进行全会决定起草工作。

文件起草组成立以来，在将近七个月的时间里，广泛征求意见，开展专题论证，进行调查研究，反复讨论修改。其间，中央政治局常委会会议三次、中央政治局会议两次分别审议决定，决定征求意见稿还下发党内一定范围征求意见，征求党内老同志意见，专门听取各民主党派中央、全国工商联负责人和无党派人士意见。

从反馈情况看，各方面一致认为，全会决定深刻剖析了我国改革发展稳定面临的重大理论和实践问题，阐明了全面深化改革的重大意义和未来走向，提出了全面深化改革的指导思想、目标任务、重大原则，描绘了全面深化改革的新蓝图、新愿景、新目标，汇集了全面深化改革的新思想、新论断、新举措，反映了社会呼声、社会诉求、社会期盼，凝聚了全党全社会关于全面深化改革的思想共识和行动智慧。

各方面一致认为，全会决定合理布局了全面深化改革的战略重点、优先顺序、主攻方向、工作机制、推进方式和时间表、路线图，形成了改革理论和政策的一系列新的重大突破，是全面深化改革的又一次总部署、总动员，必将对推动中国特色社会主义事业发展产生重大而深远的影响。

在征求意见过程中，各方面提出了许多好的意见和建议。中央责成文件起草组认真整理研究这些意见和建议，文件起草组对全会决定作出重要修改。

二、关于全会决定的总体框架和重点问题

中央政治局认为，面对新形势新任务新要求，全面深化改革，关键是要进一步形成公平竞争的发展环境，进一步增强经济社会发展活力，进一步提高政府效率和效能，进一步实现社会公平正义，进一步促进社会和谐稳定，进一步提高党的领导水平和执政能力。

围绕这些重大课题，我们强调，要有强烈的问题意识，以重大问题为导向，抓住关键问题进一步研究思考，着力推动解决我国发展面临的一系列突出矛盾和问题。我们中国共产党人干革命、搞建设、抓改革，从来都是为了解决中国的现实问题。可以说，改革是由问题倒逼而产生，又在不断解决问题中得以深化。

三十五年来，我们用改革的办法解决了党和国家事业发展中的一系列问题。同时，在认识世界和改造世界的过程中，旧的问题解决了，新的问题又会产生，制度总是需要不断完善，因而改革既不可能一蹴而就、也不可能一劳永逸。

全会决定起草，突出了五个方面的考虑。一是适应党

和国家事业发展新要求，落实党的十八大提出的全面深化改革开放的战略任务。二是以改革为主线，突出全面深化改革新举措，一般性举措不写，重复性举措不写，纯属发展性举措不写。三是抓住重点，围绕解决好人民群众反映强烈的问题，回应人民群众呼声和期待，突出重要领域和关键环节，突出经济体制改革牵引作用。四是坚持积极稳妥，设计改革措施胆子要大、步子要稳。五是时间设计到二〇二〇年，按这个时间段提出改革任务，到二〇二〇年在重要领域和关键环节改革上取得决定性成果。

在框架结构上，全会决定以当前亟待解决的重大问题为提领，按条条谋篇布局。除引言和结束语外，共十六个部分，分三大板块。第一部分构成第一板块，是总论，主要阐述全面深化改革的重大意义、指导思想、总体思路。第二至第十五部分构成第二板块，是分论，主要从经济、政治、文化、社会、生态文明、国防和军队六个方面，具体部署全面深化改革的主要任务和重大举措。其中，经济方面开六条（第二至第七部分），政治方面开三条（第八至第十部分），文化方面开一条（第十一部分），社会方面开两条（第十二至第十三部分），生态方面开一条（第十四部分），国防和军队方面开一条（第十五部分）。第十六部分构成第三板块，讲组织领导，主要阐述加强和改善党对全面深化改革的领导。

这里，我想就全会决定涉及的几个重大问题和重大举措介绍一下中央的考虑。

第一，关于使市场在资源配置中起决定性作用和更好发挥政府作用。这是这次全会决定提出的一个重大理论观点。这是因为，经济体制改革仍然是全面深化改革的重点，经济体制改革的核心问题仍然是处理好政府和市场关系。

一九九二年，党的十四大提出了我国经济体制改革的目标是建立社会主义市场经济体制，提出要使市场在国家宏观调控下对资源配置起基础性作用。这一重大理论突破，对我国改革开放和经济社会发展发挥了极为重要的作用。这也说明，理论创新对实践创新具有重大先导作用，全面深化改革必须以理论创新为先导。

经过二十多年实践，我国社会主义市场经济体制已经初步建立，但仍存在不少问题，主要是市场秩序不规范，以不正当手段谋取经济利益的现象广泛存在；生产要素市场发展滞后，要素闲置和大量有效需求得不到满足并存；市场规则不统一，部门保护主义和地方保护主义大量存在；市场竞争不充分，阻碍优胜劣汰和结构调整，等等。这些问题不解决好，完善的社会主义市场经济体制是难以形成的。

从党的十四大以来的二十多年间，对政府和市场关系，我们一直在根据实践拓展和认识深化寻找新的科学定位。党的十五大提出"使市场在国家宏观调控下对资源配置起基础性作用"，党的十六大提出"在更大程度上发挥市场在资源配置中的基础性作用"，党的十七大提出"从制度上更好发挥市场在资源配置中的基础性作用"，党的十八大提出"更大程度更广范围发挥市场在资源配置中的基础性作用"。可以看出，我们对政府和市场关系的认识也在不断深化。

在这次讨论和征求意见过程中，许多方面提出，应该从理论上对政府和市场关系进一步作出定位，这对全面深化改革具有十分重大的作用。考虑各方面意见和现实发展要求，经过反复讨论和研究，中央认为对这个问题从理论上作出新的表述条件已经成熟，应该把市场在资源配置中的"基础性作用"修改为"决定性作用"。

现在，我国社会主义市场经济体制已经初步建立，市场化程度大幅度提高，我们对市场规律的认识和驾驭能力不断提高，宏观调控体系更为健全，主客观条件具备，我们应该在完善社会主义市场经济体制上迈出新的步伐。

进一步处理好政府和市场关系，实际上就是要处理好在资源配置中市场起决定性作用还是政府起决定性作用这个问题。经济发展就是要提高资源尤其是稀缺资源的配置效率，以尽可能少的资源投入生产尽可能多的产品、获得尽可能大的效益。理论和实践都证明，市场配置资源是最有效率的形式。市场决定资源配置是市场经济的一般规律，市场经济本质上就是市场决定资源配置的经济。健全社会主义市场经济体制必须遵循这条规律，着力解决市场体系不完善、政府干预过多和监管不到位问题。作出"使市场在资源配置中起决定性作用"的定位，有利于在全党全社会树立关于政府和市场关系的正确观念，有利于转变经济发展方式，有利于转变政府职能，有利于抑制消极腐败现象。

当然，我国实行的是社会主义市场经济体制，我们仍然要坚持发挥我国社会主义制度的优越性、发挥党和政府的积极作用。市场在资源配置中起决定性作用，并不是起全部作用。

发展社会主义市场经济，既要发挥市场作用，也要发挥政府作用，但市场作用和政府作用的职能是不同的。全会决定对更好发挥政府作用提出了明确要求，强调科学的宏观调控，有效的政府治理，是发挥社会主义市场经济体制优势的内在要求。全会决定对健全宏观调控体系、全面正确履行政府职能、优化政府组织结构进行了部署，强调政府的职责和作用主要是保持宏观经济稳定，加强和优化公共服务，保障公平竞争，加强市场监管，维护市场秩序，推动可持续发展，促进共同富裕，弥补市场失灵。

第二，关于坚持和完善基本经济制度。坚持和完善公有制为主体、多种所有制经济共同发展的基本经济制度，关系巩固和发展中国特色社会主义制度的重要支柱。

改革开放以来，我国所有制结构逐步调整，公有制经济和非公有制经济在发展经济、促进就业等方面的比重不断变化，增强了经济社会发展活力。在这种情况下，如何更好体现和坚持公有制主体地位，进一步探索基本经济制度有效实现形式，是摆在我们面前的一个重大课题。

全会决定强调必须毫不动摇巩固和发展公有制经济，坚持公有制主体地位，发挥国有经济主导作用，不断增强国有经济活力、控制力、影响力。

　　全会决定坚持和发展党的十五大以来有关论述，提出要积极发展混合所有制经济，强调国有资本、集体资本、非公有资本等交叉持股、相互融合的混合所有制经济，是基本经济制度的重要实现形式，有利于国有资本放大功能、保值增值、提高竞争力。这是新形势下坚持公有制主体地位，增强国有经济活力、控制力、影响力的一个有效途径和必然选择。

　　全会决定提出，完善国有资产管理体制，以管资本为主加强国有资产监管，改革国有资本授权经营体制；国有资本投资运营要服务于国家战略目标，更多投向关系国家安全、国民经济命脉的重要行业和关键领域，重点提供公共服务、发展重要前瞻性战略性产业、保护生态环境、支持科技进步、保障国家安全；划转部分国有资本充实社会保障基金；提高国有资本收益上缴公共财政比例，更多用于保障和改善民生。

　　国有企业是推进国家现代化、保障人民共同利益的重要力量。经过多年改革，国有企业总体上已经同市场经济相融合。同时，国有企业也积累了一些问题、存在一些弊端，需要进一步推进改革。全会决定提出一系列有针对性的改革举措，包括国有资本加大对公益性企业的投入；国有资本继续控股经营的自然垄断行业，实行以政企分开、政资分开、特许经营、政府监管为主要内容的改革，根据不同行业特点实行网运分开、放开竞争性业务；健全协调运转、有效制衡的公司法人治理结构；建立职业经理人制度，更好发挥企业家作用；建立长效激励约束机制，强化国有企业经营投资责任追究；探索推进国有企业财务预算等重大信息公开；国有企业要合理增加市场化选聘比例，合理确定并严格规范国有企业管理人员薪酬水平、职务待遇、职务消费、业务消费。这些举措将推动国有企业完善现代企业制度、提高经营效率、合理承担社会责任、更好发挥作用。

坚持和完善基本经济制度必须坚持"两个毫不动摇"。全会决定从多个层面提出鼓励、支持、引导非公有制经济发展，激发非公有制经济活力和创造力的改革举措。在功能定位上，明确公有制经济和非公有制经济都是社会主义市场经济的重要组成部分，都是我国经济社会发展的重要基础；在产权保护上，明确提出公有制经济财产权不可侵犯，非公有制经济财产权同样不可侵犯；在政策待遇上，强调坚持权利平等、机会平等、规则平等，实行统一的市场准入制度；鼓励非公有制企业参与国有企业改革，鼓励发展非公有资本控股的混合所有制企业，鼓励有条件的私营企业建立现代企业制度。这将推动非公有制经济健康发展。

第三，关于深化财税体制改革。财政是国家治理的基础和重要支柱，科学的财税体制是优化资源配置、维护市场统一、促进社会公平、实现国家长治久安的制度保障。现行财税体制是在一九九四年分税制[2]改革的基础上逐步完善形成的，对实现政府财力增强和经济快速发展的双赢目标发挥了重要作用。

随着形势发展变化，现行财税体制已经不完全适应合理划分中央和地方事权、完善国家治理的客观要求，不完全适应转变经济发展方式、促进经济社会持续健康发展的现实需要，我国经济社会发展中的一些突出矛盾和问题也与财税体制不健全有关。

这次全面深化改革，财税体制改革是重点之一。主要涉及改进预算管理制度，完善税收制度，建立事权和支出责任相适应的制度等。

全会决定提出，要实施全面规范、公开透明的预算制度，适度加强中央事权和支出责任，国防、外交、国家安全、关系全国统一市场规则和管理等作为中央事权；部分社会保障、跨区域重大项目建设维护等作为中央和地方共同事权，逐步理顺事权关系；中央可通过安排转移支付将部分事权支出责任委托地方承担；对于跨区域且对其他地区影响较大的公共服务，中央通过转移支付承担一部分地方事权支出责任。

这些改革举措的主要目的是明确事权、改革税制、稳定税负、透明预算、提高效率，加快形成有利于转变经济发展方式、有利于建立公平统一市场、有利于推进基本公共服务均等化的现代财政制度，形成中央和地方财力与事权相匹配的财税体制，更好发挥中央和地方两个积极性。

财税体制改革需要一个过程，逐步到位。中央已经明确，要保持现有中央和地方财力格局总体稳定，进一步理顺中央和地方收入划分。

第四，关于健全城乡发展一体化体制机制。城乡发展不平衡不协调，是我国经济社会发展存在的突出矛盾，是全面建成小康社会、加快推进社会主义现代化必须解决的重大问题。改革开放以来，我国农村面貌发生了翻天覆地的变化。但是，城乡二元结构没有根本改变，城乡发展差距不断拉大趋势没有根本扭转。根本解决这些问题，必须推进城乡发展一体化。

全会决定提出，必须健全体制机制，形成以工促农、以城带乡、工农互惠、城乡一体的新型工农城乡关系，让广大农民平等参与现代化进程、共同分享现代化成果。

全会决定提出了健全城乡发展一体化体制机制的改革举措。一是加快构建新型农业经营体系。主要是坚持家庭经营在农业中的基础性地位，鼓励土地承包经营权在公开市场上向专业大户、家庭农场、农民合作社、农业企业流转，鼓励农村发展合作经济，鼓励和引导工商资本到农村发展适合企业化经营的现代种养业，允许农民以土地承包经营权入股发展农业产业化经营等。二是赋予农民更多财产权利。主要是依法维护农民土地承包经营权，保障农民集体经济组织成员权利，保障农户宅基地用益物权，慎重稳妥推进农民住房财产权抵押、担保、转让试点。三是推进城乡要素平等交换和公共资源均衡配置。主要是保障农民工同工同酬，保障农民公平分享土地增值收益；完善农业保险制度；鼓励社会资本投向农村建设，允许企业和社会组织在农村兴办各类事业；统筹城乡义务教育资源均衡配置，整合城乡居民基本养老保险制度、基本医疗保险制度，推进城乡最低生活保障制度统筹发展，稳步推进城镇基本公共服务常住人口全覆盖，把进城落户农民完全纳入城镇住房和社会保障体系。

第五，关于推进协商民主广泛多层制度化发展。协商民主是我国社会主义民主政治的特有形式和独特优势，是党的群众路线在政治领域的重要体现。推进协商民主，有利于完善人民有序政治参与、密切党同人民群众的血肉联系、促进决策科学化民主化。

全会决定把推进协商民主广泛多层制度化发展作为政治体制改革的重要内容，强调在党的领导下，以经济社会发展重大问题和涉及群众切身利益的实际问题为内容，在全社会开展广泛协商，坚持协商于决策之前和决策实施之中。要构建程序合理、环节完整的协商民主体系，拓宽国家政权机关、政协组织、党派团体、基层组织、社会组织的协商渠道；深入开展立法协商、行政协商、民主协商、参政协商、社会协商；发挥统一战线在协商民主中的重要作用，发挥人民政协作为协商民主重要渠道作用，完善人民政协制度体系，规范协商内容、协商程序，拓展协商民主形式，更加活跃有序地组织专题协商、对口协商、界别协商、提案办理协商，增加协商密度，提高协商成效。

第六，关于改革司法体制和运行机制。司法体制是政治体制的重要组成部分。这些年来，群众对司法不公的意见比较集中，司法公信力不足很大程度上与司法体制和工作机制不合理有关。

司法改革是这次全面深化改革的重点之一。全会决定提出了一系列相互关联的新举措，包括改革司法管理体制，推动省以下地方法院、检察院人财物统一管理，探索建立与行政区划适当分离的司法管辖制度；健全司法权力运行机制，完善主审法官、合议庭办案责任制，让审判者裁判、由裁判者负责；严格规范减刑、假释、保外就医程序；健全错案防止、纠正、责任追究机制，严格实行非法证据排除规则；建立涉法涉诉信访依法终结制度；废止劳动教养制度，完善对违法犯罪行为的惩治和矫正法律，等等。

这些改革举措，对确保司法机关依法独立行使审判权和检察权、健全权责明晰的司法权力运行机制、提高司法透明度和公信力、更好保障人权都具有重要意义。

第七，关于健全反腐败领导体制和工作机制。反腐败问题一直是党内外议论较多的问题。目前的问题主要是，反腐败机构职能分散、形不成合力，有些案件难以坚决查办，腐败案件频发却责任追究不够。

全会决定对加强反腐败体制机制创新和制度保障进行了重点部署。主要是加强党对党风廉政建设和反腐败工作统一领导，明确党委负主体责任、纪委负监督责任，制定实施切实可行的责任追究制度；健全反腐败领导体制和工作机制，改革和完善各级反腐败协调小组职能，规定查办腐败案件以上级纪委领导为主；体现强化上级纪委对下级纪委的领导，规定线索处置和案件查办在向同级党委报告的同时必须向上级纪委报告；全面落实中央纪委向中央一级党和国家机关派驻纪检机构，改进中央和省区市巡视制度，做到对地方、部门、企事业单位全覆盖。

这些措施都是在总结实践经验、吸收各方面意见的基础上提出来的。

第八，关于加快完善互联网管理领导体制。网络和信息安全牵涉到国家安全和社会稳定，是我们面临的新的综合性挑战。

从实践看，面对互联网技术和应用飞速发展，现行管理体制存在明显弊端，主要是多头管理、职能交叉、权责不一、效率不高。同时，随着互联网媒体属性越来越强，网上媒体管理和产业管理远远跟不上形势发展变化。特别是面对传播快、影响大、覆盖广、社会动员能力强的微博、微信等社交网络和即时通信工具用户的快速增长，如何加强网络法制建设和舆论引导，确保网络信息传播秩序和国家安全、社会稳定，已经成为摆在我们面前的现实突出问题。

全会决定提出坚持积极利用、科学发展、依法管理、确保安全的方针，加大依法管理网络力度，完善互联网管理领导体制。目的是整合相关机构职能，形成从技术到内容、从日常安全到打击犯罪的互联网管理合力，确保网络正确运用和安全。

第九，关于设立国家安全委员会。国家安全和社会稳定是改革发展的前提。只有国家安全和社会稳定，改革发展才能不断推进。当前，我国面临对外维护国家主权、安全、发展利益，对内维护政治安全和社会稳定的双重压力，各种可以预见和难以预见的风险因素明显增多。而我们的安全工作体制机制还不能适应维护国家安全的需要，需要搭建一个强有力的平台统筹国家安全工作。设立国家安全委员会，加强对国家安全工作的集中统一领导，已是当务之急。

国家安全委员会主要职责是制定和实施国家安全战略，推进国家安全法治建设，制定国家安全工作方针政策，研究解决国家安全工作中的重大问题。

第十，关于健全国家自然资源资产管理体制和完善自然资源监管体制。健全国家自然资源资产管理体制是健全自然资源资产产权制度的一项重大改革，也是建立系统完备的生态文明制度体系的内在要求。

我国生态环境保护中存在的一些突出问题，一定程度上与体制不健全有关，原因之一是全民所有自然资源资产的所有权人不到位，所有权人权益不落实。针对这一问题，全会决定提出健全国家自然资源资产管理体制的要求。总的思路是，按照所有者和管理者分开和一件事由一个部门管理的原则，落实全民所有自然资源资产所有权，建立统一行使全民所有自然资源资产所有权人职责的体制。

国家对全民所有自然资源资产行使所有权并进行管理和国家对国土范围内自然资源行使监管权是不同的，前者是所有权人意义上的权利，后者是管理者意义上的权力。这就需要完善自然资源监管体制，统一行使所有国土空间用途管制职责，使国有自然资源资产所有权人和国家自然资源管理者相互独立、相互配合、相互监督。

我们要认识到，山水林田湖是一个生命共同体，人的命脉在田，田的命脉在水，水的命脉在山，山的命脉在土，土的命脉在树。用途管制和生态修复必须遵循自然规律，如果种树的只管种树、治水的只管治水、护田的单纯护田，很容易顾此失彼，最终造成生态的系统性破坏。由一个部门行使所有国土空间用途管制职责，对山水林田湖进行统一保护、统一修复是十分必要的。

第十一，关于中央成立全面深化改革领导小组。全面深化改革是一个复杂的系统工程，单靠某一个或某几个部门往往力不从心，这就需要建立更高层面的领导机制。

全会决定提出，中央成立全面深化改革领导小组，负责改革总体设计、统筹协调、整体推进、督促落实。这是为了更好发挥党总揽全局、协调各方的领导核心作用，保证改革顺利推进和各项改革任务落实。领导小组的主要职责是：统一部署全国性重大改革，统筹推进各领域改革，协调各方力量形成推进改革合力，加强督促检查，推动全面落实改革目标任务。

三、关于讨论中要注意的几个问题

这次全会的任务就是讨论全会决定提出的全面深化改革的思路和方案。这里，我给大家提几点要求。

第一，增强推进改革的信心和勇气。改革开放是我们党在新的时代条件下带领人民进行的新的伟大革命，是当代中国最鲜明的特色，也是我们党最鲜明的旗帜。三十五年来，我们党靠什么来振奋民心、统一思想、凝聚力量？

靠什么来激发全体人民的创造精神和创造活力？靠什么来实现我国经济社会快速发展、在与资本主义竞争中赢得比较优势？靠的就是改革开放。

面对未来，要破解发展面临的各种难题，化解来自各方面的风险和挑战，更好发挥中国特色社会主义制度优势，推动经济社会持续健康发展，除了深化改革开放，别无他途。

当前，在改革开放问题上，党内外、国内外都很关注，全党上下和社会各方面期待很高。改革开放到了一个新的重要关头。我们在改革开放上决不能有丝毫动摇，改革开放的旗帜必须继续高高举起，中国特色社会主义道路的正确方向必须牢牢坚持。全党要坚定改革信心，以更大的政治勇气和智慧、更有力的措施和办法推进改革。

第二，坚持解放思想、实事求是。高举改革开放的旗帜，光有立场和态度还不行，必须有实实在在的举措。行动最有说服力。中央决定用党的十八届三中全会这个有利契机就全面深化改革进行部署，是一个战略抉择。我们要抓住这个机遇，努力在全面深化改革上取得新突破。要有新突破，就必须进一步解放思想。

冲破思想观念的障碍、突破利益固化的藩篱，解放思想是首要的。在深化改革问题上，一些思想观念障碍往往不是来自体制外而是来自体制内。思想不解放，我们就很难看清各种利益固化的症结所在，很难找准突破的方向和着力点，很难拿出创造性的改革举措。因此，一定要有自我革新的勇气和胸怀，跳出条条框框限制，克服部门利益掣肘，以积极主动精神研究和提出改革举措。

提出改革举措当然要慎重，要反复研究、反复论证，但也不能因此就谨小慎微、裹足不前，什么也不敢干、不敢试。搞改革，现有的工作格局和体制运行不可能一点都不打破，不可能都是四平八稳、没有任何风险。只要经过了充分论证和评估，只要是符合实际、必须做的，该干的还是要大胆干。

第三，坚持从大局出发考虑问题。全面深化改革是关系党和国家事业发展全局的重大战略部署，不是某个领域某个方面的单项改革。"不谋全局者，不足谋一域。"〔3〕大家来自不同部门和单位，都要从全局看问题，首先要看提出的重大改革举措是否符合全局需要，是否有利于党和国家事业长远发展。要真正向前展望、超前思维、提前谋局。只有这样，最后形成的文件才能真正符合党和人民事业发展要求。

全面深化改革需要加强顶层设计和整体谋划，加强各项改革的关联性、系统性、可行性研究。我们讲胆子要大、步子要稳，其中步子要稳就是要统筹考虑、全面论证、科学决策。经济、政治、文化、社会、生态文明各领域改革和党的建设改革紧密联系、相互交融，任何一个领域的改革都会牵动其他领域，同时也需要其他领域改革密切配合。如果各领域改革不配套，各方面改革措施相互牵扯，全面深化改革就很难推进下去，即使勉强推进，效果也会大打折扣。

注　释

〔1〕见邓小平《在武昌、深圳、珠海、上海等地的谈话要点》(《邓小平文选》第3卷，人民出版社1993年版，第370页)。

〔2〕分税制，是一种财政管理体制。主要内容是：按照中央与地方政府的事权划分，合理确定各级财政的支出范围；根据事权与财权相结合原则，将税种统一划分为中央税、地方税和中央地方共享税，并建立中央税收和地方税收体系；科学核定地方收支数额，实行比较规范的中央财政对地方的税收返还和转移支付制度；建立和健全分级预算制度，硬化各级预算约束。

〔3〕见清代陈澹然《寤言二·迁都建藩议》。

切实把思想统一到党的
十八届三中全会精神上来 *

（二〇一三年十一月十二日）

只有全党思想和意志统一了，才能统一全国各族人民思想和意志，才能形成推进改革的强大合力。

这里，我围绕全会提出的指导思想、总体思路、目标任务，就贯彻落实全会精神提几点要求。

第一，坚持把完善和发展中国特色社会主义制度，推进国家治理体系和治理能力现代化作为全面深化改革的总目标。邓小平同志在一九九二年提出，再有三十年的时间，我们才会在各方面形成一整套更加成熟更加定型的制度。[1]这次全会在邓小平同志战略思想的基础上，提出要推进国家治理体系和治理能力现代化。这是完善和发展中国特色社会主义制度的必然要求，是实现社会主义现代化的应有之义。我们之所以决定这次三中全会研究全面深化改革问题，不是推进一个领域改革，也不是推进几个领域改革，而是推进所有领域改革，就是从国家治理体系和

---

* 这是习近平同志在中共十八届三中全会第二次全体会议上讲话的一部分。

治理能力的总体角度考虑的。

国家治理体系和治理能力是一个国家制度和制度执行能力的集中体现。国家治理体系是在党领导下管理国家的制度体系，包括经济、政治、文化、社会、生态文明和党的建设等各领域体制机制、法律法规安排，也就是一整套紧密相连、相互协调的国家制度；国家治理能力则是运用国家制度管理社会各方面事务的能力，包括改革发展稳定、内政外交国防、治党治国治军等各个方面。国家治理体系和治理能力是一个有机整体，相辅相成，有了好的国家治理体系才能提高治理能力，提高国家治理能力才能充分发挥国家治理体系的效能。

实际上，怎样治理社会主义社会这样全新的社会，在以往的世界社会主义中没有解决得很好。马克思、恩格斯没有遇到全面治理一个社会主义国家的实践，他们关于未来社会的原理很多是预测性的；列宁在俄国十月革命后不久就过世了，没来得及深入探索这个问题；苏联在这个问题上进行了探索，取得了一些实践经验，但也犯下了严重错误，没有解决这个问题。我们党在全国执政以后，不断探索这个问题，虽然也发生了严重曲折，但在国家治理体系和治理能力上积累了丰富经验、取得了重大成果，改革开放以来的进展尤为显著。我国政治稳定、经济发展、社会和谐、民族团结，同世界上一些地区和国家不断出现乱局形成了鲜明对照。这说明，我们的国家治理体系和治理能力总体上是好的，是适应我国国情和发展要求的。

同时，我们也要看到，相比我国经济社会发展要求，相比人民群众期待，相比当今世界日趋激烈的国际竞争，相比实现国家长治久安，我们在国家治理体系和治理能力方面还有许多不足，有许多亟待改进的地方。真正实现社会和谐稳定、国家长治久安，还是要靠制度，靠我们在国家治理上的高超能力，靠高素质干部队伍。我们要更好发挥中国特色社会主义制度的优越性，必须从各个领域推进国家治理体系和治理能力现代化。

推进国家治理体系和治理能力现代化，就是要适应时代变化，既改革不适应实践发展要求的体制机制、法律法规，又不断构建新的体制机制、法律法规，使各方面制度更加科学、更加完善，实现党、国家、社会各项事务治理制度化、规范化、程序化。要更加注重治理能力建设，增强按制度办事、依法办事意识，善于运用制度和法律治理国家，把各方面制度优势转化为管理国家的效能，提高党科学执政、民主执政、依法执政水平。

第二，进一步解放思想、进一步解放和发展社会生产力、进一步解放和增强社会活力。全会决定提出的这"三个进一步解放"既是改革的目的，又是改革的条件。解放思想是前提，是解放和发展社会生产力、解放和增强社会活力的总开关。没有解放思想，我们党就不可能在十年动乱结束不久作出把党和国家工作中心转移到经济建设上来、实行改革开放的历史性决策，开启我国发展的历史新时期；没有解放思想，我们党就不可能在实践中不断推进理论创新和实践创新，有效化解前进道路上的各种风险挑战，把改革开放不断推向前进，始终走在时代前列。解放和发展社会生产力、解放和增强社会活力，是解放思想的必然结果，也是解放思想的重要基础。

全面建成小康社会，实现社会主义现代化，实现中华民族伟大复兴，最根本最紧迫的任务还是进一步解放和发展社会生产力。解放思想，解放和增强社会活力，是为了更好解放和发展社会生产力。邓小平同志说：革命是解放生产力，改革也是解放生产力，"社会主义基本制度确立以后，还要从根本上改变束缚生产力发展的经济体制，建立起充满生机和活力的社会主义经济体制，促进生产力的发展"[2]。我们要通过深化改革，让一切劳动、知识、技术、管理、资本等要素的活力竞相迸发，让一切创造社会财富的源泉充分涌流。同时，要处理好活力和有序的关系，社会发展需要充满活力，但这种活力又必须是有序活动的。死水一潭不行，暗流汹涌也不行。

我们讲要坚定道路自信、理论自信、制度自信，要有坚如磐石的精神和信仰力量，也要有支撑这种精神和信仰的强大物质力量。这就要靠通过不断改革创新，使中国特色社会主义在解放和发展社会生产力、解放和增强社会活力、促进人的全面发展上比资本主义制度更有效率，更能激发全体人民的积极性、主动性、创造性，更能为社会发展提供有利条件，更能在竞争中赢得比较优势，把中国特色社会主义制度的优越性充分体现出来。

第三，以经济体制改革为重点，发挥经济体制改革牵引作用。全会决定用"六个紧紧围绕"[3]描绘了全面深化改革的路线图，突出强调以经济体制改革为重点，发挥经济体制改革牵引作用。我国仍处于并将长期处于社会主义初级阶段的基本国情没有变，人民日益增长的物质文化需要同落后的社会生产之间的矛盾这一社会主要矛盾没有变，我国是世界最大发展中国家的国际地位没有变。这就决定了经济建设仍然是全党的中心工作。

当前，制约科学发展的体制机制障碍不少集中在经济领域，经济体制改革任务远远没有完成，经济体制改革的潜力还没有充分释放出来。坚持以经济建设为中心不动摇，就必须坚持以经济体制改革为重点不动摇。

经济基础决定上层建筑。经济体制改革对其他方面改革具有重要影响和传导作用，重大经济体制改革的进度决定着其他方面很多体制改革的进度，具有牵一发而动全身的作用。马克思在《〈政治经济学批判〉序言》中说："人们在自己生活的社会生产中发生一定的、必然的、不以他们的意志为转移的关系，即同他们的物质生产力的一定发展阶段相适合的生产关系。这些生产关系的总和构成社会的经济结构，即有法律的和政治的上层建筑竖立其上并有一定的社会意识形式与之相适应的现实基础。"在全面深化改革中，我们要坚持以经济体制改革为主轴，努力在重要领域和关键环节改革上取得新突破，以此牵引和带动其他领域改革，使各方面改革协同推进、形成合力，而不是各自为政、分散用力。

第四，坚持社会主义市场经济改革方向。提出建立社会主义市场经济体制的改革目标，这是我们党在建设中国特色社会主义进程中的一个重大理论和实践创新，解决了世界上其他社会主义国家长期没有解决的一个重大问题。

二十多年来，我们围绕建立社会主义市场经济体制这个目标，推进经济体制以及其他各方面体制改革，使我国成功实现了从高度集中的计划经济体制到充满活力的社会主义市场经济体制、从封闭半封闭到全方位开放的伟大历史转折，实现了人民生活从温饱到小康的历史性跨越，实现了经济总量跃居世界第二的历史性飞跃，极大调动了亿万人民的积极性，极大促进了社会生产力发展，极大增强了党和国家生机活力。

同时，我们也要看到，虽然我国社会主义市场经济体制已经初步建立，但市场体系还不健全，市场发育还不充分，特别是政府和市场关系还没有理顺，市场在资源配置中的作用有效发挥受到诸多制约，实现党的十八大提出的加快完善社会主义市场经济体制的战略任务还需要付出艰苦努力。

坚持社会主义市场经济改革方向，核心问题是处理好政府和市场的关系，使市场在资源配置中起决定性作用和更好发挥政府作用。这是我们党在理论和实践上的又一重大推进。

坚持社会主义市场经济改革方向，不仅是经济体制改革的基本遵循，也是全面深化改革的重要依托。使市场在资源配置中发挥决定性作用，主要涉及经济体制改革，但必然会影响到政治、文化、社会、生态文明和党的建设等各个领域。要使各方面体制改革朝着建立完善的社会主义市场经济体制这一方向协同推进，同时也使各方面自身相关环节更好适应社会主义市场经济发展提出的新要求。

第五，以促进社会公平正义、增进人民福祉为出发点和落脚点。改革开放以来，我国经济社会发展取得巨大成就，为促进社会公平正义提供了坚实物质基础和有利条件。同时，在我国现有发展水平上，社会上还存在大量有违公平正义的现象。特别是随着我国经济社会发展水平和人民生活水平不断提高，人民群众的公平意识、民主意识、权利意识不断增强，对社会不公问题反映越来越强烈。

中央全面审视和科学分析我国经济社会发展现状和态势，认为这个问题不抓紧解决，不仅会影响人民群众对改革开放的信心，而且会影响社会和谐稳定。党的十八大明确提出，公平正义是中国特色社会主义的内在要求；要在全体人民共同奋斗、经济社会发展的基础上，加紧建设对保障社会公平正义具有重大作用的制度，逐步建立以权利公平、机会公平、规则公平为主要内容的社会公平保障体系，努力营造公平的社会环境，保证人民平等参与、平等发展权利。

这次全会决定强调，全面深化改革必须以促进社会公平正义、增进人民福祉为出发点和落脚点。这是坚持我们党全心全意为人民服务根本宗旨的必然要求。全面深化改革必须着眼创造更加公平正义的社会环境，不断克服各种有违公平正义的现象，使改革发展成果更多更公平惠及全体人民。如果不能给老百姓带来实实在在的利益，如果不能创造更加公平的社会环境，甚至导致更多不公平，改革就失去意义，也不可能持续。

实现社会公平正义是由多种因素决定的，最主要的还是经济社会发展水平。在不同发展水平上，在不同历史时期，不同思想认识的人，不同阶层的人，对社会公平正义的认识和诉求也会不同。我们讲促进社会公平正义，就要从最广大人民根本利益出发，多从社会发展水平、从社会大局、从全体人民的角度看待和处理这个问题。我国现阶段存在的有违公平正义的现象，许多是发展中的问题，是能够通过不断发展，通过制度安排、法律规范、政策支持加以解决的。我们必须紧紧抓住经济建设这个中心，推动经济持续健康发展，进一步把"蛋糕"做大，为保障社会公平正义奠定更加坚实物质基础。

这样讲，并不是说就等着经济发展起来了再解决社会公平正义问题。一个时期有一个时期的问题，发展水平高的社会有发展水平高的问题，发展水平不高的社会有发展水平不高的问题。"蛋糕"不断做大了，同时还要把"蛋糕"分好。我国社会历来有"不患寡而患不均"[4]的观念。我们要在不断发展的基础上尽量把促进社会公平正义的事情做好，既尽力而为、又量力而行，努力使全体人民在学有所教、劳有所得、病有所医、老有所养、住有所居上持续取得新进展。

不论处在什么发展水平上，制度都是社会公平正义的重要保证。我们要通过创新制度安排，努力克服人为因素造成的有违公平正义的现象，保证人民平等参与、平等发展权利。要把促进社会公平正义、增进人民福祉作为一面镜子，审视我们各方面体制机制和政策规定，哪里有不符合促进社会公平正义的问题，哪里就需要改革；哪个领域哪个环节问题突出，哪个领域哪个环节就是改革的重点。对由于制度安排不健全造成的有违公平正义的问题要抓紧解决，使我们的制度安排更好体现社会主义公平正义原则，更加有利于实现好、维护好、发展好最广大人民根本利益。

第六，紧紧依靠人民推动改革。人民是历史的创造者，是我们的力量源泉。改革开放之所以得到广大人民群众衷心拥护和积极参与，最根本的原因在于我们一开始就使改革开放事业深深扎根于人民群众之中。全会决定归纳了改革开放积累的宝贵经验，其中很重要的一条就是强调必须坚持以人为本，尊重人民主体地位，发挥群众首创精神，紧紧依靠人民推动改革。没有人民支持和参与，任何改革都不可能取得成功。无论遇到任何困难和挑战，只要有人民支持和参与，就没有克服不了的困难，就没有越不过的坎。我们要贯彻党的群众路线，与人民心心相印、与人民同甘共苦、与人民团结奋斗。

推进任何一项重大改革，都要站在人民立场上把握和处理好涉及改革的重大问题，都要从人民利益出发谋划改革思路、制定改革举措。汉代王符[5]说："大鹏之动，非一羽之轻也；骐骥之速，非一足之力也。"就是说，大鹏冲天飞翔，不是靠一根羽毛的轻盈；骏马急速奔跑，不是靠一只脚的力量。中国要飞得高、跑得快，就得依靠十三亿人民的力量。

　　在全面深化改革进程中，遇到关系复杂、难以权衡的利益问题，要认真想一想群众实际情况究竟怎样？群众到底在期待什么？群众利益如何保障？群众对我们的改革是否满意？提高改革决策的科学性，很重要的一条就是要广泛听取群众意见和建议，及时总结群众创造的新鲜经验，充分调动群众推进改革的积极性、主动性、创造性，把最广大人民智慧和力量凝聚到改革上来，同人民一道把改革推向前进。

注　　释

　　〔1〕参见邓小平《在武昌、深圳、珠海、上海等地的谈话要点》（《邓小平文选》第3卷，人民出版社1993年版，第372页）。

　　〔2〕见邓小平《在武昌、深圳、珠海、上海等地的谈话要点》（《邓小平文选》第3卷，人民出版社1993年版，第370页）。

　　〔3〕"六个紧紧围绕"，这里指紧紧围绕使市场在资源配置中起决定性作用深化经济体制改革，紧紧围绕坚持党的领导、人民当家作主、依法治国有机统一深化政治体制改革，紧紧围绕建设社会主义核心价值体系、社会主义文化强国深化文化体制改革，紧紧围绕更好保障和改善民生、促进社会公平正义深化社会体制改革，紧紧围绕建设美丽中国深化生态文明体制改革，紧紧围绕提高科学执政、民主执政、依法执政水平深化党的建设制度改革。

　　〔4〕见《论语·季氏》。

　　〔5〕王符（约八五——约一六三），东汉安定临泾（今甘肃镇原）人。东汉哲学家、政论家。本文引语见王符《潜夫论·释难》。

坚持党对一切工作的领导*

（二〇一三年十二月——二〇一七年十月）

一

中国特色社会主义有很多特点和特征，但最本质的特征是坚持中国共产党领导。加强党对经济工作的领导，全面提高党领导经济工作水平，是坚持民主集中制的必然要求，也是我们政治制度的优势。党是总揽全局、协调各方的，经济工作是中心工作，党的领导当然要在中心工作中得到充分体现，抓住了中心工作这个"牛鼻子"，其他工作就可以更好展开。

（二〇一三年十二月十日在中央经济
工作会议上的讲话）

---

* 这是习近平同志二〇一三年十二月至二〇一七年十月期间有关坚持党对一切工作的领导重要论述的节录。

二

我们强调坚持党的领导、人民当家作主、依法治国有机统一，最根本的是坚持党的领导。坚持党的领导，就是要支持人民当家作主，实施好依法治国这个党领导人民治理国家的基本方略。党的领导和社会主义法治是一致的，只有坚持党的领导，人民当家作主才能充分实现，国家和社会生活制度化、法治化才能有序推进。不能把坚持党的领导同人民当家作主、依法治国对立起来，更不能用人民当家作主、依法治国来动摇和否定党的领导。那样做在思想上是错误的，在政治上是十分危险的。

（二〇一四年一月七日在中央政法
工作会议上的讲话）

三

党是我们各项事业的领导核心，古人讲的"六合同风，九州共贯"〔1〕，在当代中国，没有党的领导，这个是做不到的。中央委员会，中央政治局，中央政治局常委会，这是党的领导决策核心。党中央作出的决策部署，党的组织、宣传、统战、政法等部门要贯彻落实，人大、政府、政协、法院、检察院的党组织要贯彻落实，事业单位、人民团体等的党组织也要贯彻落实，党组织要发挥作用。各方面党组织应该对党委负责、向党委报告工作。有的同志习惯于把分管工作当成自己的禁脔，觉得既然分管就没有必要报告了，也不希望其他人来过问，有的甚至不愿意党委过问，不然就是党政不分了。这种想法是不正确的。党委是起领导核心作用的，各方面都应该自觉向党委报告重大工作和重大情况，在党委统一领导下尽心尽力做好自身职责范围内的工作。报告一下有好处，集思广益，群策群力，事情能办得更好。各地区各部门党委（党组）要加强向党中央报告工作，这也是一个规矩。

（二〇一四年一月十四日在中共第十八届中央纪律检查委员会第三次全体会议上的讲话）

四

一定要认清，中国最大的国情就是中国共产党的领导。什么是中国特色？这就是中国特色。中国共产党领导的制度是我们自己的，不是从哪里克隆来的，也不是亦步亦趋效仿别人的。无论我们吸收了什么有益的东西，最后都要本土化。十月革命的风吹进来了，但我们党最终也没有成为一个苏联式的党。冷战结束后，苏联解体、东欧剧变[2]，我们仍然走自己路，所以我们才有今天。

（二〇一四年五月九日在参加河南省兰考县委常委班子专题民主生活会时的讲话）

五

中国共产党的领导是中国特色社会主义最本质的特征。没有共产党，就没有新中国，就没有新中国的繁荣富强。坚持中国共产党这一坚强领导核心，是中华民族的命运所系。中国共产党的领导，就是支持和保证人民实现当家作主。我们必须坚持党总揽全局、协调各方的领导核心作用，通过人民代表大会制度，保证党的路线方针政策和决策部署在国家工作中得到全面贯彻和有效执行。要支持和保证国家政权机关依照宪法法律积极主动、独立负责、协调一致开展工作。要不断加强和改善党的领导，善于使党的主张通过法定程序成为国家意志，善于使党组织推荐的人选通过法定程序成为国家政权机关的领导人员，善于通过国家政权机关实施党对国家和社会的领导，善于运用民主集中制原则维护党和国家权威、维护全党全国团结统一。

（二〇一四年九月五日在庆祝全国
人民代表大会成立六十周年大会
上的讲话）

六

中国共产党的领导是包括各民主党派、各团体、各民族、各阶层、各界人士在内的全体中国人民的共同选择，是中国特色社会主义最本质的特征，也是人民政协事业发展进步的根本保证。人民政协事业要沿着正确方向发展，就必须毫不动摇坚持中国共产党的领导。

（二〇一四年九月二十一日在庆祝
中国人民政治协商会议成立六十五
周年大会上的讲话）

七

中国共产党是中国特色社会主义事业的领导核心，处在总揽全局、协调各方的地位。在当今中国，没有大于中国共产党的政治力量或其他什么力量。党政军民学，东西南北中，党是领导一切的，是最高的政治领导力量。中国共产党是执政党，党的领导是做好党和国家各项工作的根本保证，是我国政治稳定、经济发展、民族团结、社会稳定的根本点，绝对不能有丝毫动摇。

我国社会主义政治制度优越性的一个突出特点是党总揽全局、协调各方的领导核心作用，形象地说是"众星捧月"，这个"月"就是中国共产党。在国家治理体系的大棋局中，党中央是坐镇中军帐的"帅"，车马炮各展其长，一盘棋大局分明。如果中国出现了各自为政、一盘散沙的局面，不仅我们确定的目标不能实现，而且必定会产生灾难性后果。中国近代以后到新中国成立之前的一百多年历史已经充分证明了这一点。

（二〇一五年二月二日在省部级主要
　领导干部学习贯彻党的十八届四
　中全会精神全面推进依法治国专
　题研讨班上的讲话）

八

　　党的十八届三中全会提出完善和发展中国特色社会主
义制度、推进国家治理体系和治理能力现代化的总目标。
国家治理体系是由众多子系统构成的复杂系统。这个系统
的核心是中国共产党，党是领导一切的，人大、政府、政
协、法院、检察院、军队，各民主党派和无党派人士，各
企事业单位，工会、共青团、妇联等群团组织，既各负其
责，又相互配合，一个都不能少。

（二〇一五年七月六日在中央党的
　群团工作会议上的讲话）

九

　　中国有了中国共产党执政，是中国、中国人民、中华
民族的一大幸事。只要我们深入了解中国近代史、中国现
代史、中国革命史，就不难发现，如果没有中国共产党领
导，我们的国家、我们的民族不可能取得今天这样的成
就，也不可能具有今天这样的国际地位。在坚持党的领导

这个重大原则问题上，我们脑子要特别清醒、眼睛要特别明亮、立场要特别坚定，绝不能有任何含糊和动摇。

（二〇一五年十二月十一日在全国
党校工作会议上的讲话）

办好中国的事情，关键在党。中国特色社会主义最本质的特征是中国共产党领导，中国特色社会主义制度的最大优势是中国共产党领导。坚持和完善党的领导，是党和国家的根本所在、命脉所在，是全国各族人民的利益所在、幸福所在。

（二〇一六年七月一日在庆祝中国
共产党成立九十五周年大会上的
讲话）

十一

古人云：令之不行，政之不立〔3〕。党政军民学，东西南北中，党是领导一切的。党中央制定的理论和路线方针政策，是全党全国各族人民统一思想、统一意志、统一行动的依据和基础。只有党中央有权威，才能把全党牢固凝聚起来，进而把全国各族人民紧密团结起来，形成万众一心、无坚不摧的磅礴力量。如果党中央没有权威，党的理论和路线方针政策可以随意不执行，大家各自为政、各行其是，想干什么就干什么，想不干什么就不干什么，党就会变成一盘散沙，就会成为自行其是的"私人俱乐部"，党的领导就会成为一句空话。

全党在政治方向、政治路线、政治立场、政治主张上，必须同党中央保持高度一致。每一个党的组织、每一名党员干部，无论处在哪个领域、哪个层级、哪个部门和单位，都要服从党中央集中统一领导，确保党中央令行禁止，决不允许背着党中央另搞一套。

（二〇一七年二月十三日在省部级主要领导干部学习贯彻党的十八届六中全会精神专题研讨班上的讲话）

十二

如何维护党中央权威，维护党的团结统一，我看主要是这么几条。一是全党必须牢固树立政治意识、大局意识、核心意识、看齐意识，坚决维护党中央权威，坚决服从党中央集中统一领导，确保思想一致、行动一致、步调一致，任何时候任何情况下都不能影响和削弱党中央权威，任何人都不能从事违反党的政治纪律和政治规矩、违反党中央集中统一领导的活动。二是必须坚持党的领导，坚持和完善民主集中制，坚持党领导各项工作的体制机制，确保党对一切工作的领导，各地区各部门各方面都要自觉贯彻党中央决策部署，确保党总揽全局、协调各方。三是必须坚持党的理论和路线方针政策不动摇，不折不扣执行党中央决策部署，任何地方和部门的工作都必须以贯彻党中央决策部署为前提，决不允许各行其是、各自为政，决不允许有令不行、有禁不止，决不允许搞上有政策、下有对策。四是党的各级领导干部特别是高级干部必须对党忠诚，做到心中有党、心中有民、心中有责、心中有戒，增强政治定力、纪律定力、道德定力、抵腐定力，自觉维护党中央权威和党的团结统一，为全党发挥表率作用。

（二〇一七年十月十四日在中共十八届七中全会第二次全体会议上的讲话）

注　　释

〔1〕见东汉班固《汉书·王吉传》。

〔2〕见本卷《关于坚持和发展中国特色社会主义的几个问题》注〔2〕。

〔3〕见《国语·周语上》。

确保我国粮食安全 *

（二〇一三年十二月二十三日）

民以食为天。"洪范八政，食为政首。"[1]我国是个人口众多的大国，解决好吃饭问题始终是治国理政的头等大事。毛泽东同志说："吃饭是第一件大事。"[2]手中有粮，心中不慌。我国十三亿多张嘴要吃饭，不吃饭就不能生存，悠悠万事、吃饭为大。只要粮食不出大问题，中国的事就稳得住。这个道理大家都懂，但在实际工作中特别是在农业形势好的时候，往往容易麻痹松懈。因此，我首先要特别强调一下确保国家粮食安全问题。

讲到粮食安全问题，我就想到了粮票。今年是我国取消粮票二十周年。一九九三年全国"两会"期间，代表委员们就餐第一次不再需要交纳粮票。同年五月，北京市正式宣布取消粮票，其他省区市也先后取消粮票，粮票正式退出历史舞台。这是我国改革发展历程的一个标志性事件。

我说这个，主要还不是想说成绩，成绩就摆在那儿，而是想说要牢记历史，在吃饭问题上不能得健忘症，不能

---

* 这是习近平同志在中央农村工作会议上讲话的一部分。

好了伤疤忘了疼。曾几何时，方寸大小的一片薄纸，直接关系人的吃饭权利。曾几何时，吃饭问题始终是困扰我们的一件头等难事。对我这个年龄的人来说，使用粮票就像是昨天的事情。我们这一代人或多或少都有吃不饱、饿肚子的记忆。三年自然灾害时，我在学校住校，吃的也是很差的，晚上只能喝汤，叫做"保证七分饱"。"文化大革命"期间，我到农村插队，曾有三个月没见过一滴油星子，真是"三月不知肉味"[3]。那年冬天，家里寄来几块钱，我和同窑洞居住的同学买了几斤石槽子里冷冻的猪肉，回来还没烧就把肉切成片吃，那味道真是鲜美！后来我们说别再吃了，再吃就没得煮了。这种穷日子我们都是经历过的。

人无远虑，必有近忧。现在，我们不能打包票说以后就不会再出现这种问题了。我国粮食是不是过关了呢？现在还没法下这个结论。咱们不要太天真！我国历史上发生了多少次大饥荒，饿殍遍野，甚至人相食，惨绝人寰！这些历史悲剧决不能重演。保障国家粮食安全是一个永恒课题，任何时候这根弦都不能松。要坚持以我为主、立足国内、确保产能、适度进口、科技支撑的国家粮食安全战略。抓农业农村工作，首先要抓好粮食生产。

第一，中国人的饭碗任何时候都要牢牢端在自己手上。经过长期不懈努力，我国粮食生产取得巨大成就。今年，全国粮食总产量突破一万二千亿斤。我国人均粮食占有量已连续多年超过世界平均水平，比较稳定地实现了粮食基本自给。这是一个了不起的成就。

尽管我们实现了粮食产量"十连增"，但仍然赶不上需求的快速增长和结构的不断变化，产需缺口不断加大，进口持续大幅增加。今年粮食产量比十年前的二〇〇三年增加了三千四百二十五亿斤，但今年前十个月谷物就净进口一百九十七亿斤；前十个月，大豆净进口九百九十五亿斤，而十几年前我们还是出口国。

随着人口增加、城镇化推进、人民生活水平提高，粮食需求量将呈刚性增长趋势。目前，我国每年大约新增人口六百五十万人，新增城镇人口约二千一百万人，每年因人口数量增长就要增加粮食需求上百亿斤，加上居民食物消费结构变化和农业人口进入城镇，增加的粮食需求就更多。到二〇二〇年，预计粮食需求量将达到一万四千亿斤左右。满足如此巨大的粮食需求，压力可想而知。粮食等农产品消费快速增长的趋势还会持续，相当长时期都不会逆转。

在粮食问题上，我们现在是紧平衡。紧平衡，一是解决粮食供需基本平衡，二是防止粮食供应宽松后造成粮价下跌、影响种粮积极性，这是一个两难。紧平衡是个技术活，是在走钢丝，这边调一调，那边调一调，调不好就失衡了。我们想达到一种理想状态，但拿捏好分寸取决于我们的水平，也取决于大环境。

总体看，我国粮食安全基础仍不稳固，粮食安全形势依然严峻，什么时候都不能轻言粮食过关了。在粮食问题上不能侥幸、不能折腾，一旦出了大问题，多少年都会被动，到那时谁也救不了我们。我们的饭碗必须牢牢端在自己手里，粮食安全的主动权必须牢牢掌控在自己手中。

第二，我们的饭碗应该主要装中国粮。立足国内基本解决我国人民吃饭问题，是由我们的基本国情决定的，也是我们一以贯之的大政方针。一个国家只有立足粮食基本自给，才能掌握粮食安全主动权，进而才能掌控经济社会发展这个大局。靠别人解决吃饭问题是靠不住的。如果口粮依赖进口，我们就会被别人牵着鼻子走。

看看世界上真正强大的国家、没有软肋的国家，都有能力解决自己的吃饭问题。美国是世界第一粮食出口国、农业最强国，俄罗斯、加拿大和欧盟的大国也是粮食强国。这些国家之所以强，是同粮食生产能力强联系在一起的。所以，粮食问题不能只从经济上看，必须从政治上看，保障国家粮食安全是实现经济发展、社会稳定、国家安全的重要基础。

全世界有七十亿人口，正常年景下每年能生产的谷物也就是二十五亿吨左右，能进入国际贸易的只有三亿吨左右；每年生产的大豆约二亿五千万吨，能进入国际贸易的还不足一亿吨。现在，全球每年粮食贸易量大约六千亿斤，相当于我国粮食需求量的一半；大米贸易量在七百亿斤左右，仅相当于我国大米消费量的百分之二十五。从世界谷物市场中我们还能够进口多少？更何况，即便我们能把国际市场上的谷物都买过来，也不够我们吃半年的。所以，我们的立足点、着眼点是，绝不能买饭吃、讨饭吃，饭碗里必须主要装我们自己生产的粮食。

怎么保障国家粮食安全？过去我们强调保全部、保所有品种，这是当时历史条件下的唯一选择，而我们基本也做到了。现在，国内粮食需求增长很快，粮食安全要靠自己保全部，地不够，水不够，生态环境也承载不了。在这种情况下，就要进一步明确粮食安全的工作重点，合理配置资源，集中力量首先把最基本最重要的保住，确保谷物基本自给、口粮绝对安全。全党必须明确，保谷物、保口粮，决不能以为可以放松粮食生产了，仍然要坚持一刻也不放松，因为实现有质量的这"两保"并不是一件容易的事。

第三，耕地红线要严防死守。关于耕地问题，我在中央城镇化工作会议上集中讲了，这里要再强调一下。在这个问题上，反复敲敲警钟，没有坏处。保障国家粮食安全的根本在耕地，耕地是粮食生产的命根子。农民可以非农化，但耕地不能非农化。如果耕地都非农化了，我们赖以吃饭的家底就没有了。

我国耕地资源有限，尽管第二次全国土地调查的耕地数字有所增加，形成了账面数字的变化，但实际耕地还是那么多。这些耕地都在耕种，并没有闲着。调查的统计，土地数量增加了，并不等于产能增加了。十八亿亩耕地红线仍然必须坚守，同时还要提出现有耕地面积必须保持基本稳定。极而言之，保护耕地要像保护文物那样来做，甚至要像保护大熊猫那样来做。坚守十八亿亩耕地红线，大家立了军令状，必须做到，没有一点点讨价还价的余地！

这些年，工业化、城镇化占用了大量耕地，虽说国家对耕地有占补平衡的法律规定，但占多补少、占优补劣、占近补远、占水田补旱地等情况普遍存在，特别是花了很大代价建成的旱涝保收的高标准农田也被成片占用。耕地红线不仅是数量上的，而且是质量上的。你在城郊占了一亩高产田，然后到山沟里平整一块地用作占补平衡，这两块地能一样吗？质量相差甚远，这样的一亩地甚至二亩地不能顶一亩高产田用啊！这不是"狸猫换太子"吗？在耕地占补平衡上玩虚的是很危险的，总有一天会出事。

根据第二次全国土地调查的数字，我国水田和水浇地只有四亿九千五百万亩和四亿二千一百万亩，合在一起不到耕地总面积的一半，却提供了七成以上的粮食和八成以上的主要经济作物。水田和水浇地是我们的保命田。近十几年来，仅东南沿海五省的水田面积就减少了一千七百九十八万亩，相当于减掉了一个福建省的全部水田面积。这样的"占补平衡"必须下决心改变。

"有肥无水望天哭，有水无肥一半谷。"解决靠天吃饭问题，根本的一条是大兴农田水利。我们在农田水利方面欠账很多，好多地方还在吃上世纪六七十年代的老本，这个欠账要下决心补上。既要重视大型水利工程这样的"大动脉"，也要重视田间地头的"毛细血管"，解决好农田灌溉"最后一公里"问题。要划定永久基本农田，抓紧建设一批旱涝保收、稳产高产的高标准农田。

农民说，"好儿要好娘，好种多打粮"，"种地不选种，累死落个空"。要下决心把民族种业搞上去，抓紧培育具有自主知识产权的优良品种，从源头上保障国家粮食安全。一粒种子可以改变一个世界，一项技术能够创造一个奇迹。要舍得下气力、增投入，注重创新机制、激发活力，着重解决好科研和生产"两张皮"问题，真正让农业插上科技的翅膀。

第四，调动和保护好"两个积极性"。稳定发展粮食生产，一定要让农民种粮有利可图、让主产区抓粮有积极性。这方面，既要发挥市场机制作用，也要加强政府支持保护。

粮价一头连着生产者，一头连着消费者。战国时期李悝[4]就说："籴甚贵伤民，甚贱伤农；民伤则离散，农伤则国贫。"保持粮价合理水平，要兼顾好生产者和消费者利益。农民愿不愿意种粮、愿意种多少粮，关键看种粮能给农民带来多少收益。我到一些地方调研，基层干部群众反映，现在化肥、种子等农资价格上涨幅度快于粮价上涨幅度，种粮比较效益越来越低，种一亩粮的收入还比不上外出打几天工。怎样实现农民增收和粮食增产同步发展？这是要重点考虑的问题。

现行农业补贴政策效果是好的，广大农民是欢迎的，但也确实存在一定程度的吃大锅饭现象。今后，大的方向不能变，补贴总量不能减，数量还尽可能增，但具体操作办法要完善，调整优化补贴方式，提高补贴的精准性和指向性。要探索形成农业补贴同粮食生产挂钩机制，让多生产粮食者多得补贴，把有限资金真正用在刀刃上。要继续执行粮食最低收购价政策，并适当提高价格水平，保持农产品价格合理水平。

从长远看，要按照市场定价、价补分离的原则，探索实行目标价格政策，完善粮食价格形成机制，逐步建立价格低时补生产者、价格高时补低收入消费者的机制。

第五，搞好粮食储备调节。设立常平仓[5]是我国的传统，在稳市、备荒、恤农方面具有重要作用。我国地域广阔，国家粮食储备适当多储一点、多花一点钱，安全系数高一点是必要的，但也要讲性价比、讲效率效益。政府也不能完全包揽，要调动市场主体收储粮食的积极性，有效利用社会仓储设施进行储粮。

要管好用好储备粮，这是保百姓饭碗的粮食，不能平时老说库盈囤满，真到急用时却拿不出来。古今中外这方面教训多得很！《诗经》中就有"硕鼠硕鼠，无食我黍"的句子。近年来，国家粮库里出的案子不少，对违法违纪案件要严肃查处，决不能任由"粮耗子"折腾糟蹋。

第六，中央和地方要共同负责。保障国家粮食安全，中央义不容辞，承担首要责任。中央财政要从重大水利设施建设、中低产田改造、科技创新推广、信息化服务、市场体系完善、农产品质量安全、主产区转移支付等方面，加强对粮食生产的支持。各级地方政府要树立大局意识，增加粮食生产投入，自觉承担维护国家粮食安全责任，不能把担子全部压到中央身上。

为什么要坚持"米袋子"省长负责制？就是各地都要行动起来，共同加强粮食生产能力、储备能力、流通能力建设，切实保护耕地。当然，我们要保护好地方政府抓粮积极性，要强化对主产省和主产县的财政奖补力度，逐步建立健全对主产区的利益补偿机制，保障产粮大县重农抓粮得实惠、有发展，不能让生产粮食越多者越吃亏。

近年来，随着粮食产销格局变化，我国粮食生产地域格局发生了显著变化，过去南方一些重要粮食主产区逐渐变成主销区，南粮北调变成北粮南运。目前，全国百分之七十五以上的粮食产量、百分之八十以上的商品粮、百分之九十左右的粮食调出量来自十三个主产省区[6]，其中北方主产区贡献度不断提高。这种地域格局变化，给我国粮食生产和粮食安全带来挑战。因为北方地区明显缺水，这是粮食生产的最大制约。另一方面，主销区和产销平衡区粮食生产比重不断下滑，平衡区自给水平下降，主销区产需缺口加大。

粮食生产呈现向主产区集中趋势，有利于发挥各地比较优势。但是，也要看到，粮食生产和调度风险也在集中。大家都懂得不能把所有鸡蛋放在一个篮子里的道理，保粮食安全也要注意这一点。任何省区市，无论耕地多少，都要承担粮食生产责任。如果一个地方真把粮食生产搞没了，就是抛弃了责任。有关部门要拿出点硬约束，让地方特别是粮食主销区切实落实责任。

第七，善于用好两个市场、两种资源。在国内粮食生产确保谷物基本自给、口粮绝对安全的前提下，为了减轻国内农业资源环境压力、弥补部分国内农产品供求缺口，适当增加进口和加快农业走出去步伐是必要的，但要把握好进口规模和节奏，防止冲击国内生产，给农民就业和增收带来大的影响。

积极稳妥利用国际农产品市场和国外农业资源是一项长期战略布局,实际上我国一直在实施。据测算,通过国际贸易和合作,我们利用了国际上相当于七亿亩播种面积的土地生产粮食和大豆、棉花、糖料等农作物。现在,有必要积极稳妥扩大这一战略布局,但必须谋定而后动。在全球粮食等主要农产品供求格局大体不变的情况下,如果我们突然大幅度增加进口、越过拐点之后,必然引起全球粮价暴涨,那就会引来污水泼身,政治上、外交上、贸易上都得不偿失。而到人家那里租地、买地或搞合作开发,也绝非易事。南美、非洲等虽然有大量可开垦的耕地,但需要大量投入,真见成效也需要一个过程。土地对任何国家来说都是个敏感问题,容易在一些人挑唆下引发民族主义情绪。因此,推动农业走出去,要充分研判经济、技术乃至政治上的风险,提高防范和应对能力。

首先要搞清楚哪些农产品是国内必保的,然后再去搞清楚进口到底进什么、进多少、从哪里进、以什么方式进。我国农业走出去往哪里去、以什么方式进行开发、生产出的农产品如何利用等问题,都要作过细的研究。进口也要注意安全,一是物种安全,二是不要形成垄断,被对方卡脖子。要借鉴国际大粮商的做法,到全球各地粮仓去建仓储物流设施,人家生产我们采购,掌控了粮源就掌控了贸易,就掌控了定价权。同这些全球化的百年老店去竞争,不是一件容易的事,要有真本事才行,但一定要去争,我们这么大的国内市场,要有打造我们自己的国际大粮商的信心。国有企业走出去,要健全体制机制,防止出现"富了和尚穷了庙"现象，最后国家投入打了水漂。

有一点必须讲清楚，我们说适当扩大国内紧缺农产品进口和加快农业走出去步伐，绝不意味着立足国内基本解决吃饭问题的大政方针有任何改变，决不能将此误读为可以放松国内粮食生产，那就会误大局、误大事。

第八，高度重视节约粮食。我国在粮食生产、流通、加工、消费环节存在大量浪费现象，餐桌上的浪费尤为惊人。这与社会上存在的讲面子、讲排场的陋习有关。有人作过调查估算，我国每年在餐桌上浪费的食物高达二千亿元，相当于二亿多人一年的口粮。前些天，媒体报道，一所大学食堂的垃圾桶里经常有白花花的馒头和米饭，清洁工看着心痛，捡起来再吃。这方面例子不在少数，一些大学食堂成了浪费食物的"天堂"，触目惊心！即使生活一天天好了，也没有任何权利浪费！浪费粮食的不良风气必须坚决刹住！

节约粮食要从娃娃抓起，我们小时候都接受了这方面的严格家教，不要说剩饭，就是一粒米家长也不让浪费。"锄禾日当午，汗滴禾下土。谁知盘中餐，粒粒皆辛苦。"[7]中国文化中有很多关于节约粮食的内容，应该从小给孩子们灌输，弘扬勤俭节约的好风尚。要加强节约粮食工作，从餐桌抓起，从大学食堂和各个单位食堂、餐饮业抓起，从幼儿园、托儿所以及各级各类学校抓起，从每个家庭抓起，让节约粮食在全社会蔚然成风。同时，要注重解决粮食在收储、销售、加工过程中的浪费，这方面的问题也是严重的。

注　释

〔1〕参见《尚书·洪范》。原文是："八政：一曰食，二曰货，三曰祀，四曰司空，五曰司徒，六曰司寇，七曰宾，八曰师。"

〔2〕见毛泽东《党内通信》（《毛泽东文集》第 8 卷，人民出版社 1999年版，第 49 页）。

〔3〕见《论语·述而》。

〔4〕李悝（前四五五——前三九五），战国时期魏国政治家。本文引语见东汉班固《汉书·食货志》。

〔5〕常平仓，指汉代以后官府为调节粮价、储粮备荒而设置的粮仓。谷贱时增价买入，谷贵时减价卖出。所储粮食既用作调节丰歉，也用作赈济灾民。

〔6〕十三个主产省区，指河北、内蒙古、辽宁、吉林、黑龙江、江苏、安徽、江西、山东、河南、湖北、湖南、四川。

〔7〕见唐代李绅《悯农二首（其二）》。

坚持和运用好
毛泽东思想活的灵魂 *

（二〇一三年十二月二十六日）

　　毛泽东思想活的灵魂是贯穿其中的立场、观点、方法，它们有三个基本方面，这就是实事求是、群众路线、独立自主。新形势下，我们要坚持和运用好毛泽东思想活的灵魂，把我们党建设好，把中国特色社会主义伟大事业继续推向前进。

　　实事求是，是马克思主义的根本观点，是中国共产党人认识世界、改造世界的根本要求，是我们党的基本思想方法、工作方法、领导方法。不论过去、现在和将来，我们都要坚持一切从实际出发，理论联系实际，在实践中检验真理和发展真理。

　　毛泽东同志说："'实事'就是客观存在着的一切事物，'是'就是客观事物的内部联系，即规律性，'求'就是我们去研究。"〔1〕毛泽东同志还把实事求是形象地比喻为"有的放矢"〔2〕。我们要坚持用马克思主义的"矢"去

---

　　*　这是习近平同志在纪念毛泽东同志诞辰一百二十周年座谈会上讲话的一部分。

射中国革命、建设、改革的"的"。

坚持实事求是，就要深入实际了解事物的本来面貌。要透过现象看本质，从零乱的现象中发现事物内部存在的必然联系，从客观事物存在和发展的规律出发，在实践中按照客观规律办事。坚持实事求是不是一劳永逸的，在一个时间一个地点做到了实事求是，并不等于在另外的时间另外的地点也能做到实事求是，在一个时间一个地点坚持实事求是得出的结论、取得的经验，并不等于在变化了的另外的时间另外的地点也能够适用。我们要自觉坚定实事求是的信念、增强实事求是的本领，时时处处把实事求是牢记于心、付诸于行。

坚持实事求是，就要清醒认识和正确把握我国仍处于并将长期处于社会主义初级阶段这个基本国情。我们推进改革发展、制定方针政策，都要牢牢立足社会主义初级阶段这个最大实际，都要充分体现这个基本国情的必然要求，坚持一切从这个基本国情出发。任何超越现实、超越阶段而急于求成的倾向都要努力避免，任何落后于实际、无视深刻变化着的客观事实而因循守旧、固步自封的观念和做法都要坚决纠正。

坚持实事求是，就要坚持为了人民利益坚持真理、修正错误。要有光明磊落、无私无畏、以事实为依据、敢于说出事实真相的勇气和正气，及时发现和纠正思想认识上的偏差、决策中的失误、工作中的缺点，及时发现和解决存在的各种矛盾和问题，使我们的思想和行动更加符合客观规律、符合时代要求、符合人民愿望。

　　坚持实事求是，就要不断推进实践基础上的理论创新。马克思主义基本原理是普遍真理，具有永恒的思想价值，但马克思主义经典作家并没有穷尽真理，而是不断为寻求真理和发展真理开辟道路。今天，坚持和发展中国特色社会主义，全面深化改革，有效应对前进道路上可以预见和难以预见的各种困难与风险，都会提出新的课题，迫切需要我们从理论上作出新的科学回答。我们要及时总结党领导人民创造的新鲜经验，不断开辟马克思主义中国化新境界，让当代中国马克思主义放射出更加灿烂的真理光芒。

　　群众路线是我们党的生命线和根本工作路线，是我们党永葆青春活力和战斗力的重要传家宝。不论过去、现在和将来，我们都要坚持一切为了群众，一切依靠群众，从群众中来，到群众中去，把党的正确主张变为群众的自觉行动，把群众路线贯彻到治国理政全部活动之中。

　　群众路线本质上体现的是马克思主义关于人民群众是历史的创造者这一基本原理。只有坚持这一基本原理，我们才能把握历史前进的基本规律。只有按历史规律办事，我们才能无往而不胜。历史反复证明，人民群众是历史发展和社会进步的主体力量。正如毛泽东同志所说："中国的命运一经操在人民自己的手里，中国就将如太阳升起在东方那样，以自己的辉煌的光焰普照大地"[3]。

　　坚持群众路线，就要坚持人民是决定我们前途命运的根本力量。坚持人民主体地位，充分调动人民积极性，始终是我们党立于不败之地的强大根基。在人民面前，我们永远是小学生，必须自觉拜人民为师，向能者求教，向智者问策；必须充分尊重人民所表达的意愿、所创造的经验、所拥有的权利、所发挥的作用。我们要珍惜人民给予的权力，用好人民给予的权力，自觉让人民监督权力，紧紧依靠人民创造历史伟业，使我们党的根基永远坚如磐石。

坚持群众路线，就要坚持全心全意为人民服务的根本宗旨。"政之所兴在顺民心，政之所废在逆民心。"〔4〕全心全意为人民服务，是我们党一切行动的根本出发点和落脚点，是我们党区别于其他一切政党的根本标志。党的一切工作，必须以最广大人民根本利益为最高标准。检验我们一切工作的成效，最终都要看人民是否真正得到了实惠，人民生活是否真正得到了改善，人民权益是否真正得到了保障。面对人民过上更好生活的新期待，我们不能有丝毫自满和懈怠，必须再接再厉，使发展成果更多更公平惠及全体人民，朝着共同富裕方向稳步前进。

坚持群众路线，就要保持党同人民群众的血肉联系。我们党的最大政治优势是密切联系群众，党执政后的最大危险是脱离群众。毛泽东同志说："我们共产党人好比种子，人民好比土地。我们到了一个地方，就要同那里的人民结合起来，在人民中间生根、开花。"〔5〕要把群众观点、群众路线深深植根于全党同志思想中，真正落实到每个党员行动上，下最大气力解决党内存在的问题特别是人民群众不满意的问题，使我们党永远赢得人民群众信任和拥护。

　　坚持群众路线，就要真正让人民来评判我们的工作。"知政失者在草野。"〔6〕任何政党的前途和命运最终都取决于人心向背。"人心就是力量。"〔7〕我们党的党员人数，放在人民中间还是少数。我们党的宏伟奋斗目标，离开了人民支持就绝对无法实现。我们党的执政水平和执政成效都不是由自己说了算，必须而且只能由人民来评判。人民是我们党的工作的最高裁决者和最终评判者。如果自诩高明、脱离了人民，或者凌驾于人民之上，就必将被人民所抛弃。任何政党都是如此，这是历史发展的铁律，古今中外概莫能外。

　　独立自主是我们党从中国实际出发、依靠党和人民力量进行革命、建设、改革的必然结论。不论过去、现在和将来，我们都要把国家和民族发展放在自己力量的基点上，坚持民族自尊心和自信心，坚定不移走自己的路。

　　独立自主是中华民族的优良传统，是中国共产党、中华人民共和国立党立国的重要原则。在中国这样一个人口众多和经济文化落后的东方大国进行革命和建设的国情与使命，决定了我们只能走自己的路。

　　站立在九百六十万平方公里的广袤土地上，吸吮着中华民族漫长奋斗积累的文化养分，拥有十三亿中国人民聚合的磅礴之力，我们走自己的路，具有无比广阔的舞台，具有无比深厚的历史底蕴，具有无比强大的前进定力。中国人民应该有这个信心，每一个中国人都应该有这个信心。

　　坚持独立自主，就要坚持中国的事情必须由中国人民自己作主张、自己来处理。世界上没有放之四海而皆准的具体发展模式，也没有一成不变的发展道路。历史条件的多样性，决定了各国选择发展道路的多样性。人类历史上，没有一个民族、没有一个国家可以通过依赖外部力量、跟在他人后面亦步亦趋实现强大和振兴。那样做的结果，不是必然遭遇失败，就是必然成为他人的附庸。

我们党在领导革命、建设、改革长期实践中，历来坚持独立自主开拓前进道路，这种独立自主的探索和实践精神，这种坚持走自己的路的坚定信心和决心，是我们党全部理论和实践的立足点，也是党和人民事业不断从胜利走向胜利的根本保证。

坚持独立自主，就要坚定不移走中国特色社会主义道路，既不走封闭僵化的老路，也不走改旗易帜的邪路。我们要增强政治定力，增强道路自信、理论自信、制度自信。我们要根据形势任务发展变化，通过全面深化改革，不断拓展中国特色社会主义道路，不断丰富中国特色社会主义理论体系，不断完善中国特色社会主义制度。我们要虚心学习借鉴人类社会创造的一切文明成果，但我们不能数典忘祖，不能照抄照搬别国的发展模式，也绝不会接受任何外国颐指气使的说教。

坚持独立自主，就要坚持独立自主的和平外交政策，坚定不移走和平发展道路。我们要高举和平、发展、合作、共赢的旗帜，坚持在和平共处五项原则[8]基础上同各国友好相处，在平等互利基础上积极开展同各国的交流合作，坚定不移维护世界和平、促进共同发展。我们要根据事情本身的是非曲直决定自己的立场和政策，秉持公道，伸张正义，尊重各国人民自主选择发展道路的权利，绝不把自己的意志强加于人，也绝不允许任何人把他们的意志强加于中国人民。我们主张以和平方式解决国际争端，反对各种形式的霸权主义和强权政治，永远不称霸，永远不搞扩张。我们要坚决维护国家主权、安全、发展利益，任何外国不要指望我们会拿自己的核心利益做交易，不要指望我们会吞下损害我国主权、安全、发展利益的苦果。

注　　释

〔1〕见毛泽东《改造我们的学习》（《毛泽东选集》第3卷，人民出版社1991年版，第801页）。

〔2〕见毛泽东《改造我们的学习》（《毛泽东选集》第3卷，人民出版社1991年版，第801页）。

〔3〕见毛泽东《在新政治协商会议筹备会上的讲话》（《毛泽东选集》第4卷，人民出版社1991年版，第1467页）。

〔4〕见《管子·牧民》。

〔5〕见毛泽东《关于重庆谈判》（《毛泽东选集》第4卷，人民出版社1991年版，第1162页）。

〔6〕见东汉王充《论衡·书解篇》。

〔7〕见毛泽东《关于国际形势问题》（《毛泽东文集》第7卷，人民出版社1999年版，第408页）。

〔8〕和平共处五项原则，指互相尊重主权和领土完整、互不侵犯、互不干涉内政、平等互利、和平共处。一九五三年十二月至一九五四年四月，中国政府代表团和印度政府代表团在北京就两国在中国西藏地方的关系问题举

行谈判。一九五三年十二月三十一日，即谈判的第一天，中国总理周恩来接
见印度政府代表团，提出了和平共处五项原则。后这五项原则正式写入双方
达成的《中印关于中国西藏地方和印度之间的通商和交通协定》的序言中。
一九五四年六月，周恩来在访问印度、缅甸期间，先后于六月二十八日和
二十九日同印度总理尼赫鲁、缅甸总理吴努发表联合声明，正式倡议将和平
共处五项原则作为处理国与国关系的基本准则。此后，这五项原则为一系列
国际组织和国际文件所采纳，得到国际社会广泛赞同和遵守，成为国际关系
基本准则和国际法基本原则。

答俄罗斯记者布里廖夫问[*]

（二〇一四年二月七日）

布里廖夫：您对索契的印象如何？对俄方组织工作有何评价？对中国奥运代表团参加索契冬奥会的表现有何期待？

习近平：很高兴应普京总统邀请来到索契，出席第二十二届冬奥会开幕式。我专程来，就是要表达中国政府和人民以及我本人对俄罗斯举办索契冬奥会的支持。首先，请转达我对俄罗斯人民的诚挚问候。

这是我第一次来索契，但我对索契早有所闻。我年轻时多次读过《钢铁是怎样炼成的》这本小说，奥斯特洛夫斯基[1]就是在索契完成了这部著作。传说普罗米修斯[2]曾经被禁锢在索契的群山之中，索契保留着不少罗马帝国、拜占庭帝国的遗迹，这足以说明索契是一个历史悠久的文化名城。

索契地理位置特殊，是地球最北端唯一属于亚热带气候的地区。这次来索契，所见所闻，果然名不虚传。这里

　＊　这是习近平同志在俄罗斯索契接受全俄国家电视广播公司记者布里廖夫专访时的谈话。

四季常绿，蓝蓝的天，蓝蓝的海，有很好的天然高山雪场。索契人民热情好客。索契很有活力，很有魅力，举办冬奥会再适合不过了。索契冬奥会之后，这里的名声会更大，更多的人包括中国游客会慕名而来。

索契冬奥会组织工作是一流的。普京总统高度重视，亲自抓筹备工作，俄罗斯人民全力支持。我相信，索契冬奥会一定会成为一次难忘的国际体育盛会，为国际奥林匹克事业发展作出新的贡献。

我有三个祝愿：一是祝愿今晚的开幕式精彩纷呈，二是祝愿各国运动员取得好成绩，三是祝愿索契发展得越来越好，越来越美丽，同中国城市间的友好合作关系更上一层楼。

二〇〇八年，中国举办了北京奥运会，实现了中国人民的百年奥运梦。中国体育事业不断发展，中国政府高度重视体育事业，我们的目标是建设体育强国。上个世纪初，中国还处在积贫积弱的状态，中国人就提出了三个问题，即中国人什么时候能够派运动员去参加奥运会？中国运动员什么时候能够得到一块奥运金牌？中国什么时候能够举办奥运会？这三个愿望，到二〇〇八年北京奥运会成功举办，已经全部实现了。中国人民感到无比高兴，因此中国人民也完全能够理解和分享俄罗斯人民对举办索契冬奥会的喜悦心情。

中国冬季运动项目特别是滑雪项目竞技水平同冰雪运动强国相比还有较大差距。近些年，我们在滑冰项目上进步较快，在自由式滑雪空中技巧等项目上具备一定实力。

今天上午，我见了中国体育代表团部分运动员、教练员。中国运动员为参加索契冬奥会做了艰苦训练，他们会发扬奥林匹克精神，努力战胜自我、超越自我，发挥自己的最好水平。

同时，中国北京市联合张家口市已经向国际奥委会正式提出申办二〇二二年冬奥会，我们也是来向俄罗斯人民学习的，向俄罗斯运动员学习，向俄罗斯的体育强项学习，向俄罗斯举办冬奥会的成功做法学习。

布里廖夫：去年您就任国家主席后，出访首选国家就是俄罗斯，今年新年伊始，您出访仍首选俄罗斯，对此俄罗斯人民倍感振奋。请问您作出这样的决定有何考虑？您如何评价中俄关系现状及发展前景？

习近平：去年三月，我在当选中国国家主席几天后，就应普京总统邀请来到贵国进行国事访问，贵国是我当选中国国家主席后第一个访问的国家。那次，我同普京总统进行了长时间的议题广泛、坦诚深入的交流，就加强中俄全方位战略协作达成重要共识，作出全面规划。此后我们又四次会晤和见面。昨天，我同普京总统会晤时共同作了回顾。我们共同推动两国在涉及彼此核心利益的重大问题上相互坚定支持，把两国关系的政治优势转化为合作优势，双方经贸、能源、高技术、地方、人文、国际事务等各领域合作取得丰硕成果，促进了两国共同发展繁荣，维护了国际公平正义和世界和平稳定。我对中俄关系发展取得的成果十分满意。当前中俄关系发展是基础最牢、互信最高、地区和国际影响最大的一个时期。

亲戚越走越亲，朋友越走越近。举办冬奥会是俄罗斯的喜事，也是国际奥林匹克运动的盛事。中俄是好邻居、好朋友、好伙伴，我和普京总统是老朋友了。按照中国人的传统，邻居和朋友家里办喜事，当然要来贺喜，同俄罗斯人民共襄盛举。

昨天，我同普京总统再次举行了亲切友好的会谈。我们一致决定，要确保中俄关系继续在高水平发展，加大相互政治支持，深入推进务实合作，拓展在国际事务中的战略协作。我这次索契之行，标志着今年中俄关系发展已经开了个好头。

布里廖夫：中共十八届三中全会通过了《中共中央关于全面深化改革若干重大问题的决定》，您本人担任全面深化改革领导小组组长。请问您的执政理念是什么？中国下一步改革重点领域是什么？您如何看待中国的发展前景？

习近平：这是关系中国发展的重大问题。一九七八年，中共十一届三中全会开启了中国改革开放进程，至今已经三十五年多了，取得了举世瞩目的成就。但是，我们还要继续前进。我们提出了"两个一百年"的奋斗目标。当前，经济全球化快速发展，综合国力竞争更加激烈，国际形势复杂多变，我们认为，中国要抓住机遇、迎接挑战，实现新的更大发展，从根本上还要靠改革开放。在激烈的国际竞争中前行，就如同逆水行舟，不进则退。

现在，同过去相比，中国改革的广度和深度都大大拓展了。要把改革推向前进，必须加强顶层设计。去年十一月，中共十八届三中全会就全面深化改革作出总体部署，提出了改革的路线图和时间表，涉及十五个领域、三百三十多项较大的改革举措，包括经济、政治、文化、社会、生态文明和党的建设等各个方面。改革的进军号已经吹响了。我们的总目标就是完善和发展中国特色社会主义制度，推进国家治理体系和治理能力现代化。

为了集中力量推进改革，我们成立了中央全面深化改革领导小组，由我本人担任组长，任务就是统一部署和协调一些重大问题，再把工作任务分解下去逐一落实。我把这叫作"一分部署，九分落实"。

在中国这样一个拥有十三亿多人口的国家深化改革，绝非易事。中国改革经过三十多年，已进入深水区，可以说，容易的、皆大欢喜的改革已经完成了，好吃的肉都吃掉了，剩下的都是难啃的硬骨头。这就要求我们胆子要大、步子要稳。胆子要大，就是改革再难也要向前推进，敢于担当，敢于啃硬骨头，敢于涉险滩。步子要稳，就是方向一定要准，行驶一定要稳，尤其是不能犯颠覆性错误。

我对中国发展前景充满信心。为什么有信心？最根本的原因是，经过长期探索，我们已经找到一条适合中国国情的正确发展道路，只要我们紧紧依靠十三亿多中国人民，坚定不移走自己的路，我们就一定能战胜一切艰难险阻，不断取得新的成绩，最终实现我们确立的目标。

中国共产党坚持执政为民，人民对美好生活的向往就是我们的奋斗目标。我的执政理念，概括起来说就是：为人民服务，担当起该担当的责任。

布里廖夫：您担任中国国家主席快一年了，领导中国这么大的国家，您的感受是什么？您个人有哪些爱好？最喜欢哪些体育运动？

习近平：中国有九百六十万平方公里国土，五十六个民族，十三亿多人口，经济社会发展水平还不高，人民生活水平也还不高，治理这样一个国家很不容易，必须登高望远，同时必须脚踏实地。我曾在中国不同地方长期工作，深知中国从东部到西部，从地方到中央，各地各层级方方面面的差异太大了。因此，在中国当领导人，必须在把情况搞清楚的基础上，统筹兼顾、综合平衡，突出重点、带动全局，有的时候要抓大放小、以大兼小，有的时候又要以小带大、小中见大，形象地说，就是要十个指头弹钢琴。

作为国家领导人，人民把我放在这样的工作岗位上，我就要始终把人民放在心中最高的位置，牢记责任重于泰山，时刻把人民群众的安危冷暖放在心上，兢兢业业，夙夜在公，始终与人民心心相印、与人民同甘共苦、与人民团结奋斗。

谈到爱好，我个人爱好阅读、看电影、旅游、散步。你知道，承担我这样的工作，基本上没有自己的时间。今年春节期间，中国有一首歌，叫《时间都去哪儿了》。对我来说，问题在于我个人的时间都去哪儿了？当然是都被工作占去了。现在，我经常能做到的是读书，读书已成了我的一种生活方式。读书可以让人保持思想活力，让人得到智慧启发，让人滋养浩然之气。比如，我读过很多俄罗斯作家的作品，如克雷洛夫[3]、普希金[4]、果戈里[5]、莱蒙托夫[6]、屠格涅夫[7]、陀思妥耶夫斯基[8]、涅克拉索夫[9]、车尔尼雪夫斯基[10]、托尔斯泰[11]、契诃夫[12]、肖洛霍夫[13]，他们书中许多精彩章节和情节我都记得很清楚。

说到体育活动，我喜欢游泳、爬山等运动，游泳我四五岁就学会了。我还喜欢足球、排球、篮球、网球、武术等运动。冰雪项目中，我爱看冰球、速滑、花样滑冰、雪地技巧。特别是冰球，这项运动不仅需要个人力量和技巧，也需要团队配合和协作，是很好的运动。

注　释

〔1〕奥斯特洛夫斯基，即尼古拉·阿列克谢耶维奇·奥斯特洛夫斯基（一九〇四——一九三六），苏联作家。主要作品除《钢铁是怎样炼成的》外，还有长篇小说《暴风雨所诞生的》等。

〔2〕普罗米修斯是希腊神话中造福人类的神。传说其曾为人类盗取天火，并传授多种技艺，因此触怒主神宙斯，被锁在高加索山崖。他宁受折磨，坚毅不屈，终获解救。

〔3〕克雷洛夫，即伊万·安德烈耶维奇·克雷洛夫（一七六九——一八四四），俄国作家。主要作品有寓言《狼和小羊》、喜剧《小时装店》等。

〔4〕见本卷《顺应时代前进潮流，促进世界和平发展》注〔7〕。

〔5〕果戈里，即尼古拉·瓦西里耶维奇·果戈里（一八〇九——一八五二），俄国作家。主要作品有喜剧《钦差大臣》、长篇小说《死魂灵》等。

〔6〕见本卷《顺应时代前进潮流，促进世界和平发展》注〔8〕。

〔7〕见本卷《顺应时代前进潮流，促进世界和平发展》注〔9〕。

〔8〕见本卷《顺应时代前进潮流，促进世界和平发展》注〔10〕。

〔9〕涅克拉索夫，即尼古拉·阿列克谢耶维奇·涅克拉索夫（一八二一——一八七八），俄国诗人。主要作品有长诗《谁在俄罗斯能过好日子》、《铁路》等。

〔10〕见本卷《顺应时代前进潮流，促进世界和平发展》注〔2〕。

〔11〕见本卷《顺应时代前进潮流，促进世界和平发展》注〔11〕。

〔12〕见本卷《顺应时代前进潮流，促进世界和平发展》注〔12〕。

〔13〕肖洛霍夫，即米哈伊尔·亚历山德罗维奇·肖洛霍夫（一九〇五——一九八四），苏联作家。主要作品有长篇小说《静静的顿河》、《新垦地》等。

各级干部都要树立和发扬
"三严三实"作风*

（二〇一四年三月九日）

党的十八大以来，党中央把改进作风作为工作开局的一个重要突破口，目的是要下气力解决形式主义、官僚主义、享乐主义和奢靡之风问题，以实际行动取信于民，更好带领广大人民群众为实现"两个一百年"奋斗目标而努力。这次"两会"上，很多同志都谈到自己亲历的作风上的可喜变化，我相信是真实的感受。

同时，必须清醒地看到，作风建设所取得的成效只是初步的，巩固、深化、发展的工作任务还很繁重，防止反弹、防止变异、防止干扰还需要持续努力。也就是我说的，作风建设永远在路上。如果前热后冷、前紧后松，就会功亏一篑。当前，我们要结合开展党的群众路线教育实践活动，继续深入查摆问题，坚持不懈采取改进措施，驰而不息推进作风建设，使正气正风得到进一步弘扬，邪气邪风得到进一步整治。

＊ 这是习近平同志在参加十二届全国人大二次会议安徽代表团审议时讲话的一部分。

我们抓作风建设，归根到底，就是希望各级干部都能树立和发扬好的作风，既严以修身、严以用权、严以律己，又谋事要实、创业要实、做人要实。

严以修身，就是要加强党性修养，坚定理想信念，提升道德境界，追求高尚情操，自觉远离低级趣味，自觉抵制歪风邪气。严以用权，就是要坚持用权为民，按规则、按制度行使权力，把权力关进制度的笼子里，任何时候都不搞特权、不以权谋私。严以律己，就是要心存敬畏、手握戒尺，慎独慎微、勤于自省，遵守党纪国法，做到为政清廉。

谋事要实，就是要从实际出发谋划事业和工作，使点子、政策、方案符合实际情况、符合客观规律、符合科学精神，不好高骛远，不脱离实际。创业要实，就是要脚踏实地、真抓实干，敢于担当责任，勇于直面矛盾，善于解决问题，努力创造经得起实践、人民、历史检验的实绩。做人要实，就是要对党、对组织、对人民、对同志忠诚老实，做老实人、说老实话、干老实事，襟怀坦白，公道正派。

这"三严三实"，是改进作风对各级干部的必然要求，要体现在抓作风建设各项工作之中，体现在各级干部首先是各级领导干部实际行动之中。

我也听到一种议论，有的人认为作风这根弦绷得太紧，"为官不易"了。对这个问题怎么看？我们得有一个鲜明的态度。对干部既进行严格管理和监督，又给予真诚关心和激励，是我们党的一贯主张。一年多来，我们抓改进作风，使很多干部思想觉悟提高了，从文山会海和应酬接待中解脱出来，工作精力更加集中了，学习充电、与家人团聚的时间也多起来了，普遍感到身心更加健康了。有些干部感到不那么舒服自在，甚至有点难受，这主要是思想认识还没有转变过来，过去一些不好的习惯还没有扭转过来。对此，我们要加强教育，耐心细致进行引导。要让每个干部都明白，七十二行，每行有每行的规则。既然选择了当干部，就要自觉遵守当干部的规矩。没有规矩，不成方圆。按党章等党内法规办，按党确定的干部标准办，按党的纪律办，是天经地义的事，不存在对干部进行苛求的问题。对干部要求严一点，是党和人民事业发展的必然要求，也是我们改进作风、管理队伍的基本着眼点。我们要把正确的做法坚持下去，不能放松尺度。"从善如登，从恶如崩。"[1]如果放松了，大家担心的作风问题反弹现象就必然会发生。还是要发扬钉钉子精神，保持力度、保持韧劲，善始善终、善作善成，不断取得作风建设新成效。

注　　释

〔1〕见《国语·周语下》。

文明因交流而多彩，
文明因互鉴而丰富[*]

（二〇一四年三月二十七日）

文明因交流而多彩，文明因互鉴而丰富。文明交流互鉴，是推动人类文明进步和世界和平发展的重要动力。

推动文明交流互鉴，需要秉持正确的态度和原则。我认为，最重要的是坚持以下几点。

第一，文明是多彩的，人类文明因多样才有交流互鉴的价值。阳光有七种颜色，世界也是多彩的。一个国家和民族的文明是一个国家和民族的集体记忆。人类在漫长的历史长河中，创造和发展了多姿多彩的文明。从茹毛饮血到田园农耕，从工业革命到信息社会，构成了波澜壮阔的文明图谱，书写了激荡人心的文明华章。

"一花独放不是春，百花齐放春满园。"如果世界上只有一种花朵，就算这种花朵再美，那也是单调的。不论是中华文明，还是世界上存在的其他文明，都是人类文明创造的成果。

我参观过法国卢浮宫，也参观过中国故宫博物院，它

---

* 这是习近平同志在法国巴黎联合国教科文组织总部演讲的一部分。

们珍藏着千万件艺术珍品，吸引人们眼球的正是其展现的多样文明成果。文明交流互鉴不应该以独尊某一种文明或者贬损某一种文明为前提。中国人在二千多年前就认识到了"物之不齐，物之情也"[1]的道理。推动文明交流互鉴，可以丰富人类文明的色彩，让各国人民享受更富内涵的精神生活、开创更有选择的未来。

第二，文明是平等的，人类文明因平等才有交流互鉴的前提。各种人类文明在价值上是平等的，都各有千秋，也各有不足。世界上不存在十全十美的文明，也不存在一无是处的文明，文明没有高低、优劣之分。

我访问过世界上许多地方，最喜欢做的一件事情就是了解五大洲的不同文明，了解这些文明与其他文明的不同之处、独到之处，了解在这些文明中生活的人们的世界观、人生观、价值观。我到过代表古玛雅文明的奇琴伊察，也到过带有浓厚伊斯兰文明色彩的中亚古城撒马尔罕。我深深感到，要了解各种文明的真谛，必须秉持平等、谦虚的态度。如果居高临下对待一种文明，不仅不能参透这种文明的奥妙，而且会与之格格不入。历史和现实都表明，傲慢和偏见是文明交流互鉴的最大障碍。

第三，文明是包容的，人类文明因包容才有交流互鉴的动力。海纳百川，有容乃大。人类创造的各种文明都是劳动和智慧的结晶。每一种文明都是独特的。在文明问题上，生搬硬套、削足适履不仅是不可能的，而且是十分有害的。一切文明成果都值得尊重，一切文明成果都要珍惜。

历史告诉我们，只有交流互鉴，一种文明才能充满生命力。只要秉持包容精神，就不存在什么"文明冲突"，就可以实现文明和谐。这就是中国人常说的："萝卜青菜，各有所爱。"

中华文明经历了五千多年的历史变迁，但始终一脉相承，积淀着中华民族最深层的精神追求，代表着中华民族独特的精神标识，为中华民族生生不息、发展壮大提供了丰厚滋养。中华文明是在中国大地上产生的文明，也是同其他文明不断交流互鉴而形成的文明。

公元前一百多年，中国就开始开辟通往西域的丝绸之路。汉代张骞[2]于公元前一三八年和一一九年两次出使西域，向西域传播了中华文化，也引进了葡萄、苜蓿、石榴、胡麻、芝麻等西域文化成果。西汉时期，中国的船队就到达了印度和斯里兰卡，用中国的丝绸换取了琉璃、珍珠等物品。中国唐代是中国历史上对外交流的活跃期。据史料记载，唐代中国通使交好的国家多达七十多个，那时候的首都长安里来自各国的使臣、商人、留学生云集成群。这个大交流促进了中华文化远播世界，也促进了各国文化和物产传入中国。十五世纪初，中国明代著名航海家郑和[3]七次远洋航海，到了东南亚很多国家，一直抵达非洲东海岸的肯尼亚，留下了中国同沿途各国人民友好交往的佳话。明末清初，中国人积极学习现代科技知识，欧洲的天文学、医学、数学、几何学、地理学知识纷纷传入中国，开阔中国人的知识视野。之后，中外文明交流互鉴更是频繁展开，这其中有冲突、矛盾、疑惑、拒绝，但更多是学习、消化、融合、创新。

佛教产生于古代印度，但传入中国后，经过长期演化，佛教同中国儒家文化和道家文化融合发展，最终形成了具有中国特色的佛教文化，给中国人的宗教信仰、哲学观念、文学艺术、礼仪习俗等留下了深刻影响。中国唐代玄奘[4]西行取经，历尽磨难，体现的是中国人学习域外文化的坚韧精神。根据他的故事演绎的神话小说《西游记》，我想大家都知道。中国人根据中华文化发展了佛教思想，形成了独特的佛教理论，而且使佛教从中国传播到了日本、韩国、东南亚等地。

二千多年来，佛教、伊斯兰教、基督教等先后传入中国，中国音乐、绘画、文学等也不断吸纳外来文明的优长。中国传统画法同西方油画融合创新，形成了独具魅力的中国写意油画，徐悲鸿[5]等大师的作品受到广泛赞赏。中国的造纸术、火药、印刷术、指南针四大发明带动了世界变革，推动了欧洲文艺复兴。中国哲学、文学、医药、丝绸、瓷器、茶叶等传入西方，渗入西方民众日常生活之中。《马可·波罗游记》[6]令无数人对中国心向往之。

大家都知道，中国有秦俑，人们称之为"地下的军团"。法国总统希拉克[7]参观之后说："不看金字塔，不算真正到过埃及。不看秦俑，不算真正到过中国。"一九八七年，这一尘封了二千多年的中华文化珍品被列入世界文化遗产。中国还有大量文明成果被教科文组织列入世界文化遗产、世界非物质文化遗产、世界记忆遗产名录。这里，我要对教科文组织为保存和传播中华文明作出的贡献，表示衷心的感谢！

当今世界，人类生活在不同文化、种族、肤色、宗教和不同社会制度所组成的世界里，各国人民形成了你中有我、我中有你的命运共同体。

中国人早就懂得了"和而不同"〔8〕的道理。生活在二千五百年前的中国史学家左丘明在《左传》中记录了齐国上大夫晏子关于"和"的一段话："和如羹焉，水、火、醯、醢、盐、梅，以烹鱼肉。""声亦如味，一气，二体，三类，四物，五声，六律，七音，八风，九歌，以相成也。""若以水济水，谁能食之？若琴瑟之专一，谁能听之？"〔9〕

世界上有二百多个国家和地区，二千五百多个民族和多种宗教。如果只有一种生活方式，只有一种语言，只有一种音乐，只有一种服饰，那是不可想象的。

雨果〔10〕说，世界上最宽阔的是海洋，比海洋更宽阔的是天空，比天空更宽阔的是人的胸怀。对待不同文明，我们需要比天空更宽阔的胸怀。文明如水，润物无声。我们应该推动不同文明相互尊重、和谐共处，让文明交流互鉴成为增进各国人民友谊的桥梁、推动人类社会进步的动力、维护世界和平的纽带。我们应该从不同文明中寻求智慧、汲取营养，为人们提供精神支撑和心灵慰藉，携手解决人类共同面临的各种挑战。

一九八七年，在中国陕西的法门寺，地宫中出土了二十件美轮美奂的琉璃器，这是唐代传入中国的东罗马和伊斯兰的琉璃器。我在欣赏这些域外文物时，一直在思考一个问题，就是对待不同文明，不能只满足于欣赏它们产生的精美物件，更应该去领略其中包含的人文精神；不能只满足于领略它们对以往人们生活的艺术表现，更应该让其中蕴藏的精神鲜活起来。

注　　释

〔1〕见《孟子·滕文公上》。

〔2〕张骞（？——前一一四），西汉汉中成固（今陕西城固东）人。西汉大臣。为相约西域（汉代对玉门关、阳关以西地区统称西域）各民族共同抵御匈奴，先后于公元前一三八年、公元前一一九年两次奉命出使西域，远达今中亚地区，密切了中原与西域的联系，促进了丝绸之路的开辟。

〔3〕郑和（一三七一或一三七五——一四三三或一四三五），明代云南昆阳（今云南昆明晋宁）人。明代航海家。一四〇五年至一四三三年间，先后七次率领庞大船队出使亚非诸国，促进了中国与亚非国家的经济文化交流。

〔4〕玄奘（六〇〇或六〇二——六六四），通称三藏法师，俗称唐僧，生于隋代，洛州缑氏（今河南偃师缑氏镇）人。唐代高僧，佛教经典翻译家、唯识宗创始人之一。六二九年（一说为六二七年）从长安（今陕西西安）前往天竺（今印度等地）研习佛教典籍，六四五年回到长安。后译出佛经七十五部，并根据西行见闻写成《大唐西域记》一书。

〔5〕徐悲鸿（一八九五——一九五三），江苏宜兴人。中国画家、美术教育家。

〔6〕《马可·波罗游记》，亦称《东方见闻录》，是一部向西方系统介绍中国的书籍，对于欧洲人了解东方和新航路的开辟以及现代科学文化的发展均有影响。

〔7〕希拉克，即雅克·希拉克（一九三二——二〇一九），一九九五年至二〇〇七年任法国总统。

〔8〕见《论语·子路》。

〔9〕见《左传·昭公二十年》。

〔10〕雨果，即维克托·马里·雨果（一八〇二——一八八五），法国作家。主要作品有长篇小说《巴黎圣母院》、《悲惨世界》，诗作《历代传说集》等。

坚持总体国家安全观[*]

（二〇一四年四月十五日、二〇一七年二月十七日）

一

要准确把握国家安全形势变化新特点新趋势，坚持总体国家安全观，走出一条中国特色国家安全道路。

增强忧患意识，做到居安思危，是我们治党治国必须始终坚持的一个重大原则。我们党要巩固执政地位，要团结带领人民坚持和发展中国特色社会主义，保证国家安全是头等大事。

党的十八届三中全会决定成立中央国家安全委员会，是推进国家治理体系和治理能力现代化、实现国家长治久安的迫切要求，是全面建成小康社会、实现中华民族伟大复兴中国梦的重要保障，目的就是更好适应我国国家安全面临的新形势新任务，建立集中统一、高效权威的国家安全体制，加强对国家安全工作的领导。

当前我国国家安全内涵和外延比历史上任何时候都要丰富，时空领域比历史上任何时候都要宽广，内外因素比历史上任何时候都要复杂，必须坚持总体国家安全观，以人民安全为宗旨，以政治安全为根本，以经济安全为基础，以军事、文化、社会安全为保障，以促进国际安全为依托，走出一条中国特色国家安全道路。贯彻落实总体国家安全观，必须既重视外部安全，又重视内部安全，对内求发展、求变革、求稳定、建设平安中国，对外求和平、求合作、求共赢、建设和谐世界；既重视国土安全，又重视国民安全，坚持以民为本、以人为本，坚持国家安全一切为了人民、一切依靠人民，真正夯实国家安全的群众基础；既重视传统安全，又重视非传统安全，构建集政治安全、国土安全、军事安全、经济安全、文化安全、社会安全、科技安全、信息安全、生态安全、资源安全、核安全等于一体的国家安全体系；既重视发展问题，又重视安全问题，发展是安全的基础，安全是发展的条件，富国才能强兵，强兵才能卫国；既重视自身安全，又重视共同安全，打造命运共同体，推动各方朝着互利互惠、共同安全的目标相向而行。

中央国家安全委员会要遵循集中统一、科学谋划、统分结合、协调行动、精干高效的原则，聚焦重点，抓纲带目，紧紧围绕国家安全工作的统一部署狠抓落实。

二

要准确把握国家安全形势，牢固树立和认真贯彻总体国家安全观，以人民安全为宗旨，走中国特色国家安全道路，努力开创国家安全工作新局面，为中华民族伟大复兴中国梦提供坚实安全保障。

召开这次座谈会，就是想听取大家的意见和建议，分析国家安全形势，对当前和今后一个时期国家安全工作进行研究部署。

党的十八大以来，党中央高度重视国家安全工作，成立中央国家安全委员会，提出总体国家安全观，明确国家安全战略方针和总体部署，推动国家安全工作取得显著成效。

国家安全涵盖领域十分广泛，在党和国家工作全局中的重要性日益凸显。我们正在推进具有许多新的历史特点的伟大斗争、党的建设新的伟大工程、中国特色社会主义伟大事业，时刻面对各种风险考验和重大挑战。这既对国家安全工作提出了新课题，也为做好国家安全工作提供了新机遇。国家安全工作归根结底是保障人民利益，要坚持国家安全一切为了人民、一切依靠人民，为群众安居乐业提供坚强保障。

认清国家安全形势，维护国家安全，要立足国际秩序大变局来把握规律，立足防范风险的大前提来统筹，立足我国发展重要战略机遇期大背景来谋划。世界多极化、经济全球化、国际关系民主化的大方向没有改变，要引导国际社会共同塑造更加公正合理的国际新秩序。要切实加强国家安全工作，为维护重要战略机遇期提供保障。不论国际形势如何变幻，我们要保持战略定力、战略自信、战略耐心，坚持以全球思维谋篇布局，坚持统筹发展和安全，坚持底线思维，坚持原则性和策略性相统一，把维护国家安全的战略主动权牢牢掌握在自己手中。

要突出抓好政治安全、经济安全、国土安全、社会安全、网络安全等各方面安全工作。要完善立体化社会治安防控体系，提高社会治理整体水平，注意从源头上排查化解矛盾纠纷。要加强交通运输、消防、危险化学品等重点领域安全生产治理，遏制重特大事故的发生。要筑牢网络安全防线，提高网络安全保障水平，强化关键信息基础设施防护，加大核心技术研发力度和市场化引导，加强网络安全预警监测，确保大数据安全，实现全天候全方位感知和有效防护。要积极塑造外部安全环境，加强安全领域合作，引导国际社会共同维护国际安全。要加大对维护国家安全所需的物质、技术、装备、人才、法律、机制等保障方面的能力建设，更好适应国家安全工作需要。

坚持党对国家安全工作的领导，是做好国家安全工作的根本原则。各地区要建立健全党委统一领导的国家安全工作责任制，强化维护国家安全责任，守土有责、守土尽责。要关心和爱护国家安全干部队伍，为他们提供便利条件和政策保障。

积极培育和践行社会主义
核心价值观 *

（二〇一四年五月四日）

大学是一个研究学问、探索真理的地方，借此机会，我想就社会主义核心价值观问题，同各位同学和老师交流交流想法。

我想讲这个问题，是从弘扬五四精神联想到的。五四精神体现了中国人民和中华民族近代以来追求的先进价值观。爱国、进步、民主、科学，都是我们今天依然应该坚守和践行的核心价值，不仅广大青年要坚守和践行，全社会都要坚守和践行。

人类社会发展的历史表明，对一个民族、一个国家来说，最持久、最深层的力量是全社会共同认可的核心价值观。核心价值观，承载着一个民族、一个国家的精神追求，体现着一个社会评判是非曲直的价值标准。

古人说："大学之道，在明明德，在亲民，在止于至善。"〔1〕核心价值观，其实就是一种德，既是个人的德，也是一种大德，就是国家的德、社会的德。国无德不兴，

* 这是习近平同志在北京大学师生座谈会上讲话的一部分。

人无德不立。如果一个民族、一个国家没有共同的核心价值观，莫衷一是，行无依归，那这个民族、这个国家就无法前进。这样的情形，在我国历史上，在当今世界上，都屡见不鲜。

我国是一个有着十三亿多人口、五十六个民族的大国，确立反映全国各族人民共同认同的价值观"最大公约数"，使全体人民同心同德、团结奋进，关乎国家前途命运，关乎人民幸福安康。

每个时代都有每个时代的精神，每个时代都有每个时代的价值观念。国有四维，礼义廉耻，"四维不张，国乃灭亡"[2]。这是中国先人对当时核心价值观的认识。在当代中国，我们的民族、我们的国家应该坚守什么样的核心价值观？这个问题，是一个理论问题，也是一个实践问题。经过反复征求意见，综合各方面认识，我们提出要倡导富强、民主、文明、和谐，倡导自由、平等、公正、法治，倡导爱国、敬业、诚信、友善，积极培育和践行社会主义核心价值观。富强、民主、文明、和谐是国家层面的价值要求，自由、平等、公正、法治是社会层面的价值要求，爱国、敬业、诚信、友善是公民层面的价值要求。这个概括，实际上回答了我们要建设什么样的国家、建设什么样的社会、培育什么样的公民的重大问题。

中国古代历来讲格物致知、诚意正心、修身齐家、治国平天下。从某种角度看，格物致知、诚意正心、修身是个人层面的要求，齐家是社会层面的要求，治国平天下是国家层面的要求。我们提出的社会主义核心价值观，把涉及国家、社会、公民的价值要求融为一体，既体现了社会主义本质要求，继承了中华优秀传统文化，也吸收了世界文明有益成果，体现了时代精神。

富强、民主、文明、和谐，自由、平等、公正、法治，爱国、敬业、诚信、友善，传承着中华优秀传统文化的基因，寄托着近代以来中国人民上下求索、历经千辛万苦确立的理想和信念，也承载着我们每个人的美好愿景。我们要在全社会牢固树立社会主义核心价值观，全体人民一起努力，通过持之以恒的奋斗，把我们的国家建设得更加富强、更加民主、更加文明、更加和谐、更加美丽，让中华民族以更加自信、更加自强的姿态屹立于世界民族之林。

建设富强民主文明和谐的社会主义现代化国家，实现中华民族伟大复兴，是鸦片战争以来中国人民最伟大的梦想，是中华民族的最高利益和根本利益。今天，我们十三亿多人的一切奋斗归根到底都是为了实现这一伟大目标。中国曾经是世界上的经济强国，后来在世界工业革命如火如荼、人类社会发生深刻变革的时期，中国丧失了与世界同进步的历史机遇，落到了被动挨打的境地。尤其是鸦片战争之后，中华民族更是陷入积贫积弱、任人宰割的悲惨状况。这段历史悲剧决不能重演！建设富强民主文明和谐的社会主义现代化国家，是我们的目标，也是我们的责任，是我们对中华民族的责任，对前人的责任，对后人的责任。我们要保持战略定力和坚定信念，坚定不移走自己的路，朝着自己的目标前进。

　　中国已经发展起来了，我们不认可"国强必霸"的逻辑，坚持走和平发展道路，但中华民族被外族任意欺凌的时代已经一去不复返了！为什么我们现在有这样的底气？就是因为我们的国家发展起来了。现在，中国的国际地位不断提高、国际影响力不断扩大，这是中国人民用自己的百年奋斗赢得的尊敬。想想近代以来中国丧权辱国、外国人在中国横行霸道的悲惨历史，真是形成了鲜明对照！

　　中华文明绵延数千年，有其独特的价值体系。中华优秀传统文化已经成为中华民族的基因，植根在中国人内心，潜移默化影响着中国人的思想方式和行为方式。今天，我们提倡和弘扬社会主义核心价值观，必须从中汲取丰富营养，否则就不会有生命力和影响力。比如，中华文化强调"民惟邦本"[3]、"天人合一"[4]、"和而不同"[5]；强调"天行健，君子以自强不息"[6]、"大道之行也，天下为公"[7]；强调"天下兴亡，匹夫有责"[8]，主张以德治国、以文化人；强调"君子喻于义"[9]、"君子坦荡荡"[10]、"君子义以为质"[11]；强调"言必信，行必果"[12]、"人而无信，不知其可也"[13]；强调"德不孤，必有邻"[14]、"仁者爱人"[15]、"与人为善"[16]、"己所不欲，勿施于人"[17]、"出入相友，守望相助"[18]、"老吾老以及人之老，幼吾幼以及人之幼"[19]、"扶贫济困"、"不患寡而患不均"[20]，等等。像这样的思想和理念，不论过去还是现在，都有其鲜明的民族特色，都有其永不褪色的时代价值。这些思想和理念，既随着时间推移和时代变迁而不断与时俱进，又有其自身的连续性和稳定性。我们生而为中国人，最根本的是我们有中国人的独特精神世界，有百姓日用而不觉的价值观。我们提倡的社会主义核心价值观，就充分体现了对中华优秀传统文化的传承和升华。

价值观是人类在认识、改造自然和社会的过程中产生与发挥作用的。不同民族、不同国家由于其自然条件和发展历程不同，产生和形成的核心价值观也各有特点。一个民族、一个国家的核心价值观必须同这个民族、这个国家的历史文化相契合，同这个民族、这个国家的人民正在进行的奋斗相结合，同这个民族、这个国家需要解决的时代问题相适应。世界上没有两片完全相同的树叶。一个民族、一个国家，必须知道自己是谁，是从哪里来的，要到哪里去，想明白了、想对了，就要坚定不移朝着目标前进。

去年十二月二十六日，我在纪念毛泽东同志诞辰一百二十周年座谈会上讲话时说：站立在九百六十万平方公里的广袤土地上，吸吮着中华民族漫长奋斗积累的文化养分，拥有十三亿中国人民聚合的磅礴之力，我们走自己的路，具有无比广阔的舞台，具有无比深厚的历史底蕴，具有无比强大的前进定力。中国人民应该有这个信心，每一个中国人都应该有这个信心。我们要虚心学习借鉴人类社会创造的一切文明成果，但我们不能数典忘祖，不能照抄照搬别国的发展模式，也绝不会接受任何外国颐指气使的说教。

我说这话的意思是，实现我们的发展目标，实现中国梦，必须增强道路自信、理论自信、制度自信，"千磨万击还坚劲，任尔东西南北风"〔21〕。而这"三个自信"需要我们对核心价值观的认定作支撑。

我为什么要对青年讲讲社会主义核心价值观这个问题？是因为青年的价值取向决定了未来整个社会的价值取向，而青年又处在价值观形成和确立的时期，抓好这一时期的价值观养成十分重要。这就像穿衣服扣扣子一样，如果第一粒扣子扣错了，剩余的扣子都会扣错。人生的扣子从一开始就要扣好。"凿井者，起于三寸之坎，以就万仞之深。"〔22〕青年要从现在做起、从自己做起，使社会主义核心价值观成为自己的基本遵循，并身体力行大力将其推广到全社会去。

注　释

〔1〕见《礼记·大学》。

〔2〕见《管子·牧民》。

〔3〕见《尚书·五子之歌》。

〔4〕"天人合一"，是中国古代哲学中关于天人关系的一种观点。源于西周的天命论，强调天与人的关系紧密相连、不可分割。

〔5〕见《论语·子路》。

〔6〕见《周易·乾》。

〔7〕见《礼记·礼运》。

〔8〕参见明末清初顾炎武《日知录·正始》。原文是："保天下者，匹夫之贱与有责焉耳矣。"

〔9〕见《论语·里仁》。

〔10〕见《论语·述而》。

〔11〕见《论语·卫灵公》。

〔12〕见《论语·子路》。

〔13〕见《论语·为政》。

〔14〕见《论语·里仁》。

〔15〕见《孟子·离娄下》。

〔16〕见《孟子·公孙丑上》。

〔17〕见《论语·颜渊》。

〔18〕见《孟子·滕文公上》。

〔19〕见《孟子·梁惠王上》。

〔20〕见《论语·季氏》。

〔21〕见清代郑燮《竹石》。

〔22〕见南北朝时期刘昼《刘子·崇学》。

努力开创中国特色社会主义事业更加广阔的前景 *

（二〇一四年八月二十日）

伟大的时代造就伟大的人物。邓小平同志就是从中国人民和中华民族近代以来伟大斗争中产生的伟人，是我们大家衷心热爱的伟人。我们很多同志都曾经在他的领导和指导下工作过，他的崇高风范对我们来说是那样熟悉、那样亲切。邓小平同志崇高鲜明又独具魅力的革命风范，将激励我们在实现"两个一百年"奋斗目标、实现中华民族伟大复兴中国梦的征程上奋勇前进。

——我们纪念邓小平同志，就要学习他对共产主义远大理想和中国特色社会主义信念无比坚定的崇高品格。信念坚定，是邓小平同志一生最鲜明的政治品格，也永远是中国共产党人应该挺起的精神脊梁。

早在苏联求学期间，邓小平同志就立志"更坚决的把我的身子交给我们的党，交给本阶级"〔1〕。在此后七十多年的革命生涯中，无论个人处境如何艰难，无论革命

---

* 这是习近平同志在纪念邓小平同志诞辰一百一十周年座谈会上讲话的一部分。

道路如何坎坷，邓小平同志都坚信马克思主义的科学性和真理性，坚信社会主义、共产主义的光明前景。他说："对马克思主义的信仰，是中国革命胜利的一种精神动力。"[2]面对革命战争的枪林弹雨，他浴血奋战、视死如归；面对新中国建设的艰难局面，他励精图治、百折不挠；面对"文化大革命"的十年内乱，他信念执着、从不消沉；面对国际国内政治风波，他冷静观察、从容应对，坚信马克思主义、坚守共产主义理想，坚持在社会主义道路上推进我国现代化事业。

一九九二年，八十八岁高龄的邓小平同志在南方谈话中说："我坚信，世界上赞成马克思主义的人会多起来的，因为马克思主义是科学。它运用历史唯物主义揭示了人类社会发展的规律。""不要惊慌失措，不要认为马克思主义就消失了，没用了，失败了。哪有这回事！"[3]

邓小平同志对理想信念的重要性具有深刻认识，他说："我认为，最重要的是人的团结，要团结就要有共同的理想和坚定的信念。我们过去几十年艰苦奋斗，就是靠用坚定的信念把人民团结起来，为人民自己的利益而奋斗。"[4]

革命理想高于天。没有一大批具有坚定共产主义理想的中华儿女，就没有中国共产党，也就没有新中国，更没有今天我国的发展进步。要把我国发展得更好，离不开理想信念的力量。我们共产党人锤炼党性，首要的就是坚定共产主义远大理想和中国特色社会主义共同理想。我们要学习邓小平同志矢志不渝为社会主义、共产主义而奋斗的执着精神，坚定中国特色社会主义道路自信、理论自信、制度自信，坚忍不拔、风雨无阻朝着我们的目标奋勇前进。

——我们纪念邓小平同志，就要学习他对人民无比热爱的伟大情怀。热爱人民，是邓小平同志一生最深厚的情感寄托，也永远是中国共产党人应该坚守的力量源泉。

邓小平同志曾经写道："我是中国人民的儿子。我深情地爱着我的祖国和人民。"[5]邓小平同志从对人民的挚爱，延伸到对党、对祖国的挚爱。他说过："我的生命是属于党、属于国家的。"[6]这质朴的语言，集中表达了邓小平同志对党、对祖国、对人民的大爱。

邓小平同志高度重视人民群众的地位和作用，他强调："群众是我们力量的源泉，群众路线和群众观点是我们的传家宝。党的组织、党员和党的干部，必须同群众打成一片，绝对不能同群众相对立。如果哪个党组织严重脱离群众而不能坚决改正，那就丧失了力量的源泉，就一定要失败，就会被人民抛弃。"[7]在他的一生中，无论身居要职还是身陷困苦，都始终与人民群众同甘共苦，努力为党和国家分忧解难。

邓小平同志孜孜以求的是增进人民福祉。他多次讲："贫穷不是社会主义，社会主义要消灭贫穷。不发展生产力，不提高人民的生活水平，不能说是符合社会主义要求的。"[8]他领导改革开放和社会主义现代化建设，心中想着的就是最广大人民。

邓小平同志坚持从人民创造历史的活动中吸取思想营

养和前进力量。他说："改革开放中许许多多的东西，都是群众在实践中提出来的"，"绝不是一个人脑筋就可以钻出什么新东西来"，"这是群众的智慧，集体的智慧"[9]。他反复强调，要把人民拥护不拥护、赞成不赞成、高兴不高兴、答应不答应作为制定方针政策和作出决断的出发点和归宿。邓小平同志始终以人民利益为最高准则来开展领导工作。

爱祖国、爱人民，是最深沉、最有力量的情感，是博大之爱。我们要学习邓小平同志对祖国、对人民的深情大爱，始终为人民利益而奋斗，任何时候任何条件下都忠于祖国、忠于人民，脚踏实地践行党的宗旨，把自己的一生交给党和人民，为党和人民事业鞠躬尽瘁、死而后已。

——我们纪念邓小平同志，就要学习他始终坚持实事求是的理论品质。实事求是，是邓小平同志一生最重要的思想特点，也永远是中国共产党人应该遵循的思想方法。

邓小平同志坚持党的思想路线，坚持一切从实际出发，常说自己是"实事求是派"[10]，反复强调"拿事实来说话"[11]，"实事求是是马克思主义的精髓。要提倡这个，不要提倡本本。我们改革开放的成功，不是靠本本，而是靠实践，靠实事求是。"[12]"要取信于民，要干出实绩"[13]。"领导者必须多干实事。"[14]邓小平同志以一生的实践证明，他是一位高瞻远瞩的思想家、政治家、战略家，也是一位求实、务实、踏实的实干家。

上个世纪六十年代初期，面对国家困难，邓小平同志提醒各级干部要"实事求是地说明情况"。当时为了推动恢复和发展农业生产，他说："生产关系究竟以什么形式为最好，恐怕要采取这样一种态度，就是哪种形式在哪个地方能够比较容易比较快地恢复和发展农业生产，就采取哪种形式；群众愿意采取哪种形式，就应该采取哪种形式，不合法的使它合法起来。"〔15〕

进入改革开放新时期，邓小平同志更加强调坚持彻底的求真务实精神。他说："我读的书并不多，就是一条，相信毛主席讲的实事求是。过去我们打仗靠这个，现在搞建设、搞改革也靠这个。"〔16〕他强调，要把是否有利于发展社会主义社会的生产力、是否有利于增强社会主义国家的综合国力、是否有利于提高人民的生活水平作为判断一切工作是非得失的标准。正是因为具有这种彻底的求真务实精神，邓小平同志果断从容处理了党和国家面对的一系列重大问题，指导党和人民劈波斩浪开创了党和国家事业新局面。

事实是真理的依据，实干是成就事业的必由之路。这也是"空谈误国，实干兴邦"的真谛。我国革命、建设、改革的历史反复证明，只有制定符合实际的政策措施，采取符合实际的工作方法，党和人民事业才能走上正确轨道，才能取得人民满意的成效。我们要学习邓小平同志善于运用辩证唯物主义和历史唯物主义观察世界、处理问题的思想方法和领导艺术，掌握真实情况，把握客观规律，发扬务实高效、不尚空谈的工作作风，踏踏实实把党的基本理论、基本路线、基本纲领、基本经验、基本要求贯彻落实好。

——我们纪念邓小平同志，就要学习他不断开拓创新的政治勇气。开拓创新，是邓小平同志一生最鲜明的领导风范，也永远是中国共产党人应该具有的历史担当。

综观邓小平同志七十多年的革命生涯，可以清楚地看到，他身上始终洋溢着一种革故鼎新、一往无前的勇气，一种善于创造性思维、善于打开新局面的锐气。

一九七五年，邓小平同志在领导全国大刀阔斧的整顿工作期间，斩钉截铁地说："现在问题相当多，要解决，没有一股劲不行。要敢字当头，横下一条心。"[17]一九七七年复出后，面对长期形成的思想禁锢状况，邓小平同志鲜明提出，不能"书上没有的，文件上没有的，领导人没有讲过的，就不敢多说一句话，多做一件事，一切照抄照搬照转"[18]。他谆谆告诫我们："世界形势日新月异，特别是现代科学技术发展很快。现在的一年抵得上过去古老社会几十年、上百年甚至更长的时间。不以新的思想、观点去继承、发展马克思主义，不是真正的马克思主义者。"[19]"一个党，一个国家，一个民族，如果一切从本本出发，思想僵化，迷信盛行，那它就不能前进，它的生机就停止了，就要亡党亡国。"[20]

邓小平同志强调："改革开放胆子要大一些，敢于试验，不能像小脚女人一样。看准了的，就大胆地试，大胆地闯"，"走不出一条新路，就干不出新的事业"[21]。邓小平同志第一次比较系统地初步回答了在中国这样经济文化比较落后的国家如何建设社会主义、如何巩固和发展社会主义的一系列基本问题，深刻揭示了社会主义的本质，实现了马克思主义同中国实际相结合的又一次历史性飞跃。邓小平同志的南方谈话，从理论上深刻回答了长期困扰和束缚人们思想的许多重大问题，推动改革开放和社会主义现代化建设进入新阶段。正是在邓小平同志倡导和支持下，改革大潮汇聚成时代洪流，使中国人民的面貌、社会主义中国的面貌、中国共产党的面貌发生了历史性变化。

越是伟大的事业，往往越是充满艰难险阻，越是需要开拓创新。中国特色社会主义是前无古人的伟大事业，改革开放和社会主义现代化建设还有很长的路要走。在前进道路上，我们将进行具有许多新的历史特点的伟大斗争。我们要学习邓小平同志敢于开拓创新的政治勇气，细心观察新的实践和新的发展，尊重地方、基层、群众首创精神，果断作出决策，把开拓创新作为一种常态，不断用发展着的马克思主义指导新的实践，又从实践中作出新的理论概括，敢破敢立、敢闯敢试，义无反顾把改革开放不断向前推进。

——我们纪念邓小平同志，就要学习他高瞻远瞩的战略思维。战略思维，是邓小平同志一生最恢宏的革命气度，也永远是中国共产党人应该树立的思维方式。

邓小平同志思想敏锐、目光远大，多谋善断、举要驭繁，总是站在国内大局和国际大局相互联系的高度审视中国和世界的发展，善于从全局上思考问题，善于在关键时刻作出战略决策。进入改革开放新时期，邓小平同志洞察国内外发展大势，作出了一系列事关党和国家事业长远发展、事关社会主义前途命运的重大战略决策。

邓小平同志深刻分析当今时代特征和世界大势，指出："现在的世界是开放的世界"[22]，"总结历史经验，中国长期处于停滞和落后状态的一个重要原因是闭关自守。经验证明，关起门来搞建设是不能成功的，中国的发展离不开世界。"[23]同时，邓小平同志高度珍惜并坚决维护中国人民经过长期奋斗得来的独立自主权利，告诫人们："中国的事情要按照中国的情况来办，要依靠中国人自己的力量来办。独立自主，自力更生，无论过去、现在和将来，都是我们的立足点。""任何外国不要指望中国做他们的附庸，不要指望中国会吞下损害我国利益的苦果。"[24]

邓小平同志高度关注世界和平与发展问题，提出"应当把发展问题提到全人类的高度来认识，要从这个高度去观察问题和解决问题"[25]。他关注广大发展中国家的命运，强调我们搞的是主张和平的社会主义[26]，"中国和所有第三世界国家的命运是共同的。中国永远不会称霸，永远不会欺负别人，永远站在第三世界一边。"[27]他强调，要反对任何形式的霸权主义，维护世界和平。

战略问题是一个政党、一个国家的根本性问题。战略上判断得准确，战略上谋划得科学，战略上赢得主动，党和人民事业就大有希望。我们要学习邓小平同志"放眼世界，放眼未来，也放眼当前，放眼一切方面"[28]的世界眼光和战略思维，学习他善于抓住关键、纲举目张的思想方法和工作方法，站在时代前沿观察思考问题，把党和人民事业放到历史长河和全球视野中来谋划，以小见大、见微知著，在解决突出问题中实现战略突破，在把握战略全局中推进各项工作。

——我们纪念邓小平同志，就要学习他坦荡无私的博大胸襟。坦荡无私，是邓小平同志一生最光辉的人格魅力，也永远是中国共产党人应该锤炼的品质修养。

邓小平同志始终以劳动人民的一员看待自己，始终以共产党员的标准要求自己，不屈不挠面对困难，有情有义对待同志，一以贯之严格自律，自始至终谦虚谨慎，为我们树立了共产党人自觉加强党性修养的光辉典范。

邓小平同志始终把党和国家前途命运放在心中最高的位置，从不计较个人得失。他说："我自从十八岁加入革命队伍，就是想把革命干成功，没有任何别的考虑"[29]。他一生"三落三起"都是因为敢于坚持真理、修正错误，每次被错误批判打倒都豁达乐观、沉着坚韧，对未来充满希望；每次复出重新回到工作岗位都无私无畏、以顽强的意志排除各种干扰，坚定不移推动正确路线方针政策的形成和实践。"文化大革命"结束后，邓小平同志再度出来工作，依然表示："我出来工作，可以有两种态度，一个是做官，一个是做点工作。我想，谁叫你当共产党人呢，既然当了，就不能够做官，不能够有私心杂念，不能够有别的选择。"[30]邓小平同志真正做到了心底无私天地宽。

邓小平同志客观公正对待党的历史、对待同志、对待自己，谦逊随和，平易近人，善于同人合作共事。革命战争年代，他同刘伯承同志共事十三年，形成亲密无间的革命友谊。他善于团结和使用同自己意见不同的人一道工作，从不以个人恩怨待人处事。他说："要抛弃个人恩怨来选择人，反对过自己的人也要用。"[31]邓小平同志一贯反对特权、反对腐败，对亲属和身边工作人员总是严格要求。

邓小平同志功高至伟却从不居功自傲。他多次讲："永远不要过分突出我个人。我所做的事，无非反映了中国人民和中国共产党人的愿望"[32]。他以唯物主义者的精神看待生死问题，对家人说："我哪天去，哪天走，不关紧要。自然规律违背不得，你们要想透这个问题。"[33]他逝世后，按照他的遗愿，把角膜捐献给了医院，遗体供医学解剖，骨灰撒入大海，奉献了自己的一切。

共产党人拥有人格力量，才能无愧于自己的称号，才能赢得人民赞誉。我们要学习邓小平同志公而忘私、无私无畏的博大胸怀，加强党性修养，严于律己、宽以待人，正确对待组织，正确对待同志，正确对待自己，正确对待权力，积极践行社会主义核心价值观，为党和人民事业赤诚奉献，以身作则推动营造风清气正的党风、政风和社会风气。

邓小平同志留给我们的最重要的思想和政治遗产，就是他带领党和人民开创的中国特色社会主义，就是他创立的邓小平理论。马克思说："人们自己创造自己的历史，但是他们并不是随心所欲地创造，并不是在他们自己选定的条件下创造，而是在直接碰到的、既定的、从过去承继下来的条件下创造。"[34]邓小平同志最鲜明的思想和实践特点，就是从实际出发、从世界大势出发、从国情出发，始终坚持我们党一贯倡导的实事求是、群众路线、独立自主。

中国特色社会主义是适合中国国情、符合中国特点、顺应时代发展要求的理论和实践，所以才能取得成功，并将继续取得成功。邓小平同志说："特别是像我们这样第三世界的发展中国家，没有民族自尊心，不珍惜自己民族的独立，国家是立不起来的。"[35]我们的国权，我们的国格，我们的民族自尊心，我们的民族独立，关键是道路、理论、制度的独立。

中华民族创造了具有五千多年悠久历史的辉煌文明，中国人民在中国共产党领导下创造了建设社会主义的辉煌成就，我们应该在这个基础上继续创造。我们自己不足、不好的东西，要努力改革。外国有益、好的东西，我们要虚心学习。但是，不能全盘照搬外国，更不能接受外国不好的东西；不能妄自菲薄，不能数典忘祖。

邓小平同志说过，中华人民共和国的成立，"中国取得了一个资格：人们不敢轻视我们"[36]。所以，新民主主义革命的胜利成果决不能丢失，社会主义革命和建设的成就决不能否定，改革开放和社会主义现代化建设的方向决不能动摇。这是党和人民在当今世界安身立命、风雨前行的资格。中国近代以来的全部历史告诉我们，中国的事情必须按照中国的特点、中国的实际来办，这是解决中国所有问题的正确之道。

邓小平同志离开我们十七年来，国际形势风云变幻，国内改革发展任务艰巨繁重，在以江泽民同志为核心的党的第三代中央领导集体、以胡锦涛同志为总书记的党中央领导下，我们党团结带领全国各族人民，坚持党的十一届三中全会以来的路线方针政策不动摇，推动党和国家各项事业不断取得新的伟大成就。党的十八大以来，党中央团结带领全国各族人民，全面贯彻党的十八大和十八届三中全会精神，高举中国特色社会主义伟大旗帜，坚持以马克思列宁主义、毛泽东思想、邓小平理论、"三个代表"重要思想、科学发展观为指导，统筹国内国际两个大局，全面深化改革，推动经济持续健康发展，全面加强作风建设，努力开创中国特色社会主义事业更加广阔的前景。

邓小平同志为我们擘画的社会主义现代化蓝图正在一步步变成美好现实，我们伟大的祖国正在一天天走向繁荣富强，中华民族正在一步步走向伟大复兴。对此，我们感到无比自豪。

此时此刻，我们必须牢记邓小平同志语重心长说过的这段话："我们搞社会主义才几十年，还处在初级阶段。巩固和发展社会主义制度，还需要一个很长的历史阶段，需要我们几代人、十几代人，甚至几十代人坚持不懈地努力奋斗"；"社会主义的本质，是解放生产力，发展生产力，消灭剥削，消除两极分化，最终达到共同富裕。"〔37〕实现社会主义现代化，实现祖国完全统一，实现中华民族伟大复兴，这是毛泽东同志、邓小平同志等老一辈革命家和千百万革命先辈的深切夙愿，是全体中华儿女的共同心愿。

邓小平同志曾经嘱托全党："从现在起到下世纪中叶，

将是很要紧的时期，我们要埋头苦干。我们肩膀上的担子重，责任大啊！"〔38〕今天，历史的接力棒传到了我们手里，责任重于泰山。全党一定要紧密团结起来，敢于担当、埋头苦干，团结带领全国各族人民，以与时俱进、时不我待的精神不断夺取新胜利，不断完善和发展中国特色社会主义，不断为人类和平与发展的崇高事业作出新的更大的贡献。

我们相信，在二十世纪赢得了伟大历史性胜利的中国共产党和中国人民，必将在二十一世纪赢得更伟大的历史性胜利！

注　释

〔1〕这句话出自邓小平一九二六年一月下旬按照莫斯科中山大学党组织要求撰写的自传（《邓小平年谱》第1卷，中央文献出版社2020年版，第28页）。

〔2〕见邓小平《建设有中国特色的社会主义》（《邓小平文选》第3卷，人民出版社1993年版，第63页）。

〔3〕见邓小平《在武昌、深圳、珠海、上海等地的谈话要点》（《邓小平文选》第3卷，人民出版社1993年版，第382、383页）。

〔4〕见邓小平《用坚定的信念把人民团结起来》（《邓小平文选》第3卷，人民出版社1993年版，第190页）。

〔5〕这段话出自邓小平一九八一年二月十四日为英国培格曼出版公司编辑出版的《邓小平副主席文集》英文版所作的《序言》（《邓小平思想年编（一九七五——一九九七）》，中央文献出版社2011年版，第349页）。

〔6〕见邓小平《致中共中央政治局的信》（《邓小平文选》第3卷，人民

出版社 1993 年版，第 323 页）。

〔7〕见邓小平《贯彻调整方针，保证安定团结》（《邓小平文选》第 2 卷，人民出版社 1994 年版，第 368 页）。

〔8〕见邓小平《政治上发展民主，经济上实行改革》（《邓小平文选》第 3 卷，人民出版社 1993 年版，第 116 页）。

〔9〕这段话出自邓小平一九九二年七月二十三日、二十四日审阅中共十四大报告稿时的谈话（《邓小平年谱》第 5 卷，中央文献出版社 2020 年版，第 648 页）。

〔10〕见邓小平《中国只能走社会主义道路》（《邓小平文选》第 3 卷，人民出版社 1993 年版，第 209 页）。

〔11〕见邓小平《拿事实来说话》（《邓小平文选》第 3 卷，人民出版社 1993 年版，第 155 页）。

〔12〕见邓小平《在武昌、深圳、珠海、上海等地的谈话要点》（《邓小平文选》第 3 卷，人民出版社 1993 年版，第 382 页）。

〔13〕见邓小平《组成一个实行改革的有希望的领导集体》（《邓小平文选》第 3 卷，人民出版社 1993 年版，第 299 页）。

〔14〕见邓小平《把教育工作认真抓起来》（《邓小平文选》第 3 卷，人民出版社 1993 年版，第 121 页）。

〔15〕见邓小平《怎样恢复农业生产》（《邓小平文选》第 1 卷，人民出版社 1994 年版，第 323 页）。

〔16〕见邓小平《在武昌、深圳、珠海、上海等地的谈话要点》（《邓小平文选》第 3 卷，人民出版社 1993 年版，第 382 页）。

〔17〕见邓小平《各方面都要整顿》（《邓小平文选》第 2 卷，人民出版社 1994 年版，第 35 页）。

〔18〕见邓小平《解放思想，实事求是，团结一致向前看》（《邓小平文选》第 2 卷，人民出版社 1994 年版，第 142 页）。

〔19〕见邓小平《结束过去，开辟未来》（《邓小平文选》第 3 卷，人民出版社 1993 年版，第 291—292 页）。

〔20〕见邓小平《解放思想，实事求是，团结一致向前看》（《邓小平文选》第 2 卷，人民出版社 1994 年版，第 143 页）。

〔21〕见邓小平《在武昌、深圳、珠海、上海等地的谈话要点》(《邓小平文选》第3卷，人民出版社1993年版，第372页)。

〔22〕见邓小平《建设有中国特色的社会主义》(《邓小平文选》第3卷，人民出版社1993年版，第64页)。

〔23〕见邓小平《我们的宏伟目标和根本政策》(《邓小平文选》第3卷，人民出版社1993年版，第78页)。

〔24〕见邓小平《中国共产党第十二次全国代表大会开幕词》(《邓小平文选》第3卷，人民出版社1993年版，第3页)。

〔25〕见邓小平《以和平共处五项原则为准则建立国际新秩序》(《邓小平文选》第3卷，人民出版社1993年版，第282页)。

〔26〕参见邓小平《社会主义的中国谁也动摇不了》(《邓小平文选》第3卷，人民出版社1993年版，第328页)。原文是："我们搞的是有中国特色的社会主义，是不断发展社会生产力的社会主义，是主张和平的社会主义。"

〔27〕见邓小平《维护世界和平，搞好国内建设》(《邓小平文选》第3卷，人民出版社1993年版，第56页)。

〔28〕见邓小平《组成一个实行改革的有希望的领导集体》(《邓小平文选》第3卷，人民出版社1993年版，第300页)。

〔29〕见邓小平《发展中日关系要看得远些》(《邓小平文选》第3卷，人民出版社1993年版，第54页)。

〔30〕这段话出自邓小平一九七七年七月二十一日出席中共十届三中全会时的讲话(《邓小平思想年谱(一九七五——一九九七)》，中央文献出版社1998年版，第29—30页)。

〔31〕见邓小平《组成一个实行改革的有希望的领导集体》(《邓小平文选》第3卷，人民出版社1993年版，第300页)。

〔32〕见邓小平《社会主义和市场经济不存在根本矛盾》(《邓小平文选》第3卷，人民出版社1993年版，第151页)。

〔33〕这段话出自邓小平一九九二年七月十二日同弟弟邓垦的谈话(《邓小平年谱》第5卷，中央文献出版社2020年版，第646页)。

〔34〕见马克思《路易·波拿巴的雾月十八日》(《马克思恩格斯选集》第

1 卷，人民出版社 2012 年版，第 669 页）。

〔35〕见邓小平《结束严峻的中美关系要由美国采取主动》（《邓小平文选》第 3 卷，人民出版社 1993 年版，第 331 页）。

〔36〕见邓小平《保持艰苦奋斗的传统》（《邓小平文选》第 3 卷，人民出版社 1993 年版，第 289 页）。

〔37〕见邓小平《在武昌、深圳、珠海、上海等地的谈话要点》（《邓小平文选》第 3 卷，人民出版社 1993 年版，第 379—380、373 页）。

〔38〕见邓小平《在武昌、深圳、珠海、上海等地的谈话要点》（《邓小平文选》第 3 卷，人民出版社 1993 年版，第 383 页）。

坚定对中国特色社会主义政治制度的自信*

（二〇一四年九月五日）

人民民主是中国共产党始终高举的旗帜。在前进道路上，我们要坚定不移走中国特色社会主义政治发展道路，继续推进社会主义民主政治建设、发展社会主义政治文明。

以什么样的思路来谋划和推进中国社会主义民主政治建设，在国家政治生活中具有管根本、管全局、管长远的作用。古今中外，由于政治发展道路选择错误而导致社会动荡、国家分裂、人亡政息的例子比比皆是。中国是一个发展中大国，坚持正确的政治发展道路更是关系根本、关系全局的重大问题。

设计和发展国家政治制度，必须注重历史和现实、理论和实践、形式和内容有机统一。要坚持从国情出发、从实际出发，既要把握长期形成的历史传承，又要把握走过的发展道路、积累的政治经验、形成的政治原则，还要把

---

* 这是习近平同志在庆祝全国人民代表大会成立六十周年大会上讲话的一部分。

握现实要求、着眼解决现实问题，不能割断历史，不能想象突然就搬来一座政治制度上的"飞来峰"。政治制度是用来调节政治关系、建立政治秩序、推动国家发展、维护国家稳定的，不可能脱离特定社会政治条件来抽象评判，不可能千篇一律、归于一尊。在政治制度上，看到别的国家有而我们没有就简单认为有欠缺，要搬过来；或者，看到我们有而别的国家没有就简单认为是多余的，要去除掉。这两种观点都是简单化的、片面的，因而都是不正确的。

"橘生淮南则为橘，生于淮北则为枳"[1]。我们需要借鉴国外政治文明有益成果，但绝不能放弃中国政治制度的根本。中国有九百六十多万平方公里土地、五十六个民族，我们能照谁的模式办？谁又能指手画脚告诉我们该怎么办？对丰富多彩的世界，我们应该秉持兼容并蓄的态度，虚心学习他人的好东西，在独立自主的立场上把他人的好东西加以消化吸收，化成我们自己的好东西，但决不能囫囵吞枣、决不能邯郸学步。照抄照搬他国的政治制度行不通，会水土不服，会画虎不成反类犬，甚至会把国家前途命运葬送掉。只有扎根本国土壤、汲取充沛养分的制度，才最可靠、也最管用。

世界上不存在完全相同的政治制度，也不存在适用于一切国家的政治制度模式。"物之不齐，物之情也。"[2]各国国情不同，每个国家的政治制度都是独特的，都是由这个国家的人民决定的，都是在这个国家历史传承、文化传统、经济社会发展的基础上长期发展、渐进改进、内生性演化的结果。中国特色社会主义政治制度之所以行得通、有生命力、有效率，就是因为它是从中国的社会土壤中生长起来的。中国特色社会主义政治制度过去和现在一直生长在中国的社会土壤之中，未来要继续茁壮成长，也必须深深扎根于中国的社会土壤。

评价一个国家政治制度是不是民主的、有效的，主要看国家领导层能否依法有序更替，全体人民能否依法管理国家事务和社会事务、管理经济和文化事业，人民群众能否畅通表达利益要求，社会各方面能否有效参与国家政治生活，国家决策能否实现科学化、民主化，各方面人才能否通过公平竞争进入国家领导和管理体系，执政党能否依照宪法法律规定实现对国家事务的领导，权力运用能否得到有效制约和监督。

经过长期努力，我们在解决这些重点问题上都取得了决定性进展。我们废除了实际上存在的领导干部职务终身制，普遍实行领导干部任期制度，实现了国家机关和领导层的有序更替。我们不断扩大人民有序政治参与，人民实现了内容广泛、层次丰富的当家作主。我们坚持发展最广泛的爱国统一战线，发展独具特色的社会主义协商民主，有效凝聚了各党派、各团体、各民族、各阶层、各界人士的智慧和力量。我们努力建设了解民情、反映民意、集中民智、珍惜民力的决策机制，增强决策透明度和公众参与度，保证了决策符合人民利益和愿望。我们积极发展广纳群贤、充满活力的选人用人机制，广泛把各方面优秀人才集聚到党和国家各项事业中来。我们坚持依法治国、依法执政、依法行政共同推进，坚持法治国家、法治政府、法治社会一体建设，全社会法治水平不断提高。我们建立健全多层次监督体系，完善各类公开办事制度，保证党和国家领导机关和人员按照法定权限和程序行使权力。

中国实行工人阶级领导的、以工农联盟为基础的人民民主专政的国体，实行人民代表大会制度的政体，实行中国共产党领导的多党合作和政治协商制度，实行民族区域自治制度，实行基层群众自治制度，具有鲜明的中国特色。这样一套制度安排，能够有效保证人民享有更加广泛、更加充实的权利和自由，保证人民广泛参加国家治理和社会治理；能够有效调节国家政治关系，发展充满活力的政党关系、民族关系、宗教关系、阶层关系、海内外同胞关系，增强民族凝聚力，形成安定团结的政治局面；能够集中力量办大事，有效促进社会生产力解放和发展，促进现代化建设各项事业，促进人民生活质量和水平不断提高；能够有效维护国家独立自主，有力维护国家主权、安全、发展利益，维护中国人民和中华民族的福祉。

改革开放三十多年来，中国经济实力、综合国力、人民生活水平不断跨上新台阶，我们不断战胜前进道路上各种世所罕见的艰难险阻，中国各民族长期共同团结奋斗、共同繁荣发展，中国社会长期保持和谐稳定。这些事实充分证明，中国社会主义民主政治具有强大生命力，中国特色社会主义政治发展道路是符合中国国情、保证人民当家作主的正确道路。

一个国家的政治制度决定于这个国家的经济社会基础，同时又反作用于这个国家的经济社会基础，乃至于起到决定性作用。在一个国家的各种制度中，政治制度处于关键环节。所以，坚定中国特色社会主义制度自信，首先要坚定对中国特色社会主义政治制度的自信，增强走中国特色社会主义政治发展道路的信心和决心。

中国特色社会主义民主是个新事物，也是个好事物。当然，这并不是说，中国政治制度就完美无缺了，就不需要完善和发展了。制度自信不是自视清高、自我满足，更不是裹足不前、固步自封，而是要把坚定制度自信和不断改革创新统一起来，在坚持根本政治制度、基本政治制度的基础上，不断推进制度体系完善和发展。我们一直认为，我们的民主法治建设同扩大人民民主和经济社会发展的要求还不完全适应，社会主义民主政治的体制、机制、程序、规范以及具体运行上还存在不完善的地方，在保障人民民主权利、发挥人民创造精神方面也还存在一些不足，必须继续加以完善。在全面深化改革进程中，我们要积极稳妥推进政治体制改革，以保证人民当家作主为根本，以增强党和国家活力、调动人民积极性为目标，不断建设社会主义政治文明。

发展社会主义民主政治，是推进国家治理体系和治理能力现代化的题中应有之义。党的十八届三中全会提出的全面深化改革总目标，是两句话组成的一个整体，即完善和发展中国特色社会主义制度、推进国家治理体系和治理能力现代化。前一句规定了根本方向，我们的方向就是中国特色社会主义道路，而不是其他什么道路。后一句规定了在根本方向指引下完善和发展中国特色社会主义制度的鲜明指向。两句话都讲，才是完整的。

发展社会主义民主政治，关键是要增加和扩大我们的优势和特点，而不是要削弱和缩小我们的优势和特点。我们要坚持发挥党总揽全局、协调各方的领导核心作用，提高党科学执政、民主执政、依法执政水平，保证党领导人民有效治理国家，切实防止出现群龙无首、一盘散沙的现象。我们要坚持国家一切权力属于人民，既保证人民依法实行民主选举，也保证人民依法实行民主决策、民主管理、民主监督，切实防止出现选举时漫天许诺、选举后无人过问的现象。我们要坚持和完善中国共产党领导的多党合作和政治协商制度，加强社会各种力量的合作协调，切实防止出现党争纷沓、相互倾轧的现象。我们要坚持和完善民族区域自治制度，巩固平等团结互助和谐的社会主义民族关系，促进各民族和睦相处、和衷共济、和谐发展，切实防止出现民族隔阂、民族冲突的现象。我们要坚持和完善基层群众自治制度，发展基层民主，保障人民依法直接行使民主权利，切实防止出现人民形式上有权、实际上无权的现象。我们要坚持和完善民主集中制的制度和原则，促使各类国家机关提高能力和效率、增进协调和配合，形成治国理政的强大合力，切实防止出现相互掣肘、内耗严重的现象。

总之，我们要不断推进社会主义民主政治制度化、规范化、程序化，更好发挥中国特色社会主义政治制度的优越性，为党和国家兴旺发达、长治久安提供更加完善的制度保障。

注　释

〔1〕见《晏子春秋·楚王欲辱晏子指盗者为齐人晏子对以橘》。

〔2〕见《孟子·滕文公上》。

推进协商民主
广泛多层制度化发展[*]

（二〇一四年九月二十一日）

社会主义协商民主，是中国社会主义民主政治的特有形式和独特优势，是中国共产党的群众路线在政治领域的重要体现。中共十八大提出，在发展我国社会主义民主政治的进程中，要完善协商民主制度和工作机制，推进协商民主广泛多层制度化发展。中共十八届三中全会强调，在党的领导下，以经济社会发展重大问题和涉及群众切身利益的实际问题为内容，在全社会开展广泛协商，坚持协商于决策之前和决策实施之中。这些重要论述和部署，为中国社会主义协商民主发展指明了方向。

——我们要全面认识社会主义协商民主是中国社会主义民主政治的特有形式和独特优势这一重大判断。中国共产党领导人民实行人民民主，就是保证和支持人民当家作主。保证和支持人民当家作主不是一句口号、不是一句空话，必须落实到国家政治生活和社会生活之中，保证人民

---

* 这是习近平同志在庆祝中国人民政治协商会议成立六十五周年大会上讲话的一部分。

依法有效行使管理国家事务、管理经济和文化事业、管理社会事务的权力。

"名非天造，必从其实。"[1]实现民主的形式是丰富多样的，不能拘泥于刻板的模式，更不能说只有一种放之四海而皆准的评判标准。人民是否享有民主权利，要看人民是否在选举时有投票的权利，也要看人民在日常政治生活中是否有持续参与的权利；要看人民有没有进行民主选举的权利，也要看人民有没有进行民主决策、民主管理、民主监督的权利。社会主义民主不仅需要完整的制度程序，而且需要完整的参与实践。人民当家作主必须具体地、现实地体现到中国共产党执政和国家治理上来，具体地、现实地体现到中国共产党和国家机关各个方面、各个层级的工作上来，具体地、现实地体现到人民对自身利益的实现和发展上来。

实行人民民主，保证人民当家作主，要求我们在治国理政时在人民内部各方面进行广泛商量。毛泽东同志说过："国家各方面的关系都要协商。"[2]"我们政府的性格，你们也都摸熟了，是跟人民商量办事的"，"可以叫它是个商量政府"[3]。周恩来同志说过："新民主主义的议事精神不在于最后的表决，主要是在于事前的协商和反复的讨论。"[4]

在中国社会主义制度下，有事好商量，众人的事情由众人商量，找到全社会意愿和要求的最大公约数，是人民民主的真谛。涉及人民利益的事情，要在人民内部商量好怎么办，不商量或者商量不够，要想把事情办成办好是很难的。我们要坚持有事多商量，遇事多商量，做事多商量，商量得越多越深入越好。涉及全国各族人民利益的事情，要在全体人民和全社会中广泛商量；涉及一个地方人民群众利益的事情，要在这个地方的人民群众中广泛商量；涉及一部分群众利益、特定群众利益的事情，要在这部分群众中广泛商量；涉及基层群众利益的事情，要在基层群众中广泛商量。在人民内部各方面广泛商量的过程，就是发扬民主、集思广益的过程，就是统一思想、凝聚共识的过程，就是科学决策、民主决策的过程，就是实现人民当家作主的过程。这样做起来，国家治理和社会治理才能具有深厚基础，也才能凝聚起强大力量。

古今中外的实践都表明，保证和支持人民当家作主，通过依法选举、让人民的代表来参与国家生活和社会生活的管理是十分重要的，通过选举以外的制度和方式让人民参与国家生活和社会生活的管理也是十分重要的。人民只有投票的权利而没有广泛参与的权利，人民只有在投票时被唤醒、投票后就进入休眠期，这样的民主是形式主义的。

在总结新中国人民民主实践的基础上，我们明确提出，在我们这个人口众多、幅员辽阔的社会主义国家里，关系国计民生的重大问题，在中国共产党领导下进行广泛协商，体现了民主和集中的统一；人民通过选举、投票行使权利和人民内部各方面在重大决策之前进行充分协商，尽可能就共同性问题取得一致意见，是中国社会主义民主的两种重要形式。在中国，这两种民主形式不是相互替代、相互否定的，而是相互补充、相得益彰的，共同构成了中国社会主义民主政治的制度特点和优势。

协商民主是中国社会主义民主政治中独特的、独有的、独到的民主形式，它源自中华民族长期形成的天下为公、兼容并蓄、求同存异等优秀政治文化，源自近代以后中国政治发展的现实进程，源自中国共产党领导人民进行革命、建设、改革的长期实践，源自新中国成立后各党派、各团体、各民族、各阶层、各界人士在政治制度上共同实现的伟大创造，源自改革开放以来中国在政治体制上的不断创新，具有深厚的文化基础、理论基础、实践基础、制度基础。

协商民主深深嵌入了中国社会主义民主政治全过程。中国社会主义协商民主，既坚持了中国共产党的领导，又发挥了各方面的积极作用；既坚持了人民主体地位，又贯彻了民主集中制的领导制度和组织原则；既坚持了人民民主的原则，又贯彻了团结和谐的要求。所以说，中国社会主义协商民主丰富了民主的形式、拓展了民主的渠道、加深了民主的内涵。

——我们要深刻把握社会主义协商民主是中国共产党的群众路线在政治领域的重要体现这一基本定性。中国共产党来自人民、服务人民，这就决定了中国共产党领导人民建立的中华人民共和国必须紧紧依靠人民治国理政、管理社会。中国共产党在自己的工作中实行群众路线，坚持一切为了群众，一切依靠群众，从群众中来，到群众中去，把自己的正确主张变为群众的自觉行动。中华人民共和国宪法规定，国家的一切权力属于人民，一切国家机关和国家工作人员必须依靠人民的支持，经常保持同人民的密切联系，倾听人民的意见和建议，接受人民的监督，努力为人民服务。无论是中国共产党执政，还是国家机关施政，都必须坚持贯彻群众路线，紧紧依靠人民。

"政之所兴在顺民心，政之所废在逆民心。"[5]一个政党，一个政权，其前途命运最终取决于人心向背。中国共产党、中华人民共和国的全部发展历程都告诉我们，中国共产党、中华人民共和国之所以能够取得事业的成功，靠的是始终保持同人民群众的血肉联系、代表最广大人民根本利益。如果脱离群众、失去人民拥护和支持，最终也会走向失败。我们必须把人民利益放在第一位，任何时候任何情况下，与人民群众同呼吸共命运的立场不能变，全心全意为人民服务的宗旨不能忘，坚信群众是真正英雄的历史唯物主义观点不能丢。

全心全意为人民服务，始终代表最广大人民根本利益，是我们能够实行和发展协商民主的重要前提和基础。中国共产党党章规定：中国共产党除了工人阶级和最广大人民群众的利益，没有自己特殊的利益。中国共产党及其领导的国家是代表最广大人民根本利益的，其一切理论和路线方针政策，其一切工作部署和工作安排，都应该来自人民，都应该为人民利益而制定和实施。在这个大政治前提下，我们应该也能够广泛听取人民内部各方面的意见和建议。在中国共产党统一领导下，通过多种形式的协商，广泛听取意见和建议，广泛接受批评和监督，可以广泛达成决策和工作的最大共识，有效克服党派和利益集团为自己的利益相互竞争甚至相互倾轧的弊端；可以广泛畅通各种利益要求和诉求进入决策程序的渠道，有效克服不同政治力量为了维护和争取自己的利益固执己见、排斥异己的弊端；可以广泛形成发现和改正失误和错误的机制，有效克服决策中情况不明、自以为是的弊端；可以广泛形成人民群众参与各层次管理和治理的机制，有效克服人民群众在国家政治生活和社会治理中无法表达、难以参与的弊端；可以广泛凝聚全社会推进改革发展的智慧和力量，有效克服各项政策和工作共识不高、无以落实的弊端。这就是中国社会主义协商民主的独特优势所在。

民主不是装饰品，不是用来做摆设的，而是要用来解决人民要解决的问题的。中国共产党的一切执政活动，中华人民共和国的一切治理活动，都要尊重人民主体地位，尊重人民首创精神，拜人民为师，把政治智慧的增长、治国理政本领的增强深深扎根于人民的创造性实践之中，使各方面提出的真知灼见都能运用于治国理政。

"天视自我民视，天听自我民听。"〔6〕要坚持把实现好、维护好、发展好最广大人民根本利益作为一切工作的出发点和落脚点，我们的重大工作和重大决策必须识民情、接地气。要以人民群众利益为重、以人民群众期盼为念，真诚倾听群众呼声，真实反映群众愿望，真情关心群众疾苦。要坚持工作重心下移，深入实际、深入基层、深入群众，做到知民情、解民忧、纾民怨、暖民心，多干让人民满意的好事实事，充分调动人民群众的积极性、主动性、创造性。

——我们要切实落实推进协商民主广泛多层制度化发展这一战略任务。面向未来，发展好各项事业，巩固国家安定团结的政治局面，促进政党关系、民族关系、宗教关系、阶层关系、海内外同胞关系和谐发展，一个很重要的条件就是必须通过民主集中制的办法，广开言路，博采众谋，动员大家一起来想、一起来干。正所谓"以天下之目视，则无不见也；以天下之耳听，则无不闻也；以天下之心虑，则无不知也"〔7〕。

社会主义协商民主，应该是实实在在的、而不是做样子的，应该是全方位的、而不是局限在某个方面的，应该是全国上上下下都要做的、而不是局限在某一级的。因此，必须构建程序合理、环节完整的社会主义协商民主体系，确保协商民主有制可依、有规可守、有章可循、有序可遵。

协商就要真协商，真协商就要协商于决策之前和决策之中，根据各方面的意见和建议来决定和调整我们的决策和工作，从制度上保障协商成果落地，使我们的决策和工作更好顺乎民意、合乎实际。要通过各种途径、各种渠道、各种方式就改革发展稳定重大问题特别是事关人民群众切身利益的问题进行广泛协商，既尊重多数人的意愿，又照顾少数人的合理要求，广纳群言、广集民智，增进共识、增强合力。要拓宽中国共产党、人民代表大会、人民政府、人民政协、民主党派、人民团体、基层组织、企事业单位、社会组织、各类智库等的协商渠道，深入开展政治协商、立法协商、行政协商、民主协商、社会协商、基层协商等多种协商，建立健全提案、会议、座谈、论证、听证、公示、评估、咨询、网络等多种协商方式，不断提高协商民主的科学性和实效性。

人民群众是社会主义协商民主的重点。涉及人民群众利益的大量决策和工作，主要发生在基层。要按照协商于民、协商为民的要求，大力发展基层协商民主，重点在基层群众中开展协商。凡是涉及群众切身利益的决策都要充分听取群众意见，通过各种方式、在各个层级、各个方面同群众进行协商。要完善基层组织联系群众制度，加强议事协商，做好上情下达、下情上传工作，保证人民依法管理好自己的事务。要推进权力运行公开化、规范化，完善党务公开、政务公开、司法公开和各领域办事公开制度，让人民监督权力，让权力在阳光下运行。

注　　释

〔1〕见明末清初王夫之《思问录·外篇》。

〔2〕见毛泽东《关于政协的性质和任务》（《毛泽东文集》第6卷，人民出版社1999年版，第386页）。

〔3〕见毛泽东《同工商界人士的谈话》（《毛泽东文集》第7卷，人民出版社1999年版，第178页）。

〔4〕见周恩来《关于人民政协的几个问题》（《周恩来统一战线文选》，人民出版社1984年版，第134页）。

〔5〕见《管子·牧民》。

〔6〕见《尚书·泰誓中》。

〔7〕见《管子·九守》。

在创造性转化创新性发展中
延续民族文化血脉 *

（二〇一四年九月二十四日）

今年是孔子诞辰二千五百六十五周年。孔子创立的儒家学说以及在此基础上发展起来的儒家思想，对中华文明产生了深刻影响，是中国传统文化的重要组成部分。儒家思想同中华民族形成和发展过程中所产生的其他思想文化一道，记载了中华民族自古以来在建设家园的奋斗中开展的精神活动、进行的理性思维、创造的文化成果，反映了中华民族的精神追求，是中华民族生生不息、发展壮大的重要滋养。中华文明，不仅对中国发展产生了深刻影响，而且对人类文明进步作出了重大贡献。

中国传统文化，尤其是作为其核心的思想文化的形成和发展，大体经历了中国先秦诸子百家争鸣、两汉经学兴盛、魏晋南北朝玄学流行、隋唐儒释道并立、宋明理学发展等几个历史时期。从这绵延二千多年之久的历史进程中，我们可以看出这样几个特点。一是儒家思想和中国历

* 这是习近平同志在纪念孔子诞辰二千五百六十五周年国际学术研讨会暨国际儒学联合会第五届会员大会开幕会上讲话的一部分。

史上存在的其他学说既对立又统一，既相互竞争又相互借鉴，虽然儒家思想长期居于主导地位，但始终和其他学说处于和而不同的局面之中。二是儒家思想和中国历史上存在的其他学说都是与时迁移、应物变化的，都是顺应中国社会发展和时代前进的要求而不断发展更新的，因而具有长久的生命力。三是儒家思想和中国历史上存在的其他学说都坚持经世致用原则，注重发挥文以化人的教化功能，把对个人、社会的教化同对国家的治理结合起来，达到相辅相成、相互促进的目的。

从历史的角度看，包括儒家思想在内的中国传统思想文化中的优秀成分，对中华文明形成并延续发展几千年而从未中断，对形成和维护中国团结统一的政治局面，对形成和巩固中国多民族和合一体的大家庭，对形成和丰富中华民族精神，对激励中华儿女维护民族独立、反抗外来侵略，对推动中国社会发展进步、促进中国社会利益和社会关系平衡，都发挥了十分重要的作用。

当今世界，人类文明无论在物质还是精神方面都取得了巨大进步，特别是物质的极大丰富是古代世界完全不能想象的。同时，当代人类也面临着许多突出的难题，比如，贫富差距持续扩大，物欲追求奢华无度，个人主义恶性膨胀，社会诚信不断消减，伦理道德每况愈下，人与自然关系日趋紧张，等等。要解决这些难题，不仅需要运用人类今天发现和发展的智慧和力量，而且需要运用人类历史上积累和储存的智慧和力量。

世界上一些有识之士认为，包括儒家思想在内的中国优秀传统文化中蕴藏着解决当代人类面临的难题的重要启示，比如，关于道法自然、天人合一的思想，关于天下为公、大同世界的思想，关于自强不息、厚德载物的思想，关于以民为本、安民富民乐民的思想，关于为政以德、政者正也的思想，关于苟日新日日新又日新、革故鼎新、与时俱进的思想，关于脚踏实地、实事求是的思想，关于经世致用、知行合一、躬行实践的思想，关于集思广益、博施众利、群策群力的思想，关于仁者爱人、以德立人的思想，关于以诚待人、讲信修睦的思想，关于清廉从政、勤勉奉公的思想，关于俭约自守、力戒奢华的思想，关于中和、泰和、求同存异、和而不同、和谐相处的思想，关于安不忘危、存不忘亡、治不忘乱、居安思危的思想，等等。中国优秀传统文化的丰富哲学思想、人文精神、教化思想、道德理念等，可以为人们认识和改造世界提供有益启迪，可以为治国理政提供有益启示，也可以为道德建设提供有益启发。对传统文化中适合于调理社会关系和鼓励人们向上向善的内容，我们要结合时代条件加以继承和发扬，赋予其新的涵义。希望中国和各国学者相互交流、相互切磋，把这个课题研究好，让中国优秀传统文化同世界各国优秀文化一道造福人类。

人类已经有了几千年的文明史，任何一个国家、一个民族都是在承先启后、继往开来中走到今天的，世界是在人类各种文明交流交融中成为今天这个样子的。推进人类各种文明交流交融、互学互鉴，是让世界变得更加美丽、各国人民生活得更加美好的必由之路。

　　正确对待不同国家和民族的文明，正确对待传统文化和现实文化，是我们必须把握好的一个重大课题。我认为，应该注重坚持以下原则。

　　第一，维护世界文明多样性。"物之不齐，物之情也。"[1]和而不同是一切事物发生发展的规律。世界万物万事总是千差万别、异彩纷呈的，如果万物万事都清一色了，事物的发展、世界的进步也就停止了。每一个国家和民族的文明都扎根于本国本民族的土壤之中，都有自己的本色、长处、优点。我们应该维护各国各民族文明多样性，加强相互交流、相互学习、相互借鉴，而不应该相互隔膜、相互排斥、相互取代，这样世界文明之园才能万紫千红、生机盎然。

　　丰富多彩的人类文明都有自己存在的价值。要理性处理本国文明与其他文明的差异，认识到每一个国家和民族的文明都是独特的，坚持求同存异、取长补短，不攻击、不贬损其他文明。不要看到别人的文明与自己的文明有不同，就感到不顺眼，就要千方百计去改造、去同化，甚至企图以自己的文明取而代之。历史反复证明，任何想用强制手段来解决文明差异的做法都不会成功，反而会给世界文明带来灾难。

　　第二，尊重各国各民族文明。文明特别是思想文化是一个国家、一个民族的灵魂。无论哪一个国家、哪一个民族，如果不珍惜自己的思想文化，丢掉了思想文化这个灵魂，这个国家、这个民族是立不起来的。本国本民族要珍惜和维护自己的思想文化，也要承认和尊重别国别民族的思想文化。不同国家、民族的思想文化各有千秋，只有姹紫嫣红之别，而无高低优劣之分。每个国家、每个民族不分强弱、不分大小，其思想文化都应该得到承认和尊重。

强调承认和尊重本国本民族的文明成果，不是要搞自我封闭，更不是要搞唯我独尊、"只此一家，别无分店"。各国各民族都应该虚心学习、积极借鉴别国别民族思想文化的长处和精华，这是增强本国本民族思想文化自尊、自信、自立的重要条件。

第三，正确进行文明学习借鉴。文明因交流而多彩，文明因互鉴而丰富。任何一种文明，不管它产生于哪个国家、哪个民族的社会土壤之中，都是流动的、开放的。这是文明传播和发展的一条重要规律。在长期演化过程中，中华文明从与其他文明的交流中获得了丰富营养，也为人类文明进步作出了重要贡献。丝绸之路的开辟，遣隋遣唐使大批来华，法显[2]、玄奘[3]西行取经，郑和[4]七下远洋，等等，都是中外文明交流互鉴的生动事例。儒学本是中国的学问，但也早已走向世界，成为人类文明的一部分。

"独学而无友，则孤陋而寡闻。"[5]对人类社会创造的各种文明，无论是古代的中华文明、希腊文明、罗马文明、埃及文明、两河文明、印度文明等，还是现在的亚洲文明、非洲文明、欧洲文明、美洲文明、大洋洲文明等，我们都应该采取学习借鉴的态度，都应该积极吸纳其中的有益成分，使人类创造的一切文明中的优秀文化基因与当代文化相适应、与现代社会相协调，把跨越时空、超越国度、富有永恒魅力、具有当代价值的优秀文化精神弘扬起来。进行文明相互学习借鉴，要坚持从本国本民族实际出发，坚持取长补短、择善而从，讲求兼收并蓄，但兼收并蓄不是囫囵吞枣、莫衷一是，而是要去粗取精、去伪存真。

第四，科学对待文化传统。不忘历史才能开辟未来，善于继承才能善于创新。优秀传统文化是一个国家、一个民族传承和发展的根本，如果丢掉了，就割断了精神命脉。我们要善于把弘扬优秀传统文化和发展现实文化有机统一起来，紧密结合起来，在继承中发展，在发展中继承。

传统文化在其形成和发展过程中，不可避免会受到当时人们的认识水平、时代条件、社会制度的局限性的制约和影响，因而也不可避免会存在陈旧过时或已成为糟粕性的东西。这就要求人们在学习、研究、应用传统文化时坚持古为今用、推陈出新，结合新的实践和时代要求进行正确取舍，而不能一股脑儿都拿到今天来照套照用。要坚持古为今用、以古鉴今，坚持有鉴别的对待、有扬弃的继承，而不能搞厚古薄今、以古非今，努力实现传统文化的创造性转化、创新性发展，使之与现实文化相融相通，共同服务以文化人的时代任务。

文以载道，文以化人。当代中国是历史中国的延续和发展，当代中国思想文化也是中国传统思想文化的传承和升华，要认识今天的中国、今天的中国人，就要深入了解中国的文化血脉，准确把握滋养中国人的文化土壤。

　　研究孔子、研究儒学，是认识中国人的民族特性、认识当今中国人精神世界历史来由的一个重要途径。春秋战国时期，儒家和法家、道家、墨家、农家、兵家等各个思想流派相互切磋、相互激荡，形成了百家争鸣的文化大观，丰富了当时中国人的精神世界。虽然后来儒家思想在中国思想文化领域长期取得了主导地位，但中国思想文化依然是多向多元发展的。这些思想文化体现着中华民族世世代代在生产生活中形成和传承的世界观、人生观、价值观、审美观等，其中最核心的内容已经成为中华民族最基本的文化基因。这些最基本的文化基因，是中华民族和中国人民在修齐治平、尊时守位、知常达变、开物成务、建功立业过程中逐渐形成的有别于其他民族的独特标识。

　　中国人民的理想和奋斗，中国人民的价值观和精神世界，是始终深深植根于中国优秀传统文化沃土之中的，同时又是随着历史和时代前进而不断与日俱新、与时俱进的。

　　中国共产党人是马克思主义者，坚持马克思主义的科学学说，坚持和发展中国特色社会主义，但中国共产党人不是历史虚无主义者，也不是文化虚无主义者。我们从来认为，马克思主义基本原理必须同中国具体实际紧密结合起来，应该科学对待民族传统文化，科学对待世界各国文化，用人类创造的一切优秀思想文化成果武装自己。在带领中国人民进行革命、建设、改革的长期历史实践中，中国共产党人始终是中国优秀传统文化的忠实继承者和弘扬者，从孔夫子到孙中山，我们都注意汲取其中积极的养分。中国人民正在为实现"两个一百年"奋斗目标而努力，其中全面建成小康社会中的"小康"这个概念，就出自《礼记·礼运》，是中华民族自古以来追求的理想社会状态。使用"小康"这个概念来确立中国的发展目标，既符合中国发展实际，也容易得到最广大人民理解和支持。

总之，只有坚持从历史走向未来，从延续民族文化血脉中开拓前进，我们才能做好今天的事业。

注　释

〔1〕见《孟子·滕文公上》。

〔2〕法显（约三三七——约四二二），东晋平阳（今山西临汾西南）人。东晋僧人、旅行家、翻译家。中国僧人到天竺（今印度等地）留学求法的先驱。前后游历三十多国、约十四年，带回大量梵文佛经。

〔3〕见本卷《文明因交流而多彩，文明因互鉴而丰富》注〔4〕。

〔4〕见本卷《文明因交流而多彩，文明因互鉴而丰富》注〔3〕。

〔5〕见《礼记·学记》。

构筑各民族共有精神家园[*]

（二○一四年九月二十八日）

民族工作要见物，更要见人。做民族工作，说到底是做人的工作。而人是有思想的，正确行动来源于正确思想，错误行动来源于错误思想。要把党的民族政策贯彻落实好，要把民族地区改革发展稳定工作抓好，没有正确的思想认识不行。

推动民族工作要依靠两种力量，一种是物质力量，一种是精神力量。坦率讲，一个时期以来，我们物质力量的运用强一些，精神力量的运用弱一些。历史和现实都告诉我们，要解决好民族问题，物质方面的问题要解决好，精神方面的问题也要解决好，哪一方面的问题解决不好都会出更多问题。还要认识到，物质力量和精神力量各有各的作用，在很大程度上是不可互相替代的，物质层面的问题要靠增强物质力量来解决，精神层面的问题要靠增强精神力量来解决。经济发展、人民生活水平提高，并不会自然而然带来人们思想认识水平的提高。维护民族团结，反对民族分裂，要重视少数民族和民族地区经济发展，但并不

＊ 这是习近平同志在中央民族工作会议上讲话的一部分。

是靠这一条就够了。应该说，问题的成因主要不在物质方面，而是在精神方面。一把钥匙开一把锁。我们在继续用好发展这把钥匙的同时，必须把思想教育这把钥匙用得更好。

民族领域的思想阵地，同其他思想阵地一样，如果我们不用正确思想去占领，错误思想就会去占领。民族领域的思想政治斗争，是我们同国内外敌对势力在民族问题上斗争的前哨战，这场斗争依然尖锐复杂。我们必须深刻认识民族领域的思想政治斗争的严峻性和复杂性，旗帜鲜明反对各种错误思想观念，增强各族干部群众识别大是大非、抵御国内外敌对势力思想渗透的能力。

加强中华民族大团结，长远和根本的是增强文化认同，建设各民族共有精神家园，积极培养中华民族共同体意识。文化认同是最深层次的认同，是民族团结之根、民族和睦之魂。文化认同问题解决了，对伟大祖国、对中华民族、对中国特色社会主义道路的认同才能巩固。

我们要把建设各民族共有精神家园作为战略任务来抓。中华文化是各民族文化的集大成。我国文化宝库中的诗经、汉赋、唐诗、宋词、元曲、明清小说，既有大量反映少数民族生产生活的作品，也有大量少数民族作者的创造。藏族的《格萨尔》、蒙古族的《江格尔》、柯尔克孜族的《玛纳斯》，并称中国少数民族"三大英雄史诗"。在列入《人类非物质文化遗产代表作名录》的中国项目中，少数民族的占到三分之一。要向各族人民反复讲，各民族都对中华文化的形成和发展作出了贡献，各民族要相互欣赏、相互学习。把汉文化等同于中华文化、忽略少数民族文化，把本民族文化自外于中华文化、对中华文化缺乏认同，都是不对的，都要坚决克服。

小德川流，大德敦化。中华民族为什么几千年能够生生不息、不断发展？很重要的原因是我们有以爱国主义为核心的民族精神，有一脉相承的价值追求。社会主义核心价值观决定着各民族共有精神家园的发展方向，一定要在全社会、在各民族中大力培育和践行。在这个过程中，要注重从少数民族文化中汲取营养。比如，少数民族文化强调崇尚自然、爱惜生灵，热爱生活、勤劳简朴，各族相亲、敬重长者，热情好客、守望相助，讲求道义、勇敢无畏，信守承诺、非义不取，自尊自爱、重情重理，等等。对这样的理念，要加强提炼、阐发、弘扬，为培育和践行社会主义核心价值观提供更多文化养分。

青少年时期是价值观、人生观和祖国观、民族观形成的关键期。教育是渗进血液、透入灵魂的，一定要从小就抓，从幼儿园就抓。要抓好爱国主义教育这一课，把爱我中华的种子埋入每个孩子的心灵深处，让社会主义核心价值观在祖国下一代的心田中生根发芽。各民族都要培养孩子们树立中华民族一员的意识，不要让孩子们只知道自己是哪个民族的人，首先要知道自己是中华民族，这是月亮和星星的关系。这件事一定要大张旗鼓做起来，持之以恒做下去。

在《星光大道》、《中国好歌曲》等电视节目中，少数民族选手的表演，原汁原味原生态，深受观众喜爱。那些认为少数民族文化落后、看不起甚至主张任其消亡的看法是错误的。"胡马依北风，越鸟巢南枝"[1]。不让一个民族认同本民族文化是不对的，认同中华文化和认同本民族文化并育而不相悖。当然，繁荣发展各民族文化，要在增强对中华文化认同的基础上来做，对本民族历史坚持正确的观点，不能本末倒置。少数民族文化块头小，抵抗市场经济冲击的能力弱，一些非物质文化遗产流失严重，不能等到失去才懂得珍惜。讲弘扬和保护各民族传统文化，不是原封不动，更不是连同糟粕全盘保留，而是要去粗取精、推陈出新，努力实现创造性转化和创新性发展。

注　释

〔1〕见《古诗十九首·行行重行行》。

坚持以人民为中心的创作导向[*]

（二〇一四年十月十五日）

　　社会主义文艺，从本质上讲，就是人民的文艺。毛泽东同志在延安文艺座谈会上指出："为什么人的问题，是一个根本的问题，原则的问题。"[1]邓小平同志说："我们的文艺属于人民"，"人民是文艺工作者的母亲"[2]。江泽民同志要求广大文艺工作者"在人民的历史创造中进行艺术的创造，在人民的进步中造就艺术的进步"[3]。胡锦涛同志强调："只有把人民放在心中最高位置，永远同人民在一起，坚持以人民为中心的创作导向，艺术之树才能常青。"[4]

　　人民既是历史的创造者、也是历史的见证者，既是历史的"剧中人"、也是历史的"剧作者"。文艺要反映好人民心声，就要坚持为人民服务、为社会主义服务这个根本方向。这是党对文艺战线提出的一项基本要求，也是决定我国文艺事业前途命运的关键。只有牢固树立马克思主义文艺观，真正做到了以人民为中心，文艺才能发挥最大正能量。以人民为中心，就是要把满足人民精神文化需求

_____

　　* 这是习近平同志在文艺工作座谈会上讲话的一部分。

作为文艺和文艺工作的出发点和落脚点，把人民作为文艺表现的主体，把人民作为文艺审美的鉴赏家和评判者，把为人民服务作为文艺工作者的天职。

第一，人民需要文艺。人民的需求是多方面的。满足人民日益增长的物质需求，必须抓好经济社会建设，增加社会的物质财富。满足人民日益增长的精神文化需求，必须抓好文化建设，增加社会的精神文化财富。物质需求是第一位的，吃上饭是最主要的，所以说"民以食为天"〔5〕。但是，这并不是说人民对精神文化生活的需求就是可有可无的，人类社会与动物界的最大区别就是人是有精神需求的，人民对精神文化生活的需求时时刻刻都存在。

随着人民生活水平不断提高，人民对包括文艺作品在内的文化产品的质量、品位、风格等的要求也更高了。文学、戏剧、电影、电视、音乐、舞蹈、美术、摄影、书法、曲艺、杂技以及民间文艺、群众文艺等各领域都要跟上时代发展、把握人民需求，以充沛的激情、生动的笔触、优美的旋律、感人的形象创作生产出人民喜闻乐见的优秀作品，让人民精神文化生活不断迈上新台阶。

还有，国际社会对中国的关注度越来越高，他们想了解中国，想知道中国人的世界观、人生观、价值观，想知道中国人对自然、对世界、对历史、对未来的看法，想知道中国人的喜怒哀乐，想知道中国历史传承、风俗习惯、民族特性，等等。这些光靠正规的新闻发布、官方介绍是远远不够的，靠外国民众来中国亲自了解、亲身感受是很有限的。而文艺是最好的交流方式，在这方面可以发挥不可替代的作用，一部小说，一篇散文，一首诗，一幅画，一张照片，一部电影，一部电视剧，一曲音乐，都能给外国人了解中国提供一个独特的视角，都能以各自的魅力去吸引人、感染人、打动人。京剧、民乐、书法、国画等都是我国文化瑰宝，都是外国人了解中国的重要途径。文艺工作者要讲好中国故事、传播好中国声音、阐发中国精神、展现中国风貌，让外国民众通过欣赏中国作家艺术家的作品来深化对中国的认识、增进对中国的了解。要向世界宣传推介我国优秀文化艺术，让国外民众在审美过程中感受魅力，加深对中华文化的认识和理解。

第二，文艺需要人民。人民是文艺创作的源头活水，一旦离开人民，文艺就会变成无根的浮萍、无病的呻吟、无魂的躯壳。列宁说："艺术是属于人民的。它必须在广大劳动群众的底层有其最深厚的根基。它必须为这些群众所了解和爱好。它必须结合这些群众的感情、思想和意志，并提高他们。它必须在群众中间唤起艺术家，并使他们得到发展。"〔6〕人民生活中本来就存在着文学艺术原料的矿藏，人民生活是一切文学艺术取之不尽、用之不竭的创作源泉。

人民的需要是文艺存在的根本价值所在。能不能搞出优秀作品，最根本的决定于是否能为人民抒写、为人民抒情、为人民抒怀。一切轰动当时、传之后世的文艺作品，反映的都是时代要求和人民心声。我国久传不息的名篇佳作都充满着对人民命运的悲悯、对人民悲欢的关切，以精湛的艺术彰显了深厚的人民情怀。《古诗源》收集的反映远古狩猎活动的《弹歌》，《诗经》中反映农夫艰辛劳作的《七月》、反映士兵征战生活的《采薇》、反映青年爱情生活的《关雎》，探索宇宙奥秘的《天问》，反映游牧生活的《敕勒歌》，歌颂女性英姿的《木兰诗》等，都是从人民生活中产生的。屈原[7]的"长太息以掩涕兮，哀民生之多艰"，杜甫[8]的"安得广厦千万间，大庇天下寒士俱欢颜"、"朱门酒肉臭，路有冻死骨"，李绅[9]的"谁知盘中餐，粒粒皆辛苦"，郑板桥[10]的"些小吾曹州县吏，一枝一叶总关情"，等等，也都是深刻反映人民心声的作品和佳句。世界上最早的长篇文学作品《吉尔伽美什》史诗，反映了两河流域上古人民探求自然规律和生死奥秘的心境和情感。《荷马史诗》[11]赞美了人民勇敢、正义、无私、勤劳等品质。《神曲》[12]、《十日谈》[13]、《巨人传》[14]等作品的主要内容是反对中世纪的禁欲主义、蒙昧主义，反映人民对精神解放的热切期待。因此，文艺只有植根现实生活、紧跟时代潮流，才能发展繁荣；只有顺应人民意愿、反映人民关切，才能充满活力。

人民不是抽象的符号，而是一个一个具体的人，有血有肉，有情感，有爱恨，有梦想，也有内心的冲突和挣扎。不能以自己的个人感受代替人民的感受，而是要虚心向人民学习、向生活学习，从人民的伟大实践和丰富多彩的生活中汲取营养，不断进行生活和艺术的积累，不断进行美的发现和美的创造。要始终把人民的冷暖、人民的幸福放在心中，把人民的喜怒哀乐倾注在自己的笔端，讴歌奋斗人生，刻画最美人物，坚定人们对美好生活的憧憬和信心。

说到这里，我就想起了一件事情。一九八二年，我到河北正定县去工作前夕，一些熟人来为我送行，其中就有八一厂[15]的作家、编剧王愿坚。他对我说，你到农村去，要像柳青那样，深入到农民群众中去，同农民群众打成一片。柳青为了深入农民生活，一九五二年曾经任陕西长安县县委副书记，后来辞去了县委副书记职务、保留常委职务，并定居在那儿的皇甫村，蹲点十四年，集中精力创作《创业史》。因为他对陕西关中农民生活有深入了解，所以笔下的人物才那样栩栩如生。柳青熟知乡亲们的喜怒哀乐，中央出台一项涉及农村农民的政策，他脑子里立即就能想象出农民群众是高兴还是不高兴。

第三，文艺要热爱人民。有没有感情，对谁有感情，决定着文艺创作的命运。如果不爱人民，那就谈不上为人民创作。鲁迅就对人民充满了热爱，表露他这一心迹最有名的诗句就是"横眉冷对千夫指，俯首甘为孺子牛"[16]。我在河北正定工作时结识的作家贾大山，也是一位热爱人民的作家。他去世后，我写了一篇文章[17]悼念他。他给我印象最深的就是忧国忧民情怀，"处江湖之远则忧其君"[18]。文艺工作者要想有成就，就必须自觉与人民同呼吸、共命运、心连心，欢乐着人民的欢乐，忧患着人民的忧患，做人民的孺子牛。这是唯一正确的道路，也是作家艺术家最大的幸福。

热爱人民不是一句口号，要有深刻的理性认识和具体的实践行动。对人民，要爱得真挚、爱得彻底、爱得持久，就要深深懂得人民是历史创造者的道理，深入群众、深入生活，诚心诚意做人民的小学生。我讲要深入生活，有些同志人是下去了，但只是走马观花、蜻蜓点水，并没有带着心，并没有动真情。要解决好"为了谁、依靠谁、我是谁"这个问题，拆除"心"的围墙，不仅要"身入"，更要"心入"、"情入"。

文艺的一切创新，归根到底都直接或间接来源于人民。"世事洞明皆学问，人情练达即文章。"[19]艺术可以放飞想象的翅膀，但一定要脚踩坚实的大地。文艺创作方法有一百条、一千条，但最根本、最关键、最牢靠的办法是扎根人民、扎根生活。曹雪芹[20]如果没对当时的社会生活做过全景式的观察和显微镜式的剖析，就不可能完成《红楼梦》这种百科全书式巨著的写作。鲁迅如果不熟悉辛亥革命前后底层民众的处境和心情，就不可能塑造出祥林嫂、闰土、阿Q、孔乙己等那些栩栩如生的人物。

关在象牙塔里不会有持久的文艺灵感和创作激情。有一位苏联诗人形容作家坐在屋里挖空心思写不出东西的窘态是"把手指甲都绞出了水来"。我们要走进生活深处，在人民中体悟生活本质、吃透生活底蕴。只有把生活咀嚼透了，完全消化了，才能变成深刻的情节和动人的形象，创作出来的作品才能激荡人心。正所谓"闭门觅句非诗法，只是征行自有诗"[21]。一切创作技巧和手段最终都是为内容服务的，都是为了更鲜明、更独特、更透彻地说人说事说理。背离了这个原则，技巧和手段就毫无价值了，甚至还会产生负面效应。

　　当然，生活中并非到处都是莺歌燕舞、花团锦簇，社会上还有许多不如人意之处、还存在一些丑恶现象。对这些现象不是不要反映，而是要解决好如何反映的问题。古人云，"乐而不淫，哀而不伤"[22]，"发乎情，止乎礼义"[23]。文艺创作如果只是单纯记述现状、原始展示丑恶，而没有对光明的歌颂、对理想的抒发、对道德的引导，就不能鼓舞人民前进。应该用现实主义精神和浪漫主义情怀观照现实生活，用光明驱散黑暗，用美善战胜丑恶，让人们看到美好、看到希望、看到梦想就在前方。

　　一部好的作品，应该是经得起人民评价、专家评价、市场检验的作品，应该是把社会效益放在首位，同时也应该是社会效益和经济效益相统一的作品。在发展社会主义市场经济的条件下，许多文化产品要通过市场实现价值，当然不能完全不考虑经济效益。然而，同社会效益相比，经济效益是第二位的，当两个效益、两种价值发生矛盾时，经济效益要服从社会效益，市场价值要服从社会价值。文艺不能当市场的奴隶，不要沾满了铜臭气。优秀的文艺作品，最好是既能在思想上、艺术上取得成功，又能在市场上受到欢迎。要坚守文艺的审美理想、保持文艺的独立价值，合理设置反映市场接受程度的发行量、收视率、点击率、票房收入等量化指标，既不能忽视和否定这些指标，又不能把这些指标绝对化，被市场牵着鼻子走。

　　有的同志说，天是世界的天，地是中国的地，只有眼睛向着人类最先进的方面注目，同时真诚直面当下中国人的生存现实，我们才能为人类提供中国经验，我们的文艺才能为世界贡献特殊的声响和色彩。说的是有道理的。中华民族五千多年的文明进步，近代以来中国人民争取民族独立、人民解放的浴血斗争，中国共产党领导人民进行的革命、建设、改革的伟大历程，古老中国的深刻变化和十三亿中国人民极为丰富的生产生活，为文艺创作提供了极为肥沃的土壤，值得写的东西太多了。只要我们与人民同在，就一定能从祖国大地母亲那里获得无穷的力量。

注　释

〔1〕见毛泽东《在延安文艺座谈会上的讲话》（《毛泽东选集》第3卷，人民出版社1991年版，第857页）。

〔2〕见邓小平《在中国文学艺术工作者第四次代表大会上的祝词》（《邓小平文选》第2卷，人民出版社1994年版，第209、211页）。

〔3〕见江泽民《发展和繁荣社会主义文艺》（《十四大以来重要文献选编》下册，中央文献出版社2011年版，第224页）。

〔4〕见胡锦涛《在中国文联第九次全国代表大会、中国作协第八次全国代表大会上的讲话》（《十七大以来重要文献选编》下册，中央文献出版社2013年版，第618页）。

〔5〕见东汉班固《汉书·郦食其传》。

〔6〕见克拉拉·蔡特金《回忆列宁》（《列宁论文学与艺术》第2卷，人民文学出版社1960年版，第912页）。

〔7〕屈原（约前三三九——约前二七八），战国时期楚国诗人、政治家。本文引语见屈原《离骚》。

〔8〕杜甫（七一二——七七〇），生于唐代巩县（今河南巩义）。唐代诗人。本文引语分别见杜甫《茅屋为秋风所破歌》和《自京赴奉先县咏怀五百字》。

〔9〕李绅（七七二——八四六），祖籍亳州谯县（今安徽亳州），后迁润

州无锡（今江苏无锡）。唐代诗人。本文引语见李绅《悯农二首（其二）》。

〔10〕见本卷《没有贫困地区的小康就没有全面小康》注〔1〕。

〔11〕《荷马史诗》，是《伊利亚特》和《奥德赛》两部古希腊史诗的总称，相传由荷马所作。

〔12〕《神曲》，是意大利诗人但丁所作的叙事长诗，共分《地狱》、《炼狱》、《天堂》三篇。

〔13〕《十日谈》，是意大利作家薄伽丘所作的短篇小说集。

〔14〕《巨人传》，是法国作家拉伯雷所作的长篇小说。

〔15〕八一厂，即中国人民解放军八一电影制片厂。

〔16〕见鲁迅《自嘲》（《鲁迅全集》第7卷，人民文学出版社2005年版，第151页）。

〔17〕这篇文章指《忆大山》。一九九七年二月贾大山去世，一九九八年时任中共福建省委副书记的习近平在《当代人》杂志第七期发表了这篇纪念文章。

〔18〕见北宋范仲淹《岳阳楼记》。

〔19〕见清代曹雪芹《红楼梦》第五回。

〔20〕曹雪芹，即曹霑（约一七一五——约一七六三），生于清代江宁（今江苏南京）。清代小说家。

〔21〕见南宋杨万里《下横山滩头望金华山》。

〔22〕见《论语·八佾》。

〔23〕见《毛诗序》。

加快建设社会主义法治国家 [*]

（二〇一四年十月二十三日）

坚定不移走中国特色社会主义法治道路

全面推进依法治国，必须走对路。如果路走错了，南辕北辙了，那再提什么要求和举措也都没有意义了。全会通过的《中共中央关于全面推进依法治国若干重大问题的决定》有一条贯穿全篇的红线，这就是坚持和拓展中国特色社会主义法治道路。中国特色社会主义法治道路是一个管总的东西。具体讲我国法治建设的成就，大大小小可以列举出十几条、几十条，但归结起来就是开辟了中国特色社会主义法治道路这一条。

恩格斯说过："一个新的纲领毕竟总是一面公开树立起来的旗帜，而外界就根据它来判断这个党。"[1] 推进任何一项工作，只要我们党旗帜鲜明了，全党都行动起来了，全社会就会跟着走。一个政党执政，最怕的是在重大

---

* 这是习近平同志在中共十八届四中全会第二次全体会议上讲话的一部分。

问题上态度不坚定，结果社会上对有关问题沸沸扬扬、莫衷一是，别有用心的人趁机煽风点火、蛊惑搅和，最终没有不出事的！所以，道路问题不能含糊，必须向全社会释放正确而又明确的信号。

这次全会部署全面推进依法治国，是我们党在治国理政上的自我完善、自我提高，不是在别人压力下做的。在坚持和拓展中国特色社会主义法治道路这个根本问题上，我们要树立自信、保持定力。走中国特色社会主义法治道路是一个重大课题，有许多东西需要深入探索，但基本的东西必须长期坚持。

第一，必须坚持中国共产党的领导。党的领导是中国特色社会主义最本质的特征，是社会主义法治最根本的保证。坚持中国特色社会主义法治道路，最根本的是坚持中国共产党的领导。依法治国是我们党提出来的，把依法治国上升为党领导人民治理国家的基本方略也是我们党提出来的，而且党一直带领人民在实践中推进依法治国。全面推进依法治国，要有利于加强和改善党的领导，有利于巩固党的执政地位、完成党的执政使命，决不是要削弱党的领导。

坚持党的领导，是社会主义法治的根本要求，是全面推进依法治国题中应有之义。要把党的领导贯彻到依法治国全过程和各方面，坚持党的领导、人民当家作主、依法治国有机统一。只有在党的领导下依法治国、厉行法治，人民当家作主才能充分实现，国家和社会生活法治化才能有序推进。

　　坚持党的领导，不是一句空的口号，必须具体体现在党领导立法、保证执法、支持司法、带头守法上。一方面，要坚持党总揽全局、协调各方的领导核心作用，统筹依法治国各领域工作，确保党的主张贯彻到依法治国全过程和各方面。另一方面，要改善党对依法治国的领导，不断提高党领导依法治国的能力和水平。党既要坚持依法治国、依法执政，自觉在宪法法律范围内活动，又要发挥好各级党组织和广大党员、干部在依法治国中的政治核心作用和先锋模范作用。

　　第二，必须坚持人民主体地位。我国社会主义制度保证了人民当家作主的主体地位，也保证了人民在全面推进依法治国中的主体地位。这是我们的制度优势，也是中国特色社会主义法治区别于资本主义法治的根本所在。

　　坚持人民主体地位，必须坚持法治为了人民、依靠人民、造福人民、保护人民。要保证人民在党的领导下，依照法律规定，通过各种途径和形式管理国家事务，管理经济和文化事业，管理社会事务。要把体现人民利益、反映人民愿望、维护人民权益、增进人民福祉落实到依法治国全过程，使法律及其实施充分体现人民意志。

　　人民权益要靠法律保障，法律权威要靠人民维护。要充分调动人民群众投身依法治国实践的积极性和主动性，使全体人民都成为社会主义法治的忠实崇尚者、自觉遵守者、坚定捍卫者，使尊法、信法、守法、用法、护法成为全体人民的共同追求。

　　第三，必须坚持法律面前人人平等。平等是社会主义法律的基本属性，是社会主义法治的基本要求。坚持法律面前人人平等，必须体现在立法、执法、司法、守法各个方面。任何组织和个人都必须尊重宪法法律权威，都必须在宪法法律范围内活动，都必须依照宪法法律行使权力或权利、履行职责或义务，都不得有超越宪法法律的特权。任何人违反宪法法律都要受到追究，绝不允许任何人以任何借口任何形式以言代法、以权压法、徇私枉法。

各级领导干部在推进依法治国方面肩负着重要责任。现在，一些党员、干部仍然存在人治思想和长官意识，认为依法办事条条框框多、束缚手脚，凡事都要自己说了算，根本不知道有法律存在，大搞以言代法、以权压法。这种现象不改变，依法治国就难以真正落实。必须抓住领导干部这个"关键少数"，首先解决好思想观念问题，引导各级干部深刻认识到，维护宪法法律权威就是维护党和人民共同意志的权威，捍卫宪法法律尊严就是捍卫党和人民共同意志的尊严，保证宪法法律实施就是保证党和人民共同意志的实现。

我们必须认认真真讲法治、老老实实抓法治。各级领导干部要对法律怀有敬畏之心，带头依法办事，带头遵守法律，不断提高运用法治思维和法治方式深化改革、推动发展、化解矛盾、维护稳定能力。如果在抓法治建设上喊口号、练虚功、摆花架，只是叶公好龙，并不真抓实干，短时间内可能看不出什么大的危害，一旦问题到了积重难返的地步，后果就是灾难性的。对各级领导干部，不管什么人，不管涉及谁，只要违反法律就要依法追究责任，绝不允许出现执法和司法的"空挡"。要把法治建设成效作为衡量各级领导班子和领导干部工作实绩重要内容，把能不能遵守法律、依法办事作为考察干部重要依据。

第四，必须坚持依法治国和以德治国相结合。法律是成文的道德，道德是内心的法律，法律和道德都具有规范社会行为、维护社会秩序的作用。治理国家、治理社会必须一手抓法治、一手抓德治，既重视发挥法律的规范作用，又重视发挥道德的教化作用，实现法律和道德相辅相成、法治和德治相得益彰。

发挥好法律的规范作用，必须以法治体现道德理念、强化法律对道德建设的促进作用。一方面，道德是法律的基础，只有那些合乎道德、具有深厚道德基础的法律才能为更多人所自觉遵行。另一方面，法律是道德的保障，可以通过强制性规范人们行为、惩罚违法行为来引领道德风尚。要注意把一些基本道德规范转化为法律规范，使法律法规更多体现道德理念和人文关怀，通过法律的强制力来强化道德作用、确保道德底线，推动全社会道德素质提升。

发挥好道德的教化作用，必须以道德滋养法治精神、强化道德对法治文化的支撑作用。再多再好的法律，必须转化为人们内心自觉才能真正为人们所遵行。"不知耻者，无所不为。"[2]没有道德滋养，法治文化就缺乏源头活水，法律实施就缺乏坚实社会基础。在推进依法治国过程中，必须大力弘扬社会主义核心价值观，弘扬中华传统美德，培育社会公德、职业道德、家庭美德、个人品德，提高全民族思想道德水平，为依法治国创造良好人文环境。

第五，必须坚持从中国实际出发。走什么样的法治道路、建设什么样的法治体系，是由一个国家的基本国情决定的。"为国也，观俗立法则治，察国事本则宜。不观时俗，不察国本，则其法立而民乱，事剧而功寡。"〔3〕全面推进依法治国，必须从我国实际出发，同推进国家治理体系和治理能力现代化相适应，既不能罔顾国情、超越阶段，也不能因循守旧、墨守成规。

坚持从实际出发，就是要突出中国特色、实践特色、时代特色。要总结和运用党领导人民实行法治的成功经验，围绕社会主义法治建设重大理论和实践问题，不断丰富和发展符合中国实际、具有中国特色、体现社会发展规律的社会主义法治理论，为依法治国提供理论指导和学理支撑。我们的先人们早就开始探索如何驾驭人类自身这个重大课题，春秋战国时期就有了自成体系的成文法典，汉唐时期形成了比较完备的法典。我国古代法制蕴含着十分丰富的智慧和资源，中华法系在世界几大法系中独树一帜。要注意研究我国古代法制传统和成败得失，挖掘和传承中华法律文化精华，汲取营养、择善而用。

坚持从我国实际出发，不等于关起门来搞法治。法治是人类文明的重要成果之一，法治的精髓和要旨对于各国国家治理和社会治理具有普遍意义，我们要学习借鉴世界上优秀的法治文明成果。但是，学习借鉴不等于是简单的拿来主义，必须坚持以我为主、为我所用，认真鉴别、合理吸收，不能搞"全盘西化"，不能搞"全面移植"，不能照搬照抄。

扎扎实实把全会提出的各项任务落到实处

这次全会对全面推进依法治国作出了全面部署，提出的重大举措有一百八十多项，涵盖了依法治国各个方面。全党要以只争朝夕的精神和善作善成的作风，扎扎实实把全会提出的各项任务落到实处。

第一，紧紧围绕全面推进依法治国总目标，加快建设中国特色社会主义法治体系。全面推进依法治国总目标是建设中国特色社会主义法治体系，建设社会主义法治国家。这是贯穿决定全篇的一条主线，既明确了全面推进依法治国的性质和方向，又突出了全面推进依法治国的工作重点和总抓手，对全面推进依法治国具有纲举目张的意义。

依法治国各项工作都要围绕全面推进总目标来部署、来展开。法治体系是国家治理体系的骨干工程。落实全会部署，必须加快形成完备的法律规范体系、高效的法治实施体系、严密的法治监督体系、有力的法治保障体系，形成完善的党内法规体系。

"立善法于天下，则天下治；立善法于一国，则一国治。"[4]要坚持立法先行，坚持立改废释并举，加快完善法律、行政法规、地方性法规体系，完善包括市民公约、乡规民约、行业规章、团体章程在内的社会规范体系，为全面推进依法治国提供基本遵循。要加快建设包括宪法实施和执法、司法、守法等方面的体制机制，坚持依法行政和公正司法，确保宪法法律全面有效实施。要加强党内监督、人大监督、民主监督、行政监督、司法监督、审计监督、社会监督、舆论监督，努力形成科学有效的权力运行和监督体系，增强监督合力和实效。

要完善党内法规制定体制机制，注重党内法规同国家法律的衔接和协调，构建以党章为根本、若干配套党内法规为支撑的党内法规制度体系，提高党内法规执行力。党章等党规对党员的要求比法律要求更高，党员不仅要严格遵守法律法规，而且要严格遵守党章等党规，对自己提出更高要求。

第二，准确把握全面推进依法治国工作布局，坚持依法治国、依法执政、依法行政共同推进，坚持法治国家、法治政府、法治社会一体建设。全面推进依法治国是一项庞大的系统工程，必须统筹兼顾、把握重点、整体谋划，在共同推进上着力，在一体建设上用劲。

"天下之事，不难于立法，而难于法之必行。"[5]依法治国是我国宪法确定的治理国家的基本方略，而能不能做到依法治国，关键在于党能不能坚持依法执政，各级政府能不能依法行政。我们要增强依法执政意识，坚持以法治的理念、法治的体制、法治的程序开展工作，改进党的领导方式和执政方式，推进依法执政制度化、规范化、程序化。执法是行政机关履行政府职能、管理经济社会事务的主要方式，各级政府必须依法全面履行职能，坚持法定职责必须为、法无授权不可为，健全依法决策机制，完善执法程序，严格执法责任，做到严格规范公正文明执法。

法治国家、法治政府、法治社会三者各有侧重、相辅相成。全面推进依法治国需要全社会共同参与，需要全社会法治观念增强，必须在全社会弘扬社会主义法治精神，建设社会主义法治文化。要在全社会树立法律权威，使人民认识到法律既是保障自身权利的有力武器，也是必须遵守的行为规范，培育社会成员办事依法、遇事找法、解决问题靠法的良好环境，自觉抵制违法行为，自觉维护法治权威。

第三，准确把握全面推进依法治国重点任务，着力推进科学立法、严格执法、公正司法、全民守法。全面推进依法治国，必须从目前法治工作基本格局出发，突出重点任务，扎实有序推进。

推进科学立法，关键是完善立法体制，深入推进科学立法、民主立法，抓住提高立法质量这个关键。要优化立法职权配置，发挥人大及其常委会在立法工作中的主导作用，健全立法起草、论证、协调、审议机制，完善法律草案表决程序，增强法律法规的及时性、系统性、针对性、有效性，提高法律法规的可执行性、可操作性。要明确立法权力边界，从体制机制和工作程序上有效防止部门利益和地方保护主义法律化。要加强重点领域立法，及时反映党和国家事业发展要求、人民群众关切期待，对涉及全面深化改革、推动经济发展、完善社会治理、保障人民生活、维护国家安全的法律抓紧制订、及时修改。

推进严格执法，重点是解决执法不规范、不严格、不透明、不文明以及不作为、乱作为等突出问题。要以建设法治政府为目标，建立行政机关内部重大决策合法性审查机制，积极推行政府法律顾问制度，推进机构、职能、权限、程序、责任法定化，推进各级政府事权规范化、法律化。要全面推进政务公开，强化对行政权力的制约和监督，建立权责统一、权威高效的依法行政体制。要严格执法资质、完善执法程序，建立健全行政裁量权基准制度，确保法律公正、有效实施。

推进公正司法，要以优化司法职权配置为重点，健全司法权力分工负责、相互配合、相互制约的制度安排。各级党组织和领导干部都要旗帜鲜明支持司法机关依法独立行使职权，绝不容许利用职权干预司法。"举直错诸枉，则民服；举枉错诸直，则民不服。"[6]司法人员要刚正不阿，勇于担当，敢于依法排除来自司法机关内部和外部的干扰，坚守公正司法的底线。要坚持以公开促公正、树公信，构建开放、动态、透明、便民的阳光司法机制，杜绝暗箱操作，坚决遏制司法腐败。

推进全民守法，必须着力增强全民法治观念。要坚持把全民普法和守法作为依法治国的长期基础性工作，采取有力措施加强法治宣传教育。要坚持法治教育从娃娃抓起，把法治教育纳入国民教育体系和精神文明创建内容，由易到难、循序渐进不断增强青少年的规则意识。要健全公民和组织守法信用记录，完善守法诚信褒奖机制和违法失信行为惩戒机制，形成守法光荣、违法可耻的社会氛围，使尊法守法成为全体人民共同追求和自觉行动。

第四，着力加强法治工作队伍建设。全面推进依法治国，建设一支德才兼备的高素质法治队伍至关重要。我国专门的法治队伍主要包括在人大和政府从事立法工作的人员，在行政机关从事执法工作的人员，在司法机关从事司法工作的人员。全面推进依法治国，首先要把这几支队伍建设好。

立法、执法、司法这三支队伍既有共性又有个性，都十分重要。立法是为国家定规矩、为社会定方圆的神圣工作，立法人员必须具有很高的思想政治素质，具备遵循规律、发扬民主、加强协调、凝聚共识的能力。执法是把纸面上的法律变为现实生活中活的法律的关键环节，执法人员必须忠于法律、捍卫法律，严格执法、敢于担当。司法是社会公平正义的最后一道防线，司法人员必须信仰法律、坚守法治，端稳天平、握牢法槌，铁面无私、秉公司法。要按照政治过硬、业务过硬、责任过硬、纪律过硬、作风过硬的要求，教育和引导立法、执法、司法工作者牢固树立社会主义法治理念，恪守职业道德，做到忠于党、忠于国家、忠于人民、忠于法律。

律师队伍是依法治国的一支重要力量，要大力加强律师队伍思想政治建设，把拥护中国共产党领导、拥护社会主义法治作为律师从业的基本要求。

第五，坚定不移推进法治领域改革，坚决破除束缚全面推进依法治国的体制机制障碍。解决法治领域的突出问题，根本途径在于改革。如果完全停留在旧的体制机制框架内，用老办法应对新情况新问题，或者用零敲碎打的方式来修修补补，是解决不了大问题的。在决定起草时我就说过，如果做了一个不痛不痒的决定，那还不如不做。全会决定必须直面问题、聚焦问题，针对法治领域广大干部群众反映强烈的问题，回应社会各方面关切。

这次全会研究和部署全面推进依法治国，虽然不像三中全会那样涉及方方面面，但也不可避免涉及改革发展稳定、内政外交国防、治党治国治军等各个领域，涉及面、覆盖面都不小。这次全会提出了一百八十多项重要改革举措，许多都是涉及利益关系和权力格局调整的"硬骨头"。凡是这次写进决定的改革举措，都是我们看准了的事情，都是必须改的。这就需要我们拿出自我革新的勇气，一个一个问题解决，一项一项抓好落实。

法治领域改革涉及的主要是公检法司等国家政权机关和强力部门，社会关注度高，改革难度大，更需要自我革新的胸襟。如果心中只有自己的"一亩三分地"，拘泥于部门权限和利益，甚至在一些具体问题上讨价还价，必然是磕磕绊绊、难有作为。改革哪有不触动现有职能、权限、利益的？需要触动的就要敢于触动，各方面都要服从大局。各部门各方面一定要增强大局意识，自觉在大局下思考、在大局下行动，跳出部门框框，做到相互支持、相互配合。要把解决了多少实际问题、人民群众对问题解决的满意度作为评价改革成效的标准。只要有利于提高党的执政能力、巩固党的执政地位，有利于维护宪法和法律的权威，有利于维护人民权益、维护公平正义、维护国家安全稳定，不管遇到什么阻力和干扰，都要坚定不移向前推进，决不能避重就轻、拣易怕难、互相推诿、久拖不决。

法治领域改革有一个特点，就是很多问题都涉及法律规定。改革要于法有据，但也不能因为现行法律规定就不敢越雷池一步，那是无法推进改革的，正所谓"苟利于民不必法古，苟周于事不必循旧"〔7〕。需要推进的改革，将来可以先修改法律规定再推进。对涉及改革的事项，中央全面深化改革领导小组要认真研究和督办。

同志们，全面推进依法治国是一个系统工程，是国家治理领域一场广泛而深刻的革命，必须加强党对法治工作的组织领导。各级党委要健全党领导依法治国的制度和工作机制，履行对本地区本部门法治工作的领导责任，找准工作着力点，抓紧制定贯彻落实全会精神的具体意见和实施方案。要把全面推进依法治国的工作重点放在基层，发挥基层党组织在全面推进依法治国中的战斗堡垒作用，加强基层法治机构和法治队伍建设，教育引导基层广大党员、干部增强法治观念、提高依法办事能力，努力把全会提出的各项工作和举措落实到基层。

注　　释

〔1〕见恩格斯《给奥·倍倍尔的信》（《马克思恩格斯选集》第 3 卷，人民

出版社 2012 年版，第 350 页）。

〔2〕见北宋欧阳修《魏公卿上尊号表跋》。

〔3〕见《商君书·算地》。

〔4〕见北宋王安石《周公》。

〔5〕见明代张居正《请稽查章奏随事考成以修实政疏》。

〔6〕见《论语·为政》。

〔7〕见《淮南子·氾论训》。

充分发挥政治工作对
强军兴军的生命线作用 *

（二〇一四年十月三十一日）

当前，国内外形势发生深刻复杂变化，面对意识形态领域尖锐复杂的斗争特别是"颜色革命"的现实危险，面对艰巨繁重的军事斗争准备任务，面对深化国防和军队改革这场考试，我军政治工作只能加强不能削弱，只能前进不能停滞，只能积极作为不能被动应对。

党的方向就是我军政治工作的方向，党和军队新形势下的中心任务决定我军政治工作的任务。军队政治工作的时代主题是，紧紧围绕实现中华民族伟大复兴的中国梦，为实现党在新形势下的强军目标提供坚强政治保证。全军必须坚持以马克思列宁主义、毛泽东思想、邓小平理论、"三个代表"重要思想、科学发展观为指导，贯彻党中央关于全面推进依法治国和从严治党的部署要求，贯彻依法治军、从严治军方针，紧紧围绕我军政治工作的时代主题，加强和改进新形势下我军政治工作，充分发挥政治工

---

* 这是习近平同志在福建上杭古田镇召开的全军政治工作会议上讲话的一部分。

作对强军兴军的生命线作用。

"秉纲而目自张，执本而末自从。"[1]当前，最紧要的是把四个带根本性的东西立起来。

一是要把理想信念在全军牢固立起来。"为将之道，当先治心。"[2]崇高的理想、坚定的信念，是革命军人的灵魂，是克敌制胜、拒腐防变的决定性因素。要把坚定官兵理想信念作为固本培元、凝魂聚气的战略工程，采取有力措施，抓紧抓实抓出成效。

立理想信念的过程是立人的过程。要适应强军目标要求，把握新形势下铸魂育人的特点和规律，着力培养有灵魂、有本事、有血性、有品德的新一代革命军人。有灵魂就是要信念坚定、听党指挥，有本事就是要素质过硬、能打胜仗，有血性就是要英勇顽强、不怕牺牲，有品德就是要情趣高尚、品行端正。要加强党的科学理论武装，弘扬和践行社会主义核心价值观，持续培育当代革命军人核心价值观，提振当代革命军人精气神，把理想信念的火种、红色传统的基因一代代传下去。

我一直认为，抓理想信念，最关键的是要抓好高级干部。我们面临的很大的一个问题是基层官兵对一些领导干部特别是高级干部产生了不信任感。从一定意义上讲，信仰危机折射的是信任危机，根子在上面。官兵信不信，很重要的是看领导干部信不信、做得怎么样。我们在座这些同志肩上的责任重啊！全军官兵都看着我们。我们在座的人真正信仰马克思主义，真正爱党爱国爱人民爱军队，在大是大非面前旗帜鲜明，在风浪考验面前无所畏惧，在各种诱惑面前立场坚定，知行合一、笃志躬行、勇于担当、率先垂范，全军理想信念教育就会大有成效。

二是要把党性原则在全军牢固立起来。坚持党性原则是共产党人的根本政治品格，是政治工作的根本要求。政治工作必须坚持党的原则第一、党的事业第一、人民利益第一，在党言党、在党忧党、在党为党，把爱党、忧党、兴党、护党落实到工作各个环节。

批评和自我批评是坚持党性原则、解决党内矛盾和问题的有力武器。这次党的群众路线教育实践活动的一个重要成果就是恢复和发扬了批评和自我批评的优良传统。都不敢批评，都不愿自我批评，问题就会越积越多，矛盾就会越拖越深，最后病入膏肓就成了不治之症。要把好的做法固化下来，开展积极健康的思想斗争，推动形成是非功过分明、团结向上的风气，增强党内生活的政治性、原则性、战斗性，坚决反对好人主义和庸俗化倾向。

"令行禁止，王者之师。"[3]"明制度于前，重威刑于后。"[4]坚持党性原则，关键是立规矩、讲规矩、守规矩。哪些事能做、哪些事不能做，哪些事该这样做、哪些事该那样做，都要规定得明明白白。要提高制度执行力，让制度、纪律成为带电的"高压线"，使查处违纪违法问题制度化、经常化，使党员、干部心有所畏、言有所戒、行有所止。

我在党的十八届四中全会上专门强调要遵守政治纪律和政治规矩，并列举了七种主要问题表现。军队守纪律首要的是遵守政治纪律，守规矩首要的是遵守政治规矩，并且标准要更高、要求要更严。任何人不得越过政治纪律、政治规矩的红线，越过了就是大忌，就要付出代价。

立党性原则是每个党员、干部的责任。领导干部要坚持真理、坚持原则，敢于同形形色色违反党性原则的人和事作斗争。各级要支持和保护那些敢讲真话、敢于同不良现象作斗争的党员、干部，让潜规则失灵，营造风清气正的政治生态。

三是要把战斗力标准在全军牢固立起来。我军根本职能是打仗，战斗力标准是军队建设唯一的根本的标准。政治工作必须保障战斗力标准在军队建设各个领域、各项工作中贯彻落实。要聚焦能打仗、打胜仗，健全完善党委工作和领导干部考核评价体系，形成有利于提高战斗力的舆论导向、工作导向、用人导向、政策导向，以刚性措施推动战斗力标准硬起来、实起来。

对我军来说，政治工作本身对战斗力形成和发挥起着十分重要的作用。那种把战斗力标准等同于军事标准，把战斗力建设同政治工作分割开来、对立起来的观点是错误的。政治工作，要强化围绕中心、服务大局的意识，走出自我设计、自我循环、自我检验的怪圈，按照打赢信息化局部战争要求，探索政治工作服务保证战斗力建设的作用机理，把政治工作贯穿到战斗力建设各个环节，融入到军事斗争准备全过程。要紧跟深化改革进程，有针对性地做好思想政治工作，引导官兵坚定信念、强化责任、听令而行，坚决拥护改革、积极支持改革、自觉投身改革，确保改革任务顺利推进。

四是要把政治工作威信在全军牢固立起来。实事求是地说，由于存在的种种问题，我军政治工作的威信受到了伤害，有的伤得还不轻，正所谓"为威不强还自亡，立法不明还自伤"[5]。现在，紧迫的任务是要把政治工作的威信树立起来，回到言行一致、以身作则、以上率下等这样一些基本原则上来。

过去，我们做政治工作主要靠模范带头，红军时期政治工作是党代表做的，党代表威信很高。罗荣桓同志曾经回忆说：在行军的时候，"党代表走在后边，替士兵背枪和士兵共甘苦。士兵对党代表是很拥护的。如果下个命令，没有党代表的署名，士兵对这个命令就要怀疑的。"[6]政治干部的表率作用本身就是最好的政治工作，这就叫行胜于言！

现在，形势发展变化了，做政治工作方法手段多了，但模范带头并没有过时。官兵不是看你怎么说，而是看你怎么做。树立政治工作威信就从模范带头抓起，从领导带头抓起，通过总结好典型、激浊扬清，善用好干部、惩处败类，引导各级干部特别是政治干部把真理力量和人格力量统一起来，坚持求真务实，坚持公道正派。在这方面，军委要为全军带好头。

注　　释

〔1〕见魏晋时期傅玄《傅子·补遗上》，又一说魏晋时期杨泉《物理论》。

〔2〕见北宋苏洵《心术》。

〔3〕见西汉刘向《说苑·指武》。

〔4〕见《尉缭子·重刑令》。

〔5〕见西汉陆贾《新语·至德》。

〔6〕见罗荣桓《古田会议和我军的政治工作》(《罗荣桓军事文选》，解放军出版社 1997 年版，第 551 页)。

中国必须有自己特色的大国外交[*]

（二〇一四年十一月二十八日）

要高举和平、发展、合作、共赢的旗帜，统筹国内国际两个大局，统筹发展安全两件大事，牢牢把握坚持和平发展、促进民族复兴这条主线，维护国家主权、安全、发展利益，为和平发展营造更加有利的国际环境，维护和延长我国发展的重要战略机遇期，为实现"两个一百年"奋斗目标、实现中华民族伟大复兴的中国梦提供有力保障。

党的十八大以来，党中央统筹国内国际两个大局，在保持外交大政方针连续性和稳定性的基础上，主动谋划，努力进取，对外工作取得显著成绩。我们着眼于新形势新任务，积极推动对外工作理论和实践创新，注重阐述中国梦的世界意义，丰富和平发展战略思想，强调建立以合作共赢为核心的新型国际关系，提出和贯彻正确义利观，倡导共同、综合、合作、可持续的安全观，推动构建新型大国关系，提出和践行亲诚惠容的周边外交理念、真实亲诚的对非工作方针。这些成绩的取得，同对外工作战线特别

是驻外同志们的辛勤工作是分不开的。

认识世界发展大势，跟上时代潮流，是一个极为重要并且常做常新的课题。中国要发展，必须顺应世界发展潮流。要树立世界眼光、把握时代脉搏，要把当今世界的风云变幻看准、看清、看透，从林林总总的表象中发现本质，尤其要认清长远趋势。要充分估计国际格局发展演变的复杂性，更要看到世界多极化向前推进的态势不会改变。要充分估计世界经济调整的曲折性，更要看到经济全球化进程不会改变。要充分估计国际矛盾和斗争的尖锐性，更要看到和平与发展的时代主题不会改变。要充分估计国际秩序之争的长期性，更要看到国际体系变革方向不会改变。要充分估计我国周边环境中的不确定性，更要看到亚太地区总体繁荣稳定的态势不会改变。

当今世界是一个变革的世界，是一个新机遇新挑战层出不穷的世界，是一个国际体系和国际秩序深度调整的世界，是一个国际力量对比深刻变化并朝着有利于和平与发展方向变化的世界。我们看世界，不能被乱花迷眼，也不能被浮云遮眼，而要端起历史规律的望远镜去细心观望。综合判断，我国发展仍然处于可以大有作为的重要战略机遇期。我们最大的机遇就是自身不断发展壮大，同时也要重视各种风险和挑战，善于化危为机、转危为安。

我国已经进入了实现中华民族伟大复兴的关键阶段。中国与世界的关系在发生深刻变化，我国同国际社会的互联互动也已变得空前紧密，我国对世界的依靠、对国际事务的参与在不断加深，世界对我国的依靠、对我国的影响也在不断加深。我们观察和规划改革发展，必须统筹考虑和综合运用国际国内两个市场、国际国内两种资源、国际国内两类规则。

中国必须有自己特色的大国外交。我们要在总结实践经验的基础上，丰富和发展对外工作理念，使我国对外工作有鲜明的中国特色、中国风格、中国气派。要坚持中国共产党领导和中国特色社会主义，坚持我国的发展道路、社会制度、文化传统、价值观念。要坚持独立自主的和平外交方针，坚持把国家和民族发展放在自己力量的基点上，坚定不移走自己的路，走和平发展道路，同时决不能放弃我们的正当权益，决不能牺牲国家核心利益。要坚持国际关系民主化，坚持和平共处五项原则[1]，坚持国家不分大小、强弱、贫富都是国际社会平等成员，坚持世界的命运必须由各国人民共同掌握，维护国际公平正义，特别是要为广大发展中国家说话。

我们要坚持合作共赢，推动建立以合作共赢为核心的新型国际关系，坚持互利共赢的开放战略，把合作共赢理念体现到政治、经济、安全、文化等对外合作的方方面面。要坚持正确义利观，做到义利兼顾，要讲信义、重情义、扬正义、树道义。要坚持不干涉别国内政原则，坚持尊重各国人民自主选择的发展道路和社会制度，坚持通过对话协商以和平方式解决国家间的分歧和争端，反对动辄诉诸武力或以武力相威胁。

当前和今后一个时期，我国对外工作要贯彻落实总体国家安全观，增强全国人民对中国特色社会主义的道路自信、理论自信、制度自信，维护国家长治久安。要争取世界各国对中国梦的理解和支持，中国梦是和平、发展、合作、共赢的梦，我们追求的是中国人民的福祉，也是各国人民共同的福祉。要坚决维护领土主权和海洋权益，维护国家统一，妥善处理好领土岛屿争端问题。要维护发展机遇和发展空间，通过广泛开展经贸技术互利合作，努力形成深度交融的互利合作网络。要在坚持不结盟原则的前提下广交朋友，形成遍布全球的伙伴关系网络。要提升我国软实力，讲好中国故事，做好对外宣传。

要切实抓好周边外交工作，打造周边命运共同体，秉持亲诚惠容的周边外交理念，坚持与邻为善、以邻为伴，坚持睦邻、安邻、富邻，深化同周边国家的互利合作和互联互通。要切实运筹好大国关系，构建健康稳定的大国关系框架，扩大同发展中大国的合作。要切实加强同发展中国家的团结合作，把我国发展与广大发展中国家共同发展紧密联系起来。要切实推进多边外交，推动国际体系和全球治理改革，增加我国和广大发展中国家的代表性和话语权。要切实加强务实合作，积极推进"一带一路"建设，努力寻求同各方利益的汇合点，通过务实合作促进合作共赢。要切实落实好正确义利观，做好对外援助工作，真正做到弘义融利。要切实维护我国海外利益，不断提高保障能力和水平，加强保护力度。

全面推进新形势下的对外工作，必须加强党的集中统一领导，改革完善对外工作体制机制，强化对各领域各部门各地方对外工作的统筹协调，加大战略投入，规范外事管理，加强外事干部队伍建设，为开创对外工作新局面提供坚强保障。

注　　释

〔1〕见本卷《坚持和运用好毛泽东思想活的灵魂》注〔8〕。

对首个国家宪法日作出的指示

（二〇一四年十二月三日）

宪法是国家的根本法，是治国安邦的总章程，是党和人民意志的集中体现，具有最高的法律地位、法律权威、法律效力。我国宪法是符合国情、符合实际、符合时代发展要求的好宪法，是我们国家和人民经受住各种困难和风险考验、始终沿着中国特色社会主义道路前进的根本法制保证。坚持依法治国首先要坚持依宪治国，坚持依法执政首先要坚持依宪执政。要坚持党的领导、人民当家作主、依法治国有机统一，坚定不移走中国特色社会主义法治道路，坚决维护宪法法律权威。要以设立国家宪法日〔1〕为契机，深入开展宪法宣传教育，大力弘扬宪法精神，切实增强宪法意识，推动全面贯彻实施宪法，更好发挥宪法在全面建成小康社会、全面深化改革、全面推进依法治国中的重大作用。

注　　释

〔1〕一九八二年十二月四日，五届全国人大五次会议通过了现行的《中

华人民共和国宪法》。二〇一四年十月，中共十八届四中全会通过的《中共中央关于全面推进依法治国若干重大问题的决定》提出："将每年十二月四日定为国家宪法日。"同年十一月，十二届全国人大常委会第十一次会议通过《关于设立国家宪法日的决定》，将十二月四日设立为国家宪法日。

经济工作要适应经济发展新常态[*]

（二〇一四年十二月九日）

科学认识当前形势，准确研判未来走势，是做好经济工作的基本前提。最近，国内外都有一些议论，说中国经济增速持续下降，是不是出了什么问题？也有一些人认为，中国经济增速已经降至百分之七点五以下，为什么不采取强刺激措施？等等。我想，分析和看待这个问题，必须历史地、辩证地认识我国经济发展的阶段性特征。

去年，中央作出一个判断，即我国经济发展正处于增长速度换挡期、结构调整阵痛期、前期刺激政策消化期"三期叠加"阶段。今年年中，在中央政治局会议上，我对"三期叠加"进一步作了分析，强调经济工作要适应经济发展新常态。不久前，在北京亚太经合组织^{〔1〕}工商领导人峰会上，我概要分析了我国经济发展新常态下速度变化、结构优化、动力转换三大特点。这里，我想用对比的方法，谈谈我国经济发展新常态带来的几个趋势性变化。

第一，从消费需求看，过去，我国消费具有明显的模

仿型排浪式特征，你有我有全都有，消费是一浪接一浪地增长。现在，"羊群效应"没有了，模仿型排浪式消费阶段基本结束，消费拉开档次，个性化、多样化消费渐成主流，保证产品质量安全、通过创新供给激活需求的重要性显著上升。随着我国收入水平提高和消费结构变化，供给体系进行一些调整是必然的，但我国有十三亿多人，总体消费水平还不高、余地还很大。我们必须采取正确的消费政策，释放消费潜力，使消费继续在推动经济发展中发挥基础作用。

第二，从投资需求看，过去，投资需求空间巨大，只要有钱敢干，投资都有回报，投资在经济发展中扮演着重要角色。现在，经历了三十多年高强度大规模开发建设后，传统产业、房地产投资相对饱和，但基础设施互联互通和一些新技术、新产品、新业态、新商业模式的投资机会大量涌现，对创新投融资方式提出了新要求。我国总储蓄率仍然较高。我们必须善于把握投资方向，消除投资障碍，使投资继续对经济发展发挥关键作用。

第三，从出口和国际收支看，国际金融危机[2]发生前，国际市场空间扩张很快，只要有成本优势，出口就能扩大，出口成为拉动我国经济快速发展的重要动能。现在，全球总需求不振，我国低成本比较优势也发生了转化。同时，我国出口竞争优势依然存在，多少年打拼出来的国际市场也是重要资源。高水平引进来、大规模走出去正在同步发生，人民币国际化程度明显提高，国际收支双顺差局面正在向收支基本平衡方向发展。我们必须加紧培育新的比较优势，积极影响国际贸易投资规则重构，使出口继续对经济发展发挥支撑作用。

第四，从生产能力和产业组织方式看，过去，供给不足是长期困扰我们的一个主要矛盾。现在，传统产业供给能力大幅超出需求，钢铁、水泥、玻璃等产业的产能已近峰值，房地产出现结构性、区域性过剩，各类开发区、工业园区、新城新区的规划建设总面积超出实际需要。在产能过剩的条件下，产业结构必须优化升级，企业兼并重组、生产相对集中不可避免。互联网技术加快发展，创新方式层出不穷，新兴产业、服务业、小微企业作用更加凸显，生产小型化、智能化、专业化将成为产业组织新特征。

第五，从生产要素相对优势看，过去，我们有源源不断的新生劳动力和农业富余劳动力，劳动力成本低是最大优势，引进技术和管理就能迅速变成生产力。现在，人口老龄化日趋发展，劳动年龄人口总量下降，农业富余劳动力减少，在许多领域我国科技创新与国际先进水平相比还有较大差距，能够拉动经济上水平的关键技术人家不给了，这就使要素的规模驱动力减弱。随着要素质量不断提高，经济增长将更多依靠人力资本质量和技术进步，必须让创新成为驱动发展新引擎。

第六，从市场竞争特点看，过去，主要是数量扩张和价格竞争。现在，竞争正逐步转向质量型、差异化为主的竞争，消费者更加注重品质和个性化，竞争必须把握市场潜在需求，通过供给创新满足需求。企业依赖税收和土地等优惠政策形成竞争优势、外资超国民待遇的方式已经难以为继，统一全国市场、提高资源配置效率是经济发展的内生性要求。我们必须深化改革开放，加快形成统一透明、有序规范的市场环境，为市场充分竞争创造良好条件。

第七，从资源环境约束看，过去，能源资源和生态环境空间相对较大，可以放开手脚大开发、快发展。现在，环境承载能力已经达到或接近上限，难以承载高消耗、粗放型的发展了。人民群众对清新空气、清澈水质、清洁环境等生态产品的需求越来越迫切，生态环境越来越珍贵。我们必须顺应人民群众对良好生态环境的期待，推动形成绿色低碳循环发展新方式，并从中创造新的增长点。

第八，从经济风险积累和化解看，过去，经济高速发展掩盖了一些矛盾和风险。现在，伴随着经济增速下调，各类隐性风险逐步显性化，地方政府性债务、影子银行、房地产等领域风险正在显露，就业也存在结构性风险。这些风险，有的来自经济结构调整中政府行为越位，有的来自市场主体在经济繁荣时的盲目投资，有的来自缺乏长远考虑而过度承诺，有的则与国际金融危机冲击有直接关系。综合判断，我们面临的风险总体可控，但化解以高杠杆和泡沫化为主要特征的各类风险将持续一段时间。我们必须标本兼治、对症下药，建立健全化解各类风险的体制机制，通过延长处理时间减少一次性风险冲击力度，如果有发生系统性风险的威胁，就要果断采取外科手术式的方法进行处理。

　　第九，从资源配置模式和宏观调控方式看，过去，总需求增长潜在空间大，实行凯恩斯主义[3]的办法就能有效刺激经济发展；经济发展中的短板很清楚，产业政策只要按照"雁行理论"效仿先行国家就能形成产业比较优势。现在，从需求方面看，全面刺激政策的边际效果明显递减；从供给方面看，既要全面化解产能过剩，也要通过发挥市场机制作用探索未来产业发展方向。我们必须全面把握总供求关系新变化，科学进行宏观调控，适度干预但不盲目，必要时在把握好度的前提下坚定出手，平衡好增强活力和创造环境的关系，真正形成市场和政府合理分工、推动发展新模式。

　　以上这些趋势性变化说明，在"三期叠加"这个阶段，经济发展速度必然会下降，但也不会无限下滑；经济结构调整是痛苦的，却是不得不过的关口；前期政策消化是必需的，但可以通过有效引导减缓消化过程中各类风险的影响。这也说明，我国经济正在向形态更高级、分工更复杂、结构更合理的阶段演化。这些趋势性变化，既是新常态的外在特征，又是新常态的内在动因，有的可能进一步强化，有的则可能发生变化。

　　总起来说，我国经济发展进入新常态后，增长速度正从百分之十左右的高速增长转向百分之七左右的中高速增长，经济发展方式正从规模速度型粗放增长转向质量效率型集约增长，经济结构正从增量扩能为主转向调整存量、做优增量并举的深度调整，经济发展动力正从传统增长点转向新的增长点。我国经济发展进入新常态，是我国经济发展阶段性特征的必然反映，是不以人的意志为转移的。认识新常态，适应新常态，引领新常态，是当前和今后一个时期我国经济发展的大逻辑。

"穷则变，变则通，通则久。"[4]面对我国经济发展新常态，我们观念上要适应，认识上要到位，方法上要对路，工作上要得力，否则很难与时俱进抓好经济工作。

对我国经济发展新常态，要深化理解、统一认识。把经济发展仅仅理解为数量增减、简单重复，是形而上学的发展观。大家要把思想和行动统一到中央认识和判断上来，增强加快转变经济发展方式的自觉性和主动性。如果看不到甚至不愿承认新变化、新情况、新问题，仍然想着过去的粗放型高速发展，习惯于铺摊子、上项目，就跟不上形势了。用老的办法，即使暂时把速度抬上去了也不会持久，相反会使发展中的矛盾和问题进一步积累、激化，最后是总爆发。

对我国经济发展新常态，要坚持发展、主动作为。我多次强调，以经济建设为中心是兴国之要，发展是党执政兴国的第一要务，是解决我国一切问题的基础和关键。同时，我也反复强调，我们要的是有质量、有效益、可持续的发展，要的是以比较充分就业和提高劳动生产率、投资回报率、资源配置效率为支撑的发展。我说不能简单以生产总值增长率论英雄，既包括对正确开展经济工作的要求，也包括正确判断经济形势的要求。不是经济发展速度高一点，形势就"好得很"，也不是经济发展速度下来一点，形势就"糟得很"。经济发展速度有升有降是正常的，经济不波动不符合经济发展规律。只要波动在合理范围内，就要持平常心，不要大惊小怪，更何况我们具有宏观调控的主动性。我们要增强忧患意识，但也不能过了头，不要杞人忧天。

必须明确，说我国经济发展进入新常态，没有改变我国发展仍处于可以大有作为的重要战略机遇期的判断，改变的是重要战略机遇期的内涵和条件；没有改变我国经济发展总体向好的基本面，改变的是经济发展方式和经济结构。对发展条件的变化，我们必须准确认识、深入认识、全面认识，顺势而为、乘势而上，更加自觉地坚持以提高经济发展质量和效益为中心，大力推进经济结构战略性调整。要更加注重满足人民群众需要，更加注重市场和消费心理分析，更加注重引导社会预期，更加注重加强产权和知识产权保护，更加注重发挥企业家才能，更加注重加强教育和提升人力资本素质，更加注重建设生态文明，更加注重科技进步和全面创新。做到这些，关键在于全面深化改革、实施创新驱动发展战略、破解发展难题的力度，因此必须勇于推进改革创新，加快转变经济发展方式，切实转换经济发展动力，在新的历史起点上努力开创经济社会发展新局面。

注　释

〔1〕亚太经合组织，即亚洲太平洋经济合作组织，是亚太地区层级最高、

领域最广、最具影响力的经济合作机制。一九八九年十一月正式成立。其宗旨是：支持亚太区域经济可持续增长和繁荣，建设活力和谐的亚太大家庭，捍卫自由开放的贸易和投资，加速区域经济一体化进程，鼓励经济技术合作，保障人民安全，促进建设良好和可持续的商业环境。现有澳大利亚、文莱、加拿大、智利、中国、中国香港、印度尼西亚、日本、韩国、墨西哥、马来西亚、新西兰、巴布亚新几内亚、秘鲁、菲律宾、俄罗斯、新加坡、中国台北、泰国、美国和越南等二十一个成员，以及东盟秘书处、太平洋经济合作理事会、太平洋岛国论坛秘书处三个观察员。

〔2〕见本卷《顺应时代前进潮流，促进世界和平发展》注〔1〕。

〔3〕凯恩斯主义，是以凯恩斯为创始人的经济理论和政策主张。凯恩斯，即约翰·梅纳德·凯恩斯（一八八三——一九四六），英国经济学家。一九二九年至一九三三年资本主义世界经济危机以后，他提出失业和经济危机的原因是有效需求不足的观点，认为只要国家采取适当政策，调节经济，增加有效需求，就可以消除危机，解决失业问题。他主张，国家必须积极干预经济生活，以增加投资、刺激消费。一九三六年，凯恩斯的《就业、利息和货币通论》一书出版，标志着凯恩斯主义形成。凯恩斯的经济理论和政策主张对英美等国的经济政策，对现代改良主义的理论和现代庸俗政治经济学等，都有很大影响。

〔4〕见《周易·系辞下》。

做焦裕禄式的县委书记 *

（二〇一五年一月十二日）

同志们：

很高兴同大家座谈。我很关注县一级工作。中组部报告说，你们正在中央党校学习，希望我能见见大家。我说，要见面，还要坐下来谈谈，听听大家的学习心得和想法。大家来自改革发展稳定第一线，对真实情况比较了解，谈谈肯定有好处。

元旦刚刚过去，我先祝大家新年好，也祝全国县委书记和在县里工作的广大党员、干部新年好！大家辛苦了！

党中央决定举办县委书记研修班，用三年多时间在中央党校把全国二千八百多名县（市、区、旗）委书记轮训一遍。这是一项着眼长远的战略举措。主要目的是帮助县委书记深入学习贯彻党的十八大和十八届三中、四中全会精神，学习中国特色社会主义理论体系，研究县域经济社会发展和党的建设方面的理论和现实问题，用党的理论创新最新成果武装头脑、指导实践、推动工作，培养造就一

支高素质县委书记队伍。

我对县一级职能、运转和县委书记的角色有亲身感悟，刚才听了六位同志的发言，很有感触，脑海里不断浮现我当县委书记时的画面，仿佛回到了三十多年前。我同大家的感受是一样的，就是县委书记这个岗位很重要，官不大，责任不小、压力不小，这个官不好当。

在我们党的组织结构和国家政权结构中，县一级处在承上启下的关键环节，是发展经济、保障民生、维护稳定、促进国家长治久安的重要基础。古人讲，郡县治，天下安。我国县的建制始于春秋时期，因秦代推进郡县制而得到巩固和发展。两千多年来，县一直是我国国家结构的基本单元，稳定存在至今。

历朝历代都高度重视县级官员选拔任用。古人早就总结出"宰相起于州部，猛将发于卒伍"[1]这一历史现象。历史上，许多名人志士为官从政是从县一级起步的。北宋政治家王安石，二十七岁担任浙江鄞县（今宁波市鄞州区）知县，任职三年，"治绩大举，民称其德"，为以后革新变法打下了基础。清代郑板桥[2]长期在山东范县（今属河南）、潍县（今属山东潍坊）担任知县，其诗句"衙斋卧听萧萧竹，疑是民间疾苦声。些小吾曹州县吏，一枝一叶总关情"千古流传。陶渊明[3]、狄仁杰[4]、包拯[5]、海瑞[6]等很多人都当过县令、知县。

一个县就是一个基本完整的社会，"麻雀虽小，五脏俱全"。现在，县级政权所承担的责任越来越大，需要办的事情越来越多，尤其是在全面建成小康社会、全面深化改革、全面依法治国、全面从严治党进程中起着重要作用。县委书记在干部序列中说起来级别不高，但地位特殊。邓小平同志曾经说："当好一个县委书记并不容易，要有全面的领导经验，对东西南北中、党政军民学各方面的工作都能抓得起来。"[7]"特别要抓好县委一级，建立一个强有力的县委可是重要啊！军队是团，地方是县，为什么总讲县、团级呀，就是这个道理。"[8]海瑞说："官之至难者，令也。"[9]说的就是县官难做。

怎样才能当好县委书记？有的同志在发言中谈到了，要做政治坚定的明白人、绿色发展的铺路石、体察民情的大脚掌、地方团队的领头雁、作风建设的打铁匠，归纳得很好。我一直认为，焦裕禄[10]同志为县委书记树立了榜样。我多次去过兰考县，去年第二批党的群众路线教育实践活动中又去了两次。每每踏上兰考的土地，我的心情都很激动。焦裕禄同志以自己的实际行动塑造了一个优秀共产党员和优秀县委书记的光辉形象。做县委书记，就要做焦裕禄式的县委书记。

怎样做焦裕禄式的县委书记？有很多角度可以谈，今天，我想从心中有党、心中有民、心中有责、心中有戒四个方面来谈谈这个问题。

一、当好县委书记，必须始终做到心中有党。

县委是我们党执政兴国的"一线指挥部"，县委书记就是"一线总指挥"。对党忠诚，是县委书记的重要标准。衡量一个县委书记当得怎么样，可以讲很多条，但主要看这一条。"善莫大于作忠。"[11]

我们县委书记队伍总体是好的，绝大多数同志是值得信赖的。这一点必须明确。同时，也要看到，在县委书记这个岗位上，面临的考验很多很严峻，有改革发展稳定繁重工作的考验，有保障和改善民生突出问题的考验，有形形色色错误思潮的考验，有权力、金钱、美色的考验，有庸俗风气、潜规则的考验，如此等等。特别值得注意的是，县委书记手中掌握着很大权力，所以各种诱惑、算计都冲着你来，各种讨好、捧杀都对着你去，往往会成为"围猎"的对象。很多县远离中心城市，容易让人有"山高皇帝远"的念头，上级监督鞭长莫及。在这样的环境下工作，如果没有对党忠诚作政治上的"定海神针"，就很可能在各种考验面前败下阵来。

县一级阵地，必须由心中有党、对党忠诚的人坚守。当县委书记，要记住自己是中国共产党的县委书记，是党派你在这里当县委书记的。这个道理很简单，但要时刻牢记于心就不那么简单了。要把牢政治方向，强化组织意识，时刻想到自己是党的人，时刻不忘自己对党应尽的义务和责任，相信组织、依靠组织、服从组织，自觉维护党的团结统一。

只有理想信念坚定，心中有党、对党忠诚才能有牢固思想基础。理想信念动摇了，那是不可能心中有党的。大家要把学习掌握马克思主义理论作为看家本领，深入学习马克思列宁主义、毛泽东思想，深入学习邓小平理论、"三个代表"重要思想、科学发展观，深入学习十八大以来党的理论创新成果，不断领悟，不断参透，做到学有所得、思有所悟，注重解决好世界观、人生观、价值观这个"总开关"问题，真正做到对马克思主义虔诚而执着、至信而深厚。

共产主义决不是"土豆烧牛肉"那么简单，不可能唾手可得、一蹴而就，但我们不能因为实现共产主义理想是一个漫长的过程，就认为那是虚无缥缈的海市蜃楼，就不去做一个忠诚的共产党员。革命理想高于天。实现共产主义是我们共产党人的最高理想，而这个最高理想是需要一代又一代人接力奋斗的。如果大家都觉得这是看不见摸不着的东西，没有必要为之奋斗和牺牲，那共产主义就真的永远实现不了了。我们现在坚持和发展中国特色社会主义，就是向着最高理想所进行的实实在在努力。

虽然国家发展水平和人民生活水平还不高，发展过程中还存在很多问题，大家在县委书记岗位上可能看到和遇到很多很现实的矛盾和问题，但我们一定要有一个基本立场，就是对中国特色社会主义要保持必胜信念，在涉及中国特色社会主义道路、理论、制度等重大原则问题上必须立场坚定、态度坚决。作为"一线总指挥"的县委书记们坚定了、沉着了，朝着大目标共同努力了，阵地才守得住，战斗才能打得赢，理想才能不断变为现实。

心中有党，是具体的而不是抽象的。作为党的干部，不论在什么地方、在哪个岗位上工作，都要增强党性立场和政治意识，经得起风浪考验，不能在政治方向上走岔了、走偏了。要严守政治纪律，在政治方向、政治立场、政治言论、政治行为方面守好规矩，自觉坚持党的领导，自觉同党中央保持高度一致，自觉维护党中央权威。党中央提倡的坚决响应，党中央决定的坚决照办，党中央禁止的坚决杜绝，决不允许上有政策、下有对策，决不允许有令不行、有禁不止，决不允许在贯彻执行中央决策部署上打折扣。只要出现这种问题，大家就要坚决纠正。

二、当好县委书记，必须始终做到心中有民。

全心全意为人民服务是我们党的根本宗旨。县委书记是直接面对基层群众的领导干部，必须心系群众、为民造福。大家心中要始终装着老百姓，先天下之忧而忧，后天下之乐而乐，做到不谋私利、克己奉公。对个人的名誉、地位、利益，要想得透、看得淡，自觉打掉心里的小算盘。要着力解决好人民最关心最直接最现实的利益问题，特别是要下大气力解决好人民不满意的问题，多做雪中送炭的事情。现在，距实现全面建成小康社会的第一个百年奋斗目标只有五六年了，但困难地区、困难群众还为数不少，必须时不我待地抓好扶贫开发工作，决不能让困难地区和困难群众掉队。党和国家要把抓好扶贫开发工作作为重大任务，贫困地区各级领导干部更要心无旁骛、聚精会神抓好这项工作，团结带领广大群众通过顽强奋斗早日改变面貌。"当官不为民作主，不如回家卖红薯"，说的就是这个道理。我经常提到五六十年代福建东山县县委书记谷文昌[12]，他一心一意为老百姓办事，当地老百姓逢年过节是"先祭谷公，后拜祖宗"。

在县委书记这个岗位上，很多人都想干一番事业，这种想法和干劲是必须有的。我当年到了正定，看到老百姓生活比较贫困、经济社会发展水平比较落后的情形，心里很着急，的确有一股激情、一种志向，想尽快改变这种面貌。但是，干事创业一定要树立正确政绩观，做到"民之所好好之，民之所恶恶之"〔13〕。要求真务实、真抓实干，做工作自觉从人民利益出发，决不能为了树立个人形象，搞华而不实、劳民伤财的"形象工程"、"政绩工程"。

不同的县有着不同的资源和禀赋，要把调查研究作为基本功，深入基层、深入群众、深入实际，了解情况、问计于民。我说过，当县委书记一定要跑遍所有的村，当市委书记一定要跑遍所有的乡镇，当省委书记一定要跑遍所有的县市区。我在正定时经常骑着自行车下乡，从滹沱河北岸到滹沱河以南的公社去，每次骑到滹沱河沙滩就得扛着自行车走。虽然辛苦一点，但确实摸清了情况，同基层干部和老百姓拉近了距离、增进了感情。情况搞清楚了，就要坚持从实际出发谋划事业和工作，使想出来的点子、举措、方案符合实际情况，不好高骛远，不脱离实际。重要决策方案，特别是涉及群众切身利益的重要政策措施，要广泛听取群众意见，不能嫌麻烦、图省事。

做到心中有民，必须树立良好作风。在县一级这个层面，县委书记对一方党风政风具有示范作用。老百姓看党，最集中的是看县委一班人特别是县委书记。县委书记作风不好，党在当地群众心目中的形象就会大打折扣。大家要按照中央要求，继续把作风建设抓好、把群众路线教育实践活动成果巩固好，做到勤政、务实、为民，自觉抵制和纠正"四风"问题。

三、当好县委书记，必须始终做到心中有责。

"为官避事平生耻。"〔14〕干部就要有担当，有多大担当才能干多大事业，尽多大责任才会有多大成就。不能只想当官不想干事，只想揽权不想担责，只想出彩不想出力。县一级领导要谋几十万、上百万人的改革发展稳定大计，管千头万绪的事务，这个舞台足够大，刚才你们也说到了，是"芝麻官"千钧担。党把干部放在这样一个岗位上是信任，是重托，要意气风发、满腔热情干好，为官一任、造福一方。不能干一年、两年、三年还是涛声依旧，全县发展面貌没有变化，每年都是重复昨天的故事。

责任就意味着尽心尽责干事。对定下来的工作部署，要一抓到底、善始善终，坚决防止走过场、一阵风。县委书记多数任职就几年，不能有临时工的思想。有的人到了县委书记岗位上，想的是反正干不长，不如弄点大动静出来，也好显示自己的能耐和政绩，为自己晋升提拔铺路。这样的观点要不得。一个县里，规划几年一变，蓝图几年一画，干不成什么事。要有"功成不必在我"的境界，一张好的蓝图，只要是科学的、切合实际的、符合人民愿望的，就要像接力赛一样，一棒一棒接着干下去。山西右玉县地处毛乌素沙漠的天然风口地带，是一片风沙成患、山川贫瘠的不毛之地。新中国成立之初，第一任县委书记带领全县人民开始治沙造林。六十多年来，一张蓝图、一个目标，县委一任接着一任、一届接着一届率领全县干部群众坚持不懈干，使绿化率由当年的百分之零点三上升到现在的百分之五十三，把"不毛之地"变成了"塞上绿洲"。

抓任何工作，都要有这种久久为功、利在长远的耐心和耐力。

事业成功的原因很多，奋发有为是主要因素。我们大多数领导干部能够做到责任在心、担当在肩，但的确也有一些领导干部不思进取、为官不为，抱着"当一天和尚撞一天钟"的心态，只要不出事，宁愿不做事，满足于做四平八稳的"太平官"。这种认识是错误的。面对工作难题，要有明知山有虎、偏向虎山行的劲头，积极寻找克服困难的具体对策，豁得出来、顶得上去，真正成为带领人民群众战风险、渡难关的主心骨。

现在，我国经济发展进入新常态，保持经济社会持续健康发展，必须转方式、调结构，必须实施创新驱动发展战略，必须推动新型工业化、信息化、城镇化、农业现代化同步发展。做好这些工作，县一级十分重要。这些工作怎么做？做什么？要开动脑筋、深入思考、积极推动。全面深化改革，县一级要做什么事，能做什么事，要不等待、不观望，坚持问题导向，积极主动作为。县一级处于社会矛盾的前沿，县委书记处在维稳第一线，一定要履行好责任。前些年，瓮安、孟连、陇南等事件[15]说明，突出矛盾和突发事件背后都存在复杂的利益冲突，都存在干部作风问题，也都存在工作上处置不当的问题。对突出矛盾要有责任意识，主动去解决而不是回避推卸，努力做到发现在早、处置在小。对突发事件要临危不惧、沉着冷静、敢于负责，关键时刻要亲临现场、靠前指挥、果断处置。

四、当好县委书记，必须始终做到心中有戒。

我们的权力是党和人民赋予的，是为党和人民做事用的，姓公不姓私，只能用来为党分忧、为国干事、为民谋利。要正确行使权力，依法用权、秉公用权、廉洁用权，做到法定职权必须为，法无授权不可为，保持如临深渊、如履薄冰的谨慎，做到心有所畏、言有所戒、行有所止，处理好公和私、情和法、利和法的关系。

县委书记是一班之长，要带头执行民主集中制，不把"班长"当成"家长"。要按照程序进行决策，特别是涉及资金、项目、用人等重大问题，要经过集体研究，不搞个人专权。要善于把党委一班人、几大家班子和各级干部智慧集中起来，做到总揽不包揽、分工不分家、放手不撒手。要有胸怀，能容人容事，注意听取班子成员意见，带头增进和维护县委班子团结。当然，讲团结不是要搞一团和气，讲和谐不是要"和稀泥"。在大是大非问题上，要有正确立场和鲜明态度，敢于站出来说话，敢于表明自己的态度。

党的十八届四中全会提出要全面推进依法治国，建设社会主义法治国家。依法治国的根基在基层。县委书记要做学法尊法守法用法的模范，善于运用法治思维谋划县域治理。要牢记法律红线不可逾越、法律底线不可触碰，作决策、开展工作多想一想是否合法、是否可行，多想一想法律的依据、法定的程序、违法的后果，自觉当依法治国的推动者、守护者。

廉洁自律是共产党人为官从政的底线。我经常讲，鱼和熊掌不可兼得，当官发财两条道，当官就不要发财，发财就不要当官。要始终严格要求自己，把好权力关、金钱关、美色关，做到清清白白做人、干干净净做事、坦坦荡荡为官。要加强对亲属和身边工作人员的教育和约束，要求他们守德、守纪、守法。焦裕禄同志曾经亲自起草了《干部十不准》，规定干部在任何时候都不搞特殊化。他得知儿子"看白戏"，立即拿出钱叫儿子到戏院补票。被康熙誉为"天下清官第一"的张伯行[16]曾经说过："一丝一粒，我之名节；一厘一毫，民之脂膏。宽一分，民受赐不止一分；取一文，我为人不值一文。"这些廉政箴言，至今都没有过时，大家要努力学习。

县委书记作为县里的权力人物和公众人物，要注意道德操守，道德上失足有时比某些工作失误杀伤力还要大。我国古代就要求县令"导扬风化"。要自觉弘扬和践行社会主义核心价值观，加强道德修养，追求健康情趣，慎重对待朋友交往，时刻检点自己生活的方方面面，引导全县形成健康向上的社会风尚。要不断体会和弘扬先人传承下来的传统美德，如"大道之行也，天下为公"[17]、"不义而富且贵，于我如浮云"[18]、"君子喻于义"[19]、"言必信，行必果"[20]、"德不孤，必有邻"[21]、"人而无信，不知其可也"[22]，等等，为为人处世、安身立命提供重要启示。

同志们，再过几天，你们这期县委书记研修班就要结束了。希望大家学以致用、用有所成，努力把本地区的工作做得更好。最后，祝同志们工作顺利、身体健康、阖家幸福！

注　释

〔1〕参见《韩非子·显学》。原文是："宰相必起于州部，猛将必发于卒伍。"

〔2〕见本卷《没有贫困地区的小康就没有全面小康》注〔1〕。

〔3〕陶渊明，即陶潜（三六五或三七二或三七六——四二七），东晋浔阳柴桑（今江西九江西南）人。东晋诗人。

〔4〕狄仁杰（六三〇——七〇〇），唐代并州太原（今山西太原西南）人。唐代武周时期大臣。

〔5〕包拯（九九九——一〇六二），北宋庐州合肥（今安徽合肥）人。北宋大臣。

〔6〕海瑞（一五一四——一五八七），明代广东琼山（今海南海口琼山）人。明代大臣。

〔7〕见邓小平《各方面都要整顿》（《邓小平文选》第2卷，人民出版社1994年版，第36页）。

〔8〕这段话出自邓小平一九七五年十月四日在全国农村工作座谈会上的插话（《邓小平年谱》第4卷，中央文献出版社2020年版，第107页）。

〔9〕见明代海瑞《令箴——示进士奚铭》。

〔10〕焦裕禄（一九二二——一九六四），山东淄博人。一九四六年加入中国共产党。一九六二年十二月，调任中共河南兰考县委书记后，面对危害老百姓生产生活的内涝、风沙、盐碱三大灾害，带领全县人民全身心投入封沙、治水、改地斗争，使兰考贫困面貌大为改观。一九六四年五月，因肝癌不幸病逝。他用自己的实际行动，塑造了一名优秀共产党员和优秀县委书记的光辉形象，铸就了亲民爱民、艰苦奋斗、科学求实、迎难而上、无私奉献的焦裕禄精神。一九六六年，被追认为革命烈士。

〔11〕见东汉马融《忠经·证应章》。

〔12〕谷文昌（一九一五——一九八一），河南林州人。一九四四年加入中国共产党。曾任中共福建东山县委书记等职。在东山县工作十四年间，带领群众与风灾、旱灾抗争，植树造林，兴修水利，改善交通，发展生产，把

一个风沙肆虐的荒岛变成生机盎然的东海绿洲，被誉为"县委书记的好榜样"。

〔13〕见《礼记·大学》。

〔14〕参见金代元好问《四哀诗·李钦叔》。原文是："当官避事平生耻，视死如归社稷心。"

〔15〕瓮安事件，指二〇〇八年六月贵州省瓮安县因未能及时妥善处理一名中学生非正常死亡而引发的打砸抢烧事件。孟连事件，指二〇〇八年七月云南省孟连傣族拉祜族佤族自治县因胶农与橡胶公司利益纠纷而引发的围攻公安民警事件。陇南事件，指二〇〇八年十一月甘肃省陇南市武都区发生的因酝酿中的陇南市行政中心搬迁问题引发的严重扰乱社会秩序事件。这三起事件，均为当时影响较大的群体性事件。当地党委和政府根据中央指示精神，妥善处理这几起事件，维护了社会稳定。

〔16〕张伯行（一六五一——一七二五），清代河南仪封（今河南兰考）人。清代大臣。本文引语见张伯行《却赠檄文》。

〔17〕见《礼记·礼运》。

〔18〕见《论语·述而》。

〔19〕见《论语·里仁》。

〔20〕见《论语·子路》。

〔21〕见《论语·里仁》。

〔22〕见《论语·为政》。

守纪律，讲规矩 *

（二〇一五年一月十三日）

古人说："欲知平直，则必准绳；欲知方圆，则必规矩。"[1]没有规矩不成其为政党，更不成其为马克思主义政党。我认为，我们党的党内规矩是党的各级组织和全体党员必须遵守的行为规范和规则。党的规矩总的包括什么呢？其一，党章是全党必须遵循的总章程，也是总规矩。其二，党的纪律是刚性约束，政治纪律更是全党在政治方向、政治立场、政治言论、政治行动方面必须遵守的刚性约束。其三，国家法律是党员、干部必须遵守的规矩，法律是党领导人民制定的，全党必须模范执行。其四，党在长期实践中形成的优良传统和工作惯例。

党章等党内规章制度、党的纪律、国家法律是全党必须遵守的规矩，这个大家比较好理解。为什么说党在长期实践中形成的优良传统和工作惯例也是十分重要的党内规矩呢？这是因为，对我们这么一个大党来讲，不仅要靠党章和纪律，还得靠党的优良传统和工作惯例。这些规矩

---

* 这是习近平同志在中共第十八届中央纪律检查委员会第五次全体会议上讲话的一部分。

看着没有白纸黑字的规定，但都是一种传统、一种范式、一种要求。纪律是成文的规矩，一些未明文列入纪律的规矩是不成文的纪律；纪律是刚性的规矩，一些未明文列入纪律的规矩是自我约束的纪律。党内很多规矩是我们党在长期实践中形成的优良传统和工作惯例，经过实践检验，约定俗成、行之有效，反映了我们党对一些问题的深刻思考和科学总结，需要全党长期坚持并自觉遵循。

比如，党内绝不允许搞团团伙伙、结党营私、拉帮结派，搞了就是违反政治纪律。如何防微杜渐？要从规矩抓起，要有这个意识。有些干部聚在一起，搞个同乡会、同学会，一段时间聚一下，黄埔一期二期三期的这么论，看着好像漫无目的，其实醉翁之意不在酒，是要结交情谊，将来好相互提携、互通款曲，这就不符合规矩了。这种聚会最好不要搞，这种饭最好不要吃。有的人只要是他工作过的地方，都利用手中的权力"正正规规"地搞团团伙伙，全要搞成他自己的领地，到处插手人事安排，关照自己小圈子里的人，结果他们就成了一根绳上的蚂蚱。

比如，在一些干部中，乱评乱议、口无遮拦现象比较突出。如果造谣生事那是违反党纪甚至违反国法，但这些人就是在那儿调侃，传播小道消息，东家长西家短乱发议论，热衷于转发网上不良信息，甚至一些所谓"铁杆朋友"聚在一起妄议中央大政方针。有的人热衷于打探消息，四处寻问，八方打听，不该问的偏要问，不该知道的特想知道，捉到一些所谓内幕消息就到处私下传播。对中央查处的一些大案要案，有的高级干部就在背后说查人家干什么，做了那么多工作，就这一点小事就要抓住不放，显得忿忿不平的。情况是这样吗？看看那些人写的忏悔录，哪个人是冤枉的？虽然这只是不负责任地传播消息、发表议论，也不是在正式场合说的，但其腐蚀性、涣散性也是非常严重的。

还比如，有的干部脱岗离岗了，不向组织汇报，借口说有些是私事，应该有"自由空间"。我在地方工作时，逢年过节都得值班，生怕出了什么事。很多地方和部门的负责同志一到节假日就不见了，到外地去休假了。跑到那么远的地方怎么放得下心？一旦有个什么事怎么办？当领导干部就要有强烈的责任感，节假日尤其要自觉坚守岗位。没有说不让休息，但关键是如何休息、在哪儿休息，有没有考虑到自己肩负的职责。大部分领导干部在这个问题上做得是好的，节假日都能自觉坚守岗位。这不也是一种规矩吗？

再比如，有些领导干部个人重大问题不报告。不是说非要家里出了命案才需要报告。有的同志有重病不报，对所有人都隐瞒了，最后病危了组织还不知道，场面上的工作都干不了了，但就是不说，最后命都给耽误没了。有的子女家属长期在国外也不报告，在国外定居的按规定要报告，但他们也不是正式定居，就觉得可以不报告。有的家庭发生重大变故不向组织报告，离婚、结婚多少年了，组织都不知道。有的弄了很多证件，护照好几本，还有假身份证。这些事情不要报告吗？懂规矩就应该报告，隐情不报的，一是不懂规矩，二是这里面怕有不可告人的隐情。

又比如，跑风漏气、说情风、打招呼的问题。对组织有关内部决定和考虑，有的人通过隐喻、暗示等方式向相关人员通风报信，说没有还就是有，要查吧还查不出来。组织决定提拔某个干部，只要说"过了"、"行了"两个字就够了。组织决定审查某个人，只要说"注意一点"就够了。还有说情风，有的人对担任过领导岗位的地方、有影响的地方，对那里的干部问题递一句话，也不直接说要提拔，就说某某还不错啊、某某还可以啊。意思尽在不言中，但抓还抓不住。已经离开那里了，还插手那里的人事安排。还有，选举的时候，一些人打招呼、拉票、助选，有时不用明着干，说者无意、听者有心，最后踏雪无痕。这些事情该做吗？这属不属于规矩问题？

人不以规矩则废，党不以规矩则乱。以上这些问题如不下大气力整治，就会像传染病一样蔓延开来，最终严重危害党的肌体。党内规矩有的有明文规定，有的没有，但作为一个党的干部特别是高级干部应该懂的。不懂的话，那就不具备当干部特别是高级干部的觉悟和水平。没有明文规定一定要报的事项，报还是不报，关键看党的观念强不强、党性强不强。领导干部违纪往往是从破坏规矩开始的。规矩不能立起来、严起来，很多问题就会慢慢产生出来。很多事实都证明了这一点。讲规矩是对党员、干部党性的重要考验，是对党员、干部对党忠诚度的重要检验。

当前，遵守政治纪律和政治规矩，重点要做到以下五个方面。一是必须维护党中央权威，决不允许背离党中央要求另搞一套，全党同志特别是各级领导干部在任何时候任何情况下都必须在思想上政治上行动上同党中央保持高度一致，听从党中央指挥，不得阳奉阴违、自行其是，不得对党中央的大政方针说三道四，不得公开发表同中央精神相违背的言论。二是必须维护党的团结，决不允许在党内培植私人势力，要坚持五湖四海，团结一切忠实于党的同志，团结大多数，不得以人划线，不得搞任何形式的派别活动。三是必须遵循组织程序，决不允许擅作主张、我行我素，重大问题该请示的请示，该汇报的汇报，不允许超越权限办事，不能先斩后奏。四是必须服从组织决定，决不允许搞非组织活动，不得跟组织讨价还价，不得违背组织决定，遇到问题要找组织、依靠组织，不得欺骗组织、对抗组织。五是必须管好亲属和身边工作人员，决不允许他们擅权干政、谋取私利，不得纵容他们影响政策制定和人事安排、干预正常工作运行，不得默许他们利用特殊身份谋取非法利益。

在所有党的纪律和规矩中，第一位的是政治纪律和政治规矩。从近年来查处的高级干部严重违纪违法案件特别是周永康、薄熙来、徐才厚、令计划、苏荣等案件看，破坏党的政治纪律和政治规矩问题非常严重，务必引起重视。这些人权力越大、位置越重要，越不拿党的政治纪律和政治规矩当回事儿，甚至到了肆无忌惮、胆大包天的地步！有的政治野心膨胀，为了一己私利或者小团体的利益，背着党组织搞政治阴谋活动，搞破坏分裂党的政治勾当！有的领导干部把自己凌驾于组织之上，老子天下第一，把党派他去主政的地方当成了自己的"独立王国"，用干部、作决策不按规定向中央报告，搞小山头、小团伙、小圈子。他们热衷干的事目的都是包装自己，找人抬轿子、吹喇叭，为个人营造声势，政治野心很大。有的人发展到目空一切的地步，对中央工作部署搞软抵制，甚至冲着党的理论和路线方针政策大放厥词，散布对中央领导同志的恶毒谣言，压制、打击同自己意见不合的同志，一心以为鸿鹄将至，谁挡他的道就要把谁搬开。胆大妄为到了何等程度！这在我们党内是绝对不允许的。干这种事，最后都会搬起石头砸自己的脚，机关算尽反而误了卿卿性命。

"明制度于前，重威刑于后。"[2] 各级党组织要把严守纪律、严明规矩放到重要位置来抓，努力在全党营造守纪律、讲规矩的氛围。对政治纪律和政治规矩，要十分明确地强调、十分坚定地执行，不要语焉不详、闪烁其词。各级领导干部特别是高级干部要牢固树立纪律和规矩意识，在守纪律、讲规矩上作表率，自觉做政治上的明白人。特别是要加强对年轻干部的教育引导，让他们从进入干部队伍起就知道守纪律、讲规矩的重要性和严肃性，明白在党内不守纪律、不讲规矩，跟组织玩小聪明，权欲膨胀、利欲熏心，不择手段往上爬，为了自己什么事都敢干，总有一天是会自己毁了自己的。各级党委要加强监督检查，对不守纪律的行为要严肃处理。

注　释

〔1〕见《吕氏春秋·自知》。
〔2〕见《尉缭子·重刑令》。

深刻认识做好新形势下
统战工作的重大意义*

（二○一五年五月十八日）

新形势下统战工作在党和国家工作大局中居于什么地位？我一直在思考这个问题，不由想起了毛泽东同志讲过的三句话。第一句是：统一战线，武装斗争，党的建设，是中国共产党在中国革命中战胜敌人的三个法宝。这是毛泽东同志一九三九年在《〈共产党人〉发刊词》中讲的，首次明确了统一战线的法宝地位。第二句是：所谓政治，就是把我们的人搞得多多的，把敌人搞得少少的。这是毛泽东同志在延安时期讨论什么是政治时讲的。第三句是：统战工作是最大的工作。这是毛泽东同志在新中国成立初期讲的。这三句话提出了一个什么问题呢？概括起来说，就是人心向背、力量对比是决定党和人民事业成败的关键，是最大的政治。统战工作的本质要求是大团结大联合，解决的就是人心和力量问题。这是我们党治国理政必须花大心思、下大气力解决好的重大战略问题。

在革命、建设、改革各个历史时期，我们党始终把统

一战线和统战工作摆在全党工作的重要位置，努力团结一切可以团结的力量、调动一切可以调动的积极因素，为党和人民事业不断发展营造了十分有利的条件。现在，我们党所处的历史方位、所面临的内外形势、所肩负的使命任务发生了重大变化。越是变化大，越是要把统一战线发展好、把统战工作开展好。这些年来，党中央反复强调必须重视统一战线、做好统战工作。总的看，各级党委对统一战线和统战工作是高度重视的，贯彻落实党中央决策部署是有力的。同时，也有一些同志对统一战线和统战工作不那么重视了，工作不那么投入了，甚至在思想上行动上产生了一些不全面甚至错误的观点和做法。

第一个问题，不重视统一战线。一些同志产生了轻视或忽视统一战线和统战工作的问题，主要原因是思想认识上有三个结没有解开。

一是认为党外人士不是什么了不起的力量。有的同志说，过去我们党曾经力量薄弱、人才匮乏，所以需要通过统一战线赢得党外人士支持，而现在党内人才济济，统一战线可有可无了。的确，同过去相比，党内汇聚的各方面人才很集中、很庞大，但依然有大量人才在党外。就拿党外知识分子来说，数量大概有八千九百多万人，占知识分子总数的百分之七十五，特别是各民主党派拥有一大批人才。我到一些国家访问时，不少发展中国家领导人羡慕我们的多党合作制度，说他们就缺少像中国民主党派这样跟执政党通力合作的政治力量，各政党相互争斗，不仅很难干成什么事，而且造成社会政治动荡不已。试想一下，如果民主党派等统一战线成员不是同我们党肝胆相照、荣辱与共，而是同我们党唱不一样的调，甚至跑到我们党的对立面去了，那我国政治生活会变成什么样子？就不会有政局稳定。没有政局稳定，什么事都做不成。人们有的时候就是这样，对一些很重要的东西，拥有时不懂得珍惜，失去了方觉可贵。所以，对党外人士，我们任何时候都不能忽视，都不能轻视。

二是认为党外人士是一支比较麻烦的力量。有的同志虽然承认统一战线是一支重要力量，但又觉得用起来比较麻烦，不像我们党内，一声令下大家都行动起来，谁不行动还有党的纪律约束。有的同志觉得同党外人士搞协商是自找麻烦，不如自己说了算，多一事不如少一事。这种想法是不正确的。我们常讲，海纳百川，有容乃大。既然要发展统一战线，既然要做统战工作，就不可能是清一色的，各式各样的人都会有，也应该有，否则搞统一战线就没有意义了。虽然党外人士有些人说的话、提的意见有时听着不舒服，征求意见、统一思想要花时间，但只要他们的出发点是好的，即便说得尖锐一些，即便工作费时一些，也是十分有益的。良药苦口，忠言逆耳，我们共产党人要有这个胸襟和气度。别人的批评，正确的要听、要改正，不正确的要容、要引导，不能因为怕麻烦就拒人于千里之外。

我们发展社会主义民主政治、加强社会主义协商民主建设，就是为了发扬民主、集思广益，避免发生大的失误。民主和协商是实现党的领导的重要方式。通过发扬民主、广泛协商，可以使统一战线广大成员更加普遍地认同党的主张，更加自觉地团结在党的周围、跟党走。刘少奇同志说过，做统战工作是找麻烦，但又省麻烦，找来的是小麻烦，省去的是大麻烦[1]。我看，搞政治就要不怕麻烦，不怕麻烦才能有良政。天下哪有不麻烦的政治呢？更不要说治理一个十三亿多人口的大国。

三是认为党外人士是一支消极甚至异己的力量。比如，有的人看不惯非公有制经济人士，简单地把他们看成社会财富的攫取者、贫富分化的制造者。之所以有人对非公有制经济人士产生这样的看法，根子还在对我国基本经济制度认识不正确，总是觉得非公有制经济会出这样那样的问题。我们党反复讲，要毫不动摇坚持公有制为主体、多种所有制经济共同发展，但有的人至今还没有摘下有色眼镜。社会主义基本制度和市场经济有机结合、公有制经济和非公有制经济共同发展，是我们党推动解放和发展社会生产力的伟大创举。目前，非公有制经济组织数量已经占到市场主体的百分之九十左右，创造的国内生产总值超过百分之六十。事实表明，只要坚持中国共产党领导，只要坚持公有制为主体、多种所有制经济共同发展，社会主义制度的优越性不但不会削弱、而且会不断增强，我们党执政的基础不但不会动摇、而且会更加稳固。

当然，现实生活中确实有一些非公有制经济人士存在这样那样的问题，但不能因此就不分青红皂白把响应党的号召、积极发展非公有制经济的所有人员都一棍子打死。相反，正因为他们中一些人有这样那样的不足，才需要我们加强同他们的接触，团结他们，引导他们，帮助他们，让他们都能同我们一条心。对他们中干了违法事情的人，依法处理就是了。

再比如，有的人不加区别地把特定少数民族群众同民族分裂势力、宗教极端势力、暴力恐怖势力划等号，把信教群众同我们在信仰上的不同看成政治上的对立。对"三股势力"，必须人人喊打、毫不手软，但不能把特定少数民族群众与这一小撮坏人划等号。为保护人民生命财产安全、防范"三股势力"制造事端，需要采取必要的防范措施，但要把握好政策，过犹不及。一些地方出现了针对特定少数民族群众的歧视性措施和选择性执法，登机要特别安检，住宿要特别检查，对广大少数民族群众造成了感情伤害。维护民族团结、反对民族分裂，必须依靠包括少数民族群众在内的各族人民。同样，不能因为我们共产党人是无神论者，不能因为有宗教极端势力特别是有境外敌对势力利用宗教进行渗透，就把宗教界人士和信教群众打入另册。敌对势力越是想借民族、宗教问题做文章，我们就越是要让各族群众像石榴籽一样紧紧抱在一起，把信教群众紧紧团结在党的周围。

第二个问题，不会做统战工作。统一战线有其特点，做好统战工作不容易。现在，有不少同志不熟悉统战工作的特点，不善于团结党外人士，拿着海龙王的法宝不会用。

一是不会领导。统战工作具有很强的政治性。做好党外人士思想政治工作，巩固共同思想政治基础，是统战工作的主要内容。有的同志缺乏这样的认识，出现了两种值得注意的现象。一种现象是，不重视思想政治引导，对党外人士思想活动不关注。有的同志对无底线的言论开绿灯，以为这就是发扬民主、政治开明；有的同志对错误观点不敢批评、不会批评，怕批评伤和气；有的同志不善于用谈心说理的办法阐明重大问题的原则立场，难以以理服人。另一种现象是，有的同志工作方法简单粗暴、盛气凌人，要党外人士绝对服从自己，甚至把民主党派组织当成下属单位，对民主党派内部事务直接干预、包办代替。这两种现象都会影响统一战线健康发展。

二是不懂政策。政策性强，也是统战工作的一个重要特征。统一战线中的各种关系、各种问题，很多都要靠政策来调节。有的同志不学习、不熟悉统战政策，遇到问题荒腔走板、动作变形。比如，一些党外人大代表、政协委员涉腐涉案，仔细一查，一个重要原因是不按政策规定提名推荐人选，源头上就有隐患。再比如，有的同志认为民族、宗教问题很敏感，能不管就尽量不管，出了事不是依据法律和政策去解决，而是能捂就捂，捂不住就"花钱买平安"。又比如，有的同志习惯于行政命令，对一些敏感问题一查了之、一堵了之，不但治不了本，还会激化矛盾。有个地方在协助民主党派换届时，让八个民主党派主委相互对调，还美其名曰学习当年毛主席指挥八大军区司令调动。这样瞎指挥，不出问题才怪！

三是不讲方法。统战工作还有一个重要特征，就是讲求很强的工作艺术。统战工作是党的特殊群众工作，要有特殊的方式方法。有的同志不会跟党外人士谈心交心，说话官腔十足，发言照本宣科，说完就走人，人情味少，程式化多，让党外人士感觉自己像外人。值得重视的是，当前社会上出现了许多新群体，但不少还没有纳入我们的工作视野，牵不上线，对不上话，做不进工作。西方敌对势力正在加紧拉拢这些人，如果我们不改进工作，长此以往，这些人就会同我们党渐行渐远。

我这里举了当前统战工作中存在的一些问题，并不是全部，但这些问题对发展统一战线、做好统战工作都是不利的，甚至是有害的。我们一定要认真分析、找出症结、端正思想，积极加以克服。

做好新形势下统战工作，必须掌握规律、坚持原则、讲究方法，最根本的是要坚持党的领导。统一战线是党领导的统一战线。在统战工作中，实行的政策、采取的措施都要有利于坚持和巩固党的领导地位和执政地位。同时，必须明确，党对统一战线的领导主要是政治领导，即政治原则、政治方向、重大方针政策的领导，主要体现为党委领导而不是部门领导、集体领导而不是个人领导。坚持党的领导要坚定不移，但在这个过程中也要尊重、维护、照顾同盟者的利益，帮助党外人士排忧解难。这是我们党的职责，也是实现党对统一战线领导的重要条件。

做好新形势下统战工作，必须正确处理一致性和多样性关系。统一战线是一致性和多样性的统一体，只有一致性、没有多样性，或者只有多样性、没有一致性，都不能建立和发展统一战线，正所谓"非一则不能成两，非两则不能致一"[2]。一致性和多样性不是一成不变的，而是历史的、具体的、发展的。有的同志要么过于追求一致性，要么过于放任多样性，结果都会动摇统一战线的基础。正确处理一致性和多样性关系，关键是要坚持求同存异。一方面，要不断巩固共同思想政治基础，包括巩固已有共识、推动形成新的共识，这是基础和前提。另一方面，要充分发扬民主、尊重包容差异。对危害中国共产党领导、危害我国社会主义政权、危害国家制度和法治、损害最广大人民根本利益的问题，必须旗帜鲜明反对，不能让其以多样性的名义大行其道。这是政治底线，不能动摇。除此之外，对其他各种多样性，要尽可能通过耐心细致的工作找到最大公约数。只要我们把政治底线这个圆心固守住，包容的多样性半径越长，画出的同心圆就越大。

做好新形势下统战工作，必须善于联谊交友。联谊交友是统战工作的重要内容，也是统战工作的重要方式。党政领导干部、统战干部要掌握这个方式。我们搞统一战线，从来不是为了好看、为了好听，而是因为有用、有大用、有不可或缺的作用。说到底，统一战线是做人的工作，搞统一战线是为了壮大共同奋斗的力量。民主党派、无党派、民族、宗教、新的社会阶层、港澳台海外等各方面统一战线成员达数亿之多。可以肯定地说，只要把这么多人团结起来，我们就能为实现"两个一百年"奋斗目标、实现中华民族伟大复兴的中国梦增添强大力量。从某种意义上说，统一战线工作做得好不好，要看交到的朋友多不多、合格不合格、够不够铁。多不多是数量问题，合格不合格、够不够铁是质量问题。俗话说："一人为仇嫌太多，百人为友嫌太少。"交朋友的面要广，朋友越多越好，特别是要交一些能说心里话的挚友诤友。想交到这样的朋友，不能做快餐，而是要做佛跳墙这样的功夫菜。对党外人士，要多接触、多谈心、多帮助，讲尊重、讲平等、讲诚恳，不随意伤害对方自尊心，不以势压人。同党外人士交朋友当然会有私谊，但私谊要服从公谊。要讲原则、讲纪律、讲规矩，不能把党外人士当成个人资源，而要出于公心为党交一大批肝胆相照的党外朋友。

注　释

〔1〕参见刘少奇《加强党的统一战线工作》(《刘少奇选集》下卷，人民出版社 1985 年版，第 121 页)。原文是："有人说，做这种统一战线工作是找麻烦。我们说，是找麻烦，但是又省麻烦。做统一战线工作是麻烦的，但是经过统一战线工作，资产阶级、上层小资产阶级及其知识分子和政治代表的大部分不造社会主义的反，相反的，他们服从社会主义，为社会主义服务，这就省了大麻烦。说做这种统一战线工作是找麻烦，只有一部分真理，没有全部的真理。就是说，这些同志的意见是片面的，不全面的。还有一部分真理是省麻烦，省大麻烦。找来的是小麻烦，省去的是大麻烦，这才是全部的真理。"

〔2〕见南宋蔡沈《洪范皇极内篇》。

加强和改进党的群团工作 *

（二〇一五年七月六日）

党中央对加强和改进新形势下党的群团工作已经作出全面部署，要深入抓好落实。这里，我想就其中几项重点工作讲点看法，最重要的是要保持和增强政治性、先进性、群众性。

第一，切实保持和增强党的群团工作的政治性。政治性是群团组织的灵魂，是第一位的。离开了政治性，群团组织就容易产生脱离党的领导的倾向，就会庸俗化，就会成为一般社会组织，甚至会走向邪路。保持和增强党的群团工作的政治性这个问题，必须引起我们高度关注。

保持和增强党的群团工作的政治性，关键是群团组织必须自觉坚持中国共产党的领导。坚持党的领导，是做好党的群团工作的根本保证，是必须坚持的正确政治方向，也是党的群团工作的优良传统。邓小平同志说，共青团犯一千条错误都没有关系，但是有一条错误不能犯，就是脱离党的轨道[1]。群团组织要始终把自己置于党的领导之下，在思想上政治上行动上始终同党中央保持高度一致，

自觉维护党中央权威，坚决贯彻党的意志和主张，严守政治纪律和政治规矩，经得住各种风浪考验，在大是大非问题面前立场坚定、旗帜鲜明，在关键时刻敢于冲锋陷阵、发声亮剑。

我之所以强调保持和增强党的群团工作的政治性，是因为这个要求具有很强的现实针对性。国内外敌对势力是绝对不愿看到中国特色社会主义"风景这边独好"[2]的，是绝对不愿看到中国共产党在中国长期执政的，也是绝对不愿看到中华民族实现伟大复兴的。在这个问题上，我们千万不能天真！在这样的大政治背景下，就有一些人拿我们的群团组织做文章，质疑或否定党对群团组织的领导，发出种种奇谈怪论。我们必须时刻牢记，我们同各种敌对势力的斗争是长期的、复杂的，有时甚至是很尖锐的。在这场严肃的政治斗争面前，群团组织不能缺位、不能失声，不能那样温良恭俭让。

党的群团工作的政治性，主要体现在工会、共青团、妇联等群团组织要承担起引导群众听党话、跟党走的政治任务，为夯实党执政的阶级基础和群众基础作出贡献上。这是群团组织同一般社会组织的根本区别，也应该成为衡量群团组织工作做得好不好的政治标准。江泽民同志说过："必须懂得，我们党所领导的改革开放和现代化建设事业，是人民群众参加的、为人民群众谋利益的事业，只有相信和依靠群众，充分发挥他们的积极性创造性，才能获得成功。"[3]对群团组织来说，谁能把自己联系的群众最广泛最紧密地团结在党的周围，谁的工作就是做得好，反之就是做得不好。这个标准必须在群团工作中牢固树立起来，什么时候都不能忽视，更不能淡化和遗忘。

保持和增强党的群团工作的政治性，必须把正方向、引对道路，绝不能犯方向性错误。中国特色社会主义群团发展道路，是中国特色社会主义道路在群团工作领域的具体展开。这条道路是在党探索中国特色社会主义工会发展道路、中国特色社会主义青年运动方向、中国特色社会主义妇女发展道路的长期实践中形成和发展起来的，符合我国国情和历史发展趋势。做好党的群团工作，必须毫不动摇坚持中国特色社会主义群团发展道路，全面把握"六个坚持"的基本要求和"三统一"的基本特征。"六个坚持"，就是坚持党对群团工作的统一领导，坚持发挥桥梁和纽带作用，坚持围绕中心、服务大局，坚持服务群众的工作生命线，坚持与时俱进、改革创新，坚持依法依章程独立自主开展工作。"三统一"，就是各群团自觉接受党的领导、团结服务所联系的群众、依法依章程开展工作相统一。

坚持党的领导，同支持群团组织依法依章程独立自主开展工作是有机统一的。离开党的领导，群团组织就会迷失方向、丢掉灵魂。历史上曾出现过"先锋主义"〔4〕等错误倾向。同时，党的领导不是代替群团组织，而是要支持群团组织更好发挥作用，让党的领导通过群团组织具体而深入地落实到群众中去。

坚持党的领导，不是说群团组织自己什么也不要干了，一切照党政部门依样画葫芦，那样群团组织就没有特点了。现在，一些群团组织问题矛盾的主要方面是"等靠要"心理严重，工作主动性和创造性不够。这其中两方面原因可能都有。一方面，一些党组织怕出事，不希望群团组织搞自己的活动，捆住了群团组织的手脚。另一方面，一些群团组织也怕出事，觉得跟着党组织的活动亦步亦趋最保险，不求有功，但求无过。在这个问题上，要强调两点。一是党组织要鼓励和引导群团组织充分发挥作用，不要觉得群团组织太活跃会给自己惹麻烦，四平八稳最好。二是群团组织要积极作为、敢于作为，如果只喊口号而不做有声有色的工作，没有通过自身努力把党的意志和主张落实到广大人民群众中去，那也不能说是坚持了党的领导，因为你没有为坚持党的领导发挥自己的职能作用。

第二，切实保持和增强群团组织的先进性。我们党对自己提出要保持先进性，对群团组织提出这方面的要求合适不合适呢？我看是合适的。我们的工会、共青团、妇联等群团组织是党直接领导的群众组织，承担着组织动员广大人民群众为完成党的中心任务而共同奋斗的重大责任。没有先进性，怎么能组织动员群众前进呢？要参加各类群团组织的所有群众都做到先进不容易，但群团组织作为一个整体，作为一个成员众多、有着几千万甚至几亿成员的组织，必须把保持和增强先进性作为重要着力点。

我们的工会肩负着引领工人阶级跟党走、使之成为党最坚实最可靠的阶级基础的使命，决不能成为西方那种"独立工会"。我们的共青团是先进青年的群众组织，是党的助手和后备军，决不能成为国外那种自发的或者具有各种政治色彩甚至光怪陆离的青年团体。现在团员数量很大，初中学生毕业前几乎全部能入团，如果没有团员意识和荣誉感，不追求先进性，就容易成为一盘散沙。我们的妇联组织是由党领导的妇女群众组织，必须把广大妇女紧紧团结在党的周围，决不能成为国外的那种女权组织、贵妇人联合会。

保持和增强群团组织的先进性，必须牢牢把握为实现中华民族伟大复兴中国梦而奋斗的时代主题，紧紧围绕党和国家工作大局，组织动员广大人民群众走在时代前列，在改革发展稳定第一线建功立业。要以先进引领后进，以文明进步代替蒙昧落后，以真善美抑制假恶丑，教育引导广大人民群众不断提高思想觉悟和道德水平，坚定走中国特色社会主义道路，自觉践行社会主义核心价值观，真正成为党执政的坚实依靠力量、强大支持力量、深厚社会基础。

保持和增强群团组织的先进性，必须始终站在党和人民的立场上，坚持为党分忧、为民谋利，把思想政治工作贯穿所开展的各种活动，多做组织群众、宣传群众、教育群众、引导群众的工作，多做统一思想、凝聚人心、化解矛盾、增进感情、激发动力的工作。群团组织要自觉成为在群众中、在基层凝聚人心、坚守前哨、冲锋陷阵的战斗队、工作队，组织动员广大人民群众自觉捍卫中国共产党领导和我国社会主义制度。一个是要有强大凝聚力，把人紧紧拢在一块儿；一个是要有强大战斗力，能够打硬仗、打难仗、打苦仗。这是党对群团组织的十分重要的要求。

服务群众、维护群众权益的大旗要牢牢掌握在我们手中，哪里的群众合法权益受到侵害，哪里的群团组织就要站出来说话。同时，做这些工作不能站在纯服务、纯业务的角度，必须同群团组织履行政治职责紧密联系起来，高举旗帜，巩固阵地，争取人心，而不能让那些别有用心的组织和人与我们争夺群众。能不能做到，那就要看战斗力如何了。各级党委和政府要为群团组织维权撑腰壮胆，加大对群团组织的支持力度，帮助群团组织在群众中树立威信。

我说过，网络已是意识形态斗争的主战场。现在，网络是一个巨大的舆论场，各种声音鱼龙混杂、真假难辨，正面的声音出不来，负面的东西就会大行其道。我在同团中央新一届领导班子集体谈话时就讲过，做工作不仅要看到有形的对象，而且要看到无形的对象；开展网络斗争、加强网络管理、弘扬网上主旋律，共青团义不容辞。前不久，少数人在网上亵渎邱少云[5]等革命烈士，几十万团员青年在网上发帖驳斥，正气压倒了歪风，做得好！

工会、共青团、妇联等群团组织要下大气力开展网上工作，亮出群团组织的旗帜，发出我们的声音，对模糊认识进行引导，对错误言论进行驳斥，让群众能在网上找到自己的组织、参加组织的活动。我们有八千七百七十九万党员、二亿八千多万工会成员、八千九百多万团员，还有"半边天"，一人发一条网上信息，那就会产生巨大正能量。群团干部和骨干应该在战斗中成长，网上舆论斗争就是群团组织必须抓好的一个很重要的战场。

第三，切实保持和增强群团组织的群众性。群众性是群团组织的根本特点。离开了群众性，群团组织就容易走向官僚化、空壳化。列宁说："只靠共产党员的双手来建立共产主义社会，这是幼稚的、十分幼稚的想法。共产党员不过是沧海一粟，不过是人民大海中的一粟而已。"[6]群团组织开展工作和活动要以群众为中心，让群众当主角，而不能让群众当配角、当观众。群众心里没有群团组织，不积极参与群团组织活动，或者群团组织覆盖面越来越窄，那就等于削弱了做党的群团工作的基础。

保持和增强群团组织的群众性，必须克服重"精英"轻"草根"的倾向，更多关注、关心、关爱普通群众。要克服自弹自唱、自娱自乐、隔空喊话、封闭运行的倾向，进万家门、访万家情、结万家亲，经常同群众进行面对面、手拉手、心贴心的零距离接触，增进对群众的真挚感情。要克服以主观想象代替群众真实需求的倾向，把握群众所需所急所盼，少搞一些强加于群众的活动，多提供一些对路的服务。要克服以点代面、以服务和维权的个别成功案例来包装整个工作的倾向，全面了解所联系群众的共性需求和存在的普遍性问题。

保持和增强群团组织的群众性，必须大力健全组织特别是基层组织。组织是群团凝聚群众的阵地。群团基层组织处在群众工作第一线。长期以来，工会、共青团、妇联等群团组织自上而下建立了比较完整的组织体系。目前，工会有基层组织近二百八十万个、职工帮扶中心和站点二十多万个，共青团有基层组织三百八十多万个，妇联有基层组织将近一百万个、城乡"妇女之家"七十多万个，这是党在基层开展群众工作的强大组织网络，世界上任何政党都比不了。

同时，也要看到，随着群众就业、生活、聚集方式日益多元化，群团组织覆盖不到、覆盖不全的问题日益凸显。在党政机关、国有企事业单位、城乡社区，工会、共青团、妇联等基本上是覆盖的，而在非公有制经济组织、社会组织等新领域新阶层中，尽管这些年作了很多努力，挂了不少牌子，有数据，有报表，实际上还存在大量没有覆盖的盲区和"飞地"，工作没有成气候，不少基层群众感觉不到群团组织的存在。

我在同全国总工会新一届领导班子成员集体谈话时讲过，要积极扩大工会工作覆盖面，目前在有的地方我们的工会组织吸引力不够，特别是对青年职工、农民工等吸引力不够，还不如一些民间组织发起的活动。我在同团中央新一届领导班子集体谈话时也讲过，现在很多青年人在新经济组织、新社会组织、社区里，在网络空间里，在农民工、个体工商户、网民、"北漂"、"蚁族"里，尤其是那些自由职业者、网络意见领袖、网络作家、签约作家、自由撰稿人、独立演员歌手、流浪艺人等种类繁多的新兴群体，里面有很多有本事的人，有的甚至可以一呼百应。对他们的工作做不好，他们可能成为负能量；对他们的工作做好了，他们就可以成为正能量。随着社会发展，这类人群将会越来越多，群团组织必须适应这个发展趋势，努力去做他们的工作，而不要排斥他们、拒绝他们、疏远他们，不要让他们游离于群团组织之外。

"常制不可以待变化，一途不可以应无方，刻船不可以索遗剑。"[7]群众流动频繁、分布不断变化，群团组织设置必须及时调整。要巩固已有的组织基础，加快新领域新阶层组织建设，形成完善的组织体系，实现有效覆盖。工会、共青团、妇联要探索以多种方式构建纵横交织的网络化组织体系，做到哪里有群众、哪里就要有自己的组织，怎么有利于做好工作、就怎么建组织。比如，现在农民工已经成为产业工人的重要组成部分，而且数量庞大，那工会就要加大做农民工工作的力度，最大限度把农民工吸收到工会组织中来，使他们成为工人阶级坚定可靠的新生力量。

保持和增强群团组织的群众性，必须建立健全联系群众的长效机制。密切联系群众是群团组织建设的永恒主题。毛泽东同志说过："动员群众的方式，不应该是官僚主义的。官僚主义的领导方式，是任何革命工作所不应有的……要把官僚主义方式这个极坏的家伙抛到粪缸里去，因为没有一个同志喜欢它。每一个同志喜欢的应该是群众化的方式，即是每一个工人、农民所喜欢接受的方式。"[8]群团组织不能坐在机关里做工作，而是要摆脱文山会海、走出高楼大院，群团干部特别是领导机关干部要深入基层、深入群众，争当全心全意为人民服务宗旨的忠实践行者、党的群众路线的坚定执行者、党的群众工作的行家里手。

工会、共青团、妇联开展的机关干部下基层活动要常态化、制度化，成为每个干部的习惯和自觉，大部分工作时间要到工人、青年、妇女中去。下去了，不要走马观花，不要蜻蜓点水，不要前呼后拥，而是要深入基层群众，掌握第一手材料，推动解决群众需要解决的问题。我在福建工作时，坚持抽时间交各种群众朋友，其中有农民、司机、炊事员，还有修脚师傅。群团机关干部要建立基层联系点，同困难群众结对子。要以群众喜闻乐见、便于参加的形式和方法开展工作，组织活动请群众一起设计，部署任务请群众一起参与，表彰先进请群众一起评议。

保持和增强群团组织的群众性，必须坚持眼睛向下、面向基层。群团领导机关要改革和改进机关机构设置、管理模式、运行机制，减少中间层次，不要叠床架屋，要更好适应基层工作和群众工作需要。工会、共青团、妇联组织要坚持重心下移，力量配备、服务资源向基层倾斜，上级群团机关可以挤一点编制，减上补下；县一级整体盘子里调一点编制，充实工会、共青团、妇联组织。要抓好基层组织带头人队伍建设，落实他们的待遇，调动他们的积极性。基层群团组织要立足自身挖掘潜能，善于借船出海、借梯登高，把神经末梢搞敏感，把毛细血管搞畅通。

联系和引导相关社会组织，是群团组织发挥桥梁和纽带作用的一项重要任务。这些年来，各类社会组织发展迅速，在群众中影响不小。要接长手臂、形成链条，使群团组织成为党联系社会组织的一个重要渠道。从各地实践探索看，这项工作可以有多种方式。一是自己建，在一些关键领域、重要群体中培育群团组织直接领导的社会组织。

二是联合建，工会、共青团、妇联等群团基层组织可以合作建立社会组织。三是引导好，把社会组织吸引在群团组织之下，不求所属，但求所用。四是"打楔子"，在具备条件的社会组织中建工会、共青团、妇联等群团基层组织。要通过多种方式，使大大小小的社会组织成为群团组织的二传手、三传手、四传手，像毛细血管一样延伸到社会各领域。这项工作要谋定而后动，不能一窝蜂，有条件的地方和群团组织可以开展试点。

保持和增强群团组织的群众性，还要注意群众的广泛性和代表性问题。群团组织作为群众自己的组织，群众的广泛性和代表性是两个最为重要的要素。缺乏群众的广泛性，不同层次、不同领域的群众代表性太窄，不利于群团组织吸引群众、号召群众、开展工作。群团组织是群众组织，如果"高大上"的人比例过高，群众就会感到高不可攀，就会有距离感、隔膜感，那还怎么联系群众？这就是庄子所说的："水之积也不厚，则其负大舟也无力。"[9]

群团组织要更多把普通群众中的优秀人物纳入组织，多一点"下里巴人"，少一点"阳春白雪"。在群团组织的常委、委员、代表以及内部工作部门人员的安排上，要明显提高基层一线人员比例，合理确定领导干部、企业家、知名人士等的比例。各行各业的知名人士、杰出人物可以发挥作用，也应该支持他们更好发挥作用，但不一定都要聚集到群团组织中来，可以发挥作用的地方多得很！这个问题要逐步加以解决，让广大人民群众从心底里感到群团组织是自己的组织。

注　释

〔1〕见邓小平《把共青团的活动放在党委的统一规划下》(《邓小平文集（一九四九———一九七四年）》下卷，人民出版社 2014 年版，第 26 页）。

〔2〕见毛泽东《清平乐·会昌》(《毛泽东诗词集》，中央文献出版社 2003 年版，第 40 页）。

〔3〕见江泽民《努力建设高素质的干部队伍》(《十四大以来重要文献选编》下册，中央文献出版社 2011 年版，第 61—62 页）。

〔4〕"先锋主义"，这里指中国共产主义青年团早期曾出现的不肯接受党的政治领导，甚至反对党的领导，认为党的领导侵犯了团的独立的一种错误倾向。

〔5〕邱少云（一九二六———一九五二），四川铜梁（今重庆铜梁）人。一九四九年参加中国人民解放军。一九五一年参加中国人民志愿军。次年十月十二日，在参加攻占三九一高地的潜伏中，附近草丛被敌军发射的侦察燃烧弹点燃，烈火蔓延燃着了他的棉衣、头发和皮肉。为不暴露潜伏部队，他强忍剧痛，始终未动，直至壮烈牺牲。所在部队追认他为中国共产党党员，追授"模范青年团员"称号。中国人民志愿军给他追记特等功，追授"一级英雄"称号。朝鲜民主主义人民共和国追授他英雄称号和金星奖章、一级国旗勋章。

〔6〕见列宁《俄共（布）第十一次代表大会文献》(《列宁全集》第 43 卷，人民出版社 2017 年版，第 100 页）。

〔7〕见东晋葛洪《抱朴子外篇·广譬》。

〔8〕见毛泽东《必须注意经济工作》(《毛泽东选集》第 1 卷，人民出版社 1991 年版，第 124 页）。

〔9〕见《庄子·逍遥游》。

在白宫南草坪欢迎仪式上的致辞

（二〇一五年九月二十五日）

尊敬的奥巴马总统和夫人，

女士们，先生们，朋友们：

在这金秋的美好时节，我和我的夫人怀着愉快的心情来到美丽的华盛顿。首先，我要感谢奥巴马总统对我的盛情邀请和热情接待。在这里，我向美国人民转达十三亿多中国人民的诚挚问候和良好祝愿！

中国和美国都是伟大的国家，中国人民和美国人民都是伟大的人民。三十六年前中美建立外交关系以来，两国关系始终乘风破浪、砥砺前行，取得了历史性进展。

二〇一三年夏天，我同奥巴马总统在安纳伯格庄园共同作出构建中美新型大国关系的战略抉择。两年多来，中美各领域交流合作取得重要进展，受到两国人民和世界人民欢迎。

中美两国携手合作，可以产生一加一大于二的力量。新形势下发展中美关系，应该随时而动、顺势而为。我这次访问美国，是为和平而来，为合作而来，我们愿同美方一道努力，推动中美关系得到更大发展，更多更好造福两国人民和世界人民。

——我们要坚持构建新型大国关系正确方向，使和平、尊重、合作始终成为中美关系的主旋律，确保两国关系沿着健康稳定的轨道不断向前发展。

——我们要坚持增进战略互信，加深相互了解，尊重彼此利益和关切，以宽广的胸怀对待差异和分歧，坚定两国人民友好合作的信心。

——我们要坚持互利共赢的合作理念，创新合作模式，拓宽合作领域，以实际行动和合作成果，给两国人民和世界人民带来更多福祉。

——我们要坚持增进人民友谊，大力推进两国民间交往，鼓励两国社会各界相向而行，不断夯实中美关系的社会基础。

——我们要坚持促进世界和平与发展，加强在重大国际和地区问题上的协调，合力应对全球性挑战，同各国人民一道，建设更加美好的世界。

三十年前，我第一次访问美国，住在艾奥瓦州马斯卡廷市的美国老百姓家中。他们是那么热情、真诚、友好。我们亲切交流，临别时紧紧拥抱，这一幕幕情景至今令我难以忘怀。三年前，我再次回到马斯卡廷市，同老朋友重逢。他们对我说，友谊是一件大事。从这些老朋友身上，从很多美国朋友身上，我真切感受到了中美两国人民心灵相通的真挚感情，这让我对中美关系的未来抱有充分的信心。

女士们、先生们、朋友们！

事在人为。中美关系正站在二十一世纪一个新的历史起点上。合作共赢是中美关系发展的唯一正确选择。
让我们坚定信念、携手合作，共同谱写中美关系发展新
篇章！

下大气力破解制约如期全面建成小康社会的重点难点问题[*]

（二〇一五年十月二十九日）

实现全会确定的目标任务，必须下气力解决好重点难点问题。这既是我们必须完成的任务，也是必须迈过的一道坎儿，正所谓"操其要于上，而分其详于下"〔1〕。

第一，转方式，着力解决好发展质量和效益问题。发展是基础，经济不发展，一切都无从谈起。改革开放以来，我们靠聚精会神搞建设、一心一意谋发展，取得了骄人的成就。实现全面建成小康社会奋斗目标，仍然要把发展作为第一要务，努力使发展达到一个新水平。发展是硬道理的战略思想要坚定不移坚持，同时必须坚持科学发展，加大结构性改革力度，坚持以提高发展质量和效益为中心，实现更高质量、更有效率、更加公平、更可持续的发展。

当前，我国经济下行压力很大，这其中有全球性、阶段性因素的影响，但根本上是结构性问题。比如，当前经

---

* 这是习近平同志在中共十八届五中全会第二次全体会议上讲话的一部分。

济下行的一个重要原因是工业增长下滑，而工业下滑主要是产业结构不适应需求变化、部分行业产能过剩严重。企业效益不好的主要原因也是如此。提高发展质量和效益，关键是要加快转变经济发展方式、调整经济结构，采取果断措施化解产能过剩，这是唯一正确的选择。"十三五"时期是转方式调结构的重要窗口期。如果不注重转方式调结构，只是为短期经济增长实行刺激政策，必然会继续透支未来增长。面对传统经济发展方式积累的矛盾和问题，如果一直迟疑和等待，不仅会丧失窗口期的宝贵机遇，而且还会耗尽改革开放以来积累下来的宝贵资源。这是不少国家的教训。机遇不会等着我们，问题也不会等待我们。

发展要有一定速度，但这个速度必须有质量、有效益。经济下行压力加大，表面上是有效需求不足，实际上是有效供给不足。总体上我国产能很大，但其中一部分是无效供给，而高质量、高水平的有效供给又不足。我国是制造大国和出口大国，但主要是低端产品和技术，科技含量高、质量高、附加值高的产品并不多。我们既要着力扩大需求，也要注重提高供给质量和水平。

过去，我国生产能力滞后，因而把工作重点放在扩大投资、提高生产能力上。现在，产能总体过剩，仍一味靠扩大规模投资抬高速度，作用有限且边际效用递减。虽然短期内投资可以成为拉动经济增长的重要动力，但最终消费才是经济增长的持久动力。在扩大有效投资、发挥投资关键作用的同时，必须更加有效地发挥消费对增长的基础作用。"一带一路"建设、京津冀协同发展、长江经济带建设三大战略，是今后一个时期要重点拓展的发展新空间，要有力有序推进。在前三十多年的发展中，我国逐步形成了京津冀、长三角、珠三角三大城市群，成为带动全国发展的主要空间载体。东北地区、中原地区、长江中游、成渝地区等各有一亿多人口，完全有条件形成相对完整的产业体系和大市场，成为带动发展的新空间。当然，要做好空间规划顶层设计，有序推进，避免盲目性。

关于转方式调结构的重点任务，《中共中央关于制定国民经济和社会发展第十三个五年规划的建议》提出了具体要求，关键是要实现有质量、有效益的发展。一是投资要有效益。扩大投资可以促进增长，但如果都是无效投资，投下去没有回报，贷的款、借的债就没法偿还，形成一堆坏账，对企业而言就是财务风险，对国家而言就是财政金融风险。虽然说基础设施特别是公共性较强的基础设施投资的回报期可以长一些，但我们也不能把几十年以后的事都干了，即使应该干的也要看财力是不是可以支撑。二是产品要有市场。这是投资是否有合理回报的前提。不分析市场前景，以政代企配置资源，或者以优惠政策诱使企业扩大投资，结果可能成为继续前进的包袱。三是企业要有利润。企业之所以叫企业，就是必须赢利。企业没有利润、大面积亏损，两三年后撑不下去了，那就不仅是速度低一点的问题了，员工收入和政府财政无从谈起，而且会带来金融风险甚至社会风险。我们的政策基点要放在企业特别是实体经济企业上，高度重视实体经济健康发展，增强实体经济赢利能力。四是员工要有收入。人们到企业就业是为了取得收入，收入低于预期、低于市场决定的平均工资，就招不来人。当然，工资增长快于宏观经济形势所决定的企业利润增长，也会导致企业招人贵、负担重，有些劳动密集型外资企业也会转移到工资成本更低的国家。五是政府要有税收。政府必须提供外部性强的公共服务、基础设施。政府做这些事的钱从哪里来？主要是税收。政府可以发债，但也不能发过了头。如果经济增长速度挺高，但政府没有税收，没有钱干政府要干的事，民生和公共服务无从改善，社会也难以和谐稳定。政府的钱不能乱花，所以要控制好支出。

转方式调结构是"十三五"时期的关键任务。要以结构深度调整、振兴实体经济为主线调整完善相关政策，构建产业新体系，培育一批战略性产业，构建现代农业产业体系，加快建设制造强国，加快发展现代服务业。转方式调结构的基础动力在创新，要推动新技术、新产业、新业态蓬勃发展，瞄准世界科技前沿，形成一批重大创新成果，推进科技成果产业化，使创新成果变成实实在在的经济活动，形成新的产品群、产业群。

第二，补短板，着力解决好发展不平衡问题。全面建成小康社会，强调的不仅是"小康"，而且更重要的也是更难做到的是"全面"。"小康"讲的是发展水平，"全面"讲的是发展的平衡性、协调性、可持续性。如果到二〇二〇年我们在总量和速度上完成了目标，但发展不平衡、不协调、不可持续问题更加严重，短板更加突出，就算不上真正实现了目标，即使最后宣布实现了，也无法得到人民群众和国际社会认可。

全面小康，覆盖的领域要全面，是"五位一体"全面进步。全面小康社会要求经济更加发展、民主更加健全、科教更加进步、文化更加繁荣、社会更加和谐、人民生活更加殷实。要在坚持以经济建设为中心的同时，全面推进经济建设、政治建设、文化建设、社会建设、生态文明建设，促进现代化建设各个环节、各个方面协调发展，不能长的很长、短的很短。

比如，生态文明建设就是突出短板。在三十多年持续快速发展中，我国农产品、工业品、服务产品的生产能力迅速扩大，但提供优质生态产品的能力却在减弱，一些地方生态环境还在恶化。这就要求我们尽力补上生态文明建设这块短板，切实把生态文明的理念、原则、目标融入经济社会发展各方面，贯彻落实到各级各类规划和各项工作中。主体功能区是国土空间开发保护的基础制度，也是从源头上保护生态环境的根本举措，虽然提出了多年，但落实不力。我国九百六十多万平方公里的国土，自然条件各不相同，定位错了，之后的一切都不可能正确。要加快完善基于主体功能区的政策和差异化绩效考核，推动各地区依据主体功能定位发展。要坚持保护优先、自然恢复为主，实施山水林田湖生态保护和修复工程，加大环境治理力度，改革环境治理基础制度，全面提升自然生态系统稳定性和生态服务功能，筑牢生态安全屏障。

全面小康，覆盖的人口要全面，是惠及全体人民的小康。全面建成小康社会突出的短板主要在民生领域，发展不全面的问题很大程度上也表现在不同社会群体民生保障方面。"天地之大，黎元为本。"[2]要按照人人参与、人人尽力、人人享有的要求，坚守底线、突出重点、完善制度、引导预期，注重机会公平，着力保障基本民生。

农村贫困人口脱贫是最突出的短板。虽然全面小康不是人人同样的小康，但如果现有的七千多万农村贫困人口生活水平没有明显提高，全面小康也不能让人信服。所以，《建议》把农村贫困人口脱贫作为全面建成小康社会的基本标志，强调实施精准扶贫、精准脱贫，以更大决心、更精准思路、更有力措施，采取超常举措，实施脱贫攻坚工程，确保我国现行标准下农村贫困人口实现脱贫、贫困县全部摘帽、解决区域性整体贫困。

我们有一千八百万左右的城镇低保人口，对他们而言，要通过完善各项保障制度来保障基本生活；对一亿三千多万六十五岁以上的老年人，要增加养老服务供给、增强医疗服务的便利性；对二亿多在城镇务工的农民工，要让他们逐步公平享受当地基本公共服务；对上千万在特大城市就业的大学毕业生等其他常住人口，要让他们有适宜的居住条件；对九百多万城镇登记失业人员，要让他们有一门专业技能，实现稳定就业和稳定收入，等等。总之，我们要坚持以人民为中心的发展思想，针对特定人群面临的特定困难，想方设法帮助他们解决实际问题。

"十三五"时期，财政收入不可能像原来那样高速增长，要处理好发展经济和保障民生的关系，既要在经济发展的基础上不断加大保障民生力度，也不要脱离财力作难以兑现的承诺。要重点加强基本公共服务，特别是要加大对革命老区、民族地区、边疆地区、贫困地区基本公共服务的支持力度，加强对特定人群特殊困难的帮扶，在此基础上做好教育、就业、收入分配、社会保障、医疗卫生等各领域民生工作。要坚持量入为出，积极调整财政支出结构。前一阶段，根据财政收入增长很快的形势作了一些承诺，现在看来要从可持续性角度研究一下，该适度降低的要下决心降低。

全面小康，覆盖的区域要全面，是城乡区域共同的小康。努力缩小城乡区域发展差距，是全面建成小康社会的一项重要任务。对这个问题，要辩证地看。城市和乡村、不同区域承担的主体功能不同。青海和西藏的主要区域是重点生态功能区，是世界第三极，生态产品和服务的价值极大。如果盲目开发造成破坏，今后花多少钱也补不回来。但是，在现行国内生产总值核算体系下，只用国内生产总值衡量发展水平，这些地方必然同发达地区的发展差距越来越大。我们说的缩小城乡区域发展差距，不能仅仅看作是缩小国内生产总值总量和增长速度的差距，而应该是缩小居民收入水平、基础设施通达水平、基本公共服务均等化水平、人民生活水平等方面的差距。此外，对城乡地区收入差距，也要全面认识。城乡区域之间生活成本特别是居住成本很不一样，光看收入也不能准确反映问题。

第三，防风险，着力增强风险防控意识和能力。今后五年，可能是我国发展面临的各方面风险不断积累甚至集中显露的时期。我们面临的重大风险，既包括国内的经济、政治、意识形态、社会风险以及来自自然界的风险，也包括国际经济、政治、军事风险等。如果发生重大风险又扛不住，国家安全就可能面临重大威胁，全面建成小康社会进程就可能被迫中断。我们必须把防风险摆在突出位置，"图之于未萌，虑之于未有"〔3〕，力争不出现重大风险或在出现重大风险时扛得住、过得去。

过去，我们常常以为，一些矛盾和问题是由于经济发展水平低、老百姓收入少造成的，等经济发展水平提高了、老百姓生活好起来了，社会矛盾和问题就会减少。现在看来，不发展有不发展的问题，发展起来有发展起来的问题，而发展起来后出现的问题并不比发展起来前少，甚至更多更复杂了。新形势下，如果利益关系协调不好、各种矛盾处理不好，就会导致问题激化，严重的就会影响发展进程。

需要注意的是，各种风险往往不是孤立出现的，很可能是相互交织并形成一个风险综合体。对可能发生的各种风险，各级党委和政府要增强责任感和自觉性，把自己职责范围内的风险防控好，不能把防风险的责任都推给上面，也不能把防风险的责任都留给后面，更不能在工作中不负责任地制造风险。要加强对各种风险源的调查研判，提高动态监测、实时预警能力，推进风险防控工作科学化、精细化，对各种可能的风险及其原因都要心中有数、对症下药、综合施策，出手及时有力，力争把风险化解在源头，不让小风险演化为大风险，不让个别风险演化为综合风险，不让局部风险演化为区域性或系统性风险，不让经济风险演化为社会政治风险，不让国际风险演化为国内风险。

注　释

〔1〕见南宋陈亮《论执要之道》。

〔2〕这是唐代房玄龄等《晋书》卷一《宣帝纪》中记载的唐太宗李世民的话。

〔3〕见五代时期刘昫等《旧唐书·柳泽传》。

深化国防和军队改革，全面实施改革强军战略[*]

（二〇一五年十一月二十四日）

深化国防和军队改革的指导思想是，深入贯彻党的十八大和十八届三中、四中、五中全会精神，以马克思列宁主义、毛泽东思想、邓小平理论、"三个代表"重要思想、科学发展观为指导，按照"四个全面"战略布局要求，以党在新形势下的强军目标为引领，贯彻新形势下军事战略方针，全面实施改革强军战略，着力解决制约国防和军队建设的体制性障碍、结构性矛盾、政策性问题，推进军队组织形态现代化，进一步解放和发展战斗力，进一步解放和增强军队活力，建设同我国国际地位相称、同国家安全和发展利益相适应的巩固国防和强大军队，为实现"两个一百年"奋斗目标、实现中华民族伟大复兴的中国梦提供坚强力量保证。

把握这个指导思想，关键是要抓住党在新形势下的强军目标这个"牛鼻子"，坚持用强军目标审视、引领、推进改革。党的十八大以来，围绕实现强军目标，中央军委

---

[*] 这是习近平同志在中央军委改革工作会议上讲话的一部分。

统筹军队革命化现代化正规化建设，统筹军事力量建设和运用，统筹经济建设和国防建设，制定新形势下军事战略方针，提出一系列重大方针原则，作出一系列重大决策部署。要通过改革把这些重大战略谋划和战略设计落实好，为贯彻强军目标提供强大动力和体制保障。

第一，着眼于贯彻新形势下政治建军的要求，推进领导掌握部队和高效指挥部队有机统一，形成军委管总、战区主战、军种主建的格局。军委管总、战区主战、军种主建，是领导指挥体制改革的总原则。这是党中央、中央军委立足党情国情军情，在把握现代军队领导指挥特点和规律的基础上确定的，有着政治上的深层次考虑。这个总原则要解决的问题，就是在新形势下确保党对军队的绝对领导，确保军委高效指挥军队，确保军委科学谋划和加强部队建设管理。深化国防和军队改革，首先要深刻理解和把握这个总原则，牢牢坚持这个基石。

我多次讲，改革不是改向，变革不是变色。深化国防和军队改革，是中国特色社会主义军事制度自我完善和发展，是为了更好发挥我们军事制度的优势。改革必须坚持坚定正确的政治方向，通过一系列体制设计和制度安排，把党对军队绝对领导的根本原则和制度进一步固化下来并加以完善，强化军委集中统一领导，更好使军队最高领导权和指挥权集中于党中央、中央军委。国防和军队改革不论怎么做，这一条不能有丝毫含糊和动摇。

我们决定对军委总部体制作出调整。总部制是历史形成的，对推动我军建设发展、保证各项重大任务完成发挥了十分重要的作用，应该充分肯定。同时，随着形势和任务发展，这种体制存在的问题也日益凸显，职能泛化、条块分割、政出多门、相互掣肘、战略功能不强的问题比较突出。特别是四总部权力相对集中，事实上成了一个独立领导层级，代行了军委许多职能，不利于军委集中统一领导。我们把总部制改为多部门制，设七个部（厅）、三个委员会、五个直属机构，就是要从职能定位入手，优化军委机关职能配置和机构设置，使军委机关真正成为军委的参谋机关、执行机关、服务机关。

长期以来，我军实行作战指挥和建设管理职能合一、建用一体的体制，这是在一定历史条件下形成的。现在看，这种体制难以适应现代军队专业化分工的要求，难以适应信息时代能打仗、打胜仗的要求。这种体制不调整，势必影响作战效能和建设效益，不利于军委对全军实施高效的领导指挥。我们决定重新调整划设战区，建立健全军兵种领导管理体制，就是要使作战指挥职能和建设管理职能相对分离，把联合作战指挥的重心放在战区，把部队建设管理的重心放在军兵种，让战区和军兵种在军委统一领导下各司其职、各负其责。

根据国家安全威胁和军队担负的使命任务，我们决定把现在七大军区调整划设为东部、南部、西部、北部、中部五大战区。我们决定健全军委联合作战指挥机构，同时组建战区联合作战指挥机构，构成平战一体、常态运行、专司主营、精干高效的战略战役指挥体系。还要根据联合作战指挥体制，相应调整联合训练、联合保障体制。

我们对领导管理体制和联合作战指挥体制进行了一体设计，决定组建陆军领导机构，既解决我军组织体系中长期存在的一个结构性短板，又为建立健全联合作战指挥体制创造条件，也有利于军委机关调整职能、精简机构人员。考虑到第二炮兵实际上担负着一个军种的职能任务，我们决定把第二炮兵更名为火箭军。这样调整后，就构建起军委—战区—部队的作战指挥体系、军委—军种—部队的领导管理体系。

这轮改革力度大，大就大在我们下决心打破了长期实行的总部体制、大军区体制、大陆军体制。这是对我军整个组织架构的一次重塑，军委、战区、军种都必须适应这个新格局。调整后的军委机关要以主要精力履行战略谋划和宏观管理职能，尽快从四总部体制运行模式转变过来。战区要以主要精力研究打仗、指挥作战，尽快从大军区体制运行模式转变过来。军兵种要以主要精力抓好部队建设管理，逐步从建用一体运行模式转变过来。

有的同志担心，新的战区不直接领导管理部队，是不是能对部队实施有效指挥？这里，我要说清楚，战区作为本区域、本方向唯一最高指挥机构，其指挥权责是中央军委赋予的，这是党对军队绝对领导的重要存在形式，所有担负战区作战任务的部队必须坚决服从指挥。要明确战区指挥权责，通过法规制度保证战区指挥权责落到实处。战区指挥既包括战时也包括平时，如果平时不组织战备和军事行动，没有情况牵引备战，没有实践经验积累，一旦打起仗来是难以履行联合作战指挥职能的。

　　第二，着眼于深入推进依法治军、从严治军，抓住治权这个关键，构建严密的权力运行制约和监督体系。依法治军、从严治军，是我们党建军治军的基本方略。一支现代化军队应该是高度重视法治纪律的军队。我们推进强军事业、建设强大军队，没有法治引领和保障不行。要全面落实中央军委《关于新形势下深入推进依法治军从严治军的决定》，构建完善中国特色军事法治体系，加快实现治军方式的"三个根本性转变"[1]。

　　依法治军，关键是依法治权，必须加强权力运行制约和监督，切实把权力关进制度的笼子里。这三年来，党中央、中央军委狠抓军队正风反腐，军队"四风"问题和腐败现象蔓延势头得到遏制，但深层次问题还没有完全破解，一些部门和领域反腐败斗争形势仍然复杂严峻。权力必须有制约和监督，绝对权力导致绝对腐败，这是古今中外都证明了的一个道理。我们必须利剑高悬，以顽强的意志品质，坚决减存量、遏增量，推进标本兼治，不断压缩腐败现象生存空间，确保反腐败斗争取得压倒性胜利。

　　目前，在权力制约和监督方面，我们的制度设计和制度落实存在着一些问题，主要是一些制度执行力不强，权力运行监督体系不完善、不得力，特别是对领导机关、领导干部行使权力的制约和监督形同虚设。"善除害者察其本，善理疾者绝其源。"[2]我们决定按照决策、执行、监督既相互制约又相互协调的原则来区分和配置权力，重点解决纪检、巡视、审计、司法监督独立性和权威性不够的问题，以编密扎紧制度的笼子，补上体制机制方面的漏洞，努力铲除腐败现象滋生蔓延的土壤。

我们决定组建新的军委纪律检查委员会，由军委直接领导，同时向军委机关部门和战区分别派驻纪检组，发挥纪检、巡视监督作用，推动纪委双重领导体制落到实处。在去年调整解放军审计署建制领导关系的基础上，我们决定组建军委审计署，进一步改革审计监督体制，全部实行派驻审计。我们决定组建新的军委政法委员会，可以加强军委对军队政法工作的领导。解放军军事法院、解放军军事检察院由军委政法委员会领导管理，同时调整军事司法体制，按区域设置军事法院、军事检察院，保证它们依法独立公正行使职权。这样的改革设计，有利于形成决策权、执行权、监督权既相互制约又相互协调的权力运行体系。

第三，着眼于打造精锐作战力量，优化规模结构和部队编成，推动我军由数量规模型向质量效能型转变。兵贵精不贵多。我们讲精兵作战、精兵制胜，关键在一个"精"字。我们要优化规模结构、促进内涵式发展，使军队更加精干高效。

我们国家块头大，国境线长，周边安全形势错综复杂，军事斗争和维稳任务很重，军队需要保持较大规模。但是，我军还要继续"消肿"。我们决定裁减军队员额三十万，把军队规模减至二百万，这是适应国家安全战略和军事战略需求确定的，这样的调整从国家政治外交大局看也是有利的。

压缩规模就要精简机关和非战斗机构人员。要坚持精简高效的原则，从军委机关到战区、军种各级机关，单位等级、内设机构、人员编配都要从严从紧控制。如果改革后机关更庞大、领导职数和人员编制更多，那就南辕北辙了。这次军委机关由总部制调整为多部门制，精简力度很大。下一步，还要区分不同情况进行分类整合和精简。这次军委机关在解决臃肿庞杂问题上迈了一大步，为全军调整改革带了好头。

除了压规模，还要调结构。我们决定调整改善军种比例，优化军种力量结构，推动军种建设战略转型。我军干部数量偏大，官兵比例比较高，结合军队规模调整，这次将大幅度压减干部数量。通过扩大"官改兵"、改编非现役人员范围、压减各级机关编制、精简冗余人员、减少领导职数等措施，这个目标是能够实现的。要加大压减老旧装备部队力度，为发展新型作战力量"腾笼换鸟"。在优化规模结构的同时，要根据不同方向安全需求和作战任务改革部队编成，推动部队编成向充实、合成、多能、灵活方向发展。

精简调整是为了提高质量效能，要在精简机构和人员的基础上，推进一场以效能为核心的军事管理革命。要树立现代管理理念，完善管理体系，优化管理流程，提高军队专业化、精细化、科学化管理水平。组建军委训练管理部，有利于加强军事训练的统筹谋划和组织指导，也有利于加强部队和院校管理。要健全管经费、管物资、管采购、管工程等方面的制度，提高军事经济效益。各级特别是高层机关要转变职能、转变作风、转变工作方式，按照法定职责权限抓工作，提高工作效率和组织效能，坚决克服形式主义、官僚主义和"五多"[3]问题。

第四，着眼于抢占未来军事竞争战略制高点，充分发挥创新驱动发展作用，培育战斗力新的增长点。国防科技发展是具有基础性、引领性的战略工程。现在，主要国家高度重视推进高投入、高风险、高回报的前沿科技创新，大力发展能够大幅提升军事能力优势的颠覆性技术。我们国防科技创新搞不上去，就会在竞争中处于下风。总是跟在人家屁股后面追是不行的，一定要在一些领域成为领跑者。我们必须坚持创新发展理念，提高创新对战斗力增长的贡献率。我国国防科技发展正处在爬坡过坎的关键时期，必须选准突破口，超前布局，加强前瞻性、先导性、探索性、颠覆性的重大技术研究和新概念研究，积极谋取军事技术竞争优势。

新型作战力量代表着军事技术和作战方式的发展趋势。发展新型作战力量事不宜迟，不能消极等待，必须积极培育，否则就会错失良机，被对手拉开差距。

第五，着眼于开发管理用好军事人力资源，推动人才发展体制改革和政策创新，形成人才辈出、人尽其才的生动局面。强军兴军，要在得人。随着军事斗争准备和现代化建设深入推进、武器装备和新型作战力量快速发展，人才匮乏问题越来越突出。对干部队伍建设、高素质新型军事人才培养，我考虑得比较多，强调得也比较多。深化国防和军队改革，要有利于人才培养选拔，有利于人力资源高效开发使用，最大限度吸引和集聚优秀人才。

　　我军军事人力资源分类比较复杂，管理比较分散，政策制度执行随意性大，导致人力资源使用效益不高、浪费现象比较严重。这轮改革，我们坚持党管干部、党管人才，完善人力资源分类，整合人力资源管理职能，加强军事人力资源集中统一管理，努力使军事人力资源能够转化为实实在在的战斗力。我们决定深化军队院校改革，健全三位一体的新型军事人才培养体系，特别是要把联合作战指挥人才和参谋人才、新型作战力量人才培养作为重中之重，推动加快建设高素质新型军事人才队伍。

　　军队政策制度，关系官兵切身利益，是提高军队战斗力、激发军队活力的重要途径。在这方面，这些年来我们采取了很多举措，但矛盾还比较突出，官兵对政策制度改革呼声很高。我们决定适应军队职能任务需求和国家政策制度创新，推进军官、士兵、文职人员等制度改革，深化军人医疗、保险、住房保障、工资福利等制度改革，完善军事人力资源政策制度和后勤政策制度，建立体现军事职业特点、增强军人职业荣誉感自豪感的政策制度体系，以更好凝聚军心、稳定部队、鼓舞士气。从领导指挥体制改革和裁减军队员额三十万的要求出发，要抓紧推进相关政策制度特别是文职人员制度、军衔主导的等级制度、军官职业化制度的改革。

　　古人讲："教之、养之、取之、任之，有一非其道，则足以败乱天下之人才。"〔4〕意思是说，人才要靠教育、培养、选拔、任用，只要有一个环节搞不好，就难以培养和聚集优秀人才。各方面对建立军官职业化制度的必要性认识是一致的，关键是要在军官服役、分类管理、任职资格制度等方面调整改革上取得突破。军官职业化的核心是专业化，是强化打仗能力导向。要科学设置军官职业发展路径，让能力、实绩等客观因素在选人用人中起主导作用。

文职人员是现代军队的重要人力资源。发达国家军队普遍重视文职人员使用，我军文职人员数量比较少，这方面改革空间很大。我们决定建立统一的文职人员制度，把一些军民通用、非直接参与作战的现役人员岗位改由文职人员担任，扩大文职人员编配范围，优化军队人员构成，节约军队人力资源成本，延揽社会优秀人才为军队建设服务。

第六，着眼于贯彻军民融合发展战略，推进跨军地重大改革任务，推动经济建设和国防建设融合发展。军民融合发展既是兴国之举，又是强军之策。把军民融合发展上升为国家战略，是我们长期探索经济建设和国防建设协调发展规律的重大成果，是从国家安全和发展战略全局出发作出的重大决策。既然是国家战略，就要凝聚国家意志、举全国之力，军地同心一起推动落实。

各方面推进军民融合发展的积极性很高，但由于军地协调、需求对接、资源共享机制不完善，军工垄断、市场封闭的格局尚未根本打破，一些重大领域存在着资源分散、重复建设的现象，军民融合整体效益没有充分发挥出来。从地方看，一些部门和地区对贯彻国防需求考虑不足，工作支持力度不够。从军队看，一些部门和单位存在搞小而全、大而全的想法和本位主义观念，没有跳出自成体系、自我发展、自我保障的误区。转变军队建设发展方式，更好把军队建设融入国家经济社会发展体系，是大势所趋，势在必行。军民融合发展对加快转变经济发展方式、调整经济结构也具有重要意义，地方的同志在这个问题上要有高度自觉和实际行动。

打破军民二元分离结构，推动军民融合发展，要着力解决制约军民融合发展的体制机制问题，努力构建统一领导、军地协调、顺畅高效的组织管理体系，国家主导、需求牵引、市场运作相统一的工作运行体系，系统完备、衔接配套、有效激励的政策制度体系，形成全要素、多领域、高效益的军民融合深度发展格局。我们决定成立中央军民融合发展委员会，健全统一领导体制，为推动军民融合发展提供制度保证。

我国实行解放军、武警部队、民兵"三结合"武装力量体制。为加强党中央、中央军委对武装力量的统一领导，按照"军是军、警是警、民是民"的原则，我们决定对警种部队的领导管理体制进行调整改革。国务院有关部门要同军队搞好对接，细化改革实施方案。我们对完善民兵预备役、国防动员体制机制也提出了改革举措。我们决定成立军委国防动员部，履行组织指导国防动员和后备力量建设职能，领导管理省军区。地方各级党委和政府要协同军队抓好这些改革举措的落实。

退役军人安置和管理，关系军队稳定和社会大局稳定。退役军人经过部队严格教育训练和重大任务考验，是党和国家的宝贵财富。退役军人安置和管理保障还存在不少矛盾和问题。我们要在国家层面加强对退役军人管理保障工作的组织领导，健全服务保障体系和相关政策制度。军地有关部门要加强协调、抓紧推进。

军队有偿服务问题也是涉及军地、军民关系的一个大问题。一九九八年，党中央和中央军委决定军队、武警部队停止一切经商活动后，允许军队在一些行业开展对外有偿服务。从调查摸底的情况看，对外有偿服务给军队建设带来不少负面影响，必须下决心全面停止军队开展对外有偿服务。这关系到纯洁部队风气、保持我军性质和本色。鉴于军队在部分领域仍承担国家赋予的社会保障任务，可将这部分任务纳入军民融合发展体系。

注　　释

〔1〕治军方式的"三个根本性转变"，指从单纯依靠行政命令的做法向依法行政的根本性转变，从单纯靠习惯和经验开展工作的方式向依靠法规和制度开展工作的根本性转变，从突击式、运动式抓工作的方式向按条令条例办事的根本性转变。

〔2〕见唐代白居易《兴五福销六极》。

〔3〕"五多"，这里指会议多、活动多、文电多、工作组多、检查评比多。

〔4〕参见北宋王安石《上仁宗皇帝言事书》。原文是："教之、养之、取之、任之，有一非其道，则足以败天下之人才。"

脱贫攻坚必须在精准上出实招下实功见实效[*]

（二〇一五年十一月二十七日）

脱贫攻坚要取得实实在在的效果，关键是要找准路子、构建好的体制机制，抓重点、解难点、把握着力点。空喊口号、好大喜功、胸中无数、盲目蛮干不行，搞大水漫灌、走马观花、大而化之、手榴弹炸跳蚤也不行，必须在精准施策上出实招、在精准推进上下实功、在精准落地上见实效。

二〇一二年，我在阜平调研时提出了扶贫开发要坚持因地制宜、科学规划、分类指导、因势利导的思路。总结各地实践和探索，好路子好机制的核心就是精准扶贫、精准脱贫，做到扶持对象精准、项目安排精准、资金使用精准、措施到户精准、因村派人精准、脱贫成效精准。这是贯彻实事求是思想路线的必然要求。要重点解决好以下四个问题。

第一，解决好"扶持谁"的问题。扶贫必先识贫。建档立卡在一定程度上摸清了贫困人口底数，但这项工作要

---

* 这是习近平同志在中央扶贫开发工作会议上讲话的一部分。

进一步做实做细，确保把真正的贫困人口弄清楚。只有这样，才能做到扶真贫、真扶贫。要提高统计数据质量，既不要遗漏真正的贫困人口，也不要把非贫困人口纳入扶贫对象。要把贫困人口、贫困程度、致贫原因等搞清楚，以便做到因户施策、因人施策。甘肃等地在建档立卡的基础上绘制贫困地图，全面准确掌握贫困人口规模、分布以及居住条件、就业渠道、收入来源、致贫原因等情况，挂图作业，按图销号，做到一户一本台账、一户一个脱贫计划、一户一套帮扶措施，倒排工期，不落一人。这样的探索符合精准扶贫要求，应该积极提倡。

在"扶持谁"的问题上，要防止不分具体情况，简单把所有扶贫措施都同每一个贫困户挂钩。强调扶贫措施精准到户到人，主要是强调对贫困户要有针对性的帮扶措施，缺啥补啥，但并不是说每一项扶贫措施都是对着所有贫困户去的。发展现代农业、推广良种良法、开发特色产业，需要一定经营规模，也需要农民合作社、家庭农场等新型经营主体引领，不是随便一家一户就能干得了的。如何将产业扶持和精准扶贫有机结合起来，应该允许和鼓励地方探索。进行农村基础设施建设，有的需要整村推进，有的需要整乡整县推进，有的需要整流域或整片区推进，应该统筹谋划。有些民族地区，由于多种原因，务工机会少，扶贫脱贫难度比其他地方更大，政策应该更倾斜、工作落实力度应该更大。对仍处于深度贫困的偏远边境地区的人口较少民族，应该有更特殊的措施予以扶持。

各地和有关部门要对扶贫政策进行科学分类，制定精准扶贫的具体操作办法，该精准到户的一定要精准到户，该精准到群体的一定要精准到群体，防止出现新的矛盾和不稳定因素。

第二，解决好"谁来扶"的问题。推进脱贫攻坚，关键是责任落实到人。要加快形成中央统筹、省（自治区、直辖市）负总责、市（地）县抓落实的扶贫开发工作机制，做到分工明确、责任清晰、任务到人、考核到位，既各司其职、各尽其责，又协调运转、协同发力。

党中央、国务院主要负责统筹制定脱贫攻坚大政方针，出台重大政策举措，规划重大工程项目，统筹协调全局性重大问题、全国性共性问题，考核省级党委和政府扶贫开发工作成效。省级党委和政府对辖区内脱贫攻坚工作负总责，抓好目标确定、项目下达、资金投放、组织动员、监督考核等工作，确保辖区内贫困人口如期全部脱贫、贫困县如期全部摘帽。市（地、州、盟）党委和政府要做好上下衔接、域内协调、督促检查工作，把精力集中在贫困县如期摘帽上。县级党委和政府承担主体责任，县委书记和县长是第一责任人，做好精准识别、进度安排、项目落地、资金使用、人力调配、推进实施等工作。

中央和国家机关各部门要把脱贫攻坚作为分内职责，加强对本部门本行业脱贫攻坚的组织领导，运用部门职能和行业资源做好工作，做到扶贫项目优先安排、扶贫资金优先保障、扶贫工作优先对接、扶贫措施优先落实。中央和国家机关各部门主要负责同志要结合本部门工作和扶贫联系点情况深入调研，改进本部门扶贫工作。片区牵头单位要承担起沟通、协调、指导、推动作用，加强对片区脱贫攻坚的统筹。

第三，解决好"怎么扶"的问题。开对了"药方子"，才能拔掉"穷根子"。要按照贫困地区和贫困人口的具体情况，实施"五个一批"工程。

一是发展生产脱贫一批。扶贫不是慈善救济，而是要引导和支持所有有劳动能力的人，依靠自己的双手开创美好明天。对贫困人口中有劳动能力、有耕地或其他资源，但缺资金、缺产业、缺技能的，要立足当地资源，宜农则农、宜林则林、宜牧则牧、宜商则商、宜游则游，通过扶持发展特色产业，实现就地脱贫。对这类贫困地区和贫困人口，要把脱贫攻坚重点放在改善生产生活条件上，着重加强农田水利、交通通信等基础设施和技术培训、教育医疗等公共服务建设，特别是要解决好入村入户等"最后一公里"问题。要支持贫困地区农民在本地或外出务工、创业，这是短期内增收最直接见效的办法。劳务输出地政府和输入地政府，对贫困人口外出务工要多想办法、多做实事。

二是易地搬迁脱贫一批。生存条件恶劣、自然灾害频发的地方，通水、通路、通电等成本很高，贫困人口很难实现就地脱贫，需要实施易地搬迁。这是一个不得不为的措施，也是一项复杂的系统工程，政策性强、难度大，需要把工作做深做细。各地在移民搬迁中几乎都遇到了一个问题，就是越贫困的农户越拿不出钱，结果就越享受不到政府补助。要通过整合相关项目资源、提高补助标准、用好城乡建设用地增减挂钩政策、发放贴息贷款等方式，拓宽资金来源渠道，解决好扶贫搬迁所需资金问题。要做好规划，合理确定搬迁规模，区分轻重缓急，明确搬迁目标任务和建设时序，按规划、分年度、有计划组织实施。要根据当地资源条件和环境承载能力，科学确定安置点，尽量搬迁到县城和交通便利的乡镇及中心村，促进就近就地转移，可以转为市民的就转为市民。要想方设法为搬迁人口创造就业机会，保障他们有稳定的收入，同当地群众享受同等的基本公共服务，确保搬得出、稳得住、能致富。一些贫困群众虽然生活艰难，但故土难离观念很重。要坚持群众自愿、积极稳妥，尊重群众意愿，加强思想引导，不搞强迫命令。

三是生态补偿脱贫一批。在生存条件差、但生态系统重要、需要保护修复的地区，可以结合生态环境保护和治理，探索一条生态脱贫的新路子。不少地方既是贫困地区，又是重点生态功能区或自然保护区，还是少数民族群众聚居区，如西藏、四省涉藏州县、武陵山区、滇黔桂部分贫困地区等。要加大贫困地区生态保护修复力度，增加重点生态功能区转移支付，扩大政策实施范围。要加大贫困地区新一轮退耕还林还草力度，对贫困地区坡度二十五度以上的基本农田，可以考虑纳入退耕还林范围，并合理调整基本农田保有指标。中央财政用于国家重点生态功能区的生态补偿资金使用不够精准，有些被省里截留平均分配了，有些拨付到县里后被挪作其他用途了。要做些改革，比如，结合建立国家公园[1]体制，可以让有劳动能力的贫困人口就地转成护林员等生态保护人员，从生态补偿和生态保护工程资金中拿出一点，作为他们保护生态的劳动报酬。

四是发展教育脱贫一批。治贫先治愚，扶贫先扶智。教育是阻断贫困代际传递的治本之策。目前，一些贫困地区教育发展面临很大困难，由于各种原因，贫困家庭孩子辍学失学还比较多，"读书无用论"观点也有所蔓延，不少贫困家庭子女受教育程度同普通家庭的差距在扩大。贫困地区教育事业是管长远的，必须下大气力抓好。脱贫攻坚期内，职业教育培训要重点做好。一个贫困家庭的孩子如果能接受职业教育，掌握一技之长，能就业，这一户脱贫就有希望了。国家教育经费要继续向贫困地区倾斜、向基础教育倾斜、向职业教育倾斜，特岗计划[2]、国培计划[3]同样要向贫困地区基层倾斜。要帮助贫困地区改善办学条件，加大支持乡村教师队伍建设力度，建立省级统筹乡村教师补充机制。要探索率先从建档立卡的贫困家庭学生开始实施普通高中教育免学（杂）费，落实中等职业教育免学（杂）费政策，实行大城市优质学校同贫困地区学校结对等帮扶政策。要对农村贫困家庭幼儿特别是留守儿童给予特殊关爱，探索建立贫困地区学前教育公共服务体系。近年来，在农村留守儿童中发生的一连串令人痛心的事件警醒我们，扶贫政策从设计到落实都要更加人性化、更加精细化，让贫困家庭孩子感受到党和政府的温暖。

五是社会保障兜底一批。目前，贫困人口中完全或部分丧失劳动能力的有二千万至二千五百万人。到二〇二〇年难免还有这样的贫困人口，要由社会保障来兜底。这就涉及农村扶贫标准和农村低保标准相衔接的问题。目前，农村扶贫标准由国家统一确定，而农村低保标准则由地方确定，相当多地方两个标准有一定差距。要统筹协调农村扶贫标准和农村低保标准，按照国家扶贫标准综合确定各地农村低保的最低指导标准，低保标准低的地区要逐步提高到国家扶贫标准，实现"两线合一"，发挥低保线兜底作用。还要加大其他形式的社会救助力度，对因灾等造成的临时贫困群众要及时给予救助，加强农村最低生活保障和城乡居民养老保险、五保供养[4]等社会救助制度的统筹衔接。

此外，要大力加强医疗保险和医疗救助。从贫困发生原因看，相当部分人口是因病致贫或因病返贫的。俗话说天有不测风云。要建立健全医疗保险和医疗救助制度，对因病致贫或返贫的群众给予及时有效救助。新型农村合作医疗[5]和大病保险政策要对贫困人口倾斜，门诊统筹要率先覆盖所有贫困地区，财政对贫困人口参保的个人缴费部分要给予补贴。要加大医疗救助、临时救助、慈善救助等帮扶力度，把贫困人口全部纳入重特大疾病救助范围，保障贫困人口大病得到医治。要实施健康扶贫工程，加强贫困地区传染病、地方病、慢性病防治工作，全面实施贫困地区儿童营养改善、孕前优生健康免费检查等重大公共卫生项目，保障贫困人口享有基本医疗卫生服务。

上面讲的，是就主要路径而言的。各地情况千差万别，不要形而上学都照一个模式去做，而要因地制宜，探索多渠道、多元化的精准扶贫新路径。

农村贫困人口如期全部脱贫，有一点必须指出并加以强调，就是要保持农业稳定和农民收入持续增长。农村人口脱贫与农民收入增长直接相关。如果农民收入降低，就可能导致已经脱贫的人口重新返贫，甚至可能造成新的贫困人口。所以，要拓宽农民增收渠道，完善农民收入增长支持政策体系。

第四，解决好"如何退"的问题。精准扶贫是为了精准脱贫，目的和手段关系要弄清楚。要加快建立反映客观实际的贫困县、贫困户退出机制，努力做到精准脱贫。

一是要设定时间表，实现有序退出。贫困县摘帽要和全面建成小康社会进程对表，早建机制、早作规划，每年退出多少要心中有数。这件事情，既要防止拖延病，又要防止急躁症。

二是要留出缓冲期，在一定时间内实行摘帽不摘政策。贫困县的帽子不好看，但很多地方却舍不得摘，主要是这顶帽子有相当高的含金量，担心摘帽后真金白银没了。这样的担心有其合理成分。客观上讲，贫困县摘帽后培育和巩固自我发展能力需要有个过程。这就需要扶上马、送一程，保证贫困县摘帽后各方面扶持政策能够继续执行一段时间，行业规划、年度计划要继续倾斜，专项扶贫资金项目和对口帮扶等也要继续保留。不仅如此，对提前摘帽的贫困县，还可以给予奖励，以形成正向激励，保证苦干实干先摘帽的不吃亏。

三是要实行严格评估，按照摘帽标准验收。鼓励贫困县摘帽，但不能弄虚作假、蒙混过关，或者降低扶贫标准、为摘帽而摘帽。要严格脱贫验收办法，明确摘帽标准和程序，确保摘帽结果经得起检验。要加强对脱贫工作绩效的社会监督，可以让当地群众自己来评价，也可以建立第三方评估机制，以增强脱贫工作绩效的可信度。对玩数字游戏、搞"数字扶贫"的，一经查实，要严肃追责。

四是要实行逐户销号，做到脱贫到人。对建档立卡的贫困户要实行动态管理，脱贫了逐户销号，返贫了重新录入，做到政策到户、脱贫到人、有进有出，保证各级减贫任务和建档立卡数据对得上、扶贫政策及时调整、扶贫力量进一步聚焦。部署脱贫任务不能不顾贫困分布现状、采取层层分解的简单做法。这种做法是自欺欺人，必然会使一些贫困户"被脱贫"。脱没脱贫，要同群众一起算账，要群众认账。对贫困户的帮扶措施，即使销号了也可以再保留一段时间，做到不稳定脱贫就不彻底脱钩。

这里，我还要强调一下，要高度重视革命老区脱贫攻坚工作。老区和老区人民，为我们党领导的中国革命作出了重大牺牲和贡献。这些牺牲和贡献永远镌刻在中国共产党、中国人民解放军、中华人民共和国的历史丰碑上。我们要永远珍惜、永远铭记老区和老区人民的这些牺牲和贡献。经过新中国成立六十多年特别是改革开放三十多年的快速发展，老区面貌发生了深刻变化，老区人民生活有了显著改善。但是，一些老区发展滞后、基础设施落后、人民生活水平不高的矛盾仍然比较突出，特别是老区还有数量不少的农村贫困人口，脱贫攻坚任务相当艰巨。加快老区发展步伐，做好老区扶贫开发工作，让老区农村贫困人口脱贫致富，使老区人民同全国人民一道进入全面小康社会，是我们党和政府义不容辞的责任。各级党委和政府要增强使命感和责任感，把老区发展和老区人民生活改善时刻放在心上、抓在手上，加快老区脱贫致富步伐。

注　　释

〔1〕国家公园，指由国家批准设立并主导管理，边界清晰，以保护具有国家代表性的大面积自然生态系统为主要目的，实现自然资源科学保护和合理利用的特定陆地或海洋区域。二〇二一年十月，习近平在《生物多样性公约》第十五次缔约方大会领导人峰会上宣布，中国正式设立三江源、大熊猫、东北虎豹、海南热带雨林、武夷山等第一批国家公园。

〔2〕特岗计划，即农村义务教育阶段学校教师特设岗位计划，旨在逐步解决农村师资力量不足和结构不合理等问题，提高农村教师队伍的整体素质。二〇〇六年开始实施。

〔3〕国培计划，即中小学幼儿园教师国家级培训计划，包括中小学教师示范性培训项目、中西部农村骨干教师培训项目和幼儿园教师国家级培训计划。二〇一〇年开始实施。二〇一五年起，集中支持中西部乡村教师校长培训。

〔4〕从二十世纪五十年代开始，我国逐步建立了农村五保供养制度。一九九四年一月，国务院颁布《农村五保供养工作条例》，后于二〇〇六年一月进行了修订。根据新修订的条例，对无劳动能力、无生活来源又无法定赡养、抚养、扶养义务人，或者其法定赡养、抚养、扶养义务人无赡养、抚

养、扶养能力的老年、残疾或者未满十六周岁的村民，在吃、穿、住、医、葬方面给予生活照顾和物质帮助。二〇一四年二月国务院颁布的《社会救助暂行办法》，将农村五保供养、城市"三无"人员救济和福利院供养制度统一为特困人员供养制度。二〇一六年二月，国务院印发《关于进一步健全特困人员救助供养制度的意见》，要求在全国建立城乡统筹、政策衔接、运行规范、与经济社会发展水平相适应的特困人员救助供养制度，切实保障特困人员基本生活。

〔5〕新型农村合作医疗，即新型农村合作医疗制度，简称"新农合"，是相对二十世纪八十年代以前传统农村合作医疗模式而言，由政府组织、引导、支持，农民自愿参加，个人、集体和政府多方筹资，以大病统筹为主的农民医疗互助共济制度。二〇〇二年十月，《中共中央、国务院关于进一步加强农村卫生工作的决定》提出，到二〇一〇年，在全国农村基本建立起适应社会主义市场经济体制要求和农村经济社会发展水平的农村卫生服务体系和农村合作医疗制度。二〇一六年一月，《国务院关于整合城乡居民基本医疗保险制度的意见》提出，整合城镇居民基本医疗保险和新型农村合作医疗两项制度，建立统一的城乡居民基本医疗保险制度。

做好城市工作的基本思路 *

（二〇一五年十二月二十日）

城市工作是一个系统工程。做好城市工作，要顺应城市工作新形势、改革发展新要求、人民群众新期待，坚持以人民为中心的发展思想，坚持人民城市为人民。这是我们做好城市工作的出发点和落脚点。同时，要坚持集约发展，框定总量、限定容量、盘活存量、做优增量、提高质量，立足国情，尊重自然、顺应自然、保护自然，改善城市生态环境，在统筹上下功夫，在重点上求突破，着力提高城市发展持续性、宜居性。

第一，尊重城市发展规律。城市发展是一个自然历史过程，有其自身规律。改革开放以来，我们对经济规律的认识有了很大提升，但我们对城市发展规律的认识还不够深入。城市工作中出现这样那样问题，归根到底是没有充分认识和自觉顺应城市发展规律。

比如，城市和经济发展两者相辅相成、相互促进。城市经济发展了，才能增加就业岗位和吸纳城市人口。同时，经济发展和劳动生产率提高后，增加了居民收入，才

---

* 这是习近平同志在中央城市工作会议上讲话的一部分。

能扩大消费和投资需求，反过来又能促进经济发展。不能脱离经济发展而人为大搞"造城运动"。目前，城市盲目建大马路、建大广场现象初步得到遏制，但新一轮新城新区建设热潮再起，有的地方一圈地就是上千平方公里甚至几千平方公里。有材料反映，全国各类城市新区规划总面积多达七万三千平方公里，而现有城市建成区只有四万九千平方公里，这样一个扩张规模显然是脱离实际的。我看对相关部门和地区要提前打招呼、提个醒。

再比如，城市发展是农村人口向城市集聚、农业用地按相应规模转化为城市建设用地的过程。人口和用地要匹配，如果城市只要地、不要人，占用了农地，而人口却融不进来，建成的住房、基础设施等就会闲置，不可能有合理的投资回报，还会损害农业发展。城市是社会分工细化的结果，是各种城市功能集聚的平台，城市人口是由各类不同职业的人口构成的。如果一个城市只要高素质人才，只要白领，不要蓝领，城市社会结构就会失衡，有些城市功能就无法有效发挥，甚至导致城市无法正常运行。

还比如，城市规模要同资源环境承载能力相适应。如果一个城市过度集中产业、过分拓展功能，人口就会过度集聚，就会占用更多农田和生态用地。一旦人口和经济规模超出水资源承载力，就不得不超采地下水或者从其他地区调水。当生态空间和建设空间比例失调时，环境容量就不可避免变少，污染就必然加重。

城市发展规律不限于这些，我只是列举了最有针对性的几条。我们必须认识、尊重、顺应城市发展规律，端正城市发展指导思想，切实做好城市工作。

第二，统筹空间、规模、产业三大结构，提高城市工作全局性。国际经验表明，在城市快速发展过程中，能否形成符合当地实际、体现资源禀赋和文化特色的城市发展空间结构、规模结构、产业结构，直接关系城市发展全局。我们要在《全国主体功能区规划》、《国家新型城镇化规划（二〇一四——二〇二〇年)》的基础上，结合实施"一带一路"建设、京津冀协同发展、长江经济带建设等战略，明确我国城市发展空间布局、功能定位。

城市群既是城市发展到成熟阶段的高级空间组织形式，是国家经济发展的重要增长极、参与全球竞争的战略区域，也是统筹空间、规模、产业三大结构的重要平台。要以城市群为主体形态，科学规划城市空间布局，实现紧凑集约、高效绿色发展。要建立城市群发展协调机制，以城市群为平台，推动跨区域城市间产业分工、基础设施、生态保护、环境治理等协调联动，破除行政壁垒和市场分割，促进生产要素自由流动和优化配置。沿交通干线和海岸线，有条件的地方可以发展城市带。各城市要根据国家空间战略总体要求，找准功能定位，形成优势互补、密切协作的区域协同发展新格局。

要贯彻落实《国家新型城镇化规划（二〇一四——二〇二〇年)》，优化提升东部城市群，使其继续在制度创新、科技进步、产业升级、绿色发展等方面走在全国前列，加快形成国际竞争新优势。要搞好规划和布局，在中西部地区培育发展一批城市群、区域性中心城市，促进边疆中心城市、口岸城市联动发展，引导有市场、有效益的劳动密集型产业优先向中西部地区转移，吸纳从东部返乡和就近就地转移的务工人员，加快产业集群发展和人口集聚，形成带动区域经济发展和对外开放的新增长极，让中西部地区广大群众在家门口也能分享城镇化成果。

各城市群要借鉴京津冀协同发展的有效做法，打破在自家一亩三分地上转圈圈的思维定式，结合城市定位和功能，有序疏解特大城市非核心功能。大城市在发展上不要贪大求多，搞得虚胖，最后患上城市病。要强化大城市对中小城市的辐射和带动作用，弱化虹吸挤压效应，力戒把县区、小城市作为大中城市的"提款机"、"抽水机"，避免出现"市卡县"、"市刮县"现象。各城市要结合资源禀赋和区位优势，明确主导产业和特色产业，强化大中小城市和小城镇产业协作协同，逐步形成横向错位发展、纵向分工协作的发展格局。要建立跨地区投资、地区生产总值、财税等利益分享机制，推动城镇间产业分工、产业整合、园区共建。要加强创新合作机制建设，构建开放高效的创新资源共享网络，以协同创新牵引城市协同发展。现在，有了互联网和高铁等现代化手段支撑，城市之间合作发展条件日趋成熟，关键要下定决心，有合作意识和有效办法。

不管城市怎么发展，我国仍会有大量农民留在农村，农业基础地位仍需要打牢夯实，这对保证国家粮食安全具有重要意义。这就要求我国城镇化必须同农业现代化同步发展，城市工作必须同"三农"工作一起推动。要坚持工业反哺农业、城市支持农村和多予少取放活方针，推动城乡规划、基础设施、基本公共服务等一体化发展，增强城市对农村的反哺能力、带动能力，形成城乡发展一体化的新格局。

第三，统筹规划、建设、管理三大环节，提高城市工作的系统性。城市工作要树立系统思维，从构成城市诸多要素、结构、功能等方面入手，对事关城市发展的重大问题进行深入研究和周密部署，系统推进各方面工作。如果前端有缺陷和问题，那么必然在后端引发一系列问题和麻烦，而且往往无法逆转和难以解决。

我多次说过，考察一个城市首先看规划，规划科学是最大效益，规划失误是最大浪费，规划折腾是最大忌讳。具体到一个城市，要综合考虑城市功能定位、文化特色、建设管理等多种因素来制定规划。规划编制要接地气，可邀请被规划企事业单位、建设方、管理方参与其中，还应该邀请市民共同参与，本着便于建设、易于管理原则，切实照顾建设方、管理方、企业、市民的合理关切。这样既可以提高执行规划的自觉性，又可以增强规划解决实际问题的能力。比如，针对地下管网落后问题，规划编制就要合理布局地下综合管廊，以避免出现地上设施齐全、地下管线混乱、地面被反复"开膛破肚"的现象。又比如，对近年来多次出现的城市内涝问题，城市规划就要注意加强排水能力建设，重视建设海绵城市，充分利用自然山体、河湖湿地、耕地、林地、草地等生态空间，同时降低城市硬覆盖率，以提升城市地面蓄水、渗水和涵养水源能力。

再比如，面对越来越多的大城市交通拥堵问题，城市规划就要树立新理念，注意完善快速路、主次干路、支路搭配合理的道路网系统。规划编制部门不仅要强化规划监督检查，还要参与城市建设和管理全过程，以保障规划意图实现。

我们的城市往往不是没有规划，而是规划编制时对未来发展估计不足，对绿色发展标准不高，批准之日即已落后于实际。规划中的强制性规定形同虚设，对违规建设开发情况既无检查，也很少有严肃处理。规划编制极少有群众参与，由于规划公开性差，规划实施也无群众监督，很多情况下，长官意志代替了严肃的规划，甚至腐败现象丛生。要在规划理念和方法上不断创新，增强规划科学性、指导性。要加强城市设计，提倡城市修补。要加强控制性详细规划的公开性和强制性，着力解决城市规划不深不细、难以成为基础设施和建筑物建设依据的问题。要加强对城市的空间立体性、平面协调性、风貌整体性、文脉延续性等方面的规划和管控。城市规划要因地制宜，"因风吹火，照纹劈柴"，留住城市特有的地域环境、文化特色、建筑风格等"基因"。规划经过批准后要严格执行，一茬接一茬干下去，防止出现换一届领导、改一次规划的现象。

城市的核心是人，关键是十二个字：衣食住行、生老病死、安居乐业。城市工作做得好不好，老百姓满意不满意，生活方便不方便，城市管理和服务状况是重要评判标准。城市管理和服务同居民生活密切相关。老百姓每天的吃用住行，一刻都离不开城市管理和服务。早晨起床后先要上厕所，下水道通不通是管理和服务；上完厕所要洗漱，自来水管出不出水、流出来的水合格不合格是管理和服务；洗漱完毕要用早餐，食品安全不安全也是管理和服务；用完早餐要去上班，出门时顺便带上垃圾袋，小区有没有垃圾收集设施，还是管理和服务；上班能不能挤上公交车或地铁、路上拥堵不拥堵、中途换乘方便不方便、在公交或地铁上钱包会不会被小偷偷走，都是管理和服务；晚上上床睡觉，周边有没有噪声干扰，同样是管理和服务。可以说，在城市特别是在大城市生活，从早上睁眼到晚上闭眼，都离不开管理和服务。至于说上幼儿园、上学校、上医院、开展文化活动等，更是涉及管理和服务。老百姓对城市工作的意见和怨言，多数表现在管理和服务方面。全心全意为人民服务，为人民群众提供精细的城市管理和良好的公共服务，是城市工作的重头，不能见物不见人。抓城市工作，一定要抓住城市管理和服务这个重点，不断完善城市管理和服务，彻底改变粗放型管理方式，让人民群众在城市生活得更方便、更舒心、更美好。

"建筑短命"是我国不少城市的"通病"。现在，不少城市拆除的都是上世纪八十年代的建筑，而当下规划失当、品位低劣的建筑又会成为未来拆除的对象。我国城市安全形势不容乐观，下水道淹死人、楼房倒塌砸死人、各类火灾烧死人的事件时有发生，各地不断出现"楼歪歪"、"楼脆脆"、"楼倒倒"等问题，很让人揪心。随着城市规模不断扩大，城市系统越来越复杂，社会风险越来越集中在大城市。青岛黄岛输油管道爆炸事故[1]、上海外滩踩踏事件[2]、天津港"八·一二"瑞海公司危险化学品仓库特别重大火灾爆炸事故[3]等说明，我们的城市管理还有不少漏洞，必须切实加强。如果连安全工作都做不好，何谈让人民群众生活得更美好?! 造成各种安全事故频发的原因是多方面的，既有规划不合理原因，也有建设质量不合格原因，还有后期管理出了问题的原因；既有天灾，也有人祸；既有技术原因，也有制度原因。

这方面我们要向古人学习，向外国先进经验学习。二〇一三年我在中央城镇化工作会议上讲过，古人建长城，每块砖上要留下人名，目的就是为了确保质量和追究责任。这才使得我们今天还能看到伟大长城的遗迹。巴黎街道和住房不少是拿破仑[4]时代设计和建设的，至今风貌依然。

无论规划、建设还是管理，都要把安全放在第一位，把住安全关、质量关，并把安全工作落实到城市工作和城市发展各个环节各个领域。这是一条硬杠杠。规划和建设要强化有关安全的强制性标准和要求，全面落实工程质量责任，明确建设、勘察、设计、施工、监理等五方主体质量安全责任，加强工程建设全过程质量安全监管，落实安全责任终身追究制。要抓好房屋建筑、城市桥梁、建筑幕墙、隧道等工程运行使用的安全监管，特别是要全面排查城市老旧建筑安全隐患，采取有力措施限期整改，严防发生垮塌等重大事故。要健全城市抗震、防洪、排涝、消防、应对地质灾害应急指挥体系，完善城市生命通道系统，加强城市防灾避难所建设，增强抵御自然灾害、处置突发事件和危机管理能力，形成全天候、系统性、现代化的城市运行安全保障体系。

第四，统筹改革、科技、文化三大动力，提高城市发展持续性。城市发展需要依靠改革、科技、文化三轮驱动，增强城市持续发展能力。

城市管理中的一些问题，主要原因在于体制机制不顺，因此必须通过深化改革来解决。由于缺少系统设计，目前一些城市管理是"多龙治水"，造成一些乱象。比如，由于城市道路保洁、绿化带保洁、下水道疏通分别由不同部门负责，导致环卫工人将路面垃圾扫入旁边的绿化带，园林工人将绿化带中的垃圾倒入下水道，市政工人又将下水道中清掏出来的垃圾直接堆放到路面上，使得一堆垃圾转了一圈又回到了原点，而城市管理执法人员因为分不清责任又难以作出处罚。这听起来像个笑话，然而却是发生在我们身边的真实故事。

城市改革涉及方方面面，当前的重点是推进规划、建设、管理、户籍等方面的改革。要以主体功能区规划为基础统筹各类空间性规划，推进"多规合一"。要完善建筑市场管理体制机制，加大对违法行为的处罚，对违规企业要严格依法处置，对有关责任人员要一律依法追责。目前，城管执法事项涉及二十七个大类九百零八项，涉及中央二十个部门职责。中央已经制定了相关改革方案，各地要积极推进改革。要深化城市管理体制改革，明确中央和省级政府城市管理主管部门，确定管理范围、权力清单、责任主体。要推进市县两级政府规划建设管理部门综合执法，推动执法重心下移、执法事项属地化管理。

党的十八届五中全会把户籍人口城镇化率加快提高作为全面建成小康社会的重要目标。推进城镇化要把促进有能力在城镇稳定就业和生活的常住人口有序实现市民化作为首要任务，城市工作要紧紧围绕这个首要任务开展。这个问题，我在二〇一三年召开的中央城镇化工作会议上重点讲了，要切实加以推进。当前，农民工新增数量大幅下降，很难再靠增加数量获得比较优势。在这种情况下，必须提高存量效率，比如延长农民工劳动年龄时间，使现有四十岁左右就退出城市的农民工再工作二十年。这样也有利于降低工资上涨压力，有利于扩大高技能蓝领队伍，增加他们一生的总收入。户籍制度改革涉及多方面利益调整，要加强对农业转移人口市民化的战略研究，统筹推进土地、财政、教育、就业、医疗、养老、住房保障等领域配套改革。各地区各部门要加快落实户籍制度改革方案，加快推进农民工市民化，实现中央确定的到二〇二〇年解决一亿左右农业转移人口和其他常住人口在城镇落户的目标。建设用地指标分配要适应城镇化趋势，同落户人口规模相挂钩，同时要深化农村产权制度改革，维护好进城落户农民的土地承包经营权、宅基地使用权、集体收益分配权，将农民的户口变动与"三权"脱钩，以调动广大农业转移人口进城落户的积极性。

深化城市改革，包括推进城市科技、文化等诸多领域改革。要优化创新创业生态链，让创新成为城市发展的主动力，特别是要把互联网、云计算等作为城市基础设施加以支持和布局，促进基础设施互联互通，释放城市发展新动能。要加快智慧城市建设，打破信息孤岛和数据分割，促进大数据、物联网、云计算等新一代信息技术与城市管理服务融合，提升城市治理和服务水平。要加强城市管理数字化平台建设和功能整合，建设综合性城市管理数据库，发展民生服务智慧应用，实现"科技让生活更美好"的目标。

城市建筑是人类劳动和创造的结晶，承载着人类社会文明进步的历史。建筑也是富有生命的东西，是凝固的诗、立体的画、贴地的音符，每一个建筑都在穿行的岁月里留下沧桑的故事。城市特色风貌是城市外在形象和精神内质的有机统一，是自然地理环境、经济社会因素、居民生产生活方式等长期积淀形成的城市文化特征，决定着城市的品味。我国五千多年的悠久文明，城市是一个主要载体。我国古代城市建设，蕴藏着极为丰富且极具智慧的思想观念、理论原则、技术方法。周代就形成了营城制度，把城邑总体布局纳入礼制轨道，形成特有的空间秩序。中国建筑自古以来在世界上就具有重大影响，同欧洲建筑、伊斯兰建筑并称为世界三大建筑体系。相对于另外两大体系，中国建筑历史更加悠久、体系更加完整、更加注重自然和生活。时至今日，我国古代城市建设思想仍然具有重要借鉴意义。

我们要借鉴国外城市建设有益经验，但不能丢掉了中华优秀传统文化。现在，许多不当开发和建设行为对城市文化造成了损害。在我国城市快速发展过程中，一些地方不重视城市特色风貌塑造工作，对文化传承理念的理解不够正确，存在着仅从短期政绩出发盲目造景偏向，导致城市风貌乱象横生、缺乏特色。有专家把这种现象概括为同文化越来越远，同浮华越来越近；同传统越来越远，同西化越来越近。对这个问题，要全面清理一下。

我们讲要坚定文化自信，不能只挂在口头上，而要落实到行动上。历史文化遗产是祖先留给我们的，我们一定要完整交给后人。城市是一个民族文化和情感记忆的载体，历史文化是城市魅力之关键。古人讲，"万物有所生，而独知守其根"〔5〕。中华文明延绵至今，正是因为有这种根的意识。现在，很多建设行为表现出对历史文化的无知和轻蔑，做了不少割断历史文脉的蠢事。

我讲过，城市建设，要让居民望得见山、看得见水、记得住乡愁。"记得住乡愁"，就要保护弘扬中华优秀传统文化，延续城市历史文脉，保留中华文化基因。要保护好前人留下的文化遗产，包括文物古迹，历史文化名城、名镇、名村，历史街区、历史建筑、工业遗产，以及非物质文化遗产，不能搞"拆真古迹、建假古董"那样的蠢事。既要保护古代建筑，也要保护近代建筑；既要保护单体建筑，也要保护街巷街区、城镇格局；既要保护精品建筑，也要保护具有浓厚乡土气息的民居及地方特色的民俗。

一个民族需要有民族精神，一个城市同样需要有城市精神。城市精神彰显着一个城市的特色风貌。要结合自己的历史传承、区域文化、时代要求，打造自己的城市精神，对外树立形象，对内凝聚人心。

第五，统筹生产、生活、生态三大布局，提高城市发展的宜居性。我国古人说："城，所以盛民也。"[6]城市发展要把握好生产空间、生活空间、生态空间的内在联系，实现生产空间集约高效、生活空间宜居适度、生态空间山清水秀。

过去很长一段时间，我们城市工作指导思想不太重视人居环境建设，重建设、轻治理，重速度、轻质量，重眼前、轻长远，重发展、轻保护，重地上、轻地下，重新城、轻老城。现在，人民群众对城市宜居生活的期待很高，城市工作要把创造优良人居环境作为中心目标，努力把城市建设成为人与人、人与自然和谐共处的美丽家园。

要增强城市内部布局的合理性，使住宅、商业、办公、文化等不同功能区相互交织、有机组合，并结合环境整治、存量土地再开发，逐步实现职住平衡，尽量减少城市内部不必要的人口移动。要以主体功能、混合用地为重要原则，不要把城市空间生硬切割成几个块头很大、功能单一、相互分离的中央商务区、居住区、购物区、科技园、大学城等，让居民工作、生活、就学等与居住地尽可能近、出行尽可能短。城市不应该是若干封闭"大院"和"围墙"组成的"围城"，要找到适应现代管理的安全防范措施，尽可能不再建设封闭的住宅小区，提升城市的通透性和微循环能力。城市街区和道路要有人情味，不要单纯为汽车开道，也要为居民骑车散步、逛街购物、餐饮会友、休闲娱乐提供方便，形成综合功能的街区。

住有所居是宜居的基础。要深化城镇住房制度改革，以市场为主满足城镇居民多层次住房需求，以满足新市民住房需求为主要出发点，以建立购租并举的住房制度为主要方向。要继续完善住房保障体系，实现公租房货币化，加快城镇棚户区和危房改造。完善土地、财政、金融政策，落实税收政策，鼓励和支持社会资本参与棚户区改造，加快老旧小区改造。

城市发展不仅要追求经济目标，还要追求生态目标、人与自然和谐的目标，树立"绿水青山也是金山银山"的意识，强化尊重自然、传承历史、绿色低碳等理念，将环境容量和城市综合承载能力作为确定城市定位和规模的基本依据。山水林田湖是城市生命体的有机组成部分，不能随意侵占和破坏。这个道理，二千多年前我们的古人就认识到了。《管子》中说："圣人之处国者，必于不倾之地，而择地形之肥饶者。乡山，左右经水若泽。"事实上，我们现在一些人与自然和谐、风景如画的美丽城市就是在这样的理念指导下逐步建成的。以杭州为例，唐代白居易[7]立《钱塘湖石记》，确立了保护西湖的准则。五代钱镠[8]继续延续保护西湖的思路。宋代苏东坡[9]上书疏浚西湖，提出西湖的五重价值[10]。正是因为有了白居易、钱镠、苏东坡等对西湖的持续保护和风景营造，才有了现在的"人间天堂"。

城市建设要以自然为美，把好山好水好风光融入城市，使城市内部的水系、绿地同城市外围河湖、森林、耕地形成完整的生态网络。要大力开展生态修复，让城市再现绿水青山。上世纪八十年代，德国、瑞士等国提出了"重新自然化"概念，将河流修复到接近自然的程度，很值得借鉴。要停止那些盲目改造自然的行为，不填埋河湖、湿地、水田，不用水泥裹死原生态河流，避免使城市变成一块密不透气的"水泥板"。

要控制城市开发强度，划定水体保护线、绿地系统线、基础设施建设控制线、历史文化保护线、永久基本农田和生态保护红线，防止"摊大饼"式扩张，推动形成绿色低碳的生产生活方式和城市建设运营模式。

城市是经济发展的中心，发展经济是理所当然的，但要坚持集约发展，树立"精明增长"、"紧凑城市"理念，科学划定城市开发边界，推动城市发展由外延扩张式向内涵提升式转变。目前，北京、上海、杭州等十四个城市正在划定开发边界，这是一个开始。今后，要根据城市情况有区别地划定开发边界。特大城市、超大城市要划定永久性开发边界。对资源环境超载的城市，发展潜力再好，也要划定永久性开发边界。对资源环境承载力强，又有发展潜力的城市，可以分期划定。

城市交通、能源、供排水、供热、污水、垃圾处理等基础设施，要按照绿色循环低碳的理念进行规划建设。要加快城市交通低碳发展，加快运量大、速度快、能效高、排放低的城市轨道交通和城际铁路建设，使之逐步成为超大、特大城市内部和城市群的骨干客运方式。要支持城市能源系统节能低碳改造，更多使用可再生能源，支持分布式电力系统建设，对现有建筑物和城市照明系统进行节能改造。要大力发展循环经济，加强城市生产系统和生活系统循环链接。要加强水的循环利用，鼓励发展超低能耗建筑技术，建设一批近零碳排放区示范工程。要在源头上实行垃圾减量化行动，让能再利用的废弃物得到充分利用，提高循环利用水平，减少垃圾填埋量。要充分利用城市周边闲置土地、荒山坡地、污染土地，开展植树造林，为城市戴上"绿色项链"。

第六，统筹政府、社会、市民三大主体，提高各方推动城市发展的积极性。城市发展要善于调动各方面的积极性、主动性、创造性，集聚促进城市发展正能量。要坚持协调协同，尽最大可能推动政府、社会、市民同心同向行动，使政府有形之手、市场无形之手、市民勤劳之手同向发力。

政府要创新城市治理方式，特别是要注意加强城市精细化管理，把矛盾和问题尽早排解疏导，化解在萌芽状态。城市治理也应该疏堵结合、以疏为主，惩防并举、以防为先，标本兼治、重在治本。不能老是"亡羊补牢"，穷于事后应对，正可谓"亡羊补牢虽未晚，未雨绸缪策更良"。政府要从宏观层次和全局发展上配置重要资源，以保障基本公共服务为重点，组织提供社会和市民需要的公共产品和公共服务，弥补市场缺陷。要发挥财政资金四两拨千斤作用，鼓励社会资本参与城市建设、经营、管理。

随着房地产市场调整，城市土地出让金收入大幅减少，城市建设亟待吸引社会资金进入，这就要充分运用市场机制。引导各方参与城市建设，不是说政府就可以甩手了。恰恰相反，这样做对政府的要求更高了。要放宽民间资本进入门槛，使民间资本进得来、留得下；完善城市基础设施服务费价政策，让企业能赚钱、有收益；建立公开透明的市场秩序，让各类市场主体有序参与、公平竞争；还要加强监管，保证城市建设思路和规划得到实现。

市民是城市建设、城市发展的主体。要尊重市民对城市发展决策的知情权、参与权、监督权，鼓励企业和市民通过各种方式参与城市建设、管理。在共建共享过程中，城市政府应该从"划桨人"转变为"掌舵人"，同市场、企业、市民一起管理城市事务、承担社会责任。只有让全体市民共同参与，从房前屋后实事做起，从身边的小事做起，把市民和政府的关系从"你和我"变成"我们"，从"要我做"变为"一起做"，才能真正实现城市共治共管、共建共享。

市民文明素质决定着城市文明程度。"市民素质高一分，城市形象美十分"。要看到，目前一些城市乱搭滥建、乱扔垃圾、排队加塞、公共场所大声喧哗现象较为普遍，映射出的是一些市民文明素质不够的问题。文明素质培养和提高需要一个长期过程，但也要从一些小事抓起，持之以恒，久久为功。

注　释

〔1〕青岛黄岛输油管道爆炸事故，指二〇一三年十一月二十二日，位于山东省青岛经济技术开发区的中国石油化工股份有限公司管道储运分公司东黄输油管道，因原油泄漏发生的爆炸事故。

〔2〕上海外滩踩踏事件，指二〇一四年十二月三十一日，在上海市黄浦区外滩群众自发进行的迎新年活动中发生的拥挤踩踏事件。

〔3〕天津港"八·一二"瑞海公司危险化学品仓库特别重大火灾爆炸事故，指二〇一五年八月十二日，位于天津市滨海新区天津港的瑞海国际物流有限公司危险品仓库发生的火灾爆炸事故。

〔4〕拿破仑，即拿破仑·波拿巴（一七六九——一八二一），法国资产阶级政治家、军事家。一七九九年十一月九日（法国新历共和八年雾月十八日），在法国大资产阶级支持下发动政变（史称雾月十八日政变），自任第一执政。一八〇四年称帝，建立法兰西第一帝国。

〔5〕见《淮南子·原道训》。

〔6〕参见东汉许慎《说文解字》。原文是："城，以盛民也。"

〔7〕白居易（七七二——八四六），祖籍太原（今山西太原西南），后迁华州下邽（今陕西渭南）。唐代诗人。长庆二年至四年（八二二年至八二四年）任杭州刺史。

〔8〕钱镠（八五二——九三二），生于唐代，杭州临安（今浙江杭州临安）人。五代时期吴越国建立者。九〇七年至九三二年在位。

〔9〕见本卷《良好的生态环境是最普惠的民生福祉》注〔1〕。

〔10〕参见北宋苏轼《杭州乞度牒开西湖状》。

深入理解新发展理念，
推进供给侧结构性改革[*]

（二〇一六年一月十八日）

关于深入理解新发展理念

创新、协调、绿色、开放、共享的发展理念，我在党的十八届五中全会和其他场合已经讲了不少，今天不从抓工作的角度全面讲了，而是结合历史和现实，结合一些重大问题，从理论上、宏观上讲讲。

第一，着力实施创新驱动发展战略。把创新摆在第一位，是因为创新是引领发展的第一动力。发展动力决定发展速度、效能、可持续性。对我国这么大体量的经济体来讲，如果动力问题解决不好，要实现经济持续健康发展和"两个翻番"是难以做到的。当然，协调发展、绿色发展、开放发展、共享发展都有利于增强发展动力，但核心在创新。抓住了创新，就抓住了牵动经济社会发展全局的"牛

---

　　* 这是习近平同志在省部级主要领导干部学习贯彻党的十八届五中全会精神专题研讨班上讲话的一部分。

鼻子"。

坚持创新发展，是我们分析近代以来世界发展历程特别是总结我国改革开放成功实践得出的结论，是我们应对发展环境变化、增强发展动力、把握发展主动权，更好引领新常态的根本之策。

回顾近代以来世界发展历程，可以清楚看到，一个国家和民族的创新能力，从根本上影响甚至决定国家和民族前途命运。

十六世纪以来，人类社会进入前所未有的创新活跃期，几百年里，人类在科学技术方面取得的创新成果超过过去几千年的总和。特别是十八世纪以来，世界发生了几次重大科技革命，如近代物理学诞生、蒸汽机和机械、电力和运输、相对论和量子论、电子和信息技术发展等。在此带动下，世界经济发生多次产业革命，如机械化、电气化、自动化、信息化。每一次科技和产业革命都深刻改变了世界发展面貌和格局。一些国家抓住了机遇，经济社会发展驶入快车道，经济实力、科技实力、军事实力迅速增强，甚至一跃成为世界强国。发端于英国的第一次产业革命，使英国走上了世界霸主地位；美国抓住了第二次产业革命机遇，赶超英国成为世界第一。从第二次产业革命以来，美国就占据世界第一的位置，这是因为美国在科技和产业革命中都是领航者和最大获利者。

中华民族是勇于创新、善于创新的民族。前面说到我国历史上的发展和辉煌，同当时我国科技发明和创新密切相关。我国古代在天文历法、数学、农学、医学、地理学等众多科技领域取得举世瞩目的成就。这些发明创造同生产紧密结合，为农业和手工业发展提供了有力支撑。英国哲学家培根这样讲到：印刷术、火药、指南针，这三种发明曾改变了整个世界事物的面貌和状态，以致没有一个帝国、教派和人物能比这三种发明在人类事业中产生更大的力量和影响[1]。一些资料显示，十六世纪以前世界上最重要的三百项发明和发现中，我国占一百七十三项，远远超过同时代的欧洲。我国发展历史上长期处于世界领先地位，我国思想文化、社会制度、经济发展、科学技术以及其他许多方面对周边发挥了重要辐射和引领作用。近代以来，我国逐渐由领先变为落后，一个重要原因就是我们错失了多次科技和产业革命带来的巨大发展机遇。

当今世界，经济社会发展越来越依赖于理论、制度、科技、文化等领域的创新，国际竞争新优势也越来越体现在创新能力上。谁在创新上先行一步，谁就能拥有引领发展的主动权。当前，新一轮科技和产业革命蓄势待发，其主要特点是重大颠覆性技术不断涌现，科技成果转化速度加快，产业组织形式和产业链条更具垄断性。世界各主要国家纷纷出台新的创新战略，加大投入，加强人才、专利、标准等战略性创新资源的争夺。

虽然我国经济总量跃居世界第二，但大而不强、臃肿虚胖体弱问题相当突出，主要体现在创新能力不强，这是我国这个经济大块头的"阿喀琉斯之踵"[2]。通过创新引领和驱动发展已经成为我国发展的迫切要求。所以，我反复强调，抓创新就是抓发展，谋创新就是谋未来。

　　经过多年努力，我国科技整体水平有了明显提高，正处在从量的增长向质的提升转变的重要时期，一些重要领域跻身世界先进行列。但是，总体上看，我国关键核心技术受制于人的局面尚未根本改变，创造新产业、引领未来发展的科技储备远远不够，产业还处于全球价值链中低端，军事、安全领域高技术方面同发达国家仍有较大差距。我们必须把发展基点放在创新上，通过创新培育发展新动力、塑造更多发挥先发优势的引领型发展。

　　创新是一个复杂的社会系统工程，涉及经济社会各个领域。坚持创新发展，既要坚持全面系统的观点，又要抓住关键，以重要领域和关键环节的突破带动全局。要超前谋划、超前部署，紧紧围绕经济竞争力的核心关键、社会发展的瓶颈制约、国家安全的重大挑战，强化事关发展全局的基础研究和共性关键技术研究，全面提高自主创新能力，在科技创新上取得重大突破，力争实现我国科技水平由跟跑并跑向并跑领跑转变。要以重大科技创新为引领，加快科技创新成果向现实生产力转化，加快构建产业新体系，做到人有我有、人有我强、人强我优，增强我国经济整体素质和国际竞争力。要深化科技体制改革，推进人才发展体制和政策创新，突出"高精尖缺"导向，实施更开放的创新人才引进政策，聚天下英才而用之。

　　第二，着力增强发展的整体性协调性。"有上则有下，有此则有彼。"[3]唯物辩证法认为，事物是普遍联系的，事物及事物各要素相互影响、相互制约，整个世界是相互联系的整体，也是相互作用的系统。坚持唯物辩证法，就要从客观事物的内在联系去把握事物，去认识问题、处理问题。马克思主义经典作家十分重视并善于运用唯物辩证法来认识和探索人类社会发展中的矛盾运动规律。比如，马克思提出，社会再生产分为生产资料生产和消费资料生产两大部类，两大部类必须保持一定比例关系才能保证社会再生产顺利实现。

我们党在带领人民建设社会主义的长期实践中，形成了许多关于协调发展的理念和战略。新中国成立前后，毛泽东同志就提出了统筹兼顾、"弹钢琴"等思想方法和工作方法。他说："弹钢琴要十个指头都动作，不能有的动，有的不动。但是，十个指头同时都按下去，那也不成调子。要产生好的音乐，十个指头的动作要有节奏，要互相配合。党委要抓紧中心工作，又要围绕中心工作而同时开展其他方面的工作。我们现在管的方面很多，各地、各军、各部门的工作，都要照顾到，不能只注意一部分问题而把别的丢掉。凡是有问题的地方都要点一下，这个方法我们一定要学会。"[4]《论十大关系》是毛泽东同志运用普遍联系观点阐述社会主义建设规律的典范。在《关于正确处理人民内部矛盾的问题》一文中，毛泽东同志进一步提出了"统筹兼顾、适当安排"的方针。

改革开放后，邓小平同志针对新时期的新情况新问题，提出"现代化建设的任务是多方面的，各个方面需要综合平衡，不能单打一"[5]。在改革开放不同时期，邓小平同志提出了一系列"两手抓"的战略方针。江泽民同志提出了在推进社会主义现代化建设过程中必须处理好十二个带有全局性的重大关系[6]。胡锦涛同志提出了全面协调可持续发展。党的十八大提出了中国特色社会主义事业"五位一体"总体布局,后来我们提出了"四个全面"战略布局,等等。这些都体现了我们对协调发展认识的不断深化,体现了唯物辩证法在解决我国发展问题上的方法论意义。

新形势下,协调发展具有一些新特点。比如,协调既是发展手段又是发展目标,同时还是评价发展的标准和尺度。再比如,协调是发展两点论和重点论的统一,一个国家、一个地区乃至一个行业在其特定发展时期既有发展优势、也存在制约因素,在发展思路上既要着力破解难题、补齐短板,又要考虑巩固和厚植原有优势,两方面相辅相成、相得益彰,才能实现高水平发展。又比如,协调是发展平衡和不平衡的统一,由平衡到不平衡再到新的平衡是事物发展的基本规律。平衡是相对的,不平衡是绝对的。强调协调发展不是搞平均主义,而是更注重发展机会公平、更注重资源配置均衡。还比如,协调是发展短板和潜力的统一,我国正处于由中等收入国家向高收入国家迈进的阶段,国际经验表明,这个阶段是各种矛盾集中爆发的时期,发展不协调、存在诸多短板也是难免的。协调发展,就要找出短板,在补齐短板上多用力,通过补齐短板挖掘发展潜力、增强发展后劲。

下好"十三五"时期发展的全国一盘棋,协调发展是制胜要诀。我们要学会运用辩证法,善于"弹钢琴",处理好局部和全局、当前和长远、重点和非重点的关系,在权衡利弊中趋利避害、作出最为有利的战略抉择。从当前我国发展中不平衡、不协调、不可持续的突出问题出发，我们要着力推动区域协调发展、城乡协调发展、物质文明和精神文明协调发展，推动经济建设和国防建设融合发展。这是五中全会在部署协调发展时强调的重点。

要发挥各地区比较优势，促进生产力布局优化，重点实施"一带一路"建设、京津冀协同发展、长江经济带发展三大战略，支持革命老区、民族地区、边疆地区、贫困地区加快发展，构建连接东中西、贯通南北方的多中心、网络化、开放式的区域开发格局，不断缩小地区发展差距。要坚持工业反哺农业、城市支持农村和多予少取放活方针，促进城乡公共资源均衡配置，加快形成以工促农、以城带乡、工农互惠、城乡一体的工农城乡关系，不断缩小城乡发展差距。要坚持社会主义先进文化前进方向，用社会主义核心价值观凝聚共识、汇聚力量，用优秀文化产品振奋人心、鼓舞士气，用中华优秀传统文化为人民提供丰润的道德滋养，提高精神文明建设水平。要统筹经济建设和国防建设，建立全要素、多领域、高效益的军民深度融合发展格局，推进国防和军队建设同全面建成小康社会进程相一致，使两者协调发展、平衡发展、兼容发展。

第三，着力推进人与自然和谐共生。绿色发展，就其要义来讲，是要解决好人与自然和谐共生问题。人类发展活动必须尊重自然、顺应自然、保护自然，否则就会遭到大自然的报复，这个规律谁也无法抗拒。

恩格斯在《自然辩证法》中写到：美索不达米亚、希腊、小亚细亚以及其他各地的居民，为了得到耕地，毁灭了森林，但是他们做梦也想不到，这些地方今天竟因此而成为不毛之地，因为他们使这些地方失去了森林，也就失去了水分的积聚中心和贮藏库。阿尔卑斯山的意大利人，当他们在山南坡把那些在山北坡得到精心保护的枞树林砍光用尽时，没有预料到，这样一来，他们把本地区的高山畜牧业的根基毁掉了；他们更没有预料到，他们这样做，竟使山泉在一年中的大部分时间内枯竭了，同时在雨季又使更加凶猛的洪水倾泻到平原上。

上个世纪，发生在西方国家的"世界八大公害事件"〔7〕对生态环境和公众生活造成巨大影响。其中，洛杉矶光化学烟雾事件，先后导致近千人死亡、百分之七十五以上市民患上红眼病。伦敦烟雾事件，一九五二年十二月首次暴发的短短几天内，致死人数高达四千，随后两个月内又有近八千人死于呼吸系统疾病，此后一九五六年、一九五七年、一九六二年又连续发生多达十二次严重的烟雾事件。日本水俣病事件，因工厂把含有甲基汞的废水直接排放到水俣湾中，人食用受污染的鱼和贝类后患上极为痛苦的汞中毒病，患者近千人，受威胁者多达二万人。美国作家蕾切尔·卡逊的《寂静的春天》一书对化学农药危害的状况作了详细描述。

据史料记载，现在植被稀少的黄土高原、渭河流域、太行山脉也曾是森林遍布、山清水秀，地宜耕植、水草便畜。由于毁林开荒、滥砍乱伐，这些地方生态环境遭到严重破坏。塔克拉玛干沙漠的蔓延，湮没了盛极一时的丝绸之路。河西走廊沙漠的扩展，毁坏了敦煌古城。科尔沁、毛乌素沙地和乌兰布和沙漠的蚕食，侵占了富饶美丽的蒙古草原。楼兰古城因屯垦开荒、盲目灌溉，导致孔雀河改道而衰落。河北北部的围场，早年树海茫茫、水草丰美，但从同治年间开围放垦，致使千里松林几乎荡然无存，出现了几十万亩的荒山秃岭。这些深刻教训，我们一定要认真吸取。

在对待自然问题上，恩格斯深刻指出："我们不要过分陶醉于我们人类对自然界的胜利。对于每一次这样的胜利，自然界都对我们进行报复。每一次胜利，起初确实取得了我们预期的结果，但是往后和再往后却发生完全不同的、出乎预料的影响，常常把最初的结果又消除了。"〔8〕人因自然而生，人与自然是一种共生关系，对自然的伤害最终会伤及人类自身。只有尊重自然规律，才能有效防止在开发利用自然上走弯路。这个道理要铭记于心、落实于行。

改革开放以来，我国经济发展取得历史性成就，这是值得我们自豪和骄傲的，也是世界上很多国家羡慕我们的地方。同时必须看到，我们也积累了大量生态环境问题，成为明显的短板，成为人民群众反映强烈的突出问题。比如，各类环境污染呈高发态势，成为民生之患、民心之痛。这样的状况，必须下大气力扭转。

我们的先人们早就认识到了生态环境的重要性。《论语》中说："子钓而不纲，弋不射宿。"意思是不用大网打鱼，不射夜宿之鸟。荀子说："草木荣华滋硕之时则斧斤不入山林，不夭其生，不绝其长也；鼋鼍、鱼鳖、鳅鳝孕别之时，罔罟、毒药不入泽，不夭其生，不绝其长也。"[9]《吕氏春秋》中说："竭泽而渔，岂不获得？而明年无鱼；焚薮而田，岂不获得？而明年无兽。"这些关于对自然要取之以时、取之有度的思想，有十分重要的现实意义。

生态环境没有替代品，用之不觉，失之难存。我讲过，环境就是民生，青山就是美丽，蓝天也是幸福，绿水青山就是金山银山；保护环境就是保护生产力，改善环境就是发展生产力。在生态环境保护上，一定要树立大局观、长远观、整体观，不能因小失大、顾此失彼、寅吃卯粮、急功近利。我们要坚持节约资源和保护环境的基本国策，像保护眼睛一样保护生态环境，像对待生命一样对待生态环境，推动形成绿色发展方式和生活方式，协同推进人民富裕、国家强盛、中国美丽。前不久，在重庆召开的推动长江经济带发展座谈会上，我强调长江经济带发展必须坚持生态优先、绿色发展，把修复长江生态环境摆在压倒性位置，共抓大保护、不搞大开发，就是这个考虑。

各级领导干部对保护生态环境务必坚定信念，坚决摒弃损害甚至破坏生态环境的发展模式和做法，决不能再以牺牲生态环境为代价换取一时一地的经济增长。要坚定推进绿色发展，推动自然资本大量增值，让良好生态环境成为人民生活的增长点、成为展现我国良好形象的发力点，让老百姓呼吸上新鲜的空气、喝上干净的水、吃上放心的食物、生活在宜居的环境中、切实感受到经济发展带来的实实在在的环境效益，让中华大地天更蓝、山更绿、水更清、环境更优美，走向生态文明新时代。

第四，着力形成对外开放新体制。我国三十多年来的发展成就得益于对外开放。一个国家能不能富强，一个民族能不能振兴，最重要的就是看这个国家、这个民族能不能顺应时代潮流，掌握历史前进的主动权。

经济全球化是我们谋划发展所要面对的时代潮流。"经济全球化"这一概念虽然是冷战结束以后才流行起来的，但这样的发展趋势并不是什么新东西。早在十九世纪，马克思、恩格斯在《德意志意识形态》、《共产党宣言》、《一八五七——一八五八年经济学手稿》、《资本论》等著作中就详细论述了世界贸易、世界市场、世界历史等问题。《共产党宣言》指出："资产阶级，由于开拓了世界市场，使一切国家的生产和消费都成为世界性的了。"马克思、恩格斯的这些洞见和论述，深刻揭示了经济全球化的本质、逻辑、过程，奠定了我们今天认识经济全球化的理论基础。

经济全球化大致经历了三个阶段。一是殖民扩张和世界市场形成阶段，西方国家靠巧取豪夺、强权占领、殖民扩张，到第一次世界大战前基本完成了对世界的瓜分，世界各地区各民族都被卷入资本主义世界体系之中。二是两个平行世界市场阶段，第二次世界大战结束后，一批社会主义国家诞生，殖民地半殖民地国家纷纷独立，世界形成社会主义和资本主义两大阵营，在经济上则形成了两个平行的市场。三是经济全球化阶段，随着冷战结束，两大阵营对立局面不复存在，两个平行的市场随之不复存在，各国相互依存大幅加强，经济全球化快速发展演化。

与之相对应，我国同世界的关系也经历了三个阶段。一是从闭关锁国到半殖民地半封建阶段，先是在鸦片战争之前隔绝于世界市场和工业化大潮，接着在鸦片战争及以后的数次列强侵略战争中屡战屡败，成为积贫积弱的国家。二是"一边倒"和封闭半封闭阶段，新中国成立后，我们在向苏联"一边倒"和相对封闭的环境中艰辛探索社会主义建设之路，"文化大革命"中基本同世界隔绝。三是全方位对外开放阶段，改革开放以来，我们充分运用经济全球化带来的机遇，不断扩大对外开放，实现了我国同世界关系的历史性变革。

实践告诉我们，要发展壮大，必须主动顺应经济全球化潮流，坚持对外开放，充分运用人类社会创造的先进科学技术成果和有益管理经验。改革开放初期，在我们力量不强、经验不足的时候，不少同志也曾满怀疑问，面对占据优势地位的西方国家，我们能不能做到既利用对外开放机遇而又不被腐蚀或吃掉？当年，我们推动复关谈判、入世谈判[10]，都承受着很大压力。今天看来，我们大胆开放、走向世界，无疑是选择了正确方向。

二十年前甚至十五年前，经济全球化的主要推手是美国等西方国家，今天反而是我们被认为是世界上推动贸易和投资自由化便利化的最大旗手，积极主动同西方国家形形色色的保护主义作斗争。这说明，只要主动顺应世界发展潮流，不但能发展壮大自己，而且可以引领世界发展潮流。

我们现在搞开放发展，面临的国际国内形势同以往有很大不同，总体上有利因素更多，但风险挑战不容忽视，而且都是更深层次的风险挑战。这可以从四个方面来看。一是国际力量对比正在发生前所未有的积极变化，新兴市场国家和发展中国家群体性崛起正在改变全球政治经济版图，世界多极化和国际关系民主化大势难逆，以西方国家为主导的全球治理体系出现变革迹象，但争夺全球治理和国际规则制定主导权的较量十分激烈，西方发达国家在经济、科技、政治、军事上的优势地位尚未改变，更加公正合理的国际政治经济秩序的形成依然任重道远。二是世界经济逐渐走出国际金融危机[11]阴影，西方国家通过再工业化总体保持复苏势头，国际产业分工格局发生新变化，但国际范围内保护主义严重，国际经贸规则制定出现政治化、碎片化苗头，不少新兴市场国家和发展中国家经济持续低迷，世界经济还没有找到全面复苏的新引擎。三是我国在世界经济和全球治理中的分量迅速上升，我国是世界第二经济大国、最大货物出口国、第二大货物进口国、第二大对外直接投资国、最大外汇储备国、最大旅游市场，成为影响世界政治经济版图变化的一个主要因素，但我国经济大而不强问题依然突出，人均收入和人民生活水平更是同发达国家不可同日而语，我国经济实力转化为国际制度性权力依然需要付出艰苦努力。四是我国对外开放进入引进来和走出去更加均衡的阶段，我国对外开放从早期引进来为主转为大进大出新格局，但与之相应的法律、咨

询、金融、人才、风险管控、安全保障等都难以满足现实
需要，支撑高水平开放和大规模走出去的体制和力量仍显
薄弱。

这就是说，我们今天开放发展的大环境总体上比以往
任何时候都更为有利，同时面临的矛盾、风险、博弈也前
所未有，稍不留神就可能掉入别人精心设置的陷阱。关于
下一步怎么开放发展，党的十八届五中全会已经作出部
署，我在全会第二次全体会议上的讲话中也提出了要求。
希望大家不断探索实践，提高把握国内国际两个大局的自
觉性和能力，提高对外开放质量和水平。

第五，着力践行以人民为中心的发展思想。这是党的
十八届五中全会首次提出来的，体现了我们党全心全意为
人民服务的根本宗旨，体现了人民是推动发展的根本力量
的唯物史观。

"治国有常，而利民为本。"〔12〕以人民为中心的发展
思想，不是一个抽象的、玄奥的概念，不能只停留在口头
上、止步于思想环节，而要体现在经济社会发展各个环
节。要坚持人民主体地位，顺应人民群众对美好生活的
向往，不断实现好、维护好、发展好最广大人民根本利
益，做到发展为了人民、发展依靠人民、发展成果由人民
共享。要通过深化改革、创新驱动，提高经济发展质量和
效益，生产出更多更好的物质精神产品，不断满足人民日
益增长的物质文化需要。要全面调动人的积极性、主动
性、创造性，为各行业各方面的劳动者、企业家、创新人
才、各级干部创造发挥作用的舞台和环境。要坚持社会主

义基本经济制度和分配制度，调整收入分配格局，完善以税收、社会保障、转移支付等为主要手段的再分配调节机制，维护社会公平正义，解决好收入差距问题，使发展成果更多更公平惠及全体人民。

共享理念实质就是坚持以人民为中心的发展思想，体现的是逐步实现共同富裕的要求。共同富裕，是马克思主义的一个基本目标，也是自古以来我国人民的一个基本理想。孔子说："不患寡而患不均，不患贫而患不安。"〔13〕孟子说："老吾老以及人之老，幼吾幼以及人之幼。"〔14〕《礼记·礼运》具体而生动地描绘了"小康"社会和"大同"社会的状态。按照马克思、恩格斯的构想，共产主义社会将彻底消除阶级之间、城乡之间、脑力劳动和体力劳动之间的对立和差别，实行各尽所能、按需分配，真正实现社会共享、实现每个人自由而全面的发展。

当然，实现这个目标需要一个漫长的历史过程。我国正处于并将长期处于社会主义初级阶段，我们不能做超越阶段的事情，但也不是说在逐步实现共同富裕方面就无所作为，而是要根据现有条件把能做的事情尽量做起来，积小胜为大胜，不断朝着全体人民共同富裕的目标前进。

新中国成立初期，毛泽东同志就指出："现在我们实行这么一种制度，这么一种计划，是可以一年一年走向更富更强的，一年一年可以看到更富更强些。而这个富，是共同的富，这个强，是共同的强，大家都有份"〔15〕。改革开放历史新时期，邓小平同志多次强调共同富裕。一九九〇年十二月，他在同几位中央负责同志谈话时指出:"共同致富,我们从改革一开始就讲,将来总有一天要成为中心课题。社会主义不是少数人富起来、大多数人穷,不是那个样子。社会主义最大的优越性就是共同富裕,这是体现社会主义本质的一个东西。"[16]江泽民同志强调:"实现共同富裕是社会主义的根本原则和本质特征,绝不能动摇。"[17]胡锦涛同志也要求"使全体人民共享改革发展成果,使全体人民朝着共同富裕的方向稳步前进"[18]。经过长期艰苦奋斗,我国人民生活质量和社会共享水平显著提高,这是了不起的成就。

党的十八届五中全会提出的共享发展理念,其内涵主要有四个方面。一是共享是全民共享。这是就共享的覆盖面而言的。共享发展是人人享有、各得其所,不是少数人共享、一部分人共享。二是共享是全面共享。这是就共享的内容而言的。共享发展就要共享国家经济、政治、文化、社会、生态各方面建设成果,全面保障人民在各方面的合法权益。三是共享是共建共享。这是就共享的实现途径而言的。共建才能共享,共建的过程也是共享的过程。要充分发扬民主,广泛汇聚民智,最大激发民力,形成人人参与、人人尽力、人人都有成就感的生动局面。四是共享是渐进共享。这是就共享发展的推进进程而言的。一口吃不成胖子,共享发展必将有一个从低级到高级、从不均衡到均衡的过程,即使达到很高的水平也会有差别。我们要立足国情、立足经济社会发展水平来思考设计共享政策,既不裹足不前、铢施两较、该花的钱也不花,也不好高骛远、寅吃卯粮、口惠而实不至。这四个方面是相互贯通的，要整体理解和把握。

落实共享发展理念，"十三五"时期的任务和措施有很多，归结起来就是两个层面的事。一是充分调动人民群众的积极性、主动性、创造性，举全民之力推进中国特色社会主义事业，不断把"蛋糕"做大。二是把不断做大的"蛋糕"分好，让社会主义制度的优越性得到更充分体现，让人民群众有更多获得感。要扩大中等收入阶层，逐步形成橄榄型分配格局。特别要加大对困难群众的帮扶力度，坚决打赢农村贫困人口脱贫攻坚战。落实共享发展是一门大学问，要做好从顶层设计到"最后一公里"落地的工作，在实践中不断取得新成效。

关于供给侧结构性改革

在去年的中央经济工作会议上，我突出强调了供给侧结构性改革问题，引起了热烈讨论，国际社会和国内各方面比较认同。但也有些同志向我反映说，对供给侧改革弄得还不是很明白，社会上很多讨论看了也不是很清楚。这里，我再讲讲这个问题。

首先，我要讲清楚，我们讲的供给侧结构性改革，同西方经济学的供给学派不是一回事，不能把供给侧结构性改革看成是西方供给学派的翻版，更要防止有些人用他们的解释来宣扬"新自由主义"，借机制造负面舆论。

西方供给学派兴起于上世纪七十年代。当时凯恩斯主义[19]的需求管理政策失效，西方国家陷入经济"滞胀"

局面。供给学派强调供给会自动创造需求，应该从供给着手推动经济发展；增加生产和供给首先要减税，以提高人们储蓄、投资的能力和积极性。这就是供给学派代表人物拉弗提出的"拉弗曲线"，亦即"减税曲线"。此外，供给学派还认为，减税需要有两个条件加以配合：一是削减政府开支，以平衡预算；二是限制货币发行量，稳定物价。供给学派强调的重点是减税，过分突出税率的作用，并且思想方法比较绝对，只注重供给而忽视需求、只注重市场功能而忽视政府作用。

我们提的供给侧改革，完整地说是"供给侧结构性改革"，我在中央经济工作会议上就是这样说的。"结构性"三个字十分重要，简称"供给侧改革"也可以，但不能忘了"结构性"三个字。供给侧结构性改革，重点是解放和发展社会生产力，用改革的办法推进结构调整，减少无效和低端供给，扩大有效和中高端供给，增强供给结构对需求变化的适应性和灵活性，提高全要素生产率。这不只是一个税收和税率问题，而是要通过一系列政策举措，特别是推动科技创新、发展实体经济、保障和改善人民生活的政策措施，来解决我国经济供给侧存在的问题。我们讲的供给侧结构性改革，既强调供给又关注需求，既突出发展社会生产力又注重完善生产关系，既发挥市场在资源配置中的决定性作用又更好发挥政府作用，既着眼当前又立足长远。从政治经济学的角度看，供给侧结构性改革的根本，是使我国供给能力更好满足广大人民日益增长、不断升级和个性化的物质文化和生态环境需要，从而实现社会主义生产目的。

供给和需求是市场经济内在关系的两个基本方面，是既对立又统一的辩证关系，二者你离不开我、我离不开你，相互依存、互为条件。没有需求，供给就无从实现，新的需求可以催生新的供给；没有供给，需求就无法满足，新的供给可以创造新的需求。

供给侧和需求侧是管理和调控宏观经济的两个基本手段。需求侧管理，重在解决总量性问题，注重短期调控，主要是通过调节税收、财政支出、货币信贷等来刺激或抑制需求，进而推动经济增长。供给侧管理，重在解决结构性问题，注重激发经济增长动力，主要通过优化要素配置和调整生产结构来提高供给体系质量和效率，进而推动经济增长。

纵观世界经济发展史，经济政策是以供给侧为重点还是以需求侧为重点，要依据一国宏观经济形势作出抉择。放弃需求侧谈供给侧或放弃供给侧谈需求侧都是片面的，二者不是非此即彼、一去一存的替代关系，而是要相互配合、协调推进。

当前和今后一个时期，我国经济发展面临的问题，供给和需求两侧都有，但矛盾的主要方面在供给侧。比如，我国一些行业和产业产能严重过剩，同时大量关键装备、核心技术、高端产品还依赖进口，国内庞大的市场没有掌握在我们自己手中。再比如，我国农业发展形势很好，但一些供给没有很好适应需求变化，牛奶就难以满足消费者对质量、信誉保障的要求，大豆生产缺口很大而玉米增产则超过了需求增长，农产品库存也过大了。还比如，我国一些有大量购买力支撑的消费需求在国内得不到有效供给，消费者将大把钞票花费在出境购物、"海淘"购物上，购买的商品已从珠宝首饰、名包名表、名牌服饰、化妆品等奢侈品向电饭煲、马桶盖、奶粉、奶瓶等普通日用品延伸。据测算，二〇一四年我国居民出境旅行支出超过一万亿元人民币。

事实证明，我国不是需求不足，或没有需求，而是需求变了，供给的产品却没有变，质量、服务跟不上。有效供给能力不足带来大量"需求外溢"，消费能力严重外流。解决这些结构性问题，必须推进供给侧改革。

从国际上看，当前世界经济结构正在发生深刻调整。国际金融危机打破了欧美发达经济体借贷消费，东亚地区提供高储蓄、廉价劳动力和产品，俄罗斯、中东、拉美等提供能源资源的全球经济大循环，国际市场有效需求急剧萎缩，经济增长远低于潜在产出水平。主要国家人口老龄化水平不断提高，劳动人口增长率持续下降，社会成本和生产成本上升较快，传统产业和增长动力不断衰减，新兴产业体量和增长动能尚未积聚。在这个大背景下，我们需要从供给侧发力，找准在世界供给市场上的定位。

从国内看，经济发展面临"四降一升"，即经济增速下降、工业品价格下降、实体企业盈利下降、财政收入下降、经济风险发生概率上升。这些问题的主要矛盾不是周期性的，而是结构性的，供给结构错配问题严重。需求管理边际效益不断递减，单纯依靠刺激内需难以解决产能过剩等结构性矛盾。因此，必须把改善供给结构作为主攻方向，实现由低水平供需平衡向高水平供需平衡跃升。

推进供给侧结构性改革，要从生产端入手，重点是促进产能过剩有效化解，促进产业优化重组，降低企业成本，发展战略性新兴产业和现代服务业，增加公共产品和服务供给，提高供给结构对需求变化的适应性和灵活性。简言之，就是去产能、去库存、去杠杆、降成本、补短板。

近年来，我国一些企业在推进供给侧结构性改革方面进行了成功探索。比如，前些年我国市场上各类手机争奇斗艳，既有摩托罗拉、诺基亚等国外品牌，也有国内厂商生产的手机，竞争十分激烈，一些企业破产倒闭。在这种情况下，我国一些企业从生产端入手，坚持自主创新，瞄准高端市场，推出高端智能手机，满足了人们对更多样的功能、更快捷的速度、更清晰的图像、更时尚的外观的要求，在国内外市场的占有率不断上升。世界手机市场竞争也十分激烈，名噪一时的摩托罗拉、诺基亚、爱立信手机如今已风光不再，甚至成了过眼烟云。元旦过后，我到重庆看了一家公司，他们生产的薄膜晶体管液晶显示器就是供给侧改革的成功案例。这几年，重庆笔记本电脑等智能终端产品和自主品牌汽车产业成长也很快，形成了全球最大电子信息产业集群和国内最大汽车产业集群，全球每三台笔记本电脑就有一台来自重庆制造。这说明，只要瞄准市场推进供给侧改革，产业优化升级的路子是完全可以闯出来的。

从国际经验看，一个国家发展从根本上要靠供给侧推动。一次次科技和产业革命，带来一次次生产力提升，创造着难以想象的供给能力。当今时代，社会化大生产的突出特点，就是供给侧一旦实现了成功的颠覆性创新，市场就会以波澜壮阔的交易生成进行回应。我看了一份材料，说在二〇一五年世界经济论坛新兴技术跨界理事会上，十八位科学家选出二〇一五年十大新兴技术榜单，包括燃料电池汽车、新一代机器人、可循环利用的热固性塑料、精准基因工程技术、积材制造、自然人工智能、分布式制造、能够感知和避让的无人机、神经形态技术、数字基因组。我去年访问英国时，在曼彻斯特大学国家石墨烯研究院，诺贝尔物理学奖获得者康斯坦丁·诺沃肖洛夫教授和安德烈·海姆教授给我介绍了石墨烯研发情况和开发利用前景。石墨烯是一种新材料，发展前景十分广阔，所以英国政府和欧洲研究与发展基金会都给予了大力支持。这些科技创新带来了科技的飞跃，也将为经济发展提供强劲动力。因此，推进供给侧改革，必须牢固树立创新发展理念，推动新技术、新产业、新业态蓬勃发展，为经济持续健康发展提供源源不断的内生动力。

注　释

〔1〕参见弗兰西斯·培根《新工具》。
〔2〕阿喀琉斯是希腊神话中的英雄，出生时被母亲海洋女神忒提斯握住

脚踵倒浸在冥河水中，因此除未浸水的踵部外，身上其他部位都不会受到伤害。后来在战争中，他被射中脚踵而死。人们常用"阿喀琉斯之踵"比喻致命弱点或薄弱环节。

〔3〕见北宋程颐《周易程氏传·贲》。

〔4〕见毛泽东《党委会的工作方法》(《毛泽东选集》第4卷，人民出版社1991年版，第1442页)。

〔5〕见邓小平《目前的形势和任务》(《邓小平文选》第2卷，人民出版社1994年版，第250页)。

〔6〕十二个带有全局性的重大关系，这里指改革、发展、稳定的关系，速度和效益的关系，经济建设和人口、资源、环境的关系，第一、第二、第三产业的关系，东部地区和中西部地区的关系，市场机制和宏观调控的关系，公有制经济和其他经济成分的关系，收入分配中国家、企业和个人的关系，扩大对外开放和坚持自力更生的关系，中央和地方的关系，国防建设和经济建设的关系，物质文明建设和精神文明建设的关系。这是江泽民一九九五年九月在中共十四届五中全会上的讲话中提出的。参见江泽民《正确处理社会主义现代化建设中的若干重大关系》(《江泽民文选》第1卷，人民出版社2006年版，第460—475页)。

〔7〕"世界八大公害事件"，指二十世纪三十年代至六十年代发生的比利时马斯河谷烟雾事件、美国多诺拉镇烟雾事件、英国伦敦烟雾事件、美国洛杉矶光化学烟雾事件、日本水俣病事件、日本富山骨痛病事件、日本四日市哮喘病事件、日本米糠油事件。

〔8〕见恩格斯《自然辩证法》(《马克思恩格斯全集》第26卷，人民出版社2014年版，第769页)。

〔9〕见《荀子·王制》。

〔10〕复关，指中国恢复关税和贸易总协定缔约方地位。关税和贸易总协定，是有关关税和贸易政策的多边国际协定，也是执行这一协定的国际组织。一九九五年一月，世界贸易组织成立，一年后取代关贸总协定。中国是关贸总协定的创始缔约方之一。窃据中国席位的台湾当局于一九五〇年五月退出关贸总协定，是非法、无效的行为。中华人民共和国恢复在联合国合法席位后，逐步与关贸总协定恢复了联系。一九八六年七月，中国政府正式向

关贸总协定提出恢复缔约方地位的申请。世界贸易组织取代关贸总协定后，"复关"变为"入世"。历经十五年艰苦谈判，中国于二〇〇一年十二月正式加入世界贸易组织。

〔11〕见本卷《顺应时代前进潮流，促进世界和平发展》注〔1〕。

〔12〕见《淮南子·氾论训》。

〔13〕见《论语·季氏》。

〔14〕见《孟子·梁惠王上》。

〔15〕见毛泽东《在资本主义工商业社会主义改造问题座谈会上的讲话》（《毛泽东文集》第6卷，人民出版社1999年版，第495页）。

〔16〕见邓小平《善于利用时机解决发展问题》（《邓小平文选》第3卷，人民出版社1993年版，第364页）。

〔17〕见江泽民《正确处理社会主义现代化建设中的若干重大关系》（《江泽民文选》第1卷，人民出版社2006年版，第466页）。

〔18〕见胡锦涛《构建社会主义和谐社会》（《胡锦涛文选》第2卷，人民出版社2016年版，第291页）。

〔19〕见本卷《经济工作要适应经济发展新常态》注〔3〕。

在中国人民解放军战区
成立大会上的训令

（二〇一六年二月一日）

今天，我们召开中国人民解放军战区成立大会，向各战区授予军旗。我代表党中央和中央军委，向同志们，向各战区指战员，致以热烈的祝贺！

党中央和中央军委决定，建立东部战区、南部战区、西部战区、北部战区、中部战区，组建战区联合作战指挥机构。这是党中央和中央军委着眼实现中国梦强军梦作出的战略决策，是全面实施改革强军战略的标志性举措，是构建我军联合作战体系的历史性进展，对确保我军能打仗、打胜仗，有效维护国家安全，具有重大而深远的意义。

战区担负着应对本战略方向安全威胁、维护和平、遏制战争、打赢战争的使命，对维护国家安全战略和军事战略全局具有举足轻重的作用。

我命令：各战区要牢记使命，坚决贯彻党在新形势下的强军目标，坚决贯彻新形势下军事战略方针，坚决贯彻军委管总、战区主战、军种主建的总原则，建设绝对忠诚、善谋打仗、指挥高效、敢打必胜的联合作战指挥机构。

——各战区要毫不动摇听党指挥，坚持党对军队的绝对领导，坚持政治建军原则，强化政治意识、大局意识、核心意识、看齐意识，自觉同党中央和中央军委保持高度一致，严守政治纪律和政治规矩，不折不扣执行党中央和中央军委命令指示。

——各战区要聚精会神钻研打仗，关注国家安全形势，拓宽战略视野，研究现代战争制胜机理，把握军事力量运用的特点和规律，加紧拟制战区战略，完善作战方案计划，抓好联合训练和指挥训练，积极主动谋取未来战争主动权。

——各战区要高效指挥联合作战，落实军委赋予的指挥权责，按照平战一体、常态运行、专司主营、精干高效的要求，推进指挥能力建设，理顺指挥关系，强化联合指挥、联合行动、联合保障，扎扎实实组织部队完成日常战备和军事行动任务。

——各战区要随时准备领兵打仗，时刻听从党和人民召唤，牢固树立战斗队思想，发扬一不怕苦、二不怕死的战斗精神，培养英勇顽强的战斗作风，保障国家主权、安全、发展利益，以实际行动谱写人民军队光荣历史新篇章，向党和人民交出优秀答卷！

坚持党的新闻舆论工作的
正确政治方向 [*]

（二〇一六年二月十九日）

在新的时代条件下，党的新闻舆论工作的职责和使命是，高举旗帜、引领导向，围绕中心、服务大局，团结人民、鼓舞士气，成风化人、凝心聚力，澄清谬误、明辨是非，联接中外、沟通世界。要承担起这个职责和使命，坚持正确政治方向是第一位的。要做到以下几点。

第一，牢牢坚持党性原则。党性原则是党的新闻舆论工作的根本原则。党管宣传、党管意识形态、党管媒体是坚持党的领导的重要方面。党性原则不仅要讲，而且要理直气壮讲，不能躲躲闪闪、扭扭捏捏。二〇〇六年，我在浙江工作时，对浙江省做好新闻舆论工作提出了十二个字的要求，即"为党为民、激浊扬清、贵耳重目"，其中就把为党为民放在第一位来强调。

坚持党性原则，最根本的是坚持党对新闻舆论工作的领导。党和政府主办的媒体是党和政府的宣传阵地，必须姓党，必须抓在党的手里，必须成为党和人民的喉舌，

---

* 这是习近平同志在党的新闻舆论工作座谈会上讲话的一部分。

"党报党刊一定要无条件地宣传党的主张"[1]。无论时代如何发展、媒体格局如何变化,党管媒体的原则和制度不能变。

坚持党性原则,必须自觉在思想上政治上行动上同党中央保持高度一致。报刊、通讯社、电台、电视台、新闻网站的所有工作都必须体现党的意志、反映党的主张,必须维护党中央权威、维护党的团结,做到爱党、护党、为党。要增强看齐意识,自觉向党中央看齐,自觉向党的理论和路线方针政策看齐,自觉向党中央决策部署看齐。要增强战略定力、站稳政治立场,在"乱花渐欲迷人眼"[2]的诱惑干扰面前,保持"乱云飞渡仍从容"[3]的政治定力,决不能发表同党中央不一致的声音,决不能为错误思想言论提供传播渠道。

坚持党性原则,必须加深对党性和人民性关系的认识。这个问题,我在全国宣传思想工作会议上重点讲了。在中国共产党领导的社会主义中国,党性和人民性是一致的、统一的。我们党以全心全意为人民服务为根本宗旨,没有自己的特殊利益,体现党的意志就是体现人民的意志,宣传党的主张就是宣传人民的主张,坚持党性就是坚持人民性。党性寓于人民性之中,没有脱离人民性的党性,也没有脱离党性的人民性。那些"你是替党讲话,还是替老百姓讲话"、"你是站在党的一边,还是站在群众一边"的论调,把党性和人民性对立起来,在思想上是糊涂的,在理论上是错误的,在实践上是有害的。

坚持党性,新闻舆论工作才能有明确的立场和指向;

坚持人民性，新闻舆论工作才能获得活力源泉和动力根基。只有坚持党性原则，坚持以人民为中心的工作导向，才能确保新闻媒体始终为人民服务，而不是为少数人服务。新闻媒体要把对党负责和对人民负责统一起来、把服务群众同教育引导群众结合起来、把满足需求同提高素养结合起来，更好把党的理论和路线方针政策变成人民群众的自觉行动，及时把人民群众创造的经验和面临的实际情况反映出来，丰富人民精神世界，增强人民精神力量。

坚持党管媒体原则，还有一些重要问题要深入研究，还有很多工作要做。

我多次讲，过不了互联网这一关，就过不了长期执政这一关。党管媒体，不能说只管党直接掌握的媒体。党管媒体是把各级各类媒体都置于党的领导之下，这个领导不是"隔靴搔痒式"领导，方式可以有区别，但不能让党管媒体的原则被架空。

管好用好互联网，是新形势下掌控新闻舆论阵地的关键，重点要解决好谁来管、怎么管的问题。有些人企图让互联网成为当代中国最大的变量。要把党管媒体的原则贯彻到新媒体领域，所有从事新闻信息服务、具有媒体属性和舆论动员功能的传播平台都要纳入管理范围，所有新闻信息服务和相关业务从业人员都要实行准入管理。有关部门要认真研究，拿出管用的办法。

第二，牢牢坚持马克思主义新闻观。新闻观是新闻舆论工作的灵魂。山无脊梁要塌方，人无脊梁会垮掉。党的新闻舆论工作必须挺起精神脊梁。古人说："先立乎其大者，则其小者弗能夺也。"〔4〕对党的新闻舆论工作来说，这个"大"，就是马克思主义新闻观。要深入开展马克思主义新闻观教育，把马克思主义新闻观作为党的新闻舆论工作的"定盘星"，引导广大新闻舆论工作者做党的政策主张的传播者、时代风云的记录者、社会进步的推动者、公平正义的守望者。

一些人宣扬西方新闻观，标榜西方媒体是"社会公器"、"第四权力"、"无冕之王"，鼓吹抽象的绝对的"新闻自由"。少数人打着"新闻自由"的旗号，专挑重大政治原则说事，公然攻击中国共产党的领导体制和我国社会主义制度。有的不顾起码的是非曲直，以骂主流为乐、反主流成瘾，怪话连篇，谎话连篇。表面上，西方媒体也有很多负面报道，但仔细看看，这些负面报道主要有三类，一类是对其他国家的负面报道，再一类是对丑闻、色情、血腥、暴力、名人、隐私等黄赌毒、星性腥等报道，第三类是一些小题大做、"小骂大帮忙"的报道，而涉及资本主义制度根本的严肃话题报道和讨论微乎其微。如果世界其他地方特别是同西方意识形态不同的地方发生街头抗议事件，甚至发生暴力恐怖活动，西方媒体就会将其描绘为争取"民主"、"自由"、"人权"和"反抗暴政"的行动，不惜版面、时间进行渲染。对社会主义中国，西方媒体总是戴着有色眼镜，抹黑、丑化、妖魔化中国可谓无所不用其极。

所以说，任何新闻舆论都有鲜明的意识形态属性，没有什么抽象的绝对的自由。我们要认清西方所谓"新闻自由"的本质，自觉抵制西方新闻观等错误观点的影响。

第三，牢牢坚持正确舆论导向。舆论导向正确，就能凝聚人心、汇聚力量，推动事业发展；舆论导向错误，就会动摇人心、瓦解斗志，危害党和人民事业。这一点，全党同志特别是新闻舆论战线的同志要时刻牢记。要坚持以正确舆论引导人，做到所有工作都有利于坚持中国共产党领导和我国社会主义制度，有利于推动改革发展，有利于增进全国各族人民团结，有利于维护社会和谐稳定。讲导向，这是最重要、最根本的导向。

有人说，新闻报道只是一种信息发布和信息传播，有什么就报道什么，无所谓导向问题。这种看法是不对的。"文者，贯道之器也。"〔5〕任何新闻报道，都有导向，报什么、不报什么、怎么报都包含着立场、观点、态度。新闻报道既要报道国内外新闻事件，更要传达正确的立场、观点、态度，引导人们分清对错、好坏、善恶、美丑，激发人们向上向善的精神力量。

要把坚持正确舆论导向贯穿新闻采集、撰写、编排、发布各个环节，落实到采写人员、编辑人员、审看人员、签发人员身上，层层把关、人人负责。各级党报党刊、电台电视台要讲导向，都市类报刊、新媒体也要讲导向；新闻报道要讲导向，副刊、专题节目、广告宣传也要讲导向；时政新闻要讲导向，娱乐类、社会类新闻也要讲导向；国内新闻报道要讲导向，国际新闻报道也要讲导向。有人认为，娱乐类、社会类新闻等不必过于强调导向，尺度可以宽一些。这种认识是不对的，至少是不全面的。如果这类新闻中充斥着纸醉金迷、花天酒地、勾心斗角、炫耀财富、移情别恋、杀人越货等方面的内容，充斥着有关大款、老板、名人、明星等人物的八卦新闻，就不能对人民群众起到正面引导作用。要让主旋律和正能量主导报刊版面、广播电台、电视荧屏，主导网络空间、移动平台等传播载体，不能搞两个标准、形成"两个舆论场"。

第四，牢牢坚持正面宣传为主。团结稳定鼓劲、正面宣传为主，是党的新闻舆论工作必须遵循的基本方针。没有团结稳定，什么事情也做不成。我们之所以要强调团结稳定鼓劲、正面宣传为主，是因为：一方面，我国社会积极正面的事物是主流，消极负面的东西是支流，要正确认识主流和支流、成绩和问题、全局和局部的关系，集中反映社会健康向上的本质，客观展示发展进步的全貌，使之同我国改革发展蓬勃向上态势相协调；另一方面，我们正在进行具有许多新的历史特点的伟大斗争，面临的挑战和困难前所未有，必须激发全党全社会团结奋进、攻坚克难的强大力量，调动各方面积极性、主动性、创造性。这样，党的新闻舆论工作才能起到应有作用。

做好正面宣传，要注重提高质量和水平，增强吸引力和感染力。有人说，正面宣传很简单，材料是现成的，剪刀加浆糊就能完成。也有人说，正面宣传不好做，做出来也没多少人爱看。事实并不是这样，我们做的许多弘扬正能量的节目在社会上影响很大，收视率也很高。正面宣传要用心用情做，让群众爱听爱看，不能搞假大空式的宣传，不能停留在不断重复喊空洞政治口号的套话上，不能用一个模式服务不同类型的受众，那样的宣传只会适得其反。

　　坚持团结稳定鼓劲、正面宣传为主，涉及怎样看待真实性这个重大问题。"忠信谨慎，此德义之基也。虚无谲诡，此乱道之根也。"[6]真实性是新闻的生命，事实是新闻的本源，虚假是新闻的天敌。新闻的真实性容不得一丁点马虎，否则最真实的部分也会让人觉得不真实。要根据事实来描述事实，不能根据愿望来描述事实，同时要坚持马克思主义立场、观点、方法，搞清楚是个别真实还是总体真实，不仅要准确报道个别事实，而且要从宏观上把握和反映事件或事物的全貌。

　　我们这么大一个国家，十三亿多人口，每天发生着大量事件，也存在着大量问题。新闻媒体是社会舆论的发射器，也是社会舆论的放大器。如果只看到黑暗、负面，看不到光明、正面，虽然报道的事情是真实发生的，但这是一种不完全的真实。一叶障目、不见泰山，攻其一点、不及其余，尽管这一叶、这一点确实存在，但从总体上看却背离了真实性。同时，除了一因一果，更要注意一因多果、一果多因、多因多果、互为因果、因果转换等复杂情况，避免主观片面、以偏概全。有些事情特别是一些没有什么意义的事情，不报道不会产生什么社会影响，而一旦经过媒体传播和放大就会造成相当大的社会影响。连篇累牍、不厌其烦地报道各类负面消息，社会就会缺乏精气神，甚至人心就会散掉。

　　我这样说，不是说只能讲正面，不能讲负面，关键是要从总体上把握好平衡。舆论监督和正面宣传是统一的，而不是对立的。新闻媒体要直面我们工作中存在的问题，直面社会丑恶现象和阴暗面，激浊扬清，针砭时弊。对人民群众关心的问题、意见大反映多的问题，要积极关注报道，及时解疑释惑，引导心理预期，推动改进工作。从目前批评报道的实际状况看，既有新闻单位不大善于批评的问题，也有被批评者包括一些领导机关、领导干部不习惯不适应批评的问题。有些地方和部门遇到敏感复杂事件，习惯于采取"捂盖子"的做法，有的还通过宣传部门"灭火"。这种观念和做法在信息社会无异于掩耳盗铃。对舆论监督要有承受力，不能怕自己的"形象"、"利益"受到损害而限制媒体采访报道。同时，媒体发表批评性报道，事实要真实准确，分析要客观，不要把自己放在"裁判官"的位置上。涉及重大政策问题的批评，可以通过内部渠道向上反映，不宜公开在媒体上反映。

坚持团结稳定鼓劲、正面宣传为主，也不是说就当好好先生、当东郭先生、当开明绅士。对社会上存在的思想认识问题，要加强正面引导，通过摆事实、讲道理，明辨理论是非、澄清模糊认识。对重大政治原则和大是大非问题，要敢于交锋、敢于亮剑。对恶意攻击、造谣生事，要坚决回击、以正视听。前一段时间，网上有一股诋毁、恶搞、丑化英雄人物的歪风，我们一些主流媒体及时发声，用史实说话，为英雄正名，发挥了弘扬正气作用。

我说过，宣传思想战线的同志要当战士、不当绅士，不做"骑墙派"和"看风派"，不能搞爱惜羽毛那一套。

宣传思想战线的同志要履行好自己的神圣职责和光荣使命，以战斗的姿态、战士的担当，积极投身宣传思想领域斗争一线。这也就是毛泽东同志所说的："我们必须坚持真理，而真理必须旗帜鲜明。我们共产党人从来认为隐瞒自己的观点是可耻的。我们党所办的报纸，我们党所进行的一切宣传工作，都应当是生动的，鲜明的，尖锐的，毫不吞吞吐吐。这是我们革命无产阶级应有的战斗风格。我们要教育人民认识真理，要动员人民起来为解放自己而斗争，就需要这种战斗的风格。"〔7〕

注　释

〔1〕见邓小平《目前的形势和任务》(《邓小平文选》第2卷，人民出版社1994年版，第272页)。

〔2〕见唐代白居易《钱塘湖春行》。

〔3〕见毛泽东《七绝·为李进同志题所摄庐山仙人洞照》(《毛泽东诗词集》，中央文献出版社2003年版，第105页)。

〔4〕见《孟子·告子上》。

〔5〕见唐代李汉《昌黎先生集序》。

〔6〕见东汉王符《潜夫论·务本》。

〔7〕见毛泽东《对晋绥日报编辑人员的谈话》(《毛泽东选集》第4卷，人民出版社1991年版，第1322页)。

毫不动摇坚持我国基本经济制度，推动各种所有制经济健康发展*

（二〇一六年三月四日）

大家好！今天，我和俞正声同志来看望全国政协民建、工商联界委员，同大家一起讨论交流，感到非常高兴。首先，我代表中共中央，向在座各位委员，并通过你们向广大民建、工商联成员和非公有制经济人士，向广大政协委员，致以诚挚的问候！

刚才，大家就保持经济持续健康发展、推进供给侧结构性改革、促进非公有制经济健康发展等问题作了很好的发言，提出了有价值、有分量的意见和建议，有关部门要认真研究吸收。

过去的一年，面对错综复杂的国际形势和艰巨繁重的国内改革发展稳定任务，我们按照协调推进"四个全面"战略布局的要求，坚持稳中求进工作总基调，牢牢把握经济社会发展主动权，主动适应经济发展新常态，妥善应对重大风险挑战，经济增长继续居于世界前列，改革全面发

---

* 这是习近平同志在参加全国政协十二届四次会议民建、工商联界委员联组会时的讲话。

力、纵深推进，经济建设、政治建设、文化建设、社会建设、生态文明建设取得新的重大进展，全年主要目标任务顺利完成，"十二五"规划圆满收官。

这些成绩来之不易，是中共中央坚强领导的结果，是全国各族人民团结奋斗的结果，也凝结着各民主党派、全国工商联和在座各位委员的心血和智慧。去年，民建中央、全国工商联发挥自身优势，围绕推动长江经济带发展、落实精准扶贫、加快科技成果转化、营造良好创新环境、民营企业参与"一带一路"建设、支持小微企业发展等课题，深入调查研究，提出了不少好的意见和建议，对我们的工作给予很大促进。我向大家表示衷心的感谢！

下面，结合大家发言和关心的问题，我讲几点意见。

一、坚持和完善社会主义基本经济制度。

实行公有制为主体、多种所有制经济共同发展的基本经济制度，是中国共产党确立的一项大政方针，是中国特色社会主义制度的重要组成部分，也是完善社会主义市场经济体制的必然要求。

我国非公有制经济，是改革开放以来在中国共产党的方针政策指引下发展起来的，是在中国共产党领导下开辟出来的一条道路。中共十五大把"公有制为主体、多种所有制经济共同发展"确立为我国的基本经济制度，明确提出"非公有制经济是我国社会主义市场经济的重要组成部分"。中共十六大提出"毫不动摇地巩固和发展公有制经济"，"毫不动摇地鼓励、支持和引导非公有制经济发展"。中共十八大进一步提出"毫不动摇鼓励、支持、引导非公有制经济发展，保证各种所有制经济依法平等使用生产要素、公平参与市场竞争、同等受到法律保护"。中共十八届三中全会提出，公有制经济和非公有制经济都是社会主义市场经济的重要组成部分，都是我国经济社会发展的重要基础；公有制经济财产权不可侵犯，非公有制经济财产权同样不可侵犯；国家保护各种所有制经济产权和合法利益，坚持权利平等、机会平等、规则平等，废除对非公有制经济各种形式的不合理规定，消除各种隐性壁垒，激发非公有制经济活力和创造力。中共十八届四中全会提出要"健全以公平为核心原则的产权保护制度，加强对各种所有制经济组织和自然人财产权的保护，清理有违公平的法律法规条款"。中共十八届五中全会强调要"鼓励民营企业依法进入更多领域，引入非国有资本参与国有企业改革，更好激发非公有制经济活力和创造力"。

我之所以在这里点一点这些重要政策原则，是要说明，我们党在坚持基本经济制度上的观点是明确的、一贯的，而且是不断深化的，从来没有动摇。中国共产党党章都写明了这一点，这是不会变的，也是不能变的。

我在这里重申，非公有制经济在我国经济社会发展中的地位和作用没有变，我们毫不动摇鼓励、支持、引导非公有制经济发展的方针政策没有变，我们致力于为非公有制经济发展营造良好环境和提供更多机会的方针政策没有变。

我国是中国共产党领导的社会主义国家，公有制经济是长期以来在国家发展历程中形成的，为国家建设、国防安全、人民生活改善作出了突出贡献，是全体人民的宝贵财富，当然要让它发展好，继续为改革开放和现代化建设作出贡献。我们强调把公有制经济巩固好、发展好，同鼓励、支持、引导非公有制经济发展不是对立的，而是有机统一的。我们国家这么大、人口这么多，又处于并将长期处于社会主义初级阶段，要把经济社会发展搞上去，就要各方面齐心协力来干，众人拾柴火焰高。公有制经济、非公有制经济应该相辅相成、相得益彰，而不是相互排斥、相互抵消。

我国非公有制经济从小到大、由弱变强，是在我们党和国家方针政策指引下实现的。长期以来，我国非公有制经济快速发展，在稳定增长、促进创新、增加就业、改善民生等方面发挥了重要作用。非公有制经济是稳定经济的重要基础，是国家税收的重要来源，是技术创新的重要主体，是金融发展的重要依托，是经济持续健康发展的重要力量。

当然，公有制经济也好，非公有制经济也好，在发展过程中都有一些矛盾和问题，也面临着一些困难和挑战，需要我们一起来想办法解决。但是，不能一叶障目、不见泰山，攻其一点、不及其余。任何想把公有制经济否定掉或者想把非公有制经济否定掉的观点，都是不符合最广大人民根本利益的，都是不符合我国改革发展要求的，因此也都是错误的。

二、贯彻落实促进非公有制经济健康发展的政策措施。

改革开放以来，党和国家出台了一系列关于非公有制经济发展的政策措施。特别是中共十八大以来，随着全面深化改革不断推进，关于非公有制经济发展的政策措施更加完善。

中共十八届三中、四中、五中全会推出了一系列扩大非公有制企业市场准入、平等发展的改革举措。主要有：鼓励非公有制企业参与国有企业改革，鼓励发展非公有资本控股的混合所有制企业，各类市场主体可依法平等进入负面清单之外领域，允许更多国有经济和其他所有制经济发展成为混合所有制经济，国有资本投资项目允许非国有资本参股，允许具备条件的民间资本依法发起设立中小型银行等金融机构，允许社会资本通过特许经营等方式参与城市基础设施投资和运营，鼓励社会资本投向农村建设，允许企业和社会组织在农村兴办各类事业，等等。

为贯彻落实中共十八大和十八届三中、四中、五中全会精神，我们接续出台了一大批相关政策措施，可以说，已经形成了鼓励、支持、引导非公有制经济发展的政策体系，非公有制经济发展面临前所未有的良好政策环境和社会氛围。

由于一些原因，这些政策的配套措施还不是很实，政策落地效果还不是很好，主要问题是：市场准入限制仍然较多；政策执行中"玻璃门"、"弹簧门"、"旋转门"现象大量存在；一些政府部门为民营企业办事效率仍然不高；民营企业特别是中小企业、小微企业融资渠道狭窄，民营企业资金链紧张，等等。对目前遇到的困难，有的民营企业家形容为遇到了"三座大山"：市场的冰山、融资的高山、转型的火山。

尽管这些问题大多处在政策执行层面，是政策执行落实不到位形成的，但影响了政策的有效性，必须下决心解决。一方面要完善政策，增强政策含金量和可操作性；另一方面要加大政策落地力度，确保各项政策百分之百落到实处。政策不落实或落实不到位、落实走样等问题，主要是"最后一公里"问题。我还是那句话，一分部署，九分落实。各地区各部门要从实际出发，细化、量化政策措施，制定相关配套举措，推动各项政策落地、落细、落实，让民营企业真正从政策中增强获得感。

当前，重点要解决好以下问题。一是要着力解决中小企业融资难问题，健全完善金融体系，为中小企业融资提供可靠、高效、便捷的服务。二是要着力放开市场准入，凡是法律法规未明确禁入的行业和领域都应该鼓励民间资本进入，凡是我国政府已向外资开放或承诺开放的领域都应该向国内民间资本开放。三是要着力加快公共服务体系建设，支持建立面向民营企业的共性技术服务平台，积极发展技术市场，为民营企业自主创新提供技术支持和专业化服务。四是要着力引导民营企业利用产权市场组合民间资本，开展跨地区、跨行业兼并重组，培育一批特色突出、市场竞争力强的大企业集团。五是要进一步清理、精简涉及民间投资管理的行政审批事项和涉企收费，规范中间环节、中介组织行为，减轻企业负担，降低企业成本。

"十三五"时期，我国经济发展的显著特征就是进入新常态。新常态既是挑战，也是机遇，关键看怎样认识和把握，认识到位、把握得好、工作得力，就能把挑战变成机遇。民营企业应该发挥主观能动性和创新创造精神，正确认识、积极适应新常态，争取新常态下的新作为、新提升、新发展。比如，实施"一带一路"建设、京津冀协同发展、长江经济带发展三大战略，带来了许多难得的重大机遇，民营企业完全可以深度参与其中，推动装备、技术、标准、服务的联合重组，实现产业优化升级。还比如，"十三五"规划建议提出了五十项重大举措和三百多项具体措施，这些也都为非公有制经济发展提供了重大机遇。

我国经济发展韧性强、潜力足、回旋余地大的优势凸显，我国仍然是全球投资机会最好的国家，非公有制经济发展、非公有制经济人士施展才华面临的空间更加广阔、机遇更加充分、前景更加美好，完全可以有更大作为。信心很重要。我国发展一时一事会有波动，但长远看还是东风浩荡。广大非公有制经济人士要准确把握我国经济发展大势，提振发展信心，提升自身综合素质，完善企业经营管理制度，激发企业家精神，发挥企业家才能，增强企业内在活力和创造力，推动企业不断取得更新更好发展。

三、推动广大非公有制经济人士做合格的中国特色社会主义事业建设者。

我在去年的中央统战工作会议上强调，非公有制经济要健康发展，前提是非公有制经济人士要健康成长。广大非公有制经济人士也要认识到这一点，加强自我学习、自我教育、自我提升。不要听到这个要求就感到不舒服，我们共产党内对领导干部也是这样要求的，而且要求得更严，正所谓"金无足赤，人无完人"。我们都要"自强不息，止于至善"。

许多民营企业家都是创业成功人士，是社会公众人物。用一句土话讲，大家都是有头有脸的人物。你们的举手投足、一言一行，对社会有很强的示范效应，要十分珍视和维护好自身社会形象。要深入开展以"守法诚信、坚定信心"为重点的理想信念教育实践活动，始终热爱祖国、热爱人民、热爱中国共产党，积极践行社会主义核心价值观，做爱国敬业、守法经营、创业创新、回报社会的典范，在推动实现中华民族伟大复兴中国梦的实践中谱写人生事业的华彩篇章。要注重对年轻一代非公有制经济人士的教育培养，引导他们继承发扬老一代企业家的创业精神和听党话、跟党走的光荣传统。广大民营企业要积极投身光彩事业〔1〕和公益慈善事业，致富思源，义利兼顾，自觉履行社会责任。工商联开展的"万企帮万村"精准扶贫行动很好，要抓好落实、抓出成效。

我们要求领导干部同民营企业家打交道要守住底线、把好分寸，并不意味着领导干部可以对民营企业家不理不睬，对他们的正当要求置若罔闻，对他们的合法权益不予保护。为了推动经济社会发展，领导干部同非公有制经济人士的交往是经常的、必然的，也是必须的。这种交往应该为君子之交，要亲商、安商、富商，但不能搞成封建官僚和"红顶商人"之间的那种关系，也不能搞成西方国家大财团和政界之间的那种关系，更不能搞成吃吃喝喝、酒肉朋友的那种关系。

我常在想，新型政商关系应该是什么样的？概括起来说，我看就是"亲"、"清"两个字。

对领导干部而言，所谓"亲"，就是要坦荡真诚同民营企业接触交往，特别是在民营企业遇到困难和问题情况下更要积极作为、靠前服务，对非公有制经济人士多关注、多谈心、多引导，帮助解决实际困难，真心实意支持民营经济发展。所谓"清"，就是同民营企业家的关系要清白、纯洁，不能有贪心私心，不能以权谋私，不能搞权钱交易。

对民营企业家而言，所谓"亲"，就是积极主动同各级党委和政府及部门多沟通多交流，讲真话，说实情，建诤言，满腔热情支持地方发展。所谓"清"，就是要洁身自好、走正道，做到遵纪守法办企业、光明正大搞经营。企业经营遇到困难和问题时，要通过正常渠道反映和解决，如果遇到政府工作人员故意刁难和不作为，可以向有关部门举报，运用法律武器维护自身合法权益。靠旁门左道、歪门邪道搞企业是不可能成功的，不仅败坏了社会风气，做这种事心里也不踏实。

守法经营，这是任何企业都必须遵守的一个大原则。公有制企业也好，非公有制企业也好，各类企业都要把守法诚信作为安身立命之本，依法经营、依法治企、依法维权。法律底线不能破，偷税漏税、走私贩私、制假贩假等违法的事情坚决不做，偷工减料、缺斤短两、质次价高的亏心事坚决不做。

中共十八大以来，我们党加大反腐败斗争力度，坚持"老虎"、"苍蝇"一起打，坚持无禁区、全覆盖、零容忍，查处了一大批违纪违法案件。反腐败斗争有利于净化政治生态，也有利于净化经济生态，有利于理顺市场秩序、还市场以本来的面目，把被扭曲了的东西扭回来。如果很多有大大小小权力的人都在吃拿卡要，为个人利益人为制造障碍，或者搞利益输送、暗箱操作，怎么会对经济发展有利呢？这一点，相信广大正直的民营企业家都有切身感受。同时，我也要说，查处的有些腐败案件涉及民营企业，有些是涉案领导干部主动索贿，有些是企业经营者主动行贿。如果是主动索贿，那是我们没有管教好，要加大管教力度。如果是企业经营者主动行贿，那就要引以为戒，千万不能干这种事！

今明两年，民主党派、工商联将陆续换届，地方人大、政协也面临换届，对有贡献的非公有制经济人士做适当政治安排是一项重要工作。要坚持标准、严格程序、认真考察，做好综合评价，真正把那些思想政治强、行业代表性强、参政议政能力强、社会信誉好的非公有制经济代表人士推荐出来。要积极支持包括中国民主建国会在内的各民主党派加强思想、组织、制度特别是领导班子建设，提高政治把握能力、参政议政能力、组织领导能力、合作共事能力、解决自身问题能力。对民主党派反映的履行职能等方面遇到的一些问题，要积极创造条件，帮助研究解决。工商联要加强自身建设，增强工商联组织的凝聚力、

影响力、执行力，推动工商联所属商会改革，切实担负起
指导、引导、服务职责。

注　　释

〔1〕光彩事业，是在中国共产党的领导下，由中央统战部、全国工商联
组织推动，非公有制经济代表人士发起实施的一项社会事业，具有政治性、
社会性、公益性有机统一的基本特征。一九九四年四月，为配合国家八七
扶贫攻坚计划，十名非公有制经济人士在全国工商联七届二次常委会上发
出"让我们投身到扶贫的光彩事业中来"的倡议。经过近三十年的生动实践，
光彩事业已发展成为助推调节收入分配、缩小贫富差距的重要社会力量和民
营经济人士思想政治建设的重要载体。光彩事业以促进共同富裕为根本宗
旨，以民营经济人士为参与主体，以"义利兼顾、以义为先，自强不息、止
于至善"为核心理念，以欠发达地区和低收入群体为帮扶对象，以产业带动
和公益帮扶为主要形式，引导广大非公有制经济人士自觉履行社会责任，为
扎实推进全体人民共同富裕、全面建设社会主义现代化国家作出贡献。

建设网络良好生态，发挥网络引导舆论反映民意的作用*

（二〇一六年四月十九日）

互联网是一个社会信息大平台，亿万网民在上面获得信息、交流信息，这会对他们的求知途径、思维方式、价值观念产生重要影响，特别是会对他们对国家、对社会、对工作、对人生的看法产生重要影响。

实现"两个一百年"奋斗目标，需要全社会方方面面同心干，需要全国各族人民心往一处想、劲往一处使。如果一个社会没有共同理想，没有共同目标，没有共同价值观，整天乱哄哄的，那就什么事也办不成。我国有十三亿多人，如果弄成那样一个局面，就不符合人民利益，也不符合国家利益。

凝聚共识工作不容易做，大家要共同努力。为了实现我们的目标，网上网下要形成同心圆。什么是同心圆？就是在党的领导下，动员全国各族人民，调动各方面积极性，共同为实现中华民族伟大复兴的中国梦而奋斗。

古人说："知屋漏者在宇下，知政失者在草野。"[1]很

---

*　这是习近平同志在网络安全和信息化工作座谈会上讲话的一部分。

多网民称自己为"草根",那网络就是现在的一个"草野"。网民来自老百姓,老百姓上了网,民意也就上了网。群众在哪儿,我们的领导干部就要到哪儿去,不然怎么联系群众呢?各级党政机关和领导干部要学会通过网络走群众路线,经常上网看看,潜潜水、聊聊天、发发声,了解群众所思所愿,收集好想法好建议,积极回应网民关切、解疑释惑。善于运用网络了解民意、开展工作,是新形势下领导干部做好工作的基本功。各级干部特别是领导干部一定要不断提高这项本领。

网民大多数是普通群众,来自四面八方,各自经历不同,观点和想法肯定是五花八门的,不能要求他们对所有问题都看得那么准、说得那么对。要多一些包容和耐心,对建设性意见要及时吸纳,对困难要及时帮助,对不了解情况的要及时宣介,对模糊认识要及时廓清,对怨气怨言要及时化解,对错误看法要及时引导和纠正,让互联网成为我们同群众交流沟通的新平台,成为了解群众、贴近群众、为群众排忧解难的新途径,成为发扬人民民主、接受人民监督的新渠道。

网络空间是亿万民众共同的精神家园。网络空间天朗气清、生态良好,符合人民利益。网络空间乌烟瘴气、生态恶化,不符合人民利益。谁都不愿生活在一个充斥着虚假、诈骗、攻击、谩骂、恐怖、色情、暴力的空间。互联网不是法外之地。利用网络鼓吹推翻国家政权,煽动宗教极端主义,宣扬民族分裂思想,教唆暴力恐怖活动,等等,这样的行为要坚决制止和打击,决不能任其大行其道。利用网络进行欺诈活动，散布色情材料，进行人身攻击，兜售非法物品，等等，这样的言行也要坚决管控，决不能任其大行其道。没有哪个国家会允许这样的行为泛滥开来。我们要本着对社会负责、对人民负责的态度，依法加强网络空间治理，加强网络内容建设，做强网上正面宣传，培育积极健康、向上向善的网络文化，用社会主义核心价值观和人类优秀文明成果滋养人心、滋养社会，做到正能量充沛、主旋律高昂，为广大网民特别是青少年营造一个风清气正的网络空间。

形成良好网上舆论氛围，不是说只能有一个声音、一个调子，而是说不能搬弄是非、颠倒黑白、造谣生事、违法犯罪，不能超越了宪法法律界限。我多次强调，要把权力关进制度的笼子里，一个重要手段就是发挥舆论监督包括互联网监督作用。这一条，各级党政机关和领导干部特别要注意，首先要做好。对网上那些出于善意的批评，对互联网监督，不论是对党和政府工作提的还是对领导干部个人提的，不论是和风细雨的还是忠言逆耳的，我们不仅要欢迎，而且要认真研究和吸取。

注　释

〔1〕见东汉王充《论衡·书解篇》。

坚持所有权、保障承包权、用活经营权[*]

（二〇一六年四月二十五日）

　　解决农业农村发展面临的各种矛盾和问题，根本要靠深化改革，调动亿万农民积极性。党中央对深化农村改革高度重视。党的十八大和十八届三中、四中、五中全会都对农村改革发展作出了部署。党的十八大以来，我主持召开了二十三次中央全面深化改革领导小组会议，其中直接涉及农村改革议题的就有八次。深化农村改革的一些重大试点已在全国铺开。各级党委和政府要按照党中央决策部署，扎扎实实把农村改革推向前进，为农村发展提供新的动力，让广大农民有更多获得感。

　　我国农村改革是从调整农民和土地的关系开启的。新形势下深化农村改革，主线仍然是处理好农民和土地的关系。最大的政策就是必须坚持和完善农村基本经营制度，决不能动摇。这不是一句空口号，而是有实实在在的政策要求，就是要坚持农村土地集体所有，坚持家庭经营基础

　　＊　这是习近平同志在安徽凤阳小岗村召开的农村改革座谈会上讲话的一部分。

性地位，坚持稳定土地承包关系。现有农村土地承包关系要保持稳定并长久不变。建立土地承包经营权登记制度，是实现土地承包关系稳定的保证，要把这项工作抓紧抓实，真正让农民吃上"定心丸"。

我在二〇一三年的中央农村工作会议上指出，完善农村基本经营制度，要顺应农民保留土地承包权、流转土地经营权的意愿，把农民土地承包经营权分为承包权和经营权，实现承包权和经营权分置并行。

这是我国农村改革又一次重大制度创新，有利于更好坚持集体对土地的所有权，更好保障农户对土地的承包权，更好用活土地经营权，推进现代农业发展。放活土地经营权，推动土地经营权有序流转，是一项政策性很强的工作，要把握好土地经营权流转、集中、规模经营的度，要与城镇化进程和农村劳动力转移规模相适应，与农业科技进步和生产手段改进程度相适应，与农业社会化服务水平提高相适应。

"天下之势，以渐而成；天下之事，以积而固。"[1]农村土地制度改革是件大事，必须审慎稳妥推进。一方面，我们要看到，规模经营是现代农业发展的重要基础，分散的、粗放的农业经营方式难以建成现代农业。另一方面，我们也要看到，改变分散的、粗放的农业经营方式是一个较长的历史过程，需要时间和条件，不可操之过急，很多问题要放在历史大进程中审视，一时看不清的不要急着去动。

我多次强调，农村土地承包关系要保持稳定，农民的土地不要随便动。农民失去土地，如果在城镇待不住，就容易引发大问题。这在历史上是有过深刻教训的。这是大历史，不是一时一刻可以看明白的。在这个问题上，我们要有足够的历史耐心。要尊重农民意愿和维护农民权益，把选择权交给农民，由农民选择而不是代替农民选择，可以示范和引导，但不搞强迫命令、不刮风、不一刀切。不管怎么改，不能把农村土地集体所有制改垮了，不能把耕地改少了，不能把粮食生产能力改弱了，不能把农民利益损害了。

中央全面深化改革领导小组多次研究深化农村改革问题，出台了一系列的改革方案，当前要抓好以下重点工作。一是着力推进农村集体资产确权到户和股份合作制改革，发展多种形式股份合作，赋予农民对集体资产更多权能，赋予农民更多财产权利。二是加快构建新型农业经营体系，推动家庭经营、集体经营、合作经营、企业经营共同发展，提高农业经营集约化、规模化、组织化、社会化、产业化水平。三是推进供销合作社综合改革，按照为农服务宗旨和政事分开、社企分开方向，把供销合作社打造成为同农民利益联结更紧密、为农服务功能更完备、市场运作更有效的合作经营组织体系。四是健全农业支持保护制度，完善农产品价格形成机制，完善农产品市场调控制度，完善农业补贴制度，加快形成覆盖全面、指向明确、重点突出、措施配套、操作简便的农业支撑保护制度。五是加快推进户籍制度改革，促进有能力在城镇稳定就业和生活的农业转移人口有序实现市民化，推动城乡劳动者平等就业、同工同酬。六是健全城乡发展一体化体制机制，推动城乡生产要素平等交换和公共资源均衡配置，加快形成以工促农、以城带乡、工农互惠、城乡一体的新型工农城乡关系。

注　　释

〔1〕见清代金缨《格言联璧·持躬》。

加快构建中国特色哲学社会科学[*]

（二〇一六年五月十七日）

哲学社会科学的特色、风格、气派，是发展到一定阶段的产物，是成熟的标志，是实力的象征，也是自信的体现。我国是哲学社会科学大国，研究队伍、论文数量、政府投入等在世界上都是排在前面的，但目前在学术命题、学术思想、学术观点、学术标准、学术话语上的能力和水平同我国综合国力和国际地位还不太相称。要按照立足中国、借鉴国外，挖掘历史、把握当代，关怀人类、面向未来的思路，着力构建中国特色哲学社会科学，在指导思想、学科体系、学术体系、话语体系等方面充分体现中国特色、中国风格、中国气派。

中国特色哲学社会科学应该具有什么特点呢？我认为，要把握住以下三个主要方面。

第一，体现继承性、民族性。哲学社会科学的现实形态，是古往今来各种知识、观念、理论、方法等融通生成的结果。我们要善于融通古今中外各种资源，特别是要把握好三方面资源。一是马克思主义的资源，包括马克思主

---

* 这是习近平同志在哲学社会科学工作座谈会上讲话的一部分。

义基本原理，马克思主义中国化形成的成果及其文化形态，如党的理论和路线方针政策，中国特色社会主义道路、理论体系、制度，我国经济、政治、法律、文化、社会、生态、外交、国防、党建等领域形成的哲学社会科学思想和成果。这是中国特色哲学社会科学的主体内容，也是中国特色哲学社会科学发展的最大增量。二是中华优秀传统文化的资源，这是中国特色哲学社会科学发展十分宝贵、不可多得的资源。三是国外哲学社会科学的资源，包括世界所有国家哲学社会科学取得的积极成果，这可以成为中国特色哲学社会科学的有益滋养。要坚持古为今用、洋为中用，融通各种资源，不断推进知识创新、理论创新、方法创新。我们要坚持不忘本来、吸收外来、面向未来，既向内看、深入研究关系国计民生的重大课题，又向外看、积极探索关系人类前途命运的重大问题；既向前看、准确判断中国特色社会主义发展趋势，又向后看、善于继承和弘扬中华优秀传统文化精华。

绵延几千年的中华文化，是中国特色哲学社会科学成长发展的深厚基础。我说过，站立在九百六十万平方公里的广袤土地上，吸吮着中华民族漫长奋斗积累的文化养分，拥有十三亿中国人民聚合的磅礴之力，我们走自己的路，具有无比广阔的舞台，具有无比深厚的历史底蕴，具有无比强大的前进定力，中国人民应该有这个信心，每一个中国人都应该有这个信心。我们说要坚定中国特色社会主义道路自信、理论自信、制度自信，说到底是要坚定文化自信。文化自信是更基本、更深沉、更持久的力量。历史和现实都表明，一个抛弃了或者背叛了自己历史文化的民族，不仅不可能发展起来，而且很可能上演一场历史悲剧。

中华民族有着深厚文化传统，形成了富有特色的思想体系，体现了中国人几千年来积累的知识智慧和理性思辨。这是我国的独特优势。中华文明延续着我们国家和民族的精神血脉，既需要薪火相传、代代守护，也需要与时俱进、推陈出新。要加强对中华优秀传统文化的挖掘和阐发，使中华民族最基本的文化基因与当代文化相适应、与现代社会相协调，把跨越时空、超越国界、富有永恒魅力、具有当代价值的文化精神弘扬起来。要推动中华文明创造性转化、创新性发展，激活其生命力，让中华文明同各国人民创造的多彩文明一道，为人类提供正确精神指引。要围绕我国和世界发展面临的重大问题，着力提出能够体现中国立场、中国智慧、中国价值的理念、主张、方案。我们不仅要让世界知道"舌尖上的中国"，还要让世界知道"学术中的中国"、"理论中的中国"、"哲学社会科学中的中国"，让世界知道"发展中的中国"、"开放中的中国"、"为人类文明作贡献的中国"。

强调民族性并不是要排斥其他国家的学术研究成果，而是要在比较、对照、批判、吸收、升华的基础上，使民族性更加符合当代中国和当今世界的发展要求，越是民族的越是世界的。解决好民族性问题，就有更强能力去解决世界性问题；把中国实践总结好，就有更强能力为解决世界性问题提供思路和办法。这是由特殊性到普遍性的发展规律。

我们既要立足本国实际，又要开门搞研究。对人类创造的有益的理论观点和学术成果，我们应该吸收借鉴，但不能把一种理论观点和学术成果当成"唯一准则"，不能企图用一种模式来改造整个世界，否则就容易滑入机械论的泥坑。一些理论观点和学术成果可以用来说明一些国家和民族的发展历程，在一定地域和历史文化中具有合理性，但如果硬要把它们套在各国各民族头上、用它们来对人类生活进行格式化，并以此为裁判，那就是荒谬的了。对国外的理论、概念、话语、方法，要有分析、有鉴别，适用的就拿来用，不适用的就不要生搬硬套。哲学社会科学要有批判精神，这是马克思主义最可贵的精神品质。

哲学社会科学研究范畴很广，不同学科有自己的知识体系和研究方法。对一切有益的知识体系和研究方法，我们都要研究借鉴，不能采取不加分析、一概排斥的态度。马克思、恩格斯在建立自己理论体系的过程中就大量吸收借鉴了前人创造的成果。对现代社会科学积累的有益知识体系，运用的模型推演、数量分析等有效手段，我们也可以用，而且应该好好用。需要注意的是，在采用这些知识和方法时不要忘了老祖宗，不要失去了科学判断力。马克思写的《资本论》、列宁写的《帝国主义论》、毛泽东同志写的系列农村调查报告等著作，都运用了大量统计数字和田野调查材料。解决中国的问题，提出解决人类问题的中国方案，要坚持中国人的世界观、方法论。如果不加分析把国外学术思想和学术方法奉为圭臬，一切以此为准绳，那就没有独创性可言了。如果用国外的方法得出与国外同样的结论，那也就没有独创性可言了。要推出具有独创性的研究成果，就要从我国实际出发，坚持实践的观点、历史的观点、辩证的观点、发展的观点，在实践中认识真理、检验真理、发展真理。

第二，体现原创性、时代性。我们的哲学社会科学有没有中国特色，归根到底要看有没有主体性、原创性。跟在别人后面亦步亦趋，不仅难以形成中国特色哲学社会科学，而且解决不了我国的实际问题。一九四四年，毛泽东同志就说过："我们的态度是批判地接受我们自己的历史遗产和外国的思想。我们既反对盲目接受任何思想也反对盲目抵制任何思想。我们中国人必须用我们自己的头脑进行思考，并决定什么东西能在我们自己的土壤里生长起来。"[1] 只有以我国实际为研究起点，提出具有主体性、原创性的理论观点，构建具有自身特质的学科体系、学术体系、话语体系，我国哲学社会科学才能形成自己的特色和优势。

理论的生命力在于创新。创新是哲学社会科学发展的永恒主题，也是社会发展、实践深化、历史前进对哲学社会科学的必然要求。社会总是在发展的，新情况新问题总是层出不穷的，其中有一些可以凭老经验、用老办法来应对和解决，同时也有不少是老经验、老办法不能应对和解决的。如果不能及时研究、提出、运用新思想、新理念、新办法，理论就会苍白无力，哲学社会科学就会"肌无力"。哲学社会科学创新可大可小，揭示一条规律是创新，提出一种学说是创新，阐明一个道理是创新，创造一种解决问题的办法也是创新。

理论思维的起点决定着理论创新的结果。理论创新只能从问题开始。从某种意义上说，理论创新的过程就是发现问题、筛选问题、研究问题、解决问题的过程。马克思曾深刻指出："主要的困难不是答案，而是问题。"[2]"问题就是时代的口号，是它表现自己精神状态的最实际的呼声。"[3]柏拉图[4]的《理想国》、亚里士多德[5]的《政治学》、托马斯·莫尔[6]的《乌托邦》、康帕内拉[7]的《太阳城》、洛克[8]的《政府论》、孟德斯鸠[9]的《论法的精神》、卢梭[10]的《社会契约论》、汉密尔顿[11]等人著的《联邦党人文集》、黑格尔[12]的《法哲学原理》、克劳塞维茨[13]的《战争论》、亚当·斯密[14]的《国民财富的性质和原因的研究》、马尔萨斯[15]的《人口原理》、凯恩斯[16]的《就业、利息和货币通论》、约瑟夫·熊彼特[17]的《经济发展理论》、萨缪尔森[18]的《经济学》、弗里德曼[19]的《资本主义与自由》、西蒙·库兹涅茨[20]的《各国的经济增长》等著作，过去我都翻阅过，一个重要感受就是这些著作都是时代的产物，都是思考和研究当时当地社会突出矛盾和问题的结果。

改革开放以来，我们坚持理论创新，正确回答了什么是社会主义、怎样建设社会主义，建设什么样的党、怎样建设党，实现什么样的发展、怎样发展等重大课题，不断根据新的实践推出新的理论，为我们制定各项方针政策、推进各项工作提供了科学指导。推进国家治理体系和治理能力现代化，发展社会主义市场经济，发展社会主义民主政治，发展社会主义协商民主，建设中国特色社会主义法治体系，发展社会主义先进文化，培育和践行社会主义核心价值观，建设社会主义和谐社会，建设生态文明，构建开放型经济新体制，实施总体国家安全观，建设人类命运共同体，推进"一带一路"建设，坚持正确义利观，加强党的执政能力建设，坚持走中国特色强军之路、实现党在新形势下的强军目标，等等，都是我们提出的具有原创性、时代性的概念和理论。在这个过程中，我国哲学社会科学界作出了重大贡献，也形成了不可比拟的优势。

当代中国的伟大社会变革，不是简单延续我国历史文化的母版，不是简单套用马克思主义经典作家设想的模板，不是其他国家社会主义实践的再版，也不是国外现代化发展的翻版，不可能找到现成的教科书。我国哲学社会科学应该以我们正在做的事情为中心，从我国改革发展的实践中挖掘新材料、发现新问题、提出新观点、构建新理论，加强对改革开放和社会主义现代化建设实践经验的系统总结，加强对发展社会主义市场经济、民主政治、先进文化、和谐社会、生态文明以及党的执政能力建设等领域的分析研究，加强对党中央治国理政新理念新思想新战略的研究阐释，提炼有学理性的新理论，概括有规律性的新实践。这是构建中国特色哲学社会科学的着力点、着重点。一切刻舟求剑、照猫画虎、生搬硬套、依样画葫芦的做法都是无济于事的。

第三，体现系统性、专业性。中国特色哲学社会科学应该涵盖历史、经济、政治、文化、社会、生态、军事、党建等各领域，囊括传统学科、新兴学科、前沿学科、交叉学科、冷门学科等诸多学科，不断推进学科体系、学术体系、话语体系建设和创新，努力构建一个全方位、全领域、全要素的哲学社会科学体系。

现在，我国哲学社会科学学科体系已基本确立，但还存在一些亟待解决的问题，主要是一些学科设置同社会发展联系不够紧密，学科体系不够健全，新兴学科、交叉学科建设比较薄弱。下一步，要突出优势、拓展领域、补齐短板、完善体系。一是要加强马克思主义学科建设。二是要加快完善对哲学社会科学具有支撑作用的学科，如哲学、历史学、经济学、政治学、法学、社会学、民族学、新闻学、人口学、宗教学、心理学等，打造具有中国特色和普遍意义的学科体系。三是要注重发展优势重点学科。四是要加快发展具有重要现实意义的新兴学科和交叉学科，使这些学科研究成为我国哲学社会科学的重要突破点。五是要重视发展具有重要文化价值和传承意义的"绝学"、冷门学科。这些学科看上去同现实距离较远，但养兵千日、用兵一时，需要时也要拿得出来、用得上。还有一些学科事关文化传承的问题，如甲骨文等古文字研究等，要重视这些学科，确保有人做、有传承。总之，要通过努力，使基础学科健全扎实、重点学科优势突出、新兴学科和交叉学科创新发展、冷门学科代有传承、基础研究和应用研究相辅相成、学术研究和成果应用相互促进。

学科体系同教材体系密不可分。学科体系建设上不去，教材体系就上不去；反过来，教材体系上不去，学科体系就没有后劲。据统计，全国本科院校几乎都设立了哲学社会科学学科，文科生也占了在校学生很大比例。这些学生是我国哲学社会科学后备军，如果在学生阶段没有学会正确的世界观、方法论，没有打下扎实的知识基础，将来就难以担当重任。高校哲学社会科学有重要的育人功能，要面向全体学生，帮助学生形成正确的世界观、人生观、价值观，提高道德修养和精神境界，养成科学思维习惯，促进身心和人格健康发展。培养出好的哲学社会科学有用之才，就要有好的教材。经过努力，我们在实施马克思主义理论研究和建设工程的过程中，教材建设取得了重要成果，但总体看这方面还是一个短板。要抓好教材体系建设，形成适应中国特色社会主义发展要求、立足国际学术前沿、门类齐全的哲学社会科学教材体系。在教材编写、推广、使用上要注重体制机制创新，调动学者、学校、出版机构等方面积极性，大家共同来做好这项工作。

发挥我国哲学社会科学作用，要注意加强话语体系建设。在解读中国实践、构建中国理论上，我们应该最有发言权，但实际上我国哲学社会科学在国际上的声音还比较小，还处于有理说不出、说了传不开的境地。要善于提炼标识性概念，打造易于为国际社会所理解和接受的新概念、新范畴、新表述，引导国际学术界展开研究和讨论。这项工作要从学科建设做起，每个学科都要构建成体系的学科理论和概念。要鼓励哲学社会科学机构参与和设立国际性学术组织，支持和鼓励建立海外中国学术研究中心，支持国外学会、基金会研究中国问题，加强国内外智库交流，推动海外中国学研究。要聚焦国际社会共同关注的问题，推出并牵头组织研究项目，增强我国哲学社会科学研究的国际影响力。要加强优秀外文学术网站和学术期刊建设，扶持面向国外推介高水平研究成果。对学者参加国际学术会议、发表学术文章，要给予支持。

构建中国特色哲学社会科学是一个系统工程，是一项极其繁重的任务，要加强顶层设计，统筹各方面力量协同推进。要实施哲学社会科学创新工程，搭建哲学社会科学创新平台，全面推进哲学社会科学各领域创新。要充分发挥马克思主义理论研究和建设工程、中国特色社会主义理论体系研究中心、马克思主义学院、报刊网络理论宣传等思想理论工作平台的作用，深化拓展马克思主义理论研究和宣传教育。要运用互联网和大数据技术，加强哲学社会科学图书文献、网络、数据库等基础设施和信息化建设，加快国家哲学社会科学文献中心建设，构建方便快捷、资源共享的哲学社会科学研究信息化平台。要创新科研经费分配、资助、管理体制，更好发挥国家社科基金作用，把财政拨款和专项资助结合起来，把普遍性经费资助和竞争性经费资助结合起来，把政府资助和社会捐赠结合起来，加大科研投入，提高经费使用效率。要建立科学权威、公开透明的哲学社会科学成果评价体系，建立优秀成果推介制度，把优秀研究成果真正评出来、推广开。

注　释

〔1〕见毛泽东《同英国记者斯坦因的谈话》(《毛泽东文集》第 3 卷，人民出版社 1996 年版，第 192 页）。

〔2〕见马克思《集权问题》(《马克思恩格斯全集》第 1 卷，人民出版社 1995 年版，第 203 页）。

〔3〕见马克思《集权问题本身以及有关 1842 年 5 月 17 日星期二〈莱茵报〉第 137 号附刊》，新的译名是《集权问题》。新的译文是："问题是时代的格言，是表现时代自己内心状态的最实际的呼声。"(《马克思恩格斯全集》第 1 卷，人民出版社 1995 年版，第 203 页）

〔4〕柏拉图（前四二七——前三四七），古希腊哲学家。主要著作除《理想国》(又译《国家篇》)外，还有《斐多篇》、《法律篇》等。

〔5〕亚里士多德（前三八四——前三二二），古希腊哲学家、科学家。主要著作除《政治学》外，还有《形而上学》、《工具论》等。

〔6〕托马斯·莫尔（一四七八——一五三五），英国政治家、作家。主要著作除《乌托邦》外，还有《理查三世史》等。

〔7〕康帕内拉，即托马索·康帕内拉（一五六八——一六三九），意大利思想家、文学家。主要著作除《太阳城》外，还有《神学》、《感官哲学》等。

〔8〕洛克，即约翰·洛克（一六三二——一七〇四），英国哲学家。主要著作除《政府论》外，还有《人类理解论》、《教育漫话》等。

〔9〕孟德斯鸠，即夏尔-路易·德·塞孔达，拉布雷德男爵和孟德斯鸠男爵（一六八九——一七五五），法国启蒙思想家、法学家。主要著作除《论法的精神》外，还有《波斯人信札》、《罗马盛衰原因论》等。

〔10〕卢梭，即让-雅克·卢梭（一七一二——一七七八），法国启蒙思想家、哲学家、文学家。主要著作除《社会契约论》外，还有《论人类不平等的起源和基础》、《忏悔录》等。

〔11〕汉密尔顿，即亚历山大·汉密尔顿（一七五五或一七五七——一八〇四），美国建国初期政治活动家。

〔12〕黑格尔，即格奥尔格·威廉·弗里德里希·黑格尔（一七七〇——

一八三一），德国哲学家。主要著作除《法哲学原理》外，还有《精神现象学》、《逻辑学》等。

〔13〕克劳塞维茨，即卡尔·冯·克劳塞维茨（一七八〇——一八三一），德国军事理论家。主要著作除《战争论》外，还有《军事训练概论》、《信念三标志》等。

〔14〕亚当·斯密（一七二三——一七九〇），英国经济学家。主要著作除《国民财富的性质和原因的研究》（又译《国富论》）外，还有《道德情操论》等。

〔15〕马尔萨斯，即托马斯·罗伯特·马尔萨斯（一七六六——一八三四），英国经济学家。主要著作除《人口原理》外，还有《政治经济学原理》等。

〔16〕参见本卷《经济工作要适应经济发展新常态》注〔3〕。

〔17〕约瑟夫·熊彼特（一八八三——一九五〇），美籍奥地利裔经济学家。主要著作除《经济发展理论》外，还有《经济周期》、《资本主义、社会主义与民主》等。

〔18〕萨缪尔森，即保罗·安东尼·萨缪尔森（一九一五——二〇〇九），美国经济学家。主要著作除《经济学》外，还有《经济分析基础》、《线性规划与经济分析》等。

〔19〕弗里德曼，即米尔顿·弗里德曼（一九一二——二〇〇六），美国经济学家。主要著作除《资本主义与自由》外，还有《实证经济学论文集》、《消费函数理论》等。

〔20〕西蒙·库兹涅茨（一九〇一——一九八五），美籍俄裔经济学家。主要著作除《各国的经济增长》外，还有《国民收入及其构成》、《现代经济增长》等。

建设世界科技强国[*]

（二〇一六年五月三十日）

纵观人类发展历史，创新始终是一个国家、一个民族发展的重要力量，也始终是推动人类社会进步的重要力量。不创新不行，创新慢了也不行。如果我们不识变、不应变、不求变，就可能陷入战略被动，错失发展机遇，甚至错过整整一个时代。实施创新驱动发展战略，是应对发展环境变化、把握发展自主权、提高核心竞争力的必然选择，是加快转变经济发展方式、破解经济发展深层次矛盾和问题的必然选择，是更好引领我国经济发展新常态、保持我国经济持续健康发展的必然选择。

科技是国之利器，国家赖之以强，企业赖之以赢，人民生活赖之以好。中国要强，中国人民生活要好，必须有强大科技。新时期、新形势、新任务，要求我们在科技创新方面有新理念、新设计、新战略。我们要深入贯彻新发展理念，深入实施科教兴国战略和人才强国战略，深入实

---

* 这是习近平同志在全国科技创新大会、中国科学院第十八次院士大会和中国工程院第十三次院士大会、中国科学技术协会第九次全国代表大会上的讲话《为建设世界科技强国而奋斗》的一部分。

施创新驱动发展战略，统筹谋划，加强组织，优化我国科技事业发展总体布局。

第一，夯实科技基础，在重要科技领域跻身世界领先行列。推动科技发展，必须准确判断科技突破方向。判断准了就能抓住先机。"虽有智慧，不如乘势。"[1]历史经验表明，那些抓住科技革命机遇走向现代化的国家，都是科学基础雄厚的国家；那些抓住科技革命机遇成为世界强国的国家，都是在重要科技领域处于领先行列的国家。

综合判断，我国已经成为具有重要影响力的科技大国，科技创新对经济社会发展的支撑和引领作用日益增强。同时，必须认识到，同建设世界科技强国的目标相比，我国发展还面临重大科技瓶颈，关键领域核心技术受制于人的格局没有从根本上改变，科技基础仍然薄弱，科技创新能力特别是原创能力还有很大差距。

科学技术是世界性、时代性的，发展科学技术必须具有全球视野、把握时代脉搏。当今世界，新一轮科技革命蓄势待发，物质结构、宇宙演化、生命起源、意识本质等一些重大科学问题的原创性突破正在开辟新前沿新方向，一些重大颠覆性技术创新正在创造新产业新业态，信息技术、生物技术、制造技术、新材料技术、新能源技术广泛渗透到几乎所有领域，带动了以绿色、智能、泛在为特征的群体性重大技术变革，大数据、云计算、移动互联网等新一代信息技术同机器人和智能制造技术相互融合步伐加快，科技创新链条更加灵巧，技术更新和成果转化更加快捷，产业更新换代不断加快，使社会生产和消费从工业化向自动化、智能化转变，社会生产力将再次大提高，劳动生产率将再次大飞跃。

抓科技创新，不能等待观望，不可亦步亦趋，当有只争朝夕的劲头。时不我待，我们必须增强紧迫感，及时确立发展战略，全面增强自主创新能力。我国科技界要坚定创新自信，坚定敢为天下先的志向，在独创独有上下功夫，勇于挑战最前沿的科学问题，提出更多原创理论，作出更多原创发现，力争在重要科技领域实现跨越发展，跟上甚至引领世界科技发展新方向，掌握新一轮全球科技竞争的战略主动。

第二，强化战略导向，破解创新发展科技难题。科技创新的战略导向十分紧要，必须抓准，以此带动科技难题的突破。当前，国家对战略科技支撑的需求比以往任何时期都更加迫切。这里，我举几个例子。从理论上讲，地球内部可利用的成矿空间分布在从地表到地下一万米，目前世界先进水平勘探开采深度已达二千五百米至四千米，而我国大多小于五百米，向地球深部进军是我们必须解决的战略科技问题。材料是制造业的基础，目前我国在先进高端材料研发和生产方面差距甚大，关键高端材料远未实现自主供给。我国很多重要专利药物市场绝大多数被国外公司占据，高端医疗装备主要依赖进口，成为看病贵的主要原因之一，而创新药物研发集中体现了生命科学和生物技术领域前沿新成就和新突破，先进医疗设备研发体现了多学科交叉融合与系统集成。脑连接图谱研究是认知脑功能并进而探讨意识本质的科学前沿，这方面探索不仅有重要科学意义，而且对脑疾病防治、智能技术发展也具有引导作用。深海蕴藏着地球上远未认知和开发的宝藏，但要得到这些宝藏，就必须在深海进入、深海探测、深海开发方面掌握关键技术。空间技术深刻改变了人类对宇宙的认知，为人类社会进步提供了重要动力，同时浩瀚的空天还有许多未知的奥秘有待探索，必须推动空间科学、空间技术、空间应用全面发展。这样的领域还有很多。党中央已经确定了我国科技面向二〇三〇年的长远战略，决定实施一批重大科技项目和工程，要加快推进，围绕国家重大战略需求，着力攻破关键核心技术，抢占事关长远和全局的科技战略制高点。

成为世界科技强国，成为世界主要科学中心和创新高地，必须拥有一批世界一流科研机构、研究型大学、创新型企业，能够持续涌现一批重大原创性科学成果。党的十八届五中全会提出，要在重大创新领域组建一批国家实验室。这是一项对我国科技创新具有战略意义的举措。要以国家实验室建设为抓手，强化国家战略科技力量，在明确国家目标和紧迫战略需求的重大领域，在有望引领未来发展的战略制高点，以重大科技任务攻关和国家大型科技基础设施为主线，依托最有优势的创新单元，整合全国创新资源，建立目标导向、绩效管理、协同攻关、开放共享的新型运行机制，建设突破型、引领型、平台型一体的国家实验室。这样的国家实验室，应该成为攻坚克难、引领发展的战略科技力量，同其他各类科研机构、大学、企业研发机构形成功能互补、良性互动的协同创新新格局。

第三，加强科技供给，服务经济社会发展主战场。"穷理以致其知，反躬以践其实。"[2]科学研究既要追求知识和真理，也要服务于经济社会发展和广大人民群众。广大科技工作者要把论文写在祖国的大地上，把科技成果应用在实现现代化的伟大事业中。

经过改革开放三十多年努力，我国经济总量已经居世界第二。同时，我国经济发展不少领域大而不强、大而不优。新形势下，长期以来主要依靠资源、资本、劳动力等要素投入支撑经济增长和规模扩张的方式已不可持续，我国发展正面临着动力转换、方式转变、结构调整的繁重任务。现在，我国低成本资源和要素投入形成的驱动力明显减弱，需要依靠更多更好的科技创新为经济发展注入新动力；社会发展面临人口老龄化、消除贫困、保障人民健康等多方面挑战，需要依靠更多更好的科技创新实现经济社会协调发展；生态文明发展面临日益严峻的环境污染，需要依靠更多更好的科技创新建设天蓝、地绿、水清的美丽中国；能源安全、粮食安全、网络安全、生态安全、生物安全、国防安全等风险压力不断增加，需要依靠更多更好的科技创新保障国家安全。所以说，科技创新是核心，抓住了科技创新就抓住了牵动我国发展全局的"牛鼻子"。

推动我国经济社会持续健康发展，推进供给侧结构性改革，落实好"三去一降一补"任务，必须在推动发展的内生动力和活力上来一个根本性转变，塑造更多依靠创新驱动、更多发挥先发优势的引领性发展。要深入研究和解决经济和产业发展亟需的科技问题，围绕促进转方式调结构、建设现代产业体系、培育战略性新兴产业、发展现代服务业等方面需求，推动科技成果转移转化，推动产业和产品向价值链中高端跃升。

发展不协调是我国长期存在的突出问题，集中表现在区域、城乡、经济和社会、物质文明和精神文明、经济建设和国防建设等关系上。我们要立足于科技创新，释放创新驱动的原动力，让创新成为发展基点，拓展发展新空间，创造发展新机遇，打造发展新引擎，促进新型工业化、信息化、城镇化、农业现代化同步发展，提升发展整体效能，在新的发展水平上实现协调发展。

绿色发展是生态文明建设的必然要求，代表了当今科技和产业变革方向，是最有前途的发展领域。人类发展活动必须尊重自然、顺应自然、保护自然，否则就会受到大自然的报复。这个规律谁也无法抗拒。要加深对自然规律的认识，自觉以对规律的认识指导行动。不仅要研究生态恢复治理防护的措施，而且要加深对生物多样性等科学规律的认识；不仅要从政策上加强管理和保护，而且要从全球变化、碳循环机理等方面加深认识，依靠科技创新破解绿色发展难题，形成人与自然和谐发展新格局。

国际经济合作和竞争局面正在发生深刻变化，全球经济治理体系和规则正在面临重大调整。经济全球化表面上看是商品、资本、信息等在全球广泛流动，但本质上主导这种流动的力量是人才、是科技创新能力。要增强我们引领商品、资本、信息等全球流动的能力，推动形成对外开放新格局，增强参与全球经济、金融、贸易规则制订的实力和能力，在更高水平上开展国际经济和科技创新合作，在更广泛的利益共同体范围内参与全球治理，实现共同发展。

人民的需要和呼唤，是科技进步和创新的时代声音。随着经济社会不断发展，我国十三亿多人民过上美好生活的新期待日益上升，提高社会发展水平、改善人民生活、增强人民健康素质对科技创新提出了更高要求。要想人民之所想、急人民之所急，聚焦重大疾病防控、食品药品安全、人口老龄化等重大民生问题，大幅增加公共科技供给，让人民享有更宜居的生活环境、更好的医疗卫生服务、更放心的食品药品。要依靠科技创新建设低成本、广覆盖、高质量的公共服务体系。要加强普惠和公共科技供给，发展低成本疾病防控和远程医疗技术，实现优质医疗卫生资源普惠共享。要发展信息网络技术，消除不同收入人群、不同地区间的数字鸿沟，努力实现优质文化教育资源均等化。

第四，深化改革创新，形成充满活力的科技管理和运行机制。创新是一个系统工程，创新链、产业链、资金链、政策链相互交织、相互支撑，改革只在一个环节或几个环节搞是不够的，必须全面部署，并坚定不移推进。科技创新、制度创新要协同发挥作用，两个轮子一起转。

我们最大的优势是我国社会主义制度能够集中力量办大事。这是我们成就事业的重要法宝。过去我们取得重大科技突破依靠这一法宝，今天我们推进科技创新跨越也要依靠这一法宝，形成社会主义市场经济条件下集中力量办大事的新机制。

要以推动科技创新为核心，引领科技体制及其相关体制深刻变革。要加快建立科技咨询支撑行政决策的科技决策机制，加强科技决策咨询系统，建设高水平科技智库。要加快推进重大科技决策制度化，解决好实际存在的部门领导拍脑袋、科技专家看眼色行事等问题。要完善符合科技创新规律的资源配置方式，解决简单套用行政预算和财务管理方法管理科技资源等问题，优化基础研究、战略高技术研究、社会公益类研究的支持方式，力求科技创新活动效率最大化。要着力改革和创新科研经费使用和管理方式，让经费为人的创造性活动服务，而不能让人的创造性活动为经费服务。要改革科技评价制度，建立以科技创新质量、贡献、绩效为导向的分类评价体系，正确评价科技创新成果的科学价值、技术价值、经济价值、社会价值、文化价值。

企业是科技和经济紧密结合的重要力量，应该成为技术创新决策、研发投入、科研组织、成果转化的主体。要制定和落实鼓励企业技术创新各项政策，强化企业创新倒逼机制，加强对中小企业技术创新支持力度，推动流通环节改革和反垄断反不正当竞争，引导企业加快发展研发力量。要加快完善科技成果使用、处置、收益管理制度，发挥市场在资源配置中的决定性作用，让机构、人才、装置、资金、项目都充分活跃起来，形成推动科技创新强大合力。要调整现有行业和地方的科研机构，充实企业研发力量，支持依托企业建设国家技术创新中心，培育有国际影响力的行业领军企业。

科研院所和研究型大学是我国科技发展的主要基础所在，也是科技创新人才的摇篮。要优化科研院所和研究型大学科研布局。科研院所要根据世界科技发展态势，优化自身科技布局，厚实学科基础，培育新兴交叉学科生长点，重点加强共性、公益、可持续发展相关研究，增加公共科技供给。研究型大学要加强学科建设，重点开展自由探索的基础研究。要加强科研院所和高校合作，使目标导向研究和自由探索相互衔接、优势互补，形成教研相长、协同育人新模式，打牢我国科技创新的科学和人才基础。

发挥各地在创新发展中的积极性和主动性，对形成国家科技创新合力十分重要。要围绕"一带一路"建设、长江经济带发展、京津冀协同发展等重大规划，尊重科技创新的区域集聚规律，因地制宜探索差异化的创新发展路径，加快打造具有全球影响力的科技创新中心，建设若干具有强大带动力的创新型城市和区域创新中心。

第五，弘扬创新精神，培育符合创新发展要求的人才队伍。"功以才成，业由才广。"[3]科学技术是人类的伟大创造性活动。一切科技创新活动都是人做出来的。我国要建设世界科技强国，关键是要建设一支规模宏大、结构合理、素质优良的创新人才队伍，激发各类人才创新活力和潜力。要极大调动和充分尊重广大科技人员的创造精神，激励他们争当创新的推动者和实践者，使谋划创新、推动创新、落实创新成为自觉行动。

我国科技队伍规模是世界上最大的，这是产生世界级科技大师、领军人才、尖子人才的重要基础。科技人才培育和成长有其规律，要大兴识才爱才敬才用才之风，为科技人才发展提供良好环境，在创新实践中发现人才、在创新活动中培育人才、在创新事业中凝聚人才，聚天下英才而用之，让更多"千里马"竞相奔腾。要改革人才培养、引进、使用等机制，努力造就一大批能够把握世界科技大势、研判科技发展方向的战略科技人才，培养一大批善于凝聚力量、统筹协调的科技领军人才，培养一大批勇于创新、善于创新的企业家和高技能人才。要完善创新人才培养模式，强化科学精神和创造性思维培养，加强科教融合、校企联合等模式，培养造就一大批熟悉市场运作、具备科技背景的创新创业人才，培养造就一大批青年科技人才。要营造良好学术环境，弘扬学术道德和科研伦理，在全社会营造鼓励创新、宽容失败的氛围。要加强知识产权保护，积极实行以增加知识价值为导向的分配政策，包括提高科研人员成果转化收益分享比例，探索对创新人才实行股权、期权、分红等激励措施，让他们各得其所。

在基础研究领域，包括一些应用科技领域，要尊重科学研究灵感瞬间性、方式随意性、路径不确定性的特点，允许科学家自由畅想、大胆假设、认真求证。不要以出成果的名义干涉科学家的研究，不要用死板的制度约束科学家的研究活动。很多科学研究要着眼长远，不能急功近利，欲速则不达。要让领衔科技专家有职有权，有更大的技术路线决策权、更大的经费支配权、更大的资源调动权，防止瞎指挥、乱指挥。要建立相应责任制和问责制度，切实解决不同程度存在的一哄而起、搞大拼盘等问题。政府科技管理部门要抓战略、抓规划、抓政策、抓服务，发挥国家战略科技力量建制化优势。

科技创新、科学普及是实现创新发展的两翼，要把科学普及放在与科技创新同等重要的位置。没有全民科学素质普遍提高，就难以建立起宏大的高素质创新大军，难以实现科技成果快速转化。希望广大科技工作者以提高全民科学素质为己任，把普及科学知识、弘扬科学精神、传播科学思想、倡导科学方法作为义不容辞的责任，在全社会推动形成讲科学、爱科学、学科学、用科学的良好氛围，使蕴藏在亿万人民中间的创新智慧充分释放、创新力量充分涌流。

注　释

〔1〕见《孟子·公孙丑上》。

〔2〕见南宋黄榦《朱子行状》。

〔3〕这是西晋陈寿《三国志·董允传》裴松之注引《襄阳记》中记载的董恢的话。

正确把握推进健康中国建设的重大问题[*]

（二〇一六年八月十九日）

人民健康既是民生问题，也是社会政治问题。在推进健康中国建设的过程中，我们要坚持中国特色卫生与健康发展道路，必须把握好一些重大问题。

第一，坚持正确的卫生与健康工作方针。卫生与健康工作方针是管总的。新形势下，我国卫生与健康工作方针是：以基层为重点，以改革创新为动力，预防为主，中西医并重，把健康融入所有政策，人民共建共享。

卫生与健康工作方针要同一定时期人民健康需求相适应，针对一定时期卫生与健康事业发展的突出矛盾和问题。新中国成立伊始，我们提出"面向工农兵，预防为主，团结中西医，卫生工作与群众运动相结合"的卫生工作方针，目的是加快建设卫生防病体系，预防和消除传染病，迅速改善人民体质。在一九九六年召开的卫生工作大会上，我们提出了"以农村为重点，预防为主，中西医并重，依靠科技与教育，动员全社会参与，为人民健康服

务，为社会主义现代化建设服务"的卫生工作方针。这些方针在不同时期为推动我国卫生与健康事业发展发挥了重要指导作用。

我们提出的新形势下卫生与健康工作方针，是在深入分析我国卫生与健康事业发展大势的基础上形成的。以基层为重点，就是根据统筹城乡区域发展和城镇化建设的需要，把以农村为重点扩展到城乡整个基层，增强基层防病治病能力。以改革创新为动力，就是深化医药卫生体制改革，全力推进卫生与健康领域理论创新、制度创新、管理创新、技术创新。预防为主，中西医并重，是对长期以来实践证明行之有效的做法的坚持、继承、发展。把健康融入所有政策，人民共建共享，就是从健康影响因素的广泛性、社会性、整体性出发，更加强调政府统筹协调的责任，更加突出依靠群众，调动全社会参与的积极性、主动性、创造性。这个方针的根本点是坚持以人民为中心的发展思想，坚持为人民健康服务，这是我国卫生与健康事业必须一以贯之坚持的基本要求。

第二，坚持基本医疗卫生事业的公益性。人最宝贵的是生命。"人命至重，有贵千金。"[1]卫生与健康事业涉及每个人的生命安全和千家万户的幸福安康，是一项极其崇高也非常特殊的事业。

我们党是全心全意为人民服务的党，我们国家是人民当家作主的社会主义国家，这就决定了我们必须坚持基本医疗卫生事业的公益性。邓小平同志强调，卫生部门要以社会效益为一切活动的唯一准则[2]。江泽民同志指出：

"卫生事业是社会公益性事业，政府对卫生事业实行一定的福利政策，卫生事业的改革和发展要始终坚持以社会效益为最高原则。"[3]胡锦涛同志提出，不断提高人民群众健康水平，是实现人民共享改革发展成果的重要体现，是促进社会和谐的重要举措，是党和政府义不容辞的责任[4]。无论社会发展到什么程度，我们都要毫不动摇把公益性写在医疗卫生事业的旗帜上，不能走全盘市场化、商业化的路子。政府投入要重点用于基本医疗卫生服务，不断完善制度、扩展服务、提高质量，让广大人民群众享有公平可及、系统连续的预防、治疗、康复、健康促进等健康服务。

第三，坚持提高医疗卫生服务质量和水平。基本医疗卫生服务是指医疗卫生服务中最基础最核心的部分，应该主要由政府负责保障，全体人民公平获得。

基本和非基本的界限是相对的，随着经济发展、政府保障能力增强、医疗技术不断提高，基本医疗卫生服务范围可以逐步扩大，服务标准也可以逐步提高。同时，我们也要认识到，发展基本医疗卫生服务要同我国国情和发展阶段相适应，重点是保障人民群众得到基本医疗卫生服务的机会，而不是简单的平均化。我国人口众多，仍处于并将长期处于社会主义初级阶段，拓展基本医疗卫生服务的内涵和标准要量力而行、尽力而为，不能不切实际作出承诺，把胃口吊得过高。

第四，坚持正确处理政府和市场关系。发展卫生与健康事业，要科学界定政府和市场的边界。在基本医疗卫生服务领域，政府要有所为，坚持政府主导，落实领导责任、保障责任、管理责任、监督责任，通过多种方式为人民提供基本医疗服务，支持基础医学研究，同时适当引入竞争机制，鼓励社会力量兴办非营利性医疗机构。

在非基本医疗卫生服务领域，市场要有活力，鼓励社会力量提供服务，满足群众多样化、差异化、个性化健康需求。要放宽准入、拓宽投融资渠道、消除政策障碍，增加医疗卫生资源供给、优化结构。政府要加强规范管理，依法打击非法行医等行为，保障人民健康权益。

注　释

〔1〕见唐代孙思邈《千金要方序》。

〔2〕参见邓小平《在中国共产党全国代表会议上的讲话》（《邓小平文选》第 3 卷，人民出版社 1993 年版，第 145 页）。原文是："思想文化教育卫生部门，都要以社会效益为一切活动的唯一准则，它们所属的企业也要以社会效益为最高准则。"

〔3〕见江泽民《卫生工作要为人民健康服务》（《江泽民文选》第 1 卷，人民出版社 2006 年版，第 600 页）。

〔4〕见胡锦涛二〇〇六年十月二十三日在中共十六届中央政治局第三十五次集体学习时的讲话（《人民日报》2006 年 10 月 25 日）。

构建创新、活力、联动、包容的世界经济[*]

（二○一六年九月四日）

各位同事：

我宣布，二十国集团[1]领导人杭州峰会开幕！

很高兴同大家相聚杭州。首先，我谨对各位同事的到来，表示热烈欢迎！

去年，二十国集团领导人安塔利亚峰会开得很成功。我也愿借此机会，再次感谢去年主席国土耳其的出色工作和取得的积极成果。土耳其以"共同行动以实现包容和稳健增长"作为峰会主题，从"包容、落实、投资"三方面推动产生成果，中国一直积极评价土耳其在担任主席国期间开展的各项工作。

去年十一月，我在安塔利亚向大家介绍，上有天堂，下有苏杭，相信杭州峰会将给大家呈现一种历史和现实交汇的独特韵味。今天，当时的邀请已经变成现实。在座的有老朋友，也有新朋友，大家齐聚杭州，共商世界经济发展大计。

---

* 这是习近平同志在二十国集团领导人杭州峰会上的开幕辞。

未来两天，我们将围绕峰会主题，就加强宏观政策协调、创新增长方式，更高效的全球经济金融治理，强劲的国际贸易和投资，包容和联动式发展，影响世界经济的其他突出问题等议题展开讨论。

八年前，在国际金融危机[2]最紧要关头，二十国集团临危受命，秉持同舟共济的伙伴精神，把正在滑向悬崖的世界经济拉回到稳定和复苏轨道。这是一次创举，团结战胜了分歧，共赢取代了私利。这场危机，让人们记住了二十国集团，也确立了二十国集团作为国际经济合作主要论坛的地位。

八年后的今天，世界经济又走到一个关键当口。科技进步、人口增长、经济全球化等过去数十年推动世界经济增长的主要引擎都先后进入换挡期，对世界经济的拉动作用明显减弱。上一轮科技进步带来的增长动能逐渐衰减，新一轮科技和产业革命尚未形成势头。主要经济体先后进入老龄化社会，人口增长率下降，给各国经济社会带来压力。经济全球化出现波折，保护主义、内顾倾向抬头，多边贸易体制受到冲击。金融监管改革虽有明显进展，但高杠杆、高泡沫等风险仍在积聚。如何让金融市场在保持稳定的同时有效服务实体经济，仍然是各国需要解决的重要课题。

在这些因素综合作用下，世界经济虽然总体保持复苏态势，但面临增长动力不足、需求不振、金融市场反复动荡、国际贸易和投资持续低迷等多重风险和挑战。

二十国集团聚集了世界主要经济体，影响和作用举足轻重，也身处应对风险挑战、开拓增长空间的最前沿。国际社会对二十国集团充满期待，对这次峰会寄予厚望。我们需要通过各自行动和集体合力，直面问题，共寻答案。希望杭州峰会能够在以往的基础上，为世界经济开出一剂标本兼治、综合施策的药方，让世界经济走上强劲、可持续、平衡、包容增长之路。

第一，面对当前挑战，我们应该加强宏观经济政策协调，合力促进全球经济增长、维护金融稳定。二十国集团成员应该结合本国实际，采取更加全面的宏观经济政策，使用多种有效政策工具，统筹兼顾财政、货币、结构性改革政策，努力扩大全球总需求，全面改善供给质量，巩固经济增长基础。应该结合制定和落实《杭州行动计划》，继续加强政策协调，减少负面外溢效应，共同维护金融稳定，提振市场信心。

第二，面对当前挑战，我们应该创新发展方式，挖掘增长动能。二十国集团应该调整政策思路，做到短期政策和中长期政策并重，需求侧管理和供给侧改革并重。今年，我们已经就《二十国集团创新增长蓝图》达成共识，一致决定通过创新、结构性改革、新工业革命、数字经济等新方式，为世界经济开辟新道路，拓展新边界。要沿着这一方向坚定走下去，帮助世界经济彻底摆脱复苏乏力、增长脆弱的局面，为世界经济迎来新一轮增长和繁荣打下坚实基础。

第三，面对当前挑战，我们应该完善全球经济治理，夯实机制保障。二十国集团应该不断完善国际货币金融体系，优化国际金融机构治理结构，充分发挥国际货币基金组织特别提款权作用。应该完善全球金融安全网，加强在金融监管、国际税收、反腐败领域合作，提高世界经济抗风险能力。今年，我们重启了二十国集团国际金融架构工作组，希望继续向前推进，不断提高有效性。

第四，面对当前挑战，我们应该建设开放型世界经济，继续推动贸易和投资自由化便利化。保护主义政策如饮鸩止渴，看似短期内能缓解一国内部压力，但从长期看将给自身和世界经济造成难以弥补的伤害。二十国集团应该坚决避免以邻为壑，做开放型世界经济的倡导者和推动者，恪守不采取新的保护主义措施的承诺，加强投资政策协调合作，采取切实行动促进贸易增长。我们应该发挥基础设施互联互通的辐射效应和带动作用，帮助发展中国家和中小企业深入参与全球价值链，推动全球经济进一步开放、交流、融合。

第五，面对当前挑战，我们应该落实二〇三〇年可持续发展议程[3]，促进包容性发展。实现共同发展是各国人民特别是发展中国家人民的普遍愿望。据有关统计，现在世界基尼系数已经达到零点七左右，超过了公认的零点六"危险线"，必须引起我们的高度关注。今年，我们把发展置于二十国集团议程的突出位置，共同承诺积极落实二〇三〇年可持续发展议程，并制定了行动计划。同时，我们还将通过支持非洲和最不发达国家工业化、提高能源可及性、提高能效、加强清洁能源和可再生能源利用、发展普惠金融、鼓励青年创业等方式，减少全球发展不平等和不平衡，使各国人民共享世界经济增长成果。

各位同事！

二十国集团承载着世界各国期待，使命重大。我们要努力把二十国集团建设好，为世界经济繁荣稳定把握好大方向。

第一，与时俱进，发挥引领作用。二十国集团应该根据世界经济需要，调整自身发展方向，进一步从危机应对向长效治理机制转型。面对重大突出问题，二十国集团有责任发挥领导作用，展现战略视野，为世界经济指明方向，开拓路径。

第二，知行合一，采取务实行动。承诺一千，不如落实一件。我们应该让二十国集团成为行动队，而不是清谈馆。今年，我们在可持续发展、绿色金融、提高能效、反腐败等诸多领域制定了行动计划，要把每一项行动落到实处。

第三，共建共享，打造合作平台。我们应该继续加强二十国集团机制建设，确保合作延续和深入。广纳良言，充分倾听世界各国特别是发展中国家声音，使二十国集团工作更具包容性，更好回应各国人民诉求。

第四，同舟共济，发扬伙伴精神。伙伴精神是二十国集团最宝贵的财富。我们虽然国情不同、发展阶段不同、面临的现实挑战不同，但推动经济增长的愿望相同，应对危机挑战的利益相同，实现共同发展的憧憬相同。只要我们坚持同舟共济的伙伴精神，就能够克服世界经济的惊涛骇浪，开辟未来增长的崭新航程。

各位同事！

在杭州峰会筹备过程中，中国始终秉持开放、透明、包容的办会理念，同各成员保持密切沟通和协调。我们还举办了各种形式的外围对话，走进联合国，走进非盟总部，走进七十七国集团〔4〕，走进最不发达国家、内陆国、小岛国，向世界各国，以及所有关心二十国集团的人们介绍杭州峰会筹备情况，倾听各方利益诉求。各方提出的意见和建议对这次峰会的筹备都发挥了重要作用。

我期待在接下来两天的讨论中，我们能够集众智、聚合力，努力让杭州峰会实现促进世界经济增长、加强国际经济合作、推动二十国集团发展的目标。

让我们以杭州为新起点，引领世界经济的航船，从钱塘江畔再次扬帆启航，驶向更加广阔的大海！

谢谢大家。

注　　释

〔1〕二十国集团，是当今国际经济合作的主要论坛。一九九九年成立。由阿根廷、澳大利亚、巴西、加拿大、中国、法国、德国、印度、印度尼西亚、意大利、日本、韩国、墨西哥、俄罗斯、沙特阿拉伯、南非、土耳其、英国、美国、欧盟等二十方组成，就宏观经济政策、国际金融体系改革、世界经济发展等问题交换看法。二十国集团最初为财长和央行行长会议机制，二〇〇八年国际金融危机爆发后升格为领导人峰会。

〔2〕见本卷《顺应时代前进潮流，促进世界和平发展》注〔1〕。

〔3〕二〇三〇年可持续发展议程，即联合国二〇三〇年可持续发展议程。

二○一五年九月联合国发展峰会审议通过。该议程包括十七个可持续发展目标及一百六十九个相关具体目标，重点是：消除贫困和饥饿，促进经济增长；全面推进社会进步，维护公平正义；加强生态文明建设，促进可持续发展。该议程是对联合国千年峰会通过的千年发展目标的继承和升级，为未来十五年世界各国发展和国际发展合作指引方向。

〔4〕七十七国集团，是发展中国家为维护自身权益、改变不合理的国际经济秩序而组成的国际组织。一九六四年三月二十三日至六月十六日，第一届联合国贸易和发展会议在瑞士日内瓦举行。六月十五日，与会的七十七个发展中国家和地区发表联合宣言，提出要加强相互接触和磋商，在贸易和经济方面确立共同目标，制定联合行动纲领，采取集体谈判策略，加强发展中国家的谈判地位，促进建立国际经济新秩序。从此，这些国家和地区作为一个集团参加联合国贸易和发展会议的谈判。此后，集团成员不断增加，现有成员一百三十多个，但七十七国集团的名称一直沿用下来。中国自一九八一年起以特邀来宾的身份参加该集团部长级会议及磋商。

坚定不移把国有企业
做强做优做大*

（二〇一六年十月十日）

讨论国有企业党的建设，首先要弄清楚一个问题，就是国有企业还要不要？我提出这个问题，不是无的放矢，也不是危言耸听，而是我们必须面对的一个很现实的问题。

在中国共产党领导和我国社会主义制度下，国有企业和国有经济必须不断发展壮大，这个问题应该是毋庸置疑的。然而，一段时间以来，社会上一些人制造了不少针对国有企业的奇谈怪论，大谈"国有企业垄断论"，宣扬"国有企业与民争利"、"国企是不堪的存在"，鼓吹"私有化"、"去国有化"、"去主导化"，操弄所谓"国进民退"、"民进国退"的话题。特别是各种敌对势力和一些别有用心的人重点拿国有企业说事，恶意攻击、抹黑国有企业，宣扬"国企不破、中国不立"，声称"肢解"是国有企业改革的最佳方式。醉翁之意不在酒！这些人很清楚国有企业对我们党执政、对我国社会主义制度的重要性，想搞

---

* 这是习近平同志在全国国有企业党的建设工作会议上讲话的一部分。

乱人心、釜底抽薪。而我们有的同志也对这个问题看不清楚、想不明白，接受了一些模糊的、似是而非的甚至错误的观念。我们要善于从政治上看问题，决不能认为这只是一个简单的所有制问题，或者只是一个纯粹的经济问题。那就太天真了！

我说过，国有企业是中国特色社会主义的重要物质基础和政治基础，关系公有制主体地位的巩固，关系我们党的执政地位和执政能力，关系我国社会主义制度。

从物质基础看，新中国成立以来特别是改革开放以来，国有企业发展取得巨大成就。二〇一五年，全国国有企业有十六万七千家，资产总额达到一百四十万七千亿元，企业营业收入达到四十四万九千亿元，利润总额达到二万五千亿元。我国进入世界五百强的企业有一百一十家，居世界第二位，其中国有企业有八十三家。国有企业在载人航天、探月工程、深海探测、高速铁路、特高压输变电、移动通信等领域取得了一批具有世界先进水平的重大科技创新成果，掌握了一大批关键核心技术。国有企业还承担了大量社会责任，许多投资大、收益薄的基础设施和公共服务建设，许多周期长、风险大的基础性研发，许多国防科技工业的重大项目，许多重大自然灾害、突发事件的抗击救援，许多脱贫攻坚、改善民生的项目实施，都是国有企业扛起来的。

通过深化改革、优化调整、创新发展，国有企业逐步向关系国家安全、国民经济命脉、国计民生的重要行业和关键领域、重点基础设施集中，向前瞻性战略性产业集中，向具有核心竞争力的优势企业集中。国有资产规模实力稳步提升，国有资本布局结构逐步完善，国有经济的活力、控制力、影响力、国际竞争力、抗风险能力不断增强。

在这里，我要非常明确地说，我国国有企业为我国经济社会发展、科技进步、国防建设、民生改善作出了历史性贡献，功勋卓著！功不可没！这是绝对不能否定的！也是绝对否定不了的！如果没有长期以来国有企业为我国发展打下的重要物质基础，就没有我国的经济独立和国家安全，就没有人民生活的不断改善，就没有我国今天在世界上的地位，就没有社会主义中国在世界东方的岿然屹立。

从政治上看，我们党要做到"任凭风浪起，稳坐钓鱼台"，就要有关键时刻听指挥、拉得出，危急关头冲得上、打得赢的基本队伍。国有企业及其广大党员、干部、职工就是这样的队伍。关键时刻，国有企业及其广大党员、干部、职工是靠得住的。

国有企业是我们党执政兴国的重要支柱和依靠力量，工人阶级是我国的领导阶级，是我们党执政最坚实最可靠的阶级基础，是全面建成小康社会、坚持和发展中国特色社会主义的主力军。国有企业培养了一支产业工人大军，拥有四千多万在岗职工、近八十万个党组织、一千多万名党员，这是我国工人阶级队伍的骨干力量。把国有企业建设好，把工人阶级作用发挥好，对巩固党的执政地位、巩固我国社会主义制度具有十分重大的意义。这就是我说国有企业是中国特色社会主义政治基础的依据。

如果把国有企业搞小了、搞垮了、搞没了，公有制主体地位、国有经济主导作用还怎么坚持？工人阶级领导地位还怎么坚持？共同富裕还怎么实现？我们党的执政基础和执政地位还怎么巩固？中国特色社会主义还怎么坚持和发展？对这些问题，我们一定要想清楚，各级领导干部特别是高级干部要想清楚，国有企业广大党员、干部、职工要想清楚，不能稀里糊涂跟着喊口号，更不能中别人的圈套！

坚持和发展中国特色社会主义，统筹推进"五位一体"总体布局和协调推进"四个全面"战略布局，实现"两个一百年"奋斗目标、实现中华民族伟大复兴的中国梦，国有企业肩负着重大历史使命。我们说要坚定道路自信、理论自信、制度自信、文化自信，保持政治定力，坚定走自己的路，就包括坚定支持国有企业发展壮大，坚定支持非公有制经济发展壮大。

所以，国有企业不仅要，而且一定要办好。各地区各有关部门和广大国有企业要按照党中央关于推进国有企业改革发展的决策部署，适应国内外经济形势发展变化，坚持有利于国有资产保值增值、有利于提高国有经济竞争力、有利于放大国有资本功能的方针，推动国有企业深化改革、提高经营管理水平，加强国有资产监管，坚定不移把国有企业做强做优做大。

严肃党内政治生活，
推进全面从严治党*

（二○一六年十月二十七日）

一、坚定不移推进全面从严治党

落实好全会精神，必须更加深入地认识和把握全面从严治党。党的十八大之后，党中央全面分析党和国家工作面临的新形势新任务，综合分析党内、国家、社会以及国际环境中出现的新情况新问题，得出了一个重要结论，就是要进行好具有许多新的历史特点的伟大斗争、有效应对各种风险和挑战，实现"两个一百年"奋斗目标、实现中华民族伟大复兴的中国梦，必须把我们党建设好、建设强。如果党内信念涣散、组织涣散、纪律涣散、作风涣散，那就无法有效应对党面临的执政考验、改革开放考验、市场经济考验、外部环境考验，也无法克服精神懈怠危险、能力不足危险、脱离群众危险、消极腐败危险，最

---

* 这是习近平同志在中共十八届六中全会第二次全体会议上讲话的一部分。

终不仅不能实现我们的奋斗目标，而且可能严重脱离人民群众，上演"霸王别姬"[1]的悲剧。这就是党中央反复强调"打铁还需自身硬"的根本原因。

党的十八大以来，我们把全面从严治党纳入"四个全面"战略布局，这是新的历史条件下我们党应对世情国情党情变化的必然选择。我们坚持问题导向，主要从以下几个方面推进全面从严治党。一是抓思想从严，坚持用马克思主义中国化最新成果武装头脑、凝心聚魂，用理想信念和党性教育固本培元、补钙壮骨，着力教育引导全党坚定理想、坚定信念，增强中国特色社会主义道路自信、理论自信、制度自信、文化自信。二是抓管党从严，坚持和落实党的领导，引导全党增强政治意识、大局意识、核心意识、看齐意识，着力落实管党治党责任，不断增强各级党组织管党治党意识和能力。三是抓执纪从严，坚持把纪律挺在前面，严明党的政治纪律和政治规矩，着力推动全党牢记"五个必须"、防止"七个有之"，保证全党团结统一、步调一致。四是抓治吏从严，坚持正确用人导向，深化干部人事制度改革，破解"四唯"[2]难题，着力整治用人上的不正之风，优化选人用人环境。五是抓作风从严，坚持以上率下，锲而不舍、扭住不放，着力解决许多过去被认为解决不了的问题，推动党风政风不断好转。六是抓反腐从严，坚持以零容忍态度惩治腐败，"老虎"、"苍蝇"一起打，着力扎紧制度的笼子，特别是清除了周永康、薄熙来、郭伯雄、徐才厚、令计划等腐败分子，有效遏制腐败蔓延势头。

经过几年努力，全面从严治党取得重要阶段性成果，党内正气在上升，党风在好转，社会风气在上扬。这些变化，是全面深刻的变化、影响深远的变化、鼓舞人心的变化，为党和国家事业发展积聚了强大正能量。这充分表明，党中央作出全面从严治党的战略抉择是完全正确的，是深得党心民心的。

同时，我们也清醒认识到，我们党面临的执政环境是复杂的，党员队伍构成是复杂的，影响党的先进性、弱化党的纯洁性的因素也是复杂的，党内存在的一些深层次问题并没有得到根本解决，一些老问题反弹回潮的因素依然存在，还出现了一些新情况新问题。一些党员、干部对全面从严治党认识上不到位、思想上不适应、行动上不自觉。全党必须认识到，如果管党不力、治党不严，人民群众反映强烈的突出矛盾和问题得不到及时解决，我们党执政的基础就会动摇和瓦解；同样，如果我们让已经初步解决的问题反弹回潮、故态复发，那就会失信于民，我们党就会面临更大的危险。有问题并不可怕，可怕的是在问题面前束手无策，解决问题虎头蛇尾。正所谓"事辍者无功，耕怠者无获"〔3〕。所以，全党一定要保持战略定力，坚持严字当头、真管真严、敢管敢严、长管长严，把严的要求贯彻到管党治党全过程、落实到党的建设各方面。

当前，我国已进入全面建成小康社会决胜阶段，中华民族正处于走向伟大复兴的关键时期。改革进入深水区，经济发展进入新常态，各种矛盾叠加，风险隐患集聚。当今世界，国际力量对比发生新的变化，世界经济进入深度调整，我国发展面临的国际环境更加复杂严峻。我们前进的道路上有各种各样的"拦路虎"、"绊脚石"。在这样的国内外形势下，我们要赢得优势、赢得主动、赢得未来，就必须把党建设得更加坚强有力，使我们党能够团结带领人民有力应对重大挑战、抵御重大风险、克服重大阻力、解决重大矛盾。

全面从严治党，既需要全方位用劲，也需要重点发力。加强和规范党内政治生活、加强党内监督就是重点发力的抓手。严肃党内政治生活是全面从严治党的基础。党要管党，首先要从党内政治生活管起；从严治党，首先要从党内政治生活严起。党的执政地位，决定了党内监督在党和国家各种监督形式中是最基本的、第一位的。只有以党内监督带动其他监督、完善监督体系，才能为全面从严治党提供有力制度保障。全会通过的准则[4]、条例[5]内在统一、相辅相成，是推进全面从严治党的重要制度法规保障。

二、全面加强和规范党内政治生活

开展严肃认真的党内政治生活，是我们党作为马克思主义政党区别于其他政党的重要特征，是我们党的光荣传统。长期实践证明，严肃认真的党内政治生活是我们党坚持党的性质和宗旨、保持先进性和纯洁性的重要法宝，是解决党内矛盾和问题的"金钥匙"，是广大党员、干部锤炼党性的"大熔炉",是纯洁党风的"净化器"。

"绳墨之起,为不直也。"[6]这次全会抓住加强和规范党内政治生活、加强党内监督这两个问题,就是坚持问题导向。党的十八大以来,随着全面从严治党不断推进,党内存在的突出矛盾和问题暴露得越来越充分。周永康、薄熙来、郭伯雄、徐才厚、令计划等人,不仅经济上贪婪、生活上腐化,而且政治上野心膨胀,大搞阳奉阴违、结党营私、拉帮结派等政治阴谋活动。他们在政治上暴露出来的严重问题,引起我深入思考。三年多来,我多次强调要从政治上认识和抓好全面从严治党。

二〇一二年,十一月十六日,我在十八届中央政治局第一次会议上就强调:"大家要带头遵守党的组织原则和党内政治生活准则,懂规矩,守纪律"。十一月二十日,我在《人民日报》发表题为《认真学习党章,严格遵守党章》的文章,强调"要严格执行党章关于党内政治生活的各项规定,敢于坚持原则,勇于开展批评和自我批评,带头弘扬正气、抵制歪风邪气"。

二〇一三年,一月二十二日,我在十八届中央纪委二次全会上讲到:"改进工作作风,就是要净化政治生态,营造廉洁从政的良好环境。"六月二十五日,中央政治局召开专门会议对照检查中央八项规定[7]落实情况,讨论研究深化改进作风举措,我在会上强调:"我们要求各级党组织和广大党员、干部特别是主要领导干部自觉遵守党章,自觉按照党的组织原则和党内政治生活准则办事,自觉接受党的纪律约束,决不允许任何个人凌驾于组织之上，中央政治局的同志首先要做到。"

　　二〇一四年，十月八日，我在党的群众路线教育实践活动总结大会上讲："党内政治生活是党组织教育管理党员和党员进行党性锻炼的主要平台，从严治党必须从党内政治生活严起。有什么样的党内政治生活，就有什么样的党员、干部作风。""从严治党，最根本的就是要使全党各级组织和全体党员、干部都按照党内政治生活准则和党的各项规定办事。"十月二十三日，我在党的十八届四中全会第二次全体会议上讲到党员、干部特别是领导干部要严守政治纪律和政治规矩时强调："一些人无视党的政治纪律和政治规矩，为了自己的所谓仕途，为了自己的所谓影响力，搞任人唯亲、排斥异己的有之，搞团团伙伙、拉帮结派的有之，搞匿名诬告、制造谣言的有之，搞收买人心、拉动选票的有之，搞封官许愿、弹冠相庆的有之，搞自行其是、阳奉阴违的有之，搞尾大不掉、妄议中央的也有之，如此等等。有的人已经到了肆无忌惮、胆大妄为的地步！而这些问题往往没有引起一些地方和部门党组织的注意，发现了问题也没有上升到党纪国法高度来认识和处理。这是不对的，必须加以纠正。"这就是"七个有之"，我主要是从政治上讲的。

　　二〇一五年，一月十三日，我在十八届中央纪委五次全会上强调，遵守政治纪律和政治规矩，必须维护党中央权威，在任何时候任何情况下都必须在思想上政治上行动上同党中央保持高度一致；必须维护党的团结，坚持五湖四海，团结一切忠实于党的同志；必须遵循组织程序，重大问题该请示的请示，该汇报的汇报，不允许超越权限办事；必须服从组织决定，决不允许搞非组织活动，不得违背组织决定；必须管好亲属和身边工作人员，不得默许他们利用特殊身份谋取非法利益。这就是我讲的"五个必须"。十月二十九日，我在党的十八届五中全会第二次全体会议上强调："现在，确实需要修复政治生态，把我们党的光荣传统和优良作风大大恢复和发扬起来。在这方面，中央委员会的同志要在党言党、在党忧党、在党为党，带好头、做好表率。"

二○一六年，七月一日，我在庆祝中国共产党成立九十五周年大会上强调："我们要加强和规范党内政治生活，严肃党的政治纪律和政治规矩，增强党内政治生活的政治性、时代性、原则性、战斗性，全面净化党内政治生态。"

这几年来，我反复强调严肃党内政治生活问题，就是因为我们党正处在一个关键的历史节点上，党的队伍发生的重大变化和党群干群关系出现的新情况新问题，迫切需要我们首先从政治上把全面从严治党抓紧抓好。

这次全会通过的准则，既是党章规定和要求的具体化，也是近年来全面从严治党实践形成的一系列规定和举措的系统化。准则针对党内存在的突出矛盾和问题，从十二个方面[8]作出规定，既指出了病症，也开出了药方，既有治标举措，也有治本方略。准则管不管用，关键看能不能执行到位。

第一，抓好思想教育这个根本。"欲事立，须是心立。"[9]加强思想教育和理论武装，是党内政治生活的首要任务，是保证全党步调一致的前提。毛泽东同志曾经指出："掌握思想教育，是团结全党进行伟大政治斗争的中心环节。"[10]党内政治生活出现这样那样的问题，根子还是一些党员、干部理想信念这个"压舱石"发生了动摇，世界观、人生观、价值观这个"总开关"出现了松动。理想信念，源自坚守，成于磨砺。要坚持不懈强化理论武装，毫不放松加强党性教育，持之以恒加强道德教育，教育引导广大党员、干部筑牢信仰之基、补足精神之钙、把稳思想之舵，坚守真理、坚守正道、坚守原则、坚守规矩，明大德、严公德、守私德，重品行、正操守、养心性，做到以信念、人格、实干立身。

党内政治生活、政治生态、政治文化是相辅相成的，政治文化是政治生活的灵魂，对政治生态具有潜移默化的影响。要注重加强党内政治文化建设，倡导和弘扬忠诚老实、光明坦荡、公道正派、实事求是、艰苦奋斗、清正廉洁等价值观，旗帜鲜明抵制和反对关系学、厚黑学、官场术、潜规则等庸俗腐朽的政治文化，不断培厚良好政治生态的土壤。

第二，抓好严明纪律这个关键。"欲知平直，则必准绳；欲知方圆，则必规矩。"[11]纪律严明是加强和规范党内政治生活的内在要求和重要保证。要强化党内制度约束，扎紧制度的笼子。政治纪律和政治规矩是党最根本、最重要的纪律，遵守政治纪律和政治规矩是遵守党的全部纪律的基础。各级党组织和广大党员要自觉遵守政治纪律和政治规矩，不断增强政治意识、大局意识、核心意识、看齐意识，做到坚守政治信仰、站稳政治立场、把准政治方向。

要坚持有令必行、有禁必止，坚决查处各种违反纪律的行为，使各项纪律规矩真正成为"带电的高压线"，防止出现"破窗效应"〔12〕。要按照准则精神，对现有制度规范进行梳理，该修订的修订，该补充的补充，该新建的新建，让党内政治生活有规可依、有章可循。各级党组织都负有执行纪律和规矩的主体责任，要强化监督问责，对责任落实不力的坚决追究责任，推动管党治党不断从"宽松软"走向"严实硬"。

第三，抓好选人用人这个导向。选人用人是党内政治生活的风向标，用人上的不正之风和腐败现象对政治生活危害最烈，端正用人导向是严肃党内政治生活的治本之策。要落实好干部标准，严把政治关、品行关、作风关、廉洁关，真正让忠诚干净担当、为民务实清廉、奋发有为、锐意改革、实绩突出的干部得到褒奖和重用，让阳奉阴违、阿谀逢迎、弄虚作假、不干实事、会跑会要的干部没市场、受惩戒。要大力整治选人用人上的不正之风，使用人风气更加清朗，坚决纠正"劣币驱逐良币"的逆淘汰现象，以用人环境的风清气正促进政治生态的山清水秀。要完善从严管理监督干部制度体系，解决"重选轻管"问题。同时，要抓紧健全容错纠错机制，加大正向激励力度，引导广大干部保持良好精神状态，奋发有为、敢于担当。

第四，用好组织生活这个经常性手段。党的组织生活是党内政治生活的重要内容和载体，是党组织对党员进行教育、管理、监督的重要形式。一个班子强不强、有没有战斗力，同有没有严肃认真的组织生活密切相关。要认真落实"三会一课"〔13〕、民主生活会、领导干部双重组织生活、民主评议党员、谈心谈话等制度，加强经常性教育、管理、监督。要创新方式方法，增强吸引力和感染力，提高组织生活质量和效果。

批评和自我批评是我们党强身治病、保持肌体健康的锐利武器，也是加强和规范党内政治生活的重要手段。领导干部要带头，班子要作表率，在党内营造批评和自我批评的良好风气。领导干部要坚决反对事不关己、高高挂起，明知不对、少说为佳的庸俗哲学，坚决克服文过饰非、知错不改等错误倾向。

第五，抓住继承和创新这两个关键环节。我们党在长期实践中形成的党内政治生活的光荣传统，不论过去、现在还是将来，都是党的宝贵财富。光荣传统不能丢，丢了就丢了魂；红色基因不能变，变了就变了质。同时，我们要立足新的实际，不断从内容、形式、载体、方法、手段等方面进行改进和创新，善于以新的经验指导新的实践，更好发挥党内政治生活的作用，努力在全党造成一个又有集中又有民主、又有纪律又有自由、又有统一意志又有个人心情舒畅生动活泼的政治局面。

贯彻落实准则，关键看是否有效解决了党内政治生活存在的突出矛盾和问题。党的各级组织和每个党员、干部要自觉用准则对照自己的思想和行动，敢于直面问题，勇于自我解剖，向顽瘴痼疾开刀。一方面，要注重解决那些量大面广、表现突出的问题，诸如工作中搞独断专行、搞"一言堂"和自由主义、分散主义问题，作风上搞形式主义、官僚主义、享乐主义和奢靡之风问题，滥用权力、贪污受贿、腐化堕落、违法乱纪问题，有纪不依、执纪不严、违纪不究问题，不思进取、不敢担当、庸懒无为问题，等等。这类问题，群众看得真切，界限尺度比较明确，重在严格执行制度，加强刚性约束。另一方面，要着力解决政治性强、破坏力大的问题，诸如在重大问题上不同党中央保持一致、不执行党的政治纪律和政治规矩问题，对党不忠诚老实、阳奉阴违、弄虚作假、做"两面人"问题，选人用人上任人唯亲、任人唯利和跑官要官、买官卖官、拉票贿选问题，结党营私、拉帮结派、政治野心膨胀问题，等等。这类问题，往往隐蔽性强，不到关键时刻难以暴露，重在确立判断标准，及时查处典型，形成有效机制。

党内政治生活因素复杂，具体到一个地方、一个部门、一个单位，问题各不相同。直面问题是勇气，解决问题是水平。要坚持有什么问题就解决什么问题，什么问题难就重点解决什么问题，什么问题突出就着力攻克什么问题，无论解决什么问题，都要综合分析、举一反三，使每项措施、每次努力都有利于加强和规范党内政治生活，有利于净化党内政治生态。

三、全面落实党内监督责任

这次全会通过的党内监督条例，是新形势下加强党内监督的顶层设计，是规范当前和今后一个时期党内监督的基本法规，必须抓好贯彻执行，使其成为规范各级党组织和广大党员、干部行为的硬约束。

早在延安时期，毛泽东同志就提出跳出"历史周期率"的课题[14]，党的八大规定任何党员和党的组织都必须受到自上而下的和自下而上的监督，现在我们不断完善党内监督体系，目的都是形成科学管用的防错纠错机制，不断增强党自我净化、自我完善、自我革新、自我提高能力。

长期以来，党内存在的一个突出问题，就是不愿监督、不敢监督、抵制监督等现象不同程度存在，监督下级怕丢"选票"，监督同级怕伤"和气"，监督上级怕穿"小鞋"。在不少地方和部门，党内监督被高高举起、轻轻放下，成了一句口号。党内监督缺位，必然导致党的领导弱化、党的建设缺失、全面从严治党不力。全党要深刻认识到，党内监督是永葆党的肌体健康的生命之源，要不断增强向体内病灶开刀的自觉性，使积极开展监督、主动接受监督成为全党的自觉行动。

党内监督是全党的任务，党委（党组）负主体责任，书记是第一责任人，党委常委会委员（党组成员）和党委委员在职责范围内履行监督职责。党的各级领导干部一定要把责任扛在肩上，做到知责、尽责、负责，敢抓敢管，勇于监督。党内监督要坚持惩前毖后、治病救人，立足于小、立足于早，开展批评和自我批评，及时进行约谈函询、诫勉谈话，及时发现问题、纠正偏差。分析这些年来查处的典型腐败案件，都有一个量变到质变、小节到大错的过程。如果在刚发现问题时组织就及时拉一把，一些干部也不至于在错误的道路上越滑越远。党组织要多了解党员、干部日常的思想、工作、作风、生活状况，多注意干部群众的反映，抓早抓小，防微杜渐。要把党内监督体现在时时处处事事上，敦促党员、干部按本色做人、按角色办事。全党同志要习惯于在同志间相互提醒和督促中修正错误、共同进步。

各级纪委是党内监督专责机关，履行监督执纪问责职责。要把维护政治纪律和政治规矩放在首位，加强对所辖范围内遵守党章党规党纪情况的监督，检查党的路线方针政策和决议的执行情况。要落实纪律检查工作双重领导体制，强化上级纪委对下级纪委的领导；加强对派驻纪检组工作的领导，督促被监督单位党组织和派驻纪检组落实管党治党责任。党的工作部门是党委（党组）主体责任在不同领域的载体和抓手，也要做好职责范围内的党内监督工作，既加强对本机关本单位的内部监督，又强化对本系统的日常监督。出现问题要及时了解处置，不能都等着党委、纪委去处理。只要我们把上上下下、条条块块都抓起来，就能织密党内监督之网。

党员民主监督是党内监督的基本方式。党员的民主监督不仅是权利，更是不容推卸的义务，是对党应尽的责任。基层党组织和党员要加强对党的领导干部的监督，督促其正常参加组织生活、履行党员义务。在党的会议上，党员要勇于对违反党章党规的行为提出意见，有根据地批评党的任何组织和任何党员，负责地向党反映党的任何组织和党员违纪违法的事实。各级党组织要保障党员知情权和监督权，鼓励和支持党员在党内监督中发挥积极作用，对干扰妨碍监督、打击报复监督的人要依纪严肃处理。

党内监督在党和国家各种监督形式中是最根本的、第一位的，但如果不同有关国家机关监督、民主党派监督、群众监督、舆论监督等结合起来，就不能形成监督合力。各级领导干部要主动接受各方面监督，这既是一种胸怀，也是一种自信。要支持人民政协依照章程进行民主监督，重视民主党派和无党派人士提出的意见、批评、建议，鼓励党外人士讲真话、进诤言。要自觉接受群众监督，畅通信访举报渠道，对违规违纪典型问题严肃处理，及时回应人民群众关切。要加强舆论监督，通过对典型案例进行曝光剖析，发挥警示作用，为全面从严治党营造良好舆论氛围。

四、突出抓好领导干部特别是高级干部

"人不率则不从，身不先则不信。"[15]加强和规范党内政治生活，加强党内监督，必须从领导干部特别是高级

干部做起。这是由领导干部特别是高级干部执掌重要权力的特殊地位所决定的，也是由领导干部特别是高级干部发挥示范作用的特殊职责所要求的。

我们党历来重视抓好党的高级干部的思想建设和作风建设，发挥高级干部的示范带头作用。一九三八年，毛泽东同志指出："如果我们党有一百个至二百个系统地而不是零碎地、实际地而不是空洞地学会了马克思列宁主义的同志，就会大大地提高我们党的战斗力量"〔16〕。一九八九年，邓小平同志说："只要有一个好的政治局，特别是有一个好的常委会，只要它是团结的，努力工作的，能够成为榜样的，就是在艰苦创业反对腐败方面成为榜样的，什么乱子出来都挡得住。"〔17〕江泽民同志也多次强调，中央委员会成员作为党的高级干部，"必须同党中央在思想上政治上保持高度一致，坚决维护党中央的权威，坚定不移、百折不挠地贯彻落实党的路线方针政策。特别是在关键时刻，贯彻重大决策，更应坚定不移，做到任何时候任何情况下都不动摇。高级干部都坚持这样做了，党就能始终保持高度的凝聚力和强大的战斗力"。胡锦涛同志也说："各级领导干部特别是高级干部要加强廉洁自律，牢固树立马克思主义世界观、人生观、价值观，牢固树立正确的权力观、地位观、利益观，常修为政之德、常思贪欲之害、常怀律己之心，始终保持共产党人的蓬勃朝气、昂扬锐气、浩然正气，真正做到自重、自省、自警、自励，真正做到干干净净办事、堂堂正正做人。"〔18〕

党的十八大以来，党中央反复强调中央委员会要自觉做坚定理想信念的表率、自觉做认真学习实践的表率、自觉做坚持民主集中制的表率、自觉做弘扬优良作风的表率，强调高级干部要对党忠诚、落实管党治党责任、守住纪律底线，为全党作出表率。

这些年党内政治生活和党内监督存在的种种问题，究其原因，有市场经济大环境的因素，有党的队伍不断发生深刻变化的因素，但一些高级干部发生的问题往往是所在地方和单位各种问题滋生蔓延的主要导因。党的十八大以来查处了近二百名高级干部，其中不乏省委书记、省长、部长、中央委员、中央候补委员，特别是有周永康、薄熙来、郭伯雄、徐才厚、令计划等曾经位居高职的人，给我们党的形象和威信造成的损害是特别巨大的。无论是推进全面从严治党，还是贯彻准则、条例，都要突出抓好领导干部特别是高级干部。这就是我在党的十八届五中全会第二次全体会议上所说的："大家要清醒认识高级干部岗位对党和国家的特殊重要性，自觉按党提出的标准要求自己、磨练自己、提高自己。职位越高，越要夙兴夜寐工作，越要毫无私心把自己的一切奉献给党和人民，越要按规则正确用权、谨慎用权、干净用权，越要像珍惜生命一样珍惜名节和操守，扎扎实实改造主观世界，诚心诚意接受监督帮助，努力使自己成为一名党和人民信赖的好干部。"

全会通过的准则、条例都突出了高级干部这个重点，对高级干部提出了更高的标准、更严的要求。可以说，这是两部党内法规的鲜明特色。下一步，党中央还打算制定一个高级干部贯彻落实准则的实施意见，把一些原则性要求进一步具体化。

高级干部要清醒认识自己岗位的特殊重要性，增强自律意识、标杆意识、表率意识，模范遵守党章。凡是要求党员、干部做到的自己首先做到，凡是要求党员、干部不做的自己首先不做。同时，要认真履行管党治党责任，在加强和规范党内政治生活、加强党内监督各个环节敢抓敢管，做到职责范围内的问题能及时发现，发现的问题能及时有效解决。对高级干部，要严格教育、严格管理、严格监督，发现问题及时提醒、批评、纠正、处理，切不可一任了之、不管不问，切不可掩盖问题、护短遮丑，切不可大事化小、小事化了。

在领导干部中，发挥好"一把手"在贯彻落实准则、条例上的示范表率作用，对管理好领导班子和领导干部具有重要意义。要加强对"一把手"教育的针对性、管理的经常性、监督的有效性，促使各级"一把手"带头遵守党章党规和宪法法律，认真贯彻执行民主集中制，不断增强党性修养，做到位高不擅权、权重不谋私。

在高级干部中，中央委员会、中央政治局、中央政治局常委会组成人员首当其责。我们中央委员会的同志，必须保持理想信念的坚定执着，必须坚决捍卫和全面贯彻党的基本路线，必须坚决听从党中央号令、维护党中央权威，必须加强道德修养、模范践行社会主义核心价值观，必须严守党的政治纪律和政治规矩，必须带头尊法学法守法用法，必须持之以恒反对"四风"，必须坚决同特权思想、特权现象作斗争，必须注重家风建设、教育管理好亲属和身边工作人员，必须诚恳接受各方面监督。我们要从党和国家兴旺发达、长治久安的高度来认识建设好中央委员会、中央政治局、中央政治局常委会的重大意义，切实把我们这个层面的党内政治生活、党内监督搞好，以令人信服的表率作用，推动全党开创全面从严治党新局面。

注　　释

〔1〕参见本卷《群众路线是党的生命线和根本工作路线》注〔7〕。

〔2〕"四唯"，这里指选人用人过程中存在的"唯票、唯分、唯生产总值、唯年龄"的不良偏向。

〔3〕见西汉桓宽《盐铁论·击之》。

〔4〕准则，这里指《关于新形势下党内政治生活的若干准则》。

〔5〕条例，这里指《中国共产党党内监督条例》。

〔6〕见《荀子·性恶》。

〔7〕见本卷《八项规定是改进作风的切入口和动员令》注〔1〕。

〔8〕十二个方面，这里指坚定理想信念、坚持党的基本路线、坚决维护党中央权威、严明党的政治纪律、保持党同人民群众的血肉联系、坚持民主集中制原则、发扬党内民主和保障党员权利、坚持正确选人用人导向、严格党的组织生活制度、开展批评和自我批评、加强对权力运行的制约和监督、保持清正廉洁的政治本色。

〔9〕见北宋张载《经学理窟·气质》。

〔10〕见毛泽东《论联合政府》（《毛泽东选集》第3卷，人民出版社1991年版，第1094页）。

〔11〕见《吕氏春秋·自知》。

〔12〕"破窗效应",是揭示环境对人们心理造成暗示或诱导性影响的一种理论。指如果一幢建筑物的窗户玻璃被打破又得不到及时维修,人们就可能受到暗示性的纵容去打烂更多窗户。这说明如果放任不良现象存在,就会诱使人们仿效,甚至变本加厉。

〔13〕"三会一课",即"三会一课"制度,是中国共产党的一项组织生活制度。二〇一六年十月,中共十八届六中全会通过的《关于新形势下党内政治生活的若干准则》提出:"党员必须参加党员大会、党小组会和上党课,党支部要定期召开支部委员会会议。"

〔14〕参见本卷《必须准备进行具有许多新的历史特点的伟大斗争》注〔4〕。

〔15〕见元代脱脱等《宋史·宋祁传》。

〔16〕见毛泽东《中国共产党在民族战争中的地位》(《毛泽东选集》第2卷,人民出版社1991年版,第533页)。

〔17〕见邓小平《第三代领导集体的当务之急》(《邓小平文选》第3卷,人民出版社1993年版,第310页)。

〔18〕见胡锦涛《增强忧患意识,把党建设好》(《胡锦涛文选》第3卷,人民出版社2016年版,第17页)。

树立"绿水青山就是金山银山"的
强烈意识 *

（二〇一六年十一月二十八日）

生态文明建设是"五位一体"总体布局和"四个全面"战略布局的重要内容。各地区各部门要切实贯彻新发展理念，树立"绿水青山就是金山银山"的强烈意识，努力走向社会主义生态文明新时代。

要深化生态文明体制改革，尽快把生态文明制度的"四梁八柱"建立起来，把生态文明建设纳入制度化、法治化轨道。要结合推进供给侧结构性改革，加快推动绿色、循环、低碳发展，形成节约资源、保护环境的生产生活方式。要加大环境督查工作力度，严肃查处违纪违法行为，着力解决生态环境方面突出问题，让人民群众不断感受到生态环境的改善。各级党委、政府及各有关方面要把生态文明建设作为一项重要任务，扎实工作、合力攻坚，坚持不懈、务求实效，切实把党中央关于生态文明建设的决策部署落到实处，为建设美丽中国、维护全球生态安全作出更大贡献。

---

* 这是习近平同志关于做好生态文明建设工作的批示。

要有高度的文化自信 [*]

（二〇一六年十一月三十日）

希望大家坚定文化自信，用文艺振奋民族精神。实现中华民族伟大复兴，必须坚定中国特色社会主义道路自信、理论自信、制度自信、文化自信。创作出具有鲜明民族特点和个性的优秀作品，要对博大精深的中华文化有深刻的理解，更要有高度的文化自信。广大文艺工作者要善于从中华文化宝库中萃取精华、汲取能量，保持对自身文化理想、文化价值的高度信心，保持对自身文化生命力、创造力的高度信心，使自己的作品成为激励中国人民和中华民族不断前行的精神力量。

文化是一个国家、一个民族的灵魂。历史和现实都表明，一个抛弃了或者背叛了自己历史文化的民族，不仅不可能发展起来，而且很可能上演一幕幕历史悲剧。文化自信，是更基础、更广泛、更深厚的自信，是更基本、更深沉、更持久的力量。坚定文化自信，是事关国运兴衰、事关文化安全、事关民族精神独立性的大问题。没有文化自

---

* 这是习近平同志在中国文学艺术界联合会第十次全国代表大会、中国作家协会第九次全国代表大会开幕式上讲话的一部分。

信，不可能写出有骨气、有个性、有神采的作品。

古往今来，世界各民族无一例外受到其在各个历史发展阶段上产生的文艺精品和文艺巨匠的深刻影响。中华民族精神，既体现在中国人民的奋斗历程和奋斗业绩中，体现在中国人民的精神生活和精神世界中，也反映在几千年来中华民族产生的一切优秀作品中，反映在我国一切文学家、艺术家的杰出创造活动中。

在每一个历史时期，中华民族都留下了无数不朽作品。从诗经、楚辞、汉赋，到唐诗、宋词、元曲、明清小说等，共同铸就了灿烂的中国文艺历史星河。中华民族文艺创造力是如此强大、创造的成就是如此辉煌，中华民族素有文化自信的气度，我们应该为此感到无比自豪，也应该为此感到无比自信。

一个时代有一个时代的文艺，一个时代有一个时代的精神。任何一个时代的经典文艺作品，都是那个时代社会生活和精神的写照，都具有那个时代的烙印和特征。任何一个时代的文艺，只有同国家和民族紧紧维系、休戚与共，才能发出振聋发聩的声音。反映时代是文艺工作者的使命。广大文艺工作者要把握时代脉搏，承担时代使命，聆听时代声音，勇于回答时代课题。

古今中外，文艺无不遵循这样一条规律：因时而兴，乘势而变，随时代而行，与时代同频共振。在人类发展的每一个重大历史关头，文艺都能发时代之先声、开社会之先风、启智慧之先河，成为时代变迁和社会变革的先导。离开火热的社会实践，在恢宏的时代主旋律之外茕茕孑立、喃喃自语，只能被时代淘汰。

对文艺来讲，思想和价值观念是灵魂，一切表现形式都是表达一定思想和价值观念的载体。离开了一定思想和价值观念，再丰富多样的表现形式也是苍白无力的。文艺的性质决定了它必须以反映时代精神为神圣使命。社会主义核心价值观是当代中国精神的集中体现，是凝聚中国力量的思想道德基础。广大文艺工作者要把培育和弘扬社会主义核心价值观作为根本任务，坚定不移用中国人独特的思想、情感、审美去创作属于这个时代、又有鲜明中国风格的优秀作品。

祖国是人民最坚实的依靠，英雄是民族最闪亮的坐标。歌唱祖国、礼赞英雄从来都是文艺创作的永恒主题，也是最动人的篇章。我们要高扬爱国主义主旋律，用生动的文学语言和光彩夺目的艺术形象，装点祖国的秀美河山，描绘中华民族的卓越风华，激发每一个中国人的民族自豪感和国家荣誉感。对中华民族的英雄，要心怀崇敬，浓墨重彩记录英雄、塑造英雄，让英雄在文艺作品中得到传扬，引导人民树立正确的历史观、民族观、国家观、文化观，绝不做亵渎祖先、亵渎经典、亵渎英雄的事情。要抒写改革开放和社会主义现代化建设的蓬勃实践，抒写多彩的中国、进步的中国、团结的中国，激励全国各族人民朝气蓬勃迈向未来。

坚定文化自信，离不开对中华民族历史的认知和运用。历史是一面镜子，从历史中，我们能够更好看清世界、参透生活、认识自己；历史也是一位智者，同历史对话，我们能够更好认识过去、把握当下、面向未来。"观古今于须臾，抚四海于一瞬"〔1〕。没有历史感，文学家、艺术家就很难有丰富的灵感和深刻的思想。文学家、艺术家要结合史料进行艺术再现，必须有史识、史才、史德。

历史给了文学家、艺术家无穷的滋养和无限的想象空间，但文学家、艺术家不能用无端的想象去描写历史，更不能使历史虚无化。文学家、艺术家不可能完全还原历史的真实，但有责任告诉人们真实的历史，告诉人们历史中最有价值的东西。戏弄历史的作品，不仅是对历史的不尊重，而且是对自己创作的不尊重，最终必将被历史戏弄。只有树立正确历史观，尊重历史、按照艺术规律呈现的艺术化的历史，才能经得起历史的检验，才能立之当世、传之后人。

中华文化既是历史的、也是当代的，既是民族的、也是世界的。只有扎根脚下这块生于斯、长于斯的土地，文艺才能接住地气、增加底气、灌注生气，在世界文化激荡中站稳脚跟。正所谓"落其实者思其树，饮其流者怀其源"〔2〕。我们要坚持不忘本来、吸收外来、面向未来，在继承中转化，在学习中超越，创作更多体现中华文化精髓、反映中国人审美追求、传播当代中国价值观念、又符合世界进步潮流的优秀作品，让我国文艺以鲜明的中国特色、中国风格、中国气派屹立于世。

注　释

〔1〕见西晋陆机《文赋》。
〔2〕见南北朝时期庾信《徵调曲六首（其六）》。

思想政治工作根本上是
做人的工作*

（二〇一六年十二月七日）

思想政治工作从根本上说是做人的工作，必须围绕学生、关照学生、服务学生，不断提高学生思想水平、政治觉悟、道德品质、文化素养，让学生成为德才兼备、全面发展的人才。高校思想政治工作有丰富的内容，但要注重联系学生思想实际，有针对性地回答一些综合性、深层次的理论和认识问题。这里，我强调几点。

第一，正确认识世界和中国发展大势。看清发展大势，把握历史规律，才能坚定理想信念。从原始社会、奴隶社会到封建社会、资本主义社会，再到社会主义社会、共产主义社会，这是人类社会发展演进的一般规律。但是，历史道路不会是平坦的、笔直的，社会主义从提出到现在的五百多年间，就是在曲折中前进的。这就像一条汹涌澎湃的大河，蜿蜒曲折，却始终奔腾向前。正确认识这种曲折，同看得到前进大势同样重要。现在，一些人宣扬所谓"共产主义渺茫论"、"共产主义过时论"，说到底，

---

* 这是习近平同志在全国高校思想政治工作会议上讲话的一部分。

不是意识形态偏见，就是历史短见。共产主义作为一种运动，是在现实实践中不断向前发展的，我们今天建设中国特色社会主义就是共产主义实践。要引导学生从社会主义思想源头和历史演进中，从我们党探索中国特色社会主义历史发展和伟大实践中，认识和把握人类社会发展的历史必然性，认识和把握中国特色社会主义的历史必然性，不断树立为共产主义远大理想和中国特色社会主义共同理想而奋斗的信念和信心。

第二，正确认识中国特色和国际比较。在全方位对外开放的条件下，我们每时每刻都面对着中国和世界的互动，也面对着中国和世界的比较。很多学生遇到国内问题，就会习惯性地问国外是怎么样的，喜欢拿西方来比。如果没有正确立场和方法，往往会得出模糊甚至错误的结论。学生中的很多思想问题，根源就在于此。对这个问题，我们不能回避，应该而且必须回答好。

我们说中国道路走得对、行得通，不是哪个人的主观判断，而是历史和现实作出的回答，是国际对比得出的结论。我们讲中国特色，既是独具特色的，又是独具优势的。

比如，我们的民主是人民民主，在中国共产党领导下，方方面面有事好商量，众人的事情众人商量，能够找到全社会意愿和要求的最大公约数。相比之下，以政党轮替、三权鼎立为主要特征的西方政治体制模式日益暴露出其弊端和局限性。所谓"权力制衡"演变为权力掣肘，党派博弈绑架国家利益。一些国家盲目移植或"被输入"西方政治体制模式，结果陷入无休止的政权更迭和社会动荡。

还比如，我们实行社会主义市场经济体制，既注重发挥市场在资源配置中的决定性作用，又注重更好发挥政府作用，拿出了令世人惊叹的成绩单。而世界上一些国家脱离本国实际，套用新自由主义开出的药方，结果跌入发展陷阱，难以自拔。

再比如，改革开放以来，我国有七亿多农村贫困人口脱贫，完成全世界百分之七十以上的减贫任务，按照全面建成小康社会的目标，到二〇二〇年我国现行标准下农村贫困人口将全部脱贫，而且现在推进力度很大，成效明显。这是绝无仅有的历史性成就，是对全人类的重大贡献。联合国对此给予充分肯定。为什么呢？因为我们有制度优势，党和国家集中力量抓，全社会都来帮。

这方面的例子很多，经济、政治、文化、社会、生态文明建设和党的建设领域都可以列举很多。对这些事实要理直气壮讲、深入透彻讲，帮助学生在国际比较中坚定信心，全面客观认识当代中国、看待外部世界。有人总是觉得"外国的月亮比中国圆"，我们要通过努力，让更多人认识到月是故乡明、风景这边独好。

第三，正确认识时代责任和历史使命。青年一代有理想、有担当，国家就有前途，民族就有希望。今天高校学生的人生黄金时期，同"两个一百年"奋斗目标的实现进程完全吻合。亲自参与这个伟大历史进程，实现几代中国人的夙愿，实乃人生之大幸。我们教育引导学生，一个重要任务就是用中国梦激扬青春梦，为学生点亮理想的灯、照亮前行的路。要向学生讲清楚实现中华民族伟大复兴是中华民族近代以来最伟大的梦想，需要一代又一代人接续奋斗；讲清楚中国梦是国家的梦、民族的梦，也是每个中国人的梦，当代学生建功立业的舞台空前广阔，梦想成真的前景无限光明。要激励学生自觉把个人的理想追求融入国家和民族的事业中，勇做走在时代前列的奋进者、开拓者，书写无愧于时代的青春之歌和精彩人生。

第四，正确认识远大抱负和脚踏实地。"古之立大事者，不惟有超世之才，亦必有坚忍不拔之志。"[1]把远大志向变成现实，既要求得到真学问、练就真本领，又要有锲而不舍、自强不息的奋斗精神，从一点一滴做起。要引导学生珍惜韶华、脚踏实地，把远大抱负落实到实际行动中，树立梦想从学习开始、事业靠本领成就的观念，让勤奋学习成为青春飞扬的动力，让增长本领成为青春搏击的能量。要帮助学生锤炼坚强的意志和品格，培养奋勇争先的进取精神，历练不怕失败的心理素质，保持乐观向上的人生态度，敢于面对各种困难和挫折。好青年志在四方，要鼓励高校学生把视线投向国家发展的航程，把汗水洒在艰苦创业的舞台，到基层去、到西部去、到祖国最需要的地方去，做成一番事业、做好一番事业。

注　　释

〔1〕见北宋苏轼《晁错论》。

注重家庭，注重家教，注重家风[*]

（二〇一六年十二月十二日）

中华民族历来重视家庭。正所谓"天下之本在家"^[1]。尊老爱幼、妻贤夫安，母慈子孝、兄友弟恭，耕读传家、勤俭持家，知书达礼、遵纪守法，家和万事兴等中华民族传统家庭美德，铭记在中国人的心灵中，融入中国人的血脉中，是支撑中华民族生生不息、薪火相传的重要精神力量，是家庭文明建设的宝贵精神财富。

随着我国改革开放不断深入，随着我国经济社会发展不断推进，随着我国人民生活水平不断提高，城乡家庭的结构和生活方式发生了新变化。但是，无论时代如何变化，无论经济社会如何发展，对一个社会来说，家庭的生活依托都不可替代，家庭的社会功能都不可替代，家庭的文明作用都不可替代。无论过去、现在还是将来，绝大多数人都生活在家庭之中。我们要重视家庭文明建设，努力使千千万万个家庭成为国家发展、民族进步、社会和谐的重要基点，成为人们梦想启航的地方。这里，我给大家提几点希望。

---

* 这是习近平同志在会见第一届全国文明家庭代表时讲话的一部分。

　　第一，希望大家注重家庭。家庭是社会的细胞。家庭和睦则社会安定，家庭幸福则社会祥和，家庭文明则社会文明。历史和现实告诉我们，家庭的前途命运同国家和民族的前途命运紧密相连。我们要认识到，千家万户都好，国家才能好，民族才能好。国家富强，民族复兴，人民幸福，不是抽象的，最终要体现在千千万万个家庭都幸福美满上，体现在亿万人民生活不断改善上。同时，我们还要认识到，国家好，民族好，家庭才能好。当前，全党全国各族人民正在实现"两个一百年"奋斗目标、实现中华民族伟大复兴中国梦的新长征路上砥砺前行。只有实现中华民族伟大复兴的中国梦，家庭梦才能梦想成真。中国人历来讲求精忠报国，革命战争年代母亲教儿打东洋、妻子送郎上战场，社会主义建设时期先大家后小家、为大家舍小家，都体现着向上的家庭追求，体现着高尚的家国情怀。

　　广大家庭都要把爱家和爱国统一起来，把实现家庭梦融入民族梦之中，心往一处想，劲往一处使，用我们四亿多家庭、十三亿多人民的智慧和热情汇聚起实现"两个一百年"奋斗目标、实现中华民族伟大复兴中国梦的磅礴力量。

　　第二，希望大家注重家教。家庭是人生的第一个课堂，父母是孩子的第一任老师。孩子们从牙牙学语起就开始接受家教，有什么样的家教，就有什么样的人。家庭教育涉及很多方面，但最重要的是品德教育，是如何做人的教育。也就是古人说的"爱子，教之以义方"[2]，"爱之不以道，适所以害之也"[3]。青少年是家庭的未来和希望，更是国家的未来和希望。古人都知道，养不教，父之过。家长应该担负起教育后代的责任。家长特别是父母对子女的影响很大，往往可以影响一个人的一生。中国古代流传下来的孟母三迁、岳母刺字、画荻教子讲的就是这样的故事。我从小就看我妈妈给我买的小人书《岳飞传》，有十几本，其中一本就是讲"岳母刺字"，精忠报国在我脑海中留下的印象很深。作为父母和家长，应该把美好的道德观念从小就传递给孩子，引导他们有做人的气节和骨气，帮助他们形成美好心灵，促使他们健康成长，长大后成为对国家和人民有用的人。

广大家庭都要重言传、重身教，教知识、育品德，身体力行、耳濡目染，帮助孩子扣好人生的第一粒扣子，迈好人生的第一个台阶。要在家庭中培育和践行社会主义核心价值观，引导家庭成员特别是下一代热爱党、热爱祖国、热爱人民、热爱中华民族。要积极传播中华民族传统美德，传递尊老爱幼、男女平等、夫妻和睦、勤俭持家、邻里团结的观念，倡导忠诚、责任、亲情、学习、公益的理念，推动人们在为家庭谋幸福、为他人送温暖、为社会作贡献的过程中提高精神境界、培育文明风尚。

第三，希望大家注重家风。家风是社会风气的重要组成部分。家庭不只是人们身体的住处，更是人们心灵的归宿。家风好，就能家道兴盛、和顺美满；家风差，难免殃及子孙、贻害社会，正所谓"积善之家，必有余庆；积不善之家，必有余殃"[4]。诸葛亮诫子格言[5]、颜氏家训[6]、朱子家训[7]等，都是在倡导一种家风。毛泽东、周恩来、朱德同志等老一辈革命家都高度重视家风。我看了很多革命烈士留给子女的遗言，谆谆嘱托，殷殷希望，十分感人。

广大家庭都要弘扬优良家风，以千千万万家庭的好家风支撑起全社会的好风气。特别是各级领导干部要带头抓好家风。《礼记·大学》中说："所谓治国必先齐其家者，其家不可教而能教人者，无之。"领导干部的家风，不仅关系自己的家庭，而且关系党风政风。各级领导干部特别是高级干部要继承和弘扬中华优秀传统文化，继承和弘扬革命前辈的红色家风，向焦裕禄[8]、谷文昌[9]、杨善洲[10]等同志学习，做家风建设的表率，把修身、齐家落到实处。各级领导干部要保持高尚道德情操和健康生活情趣，严格要求亲属子女，过好亲情关，教育他们树立遵纪守法、艰苦朴素、自食其力的良好观念，明白见利忘义、贪赃枉法都是不道德的事情，要为全社会做表率。

今天受到表彰的家庭，要珍惜荣誉、再接再厉，带动全国千千万万个家庭行动起来，共同为促进家庭和睦、亲人相爱、下一代健康成长、老年人老有所养而努力，共同为提高全社会文明程度而努力。

各级党委和政府要充分认识家庭文明建设的重要性，负起领导责任，切实把家庭文明建设摆上议事日程。工会、共青团、妇联等群众团体要结合自身特点，积极组织开展家庭文明建设活动。各方面要满腔热情关心和帮助生活困难的家庭，帮助他们排忧解难。精神文明建设工作部门要发挥统筹、协调、指导、督促作用，动员社会各界广泛参与，推动形成爱国爱家、相亲相爱、向上向善、共建共享的社会主义家庭文明新风尚。

注　释

〔1〕见东汉荀悦《申鉴·政体》。

〔2〕见《左传·隐公三年》。

〔3〕这是北宋司马光《资治通鉴》卷九十六《晋纪十八》中记载的申钟的话。

〔4〕见《周易·文言》。

〔5〕诸葛亮（一八一——二三四），生于东汉，琅邪阳都（今山东沂南南）人。三国时期蜀汉政治家、军事家。诫子格言即《诫子书》，是诸葛亮晚年写给儿子诸葛瞻的一封家书。

〔6〕颜氏家训，是南北朝时期文学家、教育家颜之推所著的家训。

〔7〕朱子家训，亦称《朱子治家格言》，是清代教育家朱用纯所著的家训。

〔8〕见本卷《做焦裕禄式的县委书记》注〔10〕。

〔9〕见本卷《做焦裕禄式的县委书记》注〔12〕。

〔10〕杨善洲（一九二七——二〇一〇），云南施甸人。曾任中共云南保山地委书记等职。一九八八年退休以后，扎根施甸县大亮山兴办林场，带领职工植树造林约五万六千亩。二〇〇九年，把价值超过三亿元的林场经营管理权无偿移交给国家。二〇一一年，被评为第三届"全国道德模范"，被追授"全国优秀共产党员"称号。二〇一八年，被授予改革先锋称号，颁授改革先锋奖章。

牢固树立"四个意识"，
维护党中央权威[*]

（二〇一六年十二月二十六日、二十七日）

党的历史、新中国发展的历史都告诉我们：要治理好我们这个大党、治理好我们这个大国，保证党的团结和集中统一至关重要，维护党中央权威至关重要。维护党中央权威，是中央政治局贯彻执行《关于新形势下党内政治生活的若干准则》、《中国共产党党内监督条例》的重要要求。中央政治局的同志要牢固树立政治意识、大局意识、核心意识、看齐意识，坚持以党的旗帜为旗帜、以党的方向为方向、以党的意志为意志，当政治上的明白人。对党忠诚，关键是要有坚定的理想信念。"四个意识"不是空洞的口号，不能只停留在口头表态上，要切实落实到行动上。大家要以党的基本路线为根本遵循，认真领会和正确把握党的理论和路线方针政策，多从人类发展大潮流、世界变化大格局、中国发展大历史来认识和把握党的基本路线，深刻领会为什么基本路线要长期坚持。

对党忠诚、永不叛党，是党章对党员的基本要求。在

对党忠诚问题上，中央政治局的同志必须纯粹。对党忠诚，不是抽象的而是具体的，不是有条件的而是无条件的，必须体现到对党的信仰的忠诚上，必须体现到对党组织的忠诚上，必须体现到对党的理论和路线方针政策的忠诚上。人民立场是马克思主义政党的根本政治立场，人民是历史进步的真正动力，群众是真正的英雄，人民利益是我们党一切工作的根本出发点和落脚点。中南海要始终直通人民群众，我们要始终把人民群众放在心中脑中。中央政治局的同志必须做到以人民忧乐为忧乐、以人民甘苦为甘苦，牢固树立以人民为中心的发展思想，始终怀着强烈的忧民、爱民、为民、惠民之心，察民情、接地气，倾听群众呼声，反映群众诉求。

党的十八大以来，中央政治局在执行民主集中制方面是做得好的，始终坚持和发展党内民主，特别是通过多种方式、多种渠道扩大了民主，有力推进了科学决策、民主决策、依法决策。中央政治局要继续在坚持民主集中制方面成为全党典范，坚持民主基础上的集中和集中指导下的民主相结合。大家都是这个领导集体的一员，要摆正自己的位置，无论担任什么职务、拥有多大权力都要执行集体作出的决策，无论作什么决定、办什么事情都必须符合大局需要。纪律严明是维护党的团结和集中统一的重要保证。每一个党员对党的政治纪律和政治规矩都要心存敬畏、严格遵守，中央政治局的同志首先应该做到，在指导思想和路线方针政策以及关系全局的重大原则问题上，脑子要特别清醒、立场要特别坚定。要严格执行重大问题请示报告制度，处理好全局和局部关系、中央和地方关系。我们党之所以坚强有力，党管干部原则是很重要的原因，要自觉坚持党管干部原则。

党和国家事业发展，离不开全党脚踏实地、真抓实干。抓工作，是停留在一般性号召还是身体力行，成效大不一样。讲实话、干实事最能检验和锤炼党性。中央政治局的同志要带头崇尚实干、狠抓落实，深入调研、精准发力，让改革发展稳定各项任务落下去，让惠及百姓的各项工作实起来。抓好落实，必须大兴调查研究之风，对真实情况了然于胸。面对新形势新挑战，要发扬斗争精神，既要敢于斗争，又要善于斗争，在事关中国特色社会主义前途命运的大是大非问题上坚定不移，在改革发展稳定工作中敢于碰硬，在全面从严治党上敢于动硬，在维护国家核心利益上敢于针锋相对，不在困难面前低头，不在挑战面前退缩，不拿原则做交易，不在任何压力下吞下损害中华民族根本利益的苦果。

中央政治局要在开展批评和自我批评方面为全党作表率，做勇于自我革命的战士。要坚持实事求是，勇于批评和自我批评，勇于听取不同意见，及时改正错误。批评和自我批评的武器，不仅对下级要敢用，对同级特别是对上级也要敢用。不能职务越高就越说不得、碰不得。批评和自我批评的武器要多用、常用、用够用好，使之成为一种习惯、一种自觉、一种责任。

党要赢得民心，党中央要有权威，必须廉洁。要强化宗旨意识，坚定理想信念和精神追求，端正思想品行，提升道德境界，带头推动党风建设。要求全党做到的，中央政治局的同志首先要做到。要提高廉洁自律意识，在依法用权、正确用权、干净用权中保持廉洁，在守纪律、讲规矩、重名节中做到自律。中央政治局的同志要抵制特权思想，不搞特殊化，加强对亲属子女和身边工作人员的教育管理。

引导好经济全球化走向 *

（二〇一七年一月十七日）

"这是最好的时代，也是最坏的时代"[1]，英国文学家狄更斯曾这样描述工业革命发生后的世界。今天，我们也生活在一个矛盾的世界之中。一方面，物质财富不断积累，科技进步日新月异，人类文明发展到历史最高水平。另一方面，地区冲突频繁发生，恐怖主义、难民潮等全球性挑战此起彼伏，贫困、失业、收入差距拉大，世界面临的不确定性上升。

对此，许多人感到困惑，世界到底怎么了？

要解决这个困惑，首先要找准问题的根源。有一种观点把世界乱象归咎于经济全球化。经济全球化曾经被人们视为阿里巴巴的山洞[2]，现在又被不少人看作潘多拉的盒子[3]。国际社会围绕经济全球化问题展开了广泛讨论。

今天，我想从经济全球化问题切入，谈谈我对世界经济的看法。

我想说的是，困扰世界的很多问题，并不是经济全球

---

* 这是习近平同志在瑞士达沃斯举行的世界经济论坛二〇一七年年会开幕式上的主旨演讲《共担时代责任，共促全球发展》的一部分。

化造成的。比如，过去几年来，源自中东、北非的难民潮牵动全球，数以百万计的民众颠沛流离，甚至不少年幼的孩子在路途中葬身大海，让我们痛心疾首。导致这一问题的原因，是战乱、冲突、地区动荡。解决这一问题的出路，是谋求和平、推动和解、恢复稳定。再比如，国际金融危机[4]也不是经济全球化发展的必然产物，而是金融资本过度逐利、金融监管严重缺失的结果。把困扰世界的问题简单归咎于经济全球化，既不符合事实，也无助于问题解决。

历史地看，经济全球化是社会生产力发展的客观要求和科技进步的必然结果，不是哪些人、哪些国家人为造出来的。经济全球化为世界经济增长提供了强劲动力，促进了商品和资本流动、科技和文明进步、各国人民交往。

当然，我们也要承认，经济全球化是一把"双刃剑"。当世界经济处于下行期的时候，全球经济"蛋糕"不容易做大，甚至变小了，增长和分配、资本和劳动、效率和公平的矛盾就会更加突出，发达国家和发展中国家都会感受到压力和冲击。反全球化的呼声，反映了经济全球化进程的不足，值得我们重视和深思。

"甘瓜抱苦蒂，美枣生荆棘。"[5]从哲学上说，世界上没有十全十美的事物，因为事物存在优点就把它看得完美无缺是不全面的，因为事物存在缺点就把它看得一无是处也是不全面的。经济全球化确实带来了新问题，但我们不能就此把经济全球化一棍子打死，而是要适应和引导好经济全球化，消解经济全球化的负面影响，让它更好惠及每个国家、每个民族。

当年，中国对经济全球化也有过疑虑，对加入世界贸易组织也有过忐忑。但是，我们认为，融入世界经济是历史大方向，中国经济要发展，就要敢于到世界市场的汪洋大海中去游泳，如果永远不敢到大海中去经风雨、见世面，总有一天会在大海中溺水而亡。所以，中国勇敢迈向了世界市场。在这个过程中，我们呛过水，遇到过漩涡，遇到过风浪，但我们在游泳中学会了游泳。这是正确的战略抉择。

世界经济的大海，你要还是不要，都在那儿，是回避不了的。想人为切断各国经济的资金流、技术流、产品流、产业流、人员流，让世界经济的大海退回到一个一个孤立的小湖泊、小河流，是不可能的，也是不符合历史潮流的。

人类历史告诉我们，有问题不可怕，可怕的是不敢直面问题，找不到解决问题的思路。面对经济全球化带来的机遇和挑战，正确的选择是，充分利用一切机遇，合作应对一切挑战，引导好经济全球化走向。

去年年底，我在亚太经合组织^{〔6〕}领导人非正式会议上提出，要让经济全球化进程更有活力、更加包容、更可持续。我们要主动作为、适度管理，让经济全球化的正面效应更多释放出来，实现经济全球化进程再平衡；我们要顺应大势、结合国情，正确选择融入经济全球化的路径和节奏；我们要讲求效率、注重公平，让不同国家、不同阶层、不同人群共享经济全球化的好处。这是我们这个时代的领导者应有的担当，更是各国人民对我们的期待。

当前，最迫切的任务是引领世界经济走出困境。世界经济长期低迷，贫富差距、南北差距问题更加突出。究其根源，是经济领域三大突出矛盾没有得到有效解决。

一是全球增长动能不足，难以支撑世界经济持续稳定增长。世界经济增速处于七年来最低水平，全球贸易增速继续低于经济增速。短期性政策刺激效果不佳，深层次结构性改革尚在推进。世界经济正处在动能转换的换挡期，传统增长引擎对经济的拉动作用减弱，人工智能、3D打印等新技术虽然不断涌现，但新的经济增长点尚未形成。世界经济仍然未能开辟出一条新路。

二是全球经济治理滞后，难以适应世界经济新变化。前不久，拉加德女士告诉我，新兴市场国家和发展中国家对全球经济增长的贡献率已经达到百分之八十。过去数十年，国际经济力量对比深刻演变，而全球治理体系未能反映新格局，代表性和包容性很不够。全球产业布局在不断调整，新的产业链、价值链、供应链日益形成，而贸易和投资规则未能跟上新形势，机制封闭化、规则碎片化十分突出。全球金融市场需要增强抗风险能力，而全球金融治理机制未能适应新需求，难以有效化解国际金融市场频繁动荡、资产泡沫积聚等问题。

三是全球发展失衡，难以满足人们对美好生活的期待。施瓦布先生在《第四次工业革命》一书中写道，第四次工业革命将产生极其广泛而深远的影响，包括会加剧不平等，特别是有可能扩大资本回报和劳动力回报的差距。全球最富有的百分之一人口拥有的财富量超过其余百分之九十九人口财富的总和，收入分配不平等、发展空间不平衡令人担忧。全球仍然有七亿多人口生活在极端贫困之中。对很多家庭而言，拥有温暖住房、充足食物、稳定工作还是一种奢望。这是当今世界面临的最大挑战，也是一些国家社会动荡的重要原因。

这些问题反映出，当今世界经济增长、治理、发展模式存在必须解决的问题。国际红十字会创始人杜楠说过："真正的敌人不是我们的邻国，而是饥饿、贫穷、无知、迷信和偏见。"我们既要有分析问题的智慧，更要有采取行动的勇气。

第一，坚持创新驱动，打造富有活力的增长模式。世界经济面临的根本问题是增长动力不足。创新是引领发展的第一动力。与以往历次工业革命相比，第四次工业革命是以指数级而非线性速度展开。我们必须在创新中寻找出路。只有敢于创新、勇于变革，才能突破世界经济增长和发展的瓶颈。

二十国集团[7]领导人在杭州峰会上达成重要共识，要以创新为重要抓手，挖掘各国和世界经济增长新动力。我们要创新发展理念，超越财政刺激多一点还是货币宽松多一点的争论，树立标本兼治、综合施策的思路。我们要创新政策手段，推进结构性改革，为增长创造空间、增加后劲。我们要创新增长方式，把握好新一轮产业革命、数字经济等带来的机遇，既应对好气候变化、人口老龄化等带来的挑战，也化解掉信息化、自动化等给就业带来的冲击，在培育新产业新业态新模式过程中注意创造新的就业机会，让各国人民重拾信心和希望。

第二，坚持协同联动，打造开放共赢的合作模式。人类已经成为你中有我、我中有你的命运共同体，利益高度融合，彼此相互依存。每个国家都有发展权利，同时都应该在更加广阔的层面考虑自身利益，不能以损害其他国家利益为代价。

我们要坚定不移发展开放型世界经济，在开放中分享机会和利益、实现互利共赢。不能一遇到风浪就退回到港湾中去，那是永远不能到达彼岸的。我们要下大气力发展全球互联互通，让世界各国实现联动增长，走向共同繁荣。我们要坚定不移发展全球自由贸易和投资，在开放中推动贸易和投资自由化便利化，旗帜鲜明反对保护主义。搞保护主义如同把自己关进黑屋子，看似躲过了风吹雨打，但也隔绝了阳光和空气。打贸易战的结果只能是两败俱伤。

第三，坚持与时俱进，打造公正合理的治理模式。小智治事，大智治制。全球经济治理体系变革紧迫性越来越突出，国际社会呼声越来越高。全球治理体系只有适应国际经济格局新要求，才能为全球经济提供有力保障。

国家不分大小、强弱、贫富，都是国际社会平等成员，理应平等参与决策、享受权利、履行义务。要赋予新兴市场国家和发展中国家更多代表性和发言权。二〇一〇年国际货币基金组织份额改革方案[8]已经生效，这一势头应该保持下去。要坚持多边主义，维护多边体制权威性和有效性。要践行承诺、遵守规则，不能按照自己的意愿取舍或选择。《巴黎协定》[9]符合全球发展大方向，成果来之不易，应该共同坚守，不能轻言放弃。这是我们对子孙后代必须担负的责任！

第四，坚持公平包容，打造平衡普惠的发展模式。"大道之行也，天下为公。"〔10〕发展的目的是造福人民。要让发展更加平衡，让发展机会更加均等、发展成果人人共享，就要完善发展理念和模式，提升发展公平性、有效性、协同性。

我们要倡导勤劳俭朴、努力奋进的社会风气，让所有人的劳动成果得到尊重。要着力解决贫困、失业、收入差距拉大等问题，照顾好弱势人群的关切，促进社会公平正义。要保护好生态环境，推动经济、社会、环境协调发展，实现人与自然、人与社会和谐。要落实联合国二〇三〇年可持续发展议程〔11〕，实现全球范围平衡发展。

"积力之所举，则无不胜也；众智之所为，则无不成也。"〔12〕只要我们牢固树立人类命运共同体意识，携手努力、共同担当，同舟共济、共渡难关，就一定能够让世界更美好、让人民更幸福。

注　释

〔1〕见查尔斯·狄更斯《双城记》。

〔2〕阿里巴巴是阿拉伯民间故事集《天方夜谭》中《阿里巴巴与四十大盗》故事的主人公。故事说，一贫如洗的樵夫阿里巴巴无意中发现了强盗集团藏宝的山洞，并获知进入其中的口令，最终获得无尽的财富。人们常用"阿里巴巴的山洞"比喻财富之门。

〔3〕潘多拉是希腊神话中由神创造的第一个女人，因好奇不顾禁忌私自

打开主神宙斯赠予她丈夫的盒子，于是盒里的疾病、疯狂、罪恶、嫉妒等祸患一齐飞出，人间因此充满各种灾祸。人们常用"潘多拉的盒子"比喻灾祸的来源。

〔4〕见本卷《顺应时代前进潮流，促进世界和平发展》注〔1〕。

〔5〕见汉代《古诗二首·甘瓜抱苦蒂》。

〔6〕见本卷《经济工作要适应经济发展新常态》注〔1〕。

〔7〕见本卷《构建创新、活力、联动、包容的世界经济》注〔1〕。

〔8〕二〇一〇年国际货币基金组织份额改革方案，指二〇一六年一月二十六日正式生效的国际货币基金组织二〇一〇年份额和治理改革方案。根据该组织《董事会改革修正案》，约百分之六的份额将向有活力的新兴市场国家和发展中国家转移，中国、巴西、印度和俄罗斯跻身国际货币基金组织股东行列前十名。中国份额占比从百分之三点九九六升至百分之六点三九四，排名从第六位跃居第三位，仅次于美国和日本。

〔9〕《巴黎协定》，这里指《巴黎气候变化协定》。二〇一五年十二月在气候变化巴黎大会上通过，二〇一六年四月在纽约签署。该协定内容共二十九条，对二〇二〇年后全球应对气候变化行动作出了安排。二〇一六年九月三日，中国成为第二十三个完成批准协定的缔约方。

〔10〕见《礼记·礼运》。

〔11〕见本卷《构建创新、活力、联动、包容的世界经济》注〔3〕。

〔12〕见《淮南子·主术训》。

共同构建人类命运共同体[*]

（二〇一七年一月十八日）

尊敬的联合国大会主席汤姆森先生，

尊敬的联合国秘书长古特雷斯先生，

尊敬的联合国日内瓦总部总干事穆勒先生，

女士们，先生们，朋友们：

一元复始，万象更新。很高兴在新年伊始就来到联合国日内瓦总部，同大家一起探讨构建人类命运共同体这一时代命题。

我刚刚出席了世界经济论坛年会。在达沃斯，各方在发言中普遍谈到，当今世界充满不确定性，人们对未来既寄予期待又感到困惑。世界怎么了、我们怎么办？这是整个世界都在思考的问题，也是我一直在思考的问题。

我认为，回答这个问题，首先要弄清楚一个最基本的问题，就是我们从哪里来、现在在哪里、将到哪里去？

回首最近一百多年的历史，人类经历了血腥的热战、冰冷的冷战，也取得了惊人的发展、巨大的进步。上世纪上半叶以前，人类遭受了两次世界大战的劫难，那一代人

---

* 这是习近平同志在联合国日内瓦总部的演讲。

最迫切的愿望，就是免于战争、缔造和平。上世纪五六十年代，殖民地人民普遍觉醒，他们最强劲的呼声，就是摆脱枷锁、争取独立。冷战结束后，各方最殷切的诉求，就是扩大合作、共同发展。

这一百多年全人类的共同愿望，就是和平与发展。然而，这项任务至今远远没有完成。我们要顺应人民呼声，接过历史接力棒，继续在和平与发展的马拉松跑道上奋勇向前。

人类正处在大发展大变革大调整时期。世界多极化、经济全球化深入发展，社会信息化、文化多样化持续推进，新一轮科技革命和产业革命正在孕育成长，各国相互联系、相互依存，全球命运与共、休戚相关，和平力量的上升远远超过战争因素的增长，和平、发展、合作、共赢的时代潮流更加强劲。

同时，人类也正处在一个挑战层出不穷、风险日益增多的时代。世界经济增长乏力，金融危机[1]阴云不散，发展鸿沟日益突出，兵戎相见时有发生，冷战思维和强权政治阴魂不散，恐怖主义、难民危机、重大传染性疾病、气候变化等非传统安全威胁持续蔓延。

宇宙只有一个地球，人类共有一个家园。霍金[2]先生提出关于"平行宇宙"的猜想，希望在地球之外找到第二个人类得以安身立命的星球。这个愿望什么时候才能实现还是个未知数。到目前为止，地球是人类唯一赖以生存的家园，珍爱和呵护地球是人类的唯一选择。瑞士联邦大厦穹顶上刻着拉丁文铭文"人人为我，我为人人"。我们要为当代人着想，还要为子孙后代负责。

女士们、先生们、朋友们！

让和平的薪火代代相传，让发展的动力源源不断，让文明的光芒熠熠生辉，是各国人民的期待，也是我们这一代政治家应有的担当。中国方案是：构建人类命运共同体，实现共赢共享。

理念引领行动，方向决定出路。纵观近代以来的历史，建立公正合理的国际秩序是人类孜孜以求的目标。从三百六十多年前《威斯特伐利亚和约》[3]确立的平等和主权原则，到一百五十多年前日内瓦公约[4]确立的国际人道主义精神；从七十多年前联合国宪章明确的四大宗旨和七项原则，到六十多年前万隆会议[5]倡导的和平共处五项原则[6]，国际关系演变积累了一系列公认的原则。这些原则应该成为构建人类命运共同体的基本遵循。

主权平等，是数百年来国与国规范彼此关系最重要的准则，也是联合国及所有机构、组织共同遵循的首要原则。主权平等，真谛在于国家不分大小、强弱、贫富，主权和尊严必须得到尊重，内政不容干涉，都有权自主选择社会制度和发展道路。在联合国、世界贸易组织、世界卫生组织、世界知识产权组织、世界气象组织、国际电信联盟、万国邮政联盟、国际移民组织、国际劳工组织等机构，各国平等参与决策，构成了完善全球治理的重要力量。新形势下，我们要坚持主权平等，推动各国权利平等、机会平等、规则平等。

日内瓦见证了印度支那和平问题最后宣言[7]的通过，

见证了冷战期间两大对峙阵营国家领导人首次和解会议，见证了伊朗核、叙利亚等热点问题对话和谈判。历史和现实给我们的启迪是：沟通协商是化解分歧的有效之策，政治谈判是解决冲突的根本之道。只要怀有真诚愿望，秉持足够善意，展现政治智慧，再大的冲突都能化解，再厚的坚冰都能打破。

"法者，治之端也"[8]。在日内瓦，各国以联合国宪章为基础，就政治安全、贸易发展、社会人权、科技卫生、劳工产权、文化体育等领域达成了一系列国际公约和法律文书。法律的生命在于付诸实施，各国有责任维护国际法治权威，依法行使权利，善意履行义务。法律的生命也在于公平正义，各国和国际司法机构应该确保国际法平等统一适用，不能搞双重标准，不能"合则用、不合则弃"，真正做到"无偏无党，王道荡荡"[9]。

"海纳百川，有容乃大。"[10]开放包容，筑就了日内瓦多边外交大舞台。我们要推进国际关系民主化，不能搞"一国独霸"或"几方共治"。世界命运应该由各国共同掌握，国际规则应该由各国共同书写，全球事务应该由各国共同治理，发展成果应该由各国共同分享。

一八六二年，杜楠先生在《沙斐利洛的回忆》中追问：能否成立人道主义组织？能否制定人道主义公约？"杜楠之问"很快有了答案，次年，红十字国际委员会应运而生。经过一百五十多年发展，红十字成为一种精神、一面旗帜。面对频发的人道主义危机，我们应该弘扬人道、博爱、奉献的精神，为身陷困境的无辜百姓送去关爱，送去希望；应该秉承中立、公正、独立的基本原则，避免人道主义问题政治化，坚持人道主义援助非军事化。

女士们、先生们、朋友们！

大道至简，实干为要。构建人类命运共同体，关键在行动。我认为，国际社会要从伙伴关系、安全格局、经济发展、文明交流、生态建设等方面作出努力。

——坚持对话协商，建设一个持久和平的世界。国家和，则世界安；国家斗，则世界乱。从公元前的伯罗奔尼撒战争[11]到两次世界大战，再到延续四十余年的冷战，教训惨痛而深刻。"前事不忘，后事之师。"[12]我们的先辈建立了联合国，为世界赢得七十余年相对和平。我们要完善机制和手段，更好化解纷争和矛盾、消弭战乱和冲突。

瑞士作家、诺贝尔文学奖获得者黑塞说："不应为战争和毁灭效劳，而应为和平与谅解服务。"国家之间要构建对话不对抗、结伴不结盟的伙伴关系。大国要尊重彼此核心利益和重大关切，管控矛盾分歧，努力构建不冲突不对抗、相互尊重、合作共赢的新型关系。只要坚持沟通、真诚相处，"修昔底德陷阱"就可以避免。大国对小国要平等相待，不搞唯我独尊、强买强卖的霸道。任何国家都不能随意发动战争，不能破坏国际法治，不能打开潘多拉的盒子[13]。核武器是悬在人类头上的"达摩克利斯之剑"[14]，应该全面禁止并最终彻底销毁，实现无核世界。要秉持和平、主权、普惠、共治原则，把深海、极地、外空、互联网等领域打造成各方合作的新疆域，而不是相互博弈的竞技场。

——坚持共建共享，建设一个普遍安全的世界。世上没有绝对安全的世外桃源，一国的安全不能建立在别国的动荡之上，他国的威胁也可能成为本国的挑战。邻居出了问题，不能光想着扎好自家篱笆，而应该去帮一把。"单则易折，众则难摧。"[15]各方应该树立共同、综合、合作、可持续的安全观。

近年来，在欧洲、北非、中东发生的恐怖袭击事件再次表明，恐怖主义是人类公敌。反恐是各国共同义务，既要治标，更要治本。要加强协调，建立全球反恐统一战线，为各国人民撑起安全伞。当前，难民数量已经创下第二次世界大战结束以来的历史纪录。危机需要应对，根源值得深思。如果不是有家难归，谁会颠沛流离？联合国难民署、国际移民组织等要发挥统筹协调作用，动员全球力量有效应对。中国决定提供二亿元人民币新的人道主义援助，用于帮助叙利亚难民和流离失所者。恐怖主义、难民危机等问题都同地缘冲突密切相关，化解冲突是根本之策。当事各方要通过协商谈判，其他各方应该积极劝和促谈，尊重联合国发挥斡旋主渠道作用。禽流感、埃博拉、寨卡等疫情不断给国际卫生安全敲响警钟。世界卫生组织要发挥引领作用，加强疫情监测、信息沟通、经验交流、技术分享。国际社会应该加大对非洲等发展中国家卫生事业的支持和援助。

——坚持合作共赢，建设一个共同繁荣的世界。发展是第一要务，适用于各国。各国要同舟共济，而不是以邻为壑。各国特别是主要经济体要加强宏观政策协调，兼顾当前和长远，着力解决深层次问题。要抓住新一轮科技革命和产业变革的历史性机遇，转变经济发展方式，坚持创新驱动，进一步发展社会生产力、释放社会创造力。要维护世界贸易组织规则，支持开放、透明、包容、非歧视性的多边贸易体制，构建开放型世界经济。如果搞贸易保护主义、画地为牢，损人不利己。

经济全球化是历史大势，促成了贸易大繁荣、投资大便利、人员大流动、技术大发展。本世纪初以来，在联合国主导下，借助经济全球化，国际社会制定和实施了千年发展目标[16]和二〇三〇年可持续发展议程[17]，推动十一亿人口脱贫，十九亿人口获得安全饮用水，三十五亿人口用上互联网等，还将在二〇三〇年实现零贫困。这充分说明，经济全球化的大方向是正确的。当然，发展失衡、治理困境、数字鸿沟、公平赤字等问题也客观存在。这些是前进中的问题，我们要正视并设法解决，但不能因噎废食。

我们要从历史中汲取智慧。历史学家早就断言，经济快速发展使社会变革成为必需，经济发展易获支持，而社会变革常遭抵制。我们不能因此踟蹰不前，而要砥砺前行。我们也要从现实中寻找答案。二〇〇八年爆发的国际金融危机启示我们，引导经济全球化健康发展，需要加强协调、完善治理，推动建设一个开放、包容、普惠、平衡、共赢的经济全球化，既要做大"蛋糕"，更要分好"蛋糕"，着力解决公平公正问题。

去年九月，二十国集团[18]领导人杭州峰会聚焦全球经济治理等重大问题，通过《创新增长蓝图》，首次将发展问题纳入全球宏观政策框架，并制定了行动计划。

——坚持交流互鉴，建设一个开放包容的世界。"和羹之美，在于合异。"[19]人类文明多样性是世界的基本特征，也是人类进步的源泉。世界上有二百多个国家和地区、二千五百多个民族、多种宗教。不同历史和国情，不同民族和习俗，孕育了不同文明，使世界更加丰富多彩。文明没有高下、优劣之分，只有特色、地域之别。文明差异不应该成为世界冲突的根源，而应该成为人类文明进步的动力。

每种文明都有其独特魅力和深厚底蕴，都是人类的精神瑰宝。不同文明要取长补短、共同进步，让文明交流互鉴成为推动人类社会进步的动力、维护世界和平的纽带。

——坚持绿色低碳，建设一个清洁美丽的世界。人与自然共生共存，伤害自然最终将伤及人类。空气、水、土壤、蓝天等自然资源用之不觉、失之难续。工业化创造了前所未有的物质财富，也产生了难以弥补的生态创伤。我们不能吃祖宗饭、断子孙路，用破坏性方式搞发展。绿水青山就是金山银山。我们应该遵循天人合一、道法自然的理念，寻求永续发展之路。

我们要倡导绿色、低碳、循环、可持续的生产生活方式，平衡推进二〇三〇年可持续发展议程，不断开拓生产发展、生活富裕、生态良好的文明发展道路。《巴黎协定》[20]的达成是全球气候治理史上的里程碑。我们不能让这一成果付诸东流。各方要共同推动协定实施。中国将继续采取行动应对气候变化，百分之百承担自己的义务。

瑞士军刀是瑞士"工匠精神"的产物。我第一次得到一把瑞士军刀时，我就很佩服人们能赋予它那么多功能。我想，如果我们能为我们这个世界打造一把精巧的瑞士军刀就好了，人类遇到了什么问题，就用其中一个工具来解决它。我相信，只要国际社会不懈努力，这样一把瑞士军刀是可以打造出来的。

女士们、先生们、朋友们！

中国人始终认为，世界好，中国才能好；中国好，世界才更好。面向未来，很多人关心中国的政策走向，国际社会也有很多议论。在这里，我给大家一个明确的回答。

第一，中国维护世界和平的决心不会改变。中华文明历来崇尚"以和邦国"〔21〕、"和而不同"〔22〕、"以和为贵"〔23〕。中国《孙子兵法》是一部著名兵书，但其第一句话就讲："兵者，国之大事，死生之地，存亡之道，不可不察也"，其要义是慎战、不战。几千年来，和平融入了中华民族的血脉中，刻进了中国人民的基因里。

数百年前，即使中国强盛到国内生产总值占世界百分之三十的时候，也从未对外侵略扩张。一八四〇年鸦片战争后的一百多年里，中国频遭侵略和蹂躏之害，饱受战祸和动乱之苦。孔子说，己所不欲，勿施于人〔24〕。中国人民深信，只有和平安宁才能繁荣发展。

中国从一个积贫积弱的国家发展成为世界第二大经济

体，靠的不是对外军事扩张和殖民掠夺，而是人民勤劳、维护和平。中国将始终不渝走和平发展道路。无论中国发展到哪一步，中国永不称霸、永不扩张、永不谋求势力范围。历史已经并将继续证明这一点。

第二，中国促进共同发展的决心不会改变。中国有句古语叫"落其实者思其树，饮其流者怀其源"[25]。中国发展得益于国际社会，中国也为全球发展作出了贡献。中国将继续奉行互利共赢的开放战略，将自身发展机遇同世界各国分享，欢迎各国搭乘中国发展的"顺风车"。

一九五○年至二○一六年，中国累计对外提供援款四千多亿元人民币，今后将继续在力所能及的范围内加大对外帮扶。国际金融危机爆发以来，中国经济增长对世界经济增长的贡献率年均在百分之三十以上。未来五年，中国将进口八万亿美元的商品，吸收六千亿美元的外来投资，中国对外投资总额将达到七千五百亿美元，出境旅游将达到七亿人次。这将为世界各国发展带来更多机遇。

中国坚持走符合本国国情的发展道路，始终把人民权利放在首位，不断促进和保护人权。中国解决了十三亿多人口的温饱问题，让七亿多人口摆脱贫困，这是对世界人权事业的重大贡献。

我提出"一带一路"倡议，就是要实现共赢共享发展。目前，已经有一百多个国家和国际组织积极响应支持，一大批早期收获项目落地开花。中国支持建设好亚洲基础设施投资银行[26]等新型多边金融机构，为国际社会提供更多公共产品。

　　第三，中国打造伙伴关系的决心不会改变。中国坚持独立自主的和平外交政策，在和平共处五项原则基础上同所有国家发展友好合作。中国率先把建立伙伴关系确定为国家间交往的指导原则，同九十多个国家和区域组织建立了不同形式的伙伴关系。中国将进一步联结遍布全球的"朋友圈"。

　　中国将努力构建总体稳定、均衡发展的大国关系框架，积极同美国发展新型大国关系，同俄罗斯发展全面战略协作伙伴关系，同欧洲发展和平、增长、改革、文明伙伴关系，同金砖国家[27]发展团结合作的伙伴关系。中国将继续坚持正确义利观，深化同发展中国家务实合作，实现同呼吸、共命运、齐发展。中国将按照亲诚惠容理念同周边国家深化互利合作，秉持真实亲诚对非政策理念同非洲国家共谋发展，推动中拉全面合作伙伴关系实现新发展。

　　第四，中国支持多边主义的决心不会改变。多边主义是维护和平、促进发展的有效路径。长期以来，联合国等国际机构做了大量工作，为维护世界总体和平、持续发展的态势作出了有目共睹的贡献。

　　中国是联合国创始成员国，是第一个在联合国宪章上签字的国家。中国将坚定维护以联合国为核心的国际体系，坚定维护以联合国宪章宗旨和原则为基石的国际关系基本准则，坚定维护联合国权威和地位，坚定维护联合国在国际事务中的核心作用。

　　中国—联合国和平与发展基金[28]已经正式投入运营，中国将把资金优先用于联合国及日内瓦相关国际机构提出的和平与发展项目。随着中国持续发展，中国支持多边主义的力度也将越来越大。

女士们、先生们、朋友们！

对中国来讲，日内瓦具有一份特殊的记忆和情感。一九五四年，周恩来总理率团出席日内瓦会议，同苏联、美国、英国、法国等共同讨论政治解决朝鲜问题和印度支那停战问题，展现和平精神，为世界和平贡献了中国智慧。一九七一年，中国恢复在联合国的合法席位、重返日内瓦国际机构后，逐步参与裁军、经贸、人权、社会等各领域事务，为重大问题解决和重要规则制定提供了中国方案。近年来，中国积极参与伊朗核、叙利亚等热点问题的对话和谈判，为推动政治解决作出了中国贡献。中国先后成功向国际奥委会申办夏季和冬季两届奥运会和残奥会，中国十多项世界自然遗产和文化自然双重遗产[29]申请得到世界自然保护联盟支持，呈现了中国精彩。

女士们、先生们、朋友们！

中国古人说："善学者尽其理，善行者究其难。"[30]构建人类命运共同体是一个美好的目标，也是一个需要一代又一代人接力跑才能实现的目标。中国愿同广大成员国、国际组织和机构一道，共同推进构建人类命运共同体的伟大进程。

一月二十八日，中国人民将迎来农历丁酉新年，也就是鸡年春节。鸡年寓意光明和吉祥。"金鸡一唱千门晓。"我祝大家新春快乐、万事如意！

谢谢大家。

注　释

〔1〕金融危机，这里指二○○八年发生的国际金融危机。见本卷《顺应时代前进潮流，促进世界和平发展》注〔1〕。

〔2〕霍金，即斯蒂芬·威廉·霍金（一九四二——二〇一八），英国物理学家。主要著作有《时间简史》等。

〔3〕《威斯特伐利亚和约》，指一六四八年十月在德意志威斯特伐利亚地区签订的结束欧洲三十年战争的和约。和约规定德意志境内基督教新教（路德宗、加尔文宗）和旧教（天主教）地位平等，各邦诸侯在其领地内享有内政、外交自主权；承认国家主权平等原则，所有参加国享有领土权和统治权，欧洲各国无论大小、不分宗教信仰和国家制度形式一律平等。

〔4〕一百五十多年前日内瓦公约，指一八六四年八月，瑞士、法国、意大利、西班牙等国家在日内瓦签署的《改善战地武装部队伤者境遇的公约》。作为第一个关于保护战争受难者的国际法文件，公约的签署标志着国际人道主义法的诞生。

〔5〕万隆会议，即第一次亚非会议，一九五五年四月十八日至二十四日在印度尼西亚万隆举行。参加会议的有缅甸、锡兰（今斯里兰卡）、印度、印度尼西亚和巴基斯坦五个发起国，以及阿富汗、柬埔寨、中华人民共和国、埃及等，共二十九个亚非国家。会议广泛讨论了民族主权、反殖民主义斗争、世界和平以及与会国之间的经济文化合作等问题，发表了《亚非会议最后公报》。会议在和平共处五项原则基础上，提出处理国家间关系的十项原则，为推动国际关系朝着正确方向发展，推动亚非合作、南南合作，促进南北合作，发挥了重大历史性作用。

〔6〕见本卷《坚持和运用好毛泽东思想活的灵魂》注〔8〕。

〔7〕印度支那和平问题最后宣言，指一九五四年四月二十六日至七月二十一日在瑞士日内瓦举行的国际会议通过的关于恢复印度支那和平问题的《日内瓦会议最后宣言》。

〔8〕见《荀子·君道》。

〔9〕见《尚书·洪范》。

〔10〕这句话出自清代林则徐题写的一副自勉联。原文是："海纳百川有容乃大，壁立千仞无欲则刚。"

〔11〕伯罗奔尼撒战争，这里指公元前四三一年至公元前四〇四年，古希腊以斯巴达为首的伯罗奔尼撒同盟与雅典及其同盟者之间争夺希腊地区霸权的战争，雅典战败。

〔12〕参见《战国策·赵策一》。原文是："前事之不忘，后事之师。"

〔13〕见本卷《引导好经济全球化走向》注〔3〕。

〔14〕达摩克利斯是古希腊传说中叙拉古城邦僭主狄奥尼修斯的宠臣，常说帝王多福。于是狄奥尼修斯请他赴宴，让他坐在自己的宝座上，并用一根马鬃将一把利剑悬挂在他的头上，让他知道帝王的忧患。人们常用"达摩克利斯之剑"比喻随时都可能出现的灾难。

〔15〕参见南北朝时期魏收《魏书·吐谷浑传》。原文是："单者易折，众则难摧。"

〔16〕二〇〇〇年九月，联合国千年首脑会议在美国纽约联合国总部举行。会议通过的《联合国千年宣言》，为人类发展制定了消除极端贫穷和饥饿、普及初等教育、促进两性平等并赋予妇女权利等一系列具体指标，统称"千年发展目标"，涉及经济、社会、环境等八个领域，每个领域又包括若干具体指标，多数指标以一九九〇年为基准年、二〇一五年为完成时限。

〔17〕见本卷《构建创新、活力、联动、包容的世界经济》注〔3〕。

〔18〕见本卷《构建创新、活力、联动、包容的世界经济》注〔1〕。

〔19〕见西晋陈寿《三国志·夏侯玄传》。

〔20〕见本卷《引导好经济全球化走向》注〔9〕。

〔21〕见《周礼·大宰》。

〔22〕见《论语·子路》。

〔23〕这是《论语·学而》中孔子的弟子有子说的话。原文是："礼之用，和为贵。"

〔24〕见《论语·颜渊》。

〔25〕见南北朝时期庾信《徵调曲六首（其六）》。

〔26〕见本卷《坚持亲诚惠容的周边外交理念》注〔1〕。

〔27〕金砖国家，指中国、俄罗斯、印度、巴西、南非。二〇〇三年，美

国高盛公司在其全球经济报告《与 BRICs 一起梦想：通往二〇五〇年之路》中提出 BRICs 的概念，由巴西（Brazil）、俄罗斯（Russia）、印度（India）、中国（China）的英文名称第一个字母组成，作为四个发展潜力较好的新兴市场国家的代称。因 BRICs 拼写和发音同"砖"的英文单词 BRICKS（复数形式）相近，中文译为"金砖四国"。因四国间具有许多共同特点，二〇〇六年九月联合国大会期间，四国举行首次外长会晤，正式建立合作机制。二〇〇九年六月，四国领导人在俄罗斯叶卡捷琳堡举行首次会晤，合作机制升格为领导人峰会。二〇一〇年十二月，南非（South Africa）正式加入合作机制，金砖国家扩大到五国，英文名称为 BRICS。金砖国家在国际合作中发挥着独特作用，影响力日益扩大。

〔28〕二〇一五年九月，习近平在第七十届联合国大会一般性辩论时的讲话中宣布设立为期十年、总额十亿美元的中国—联合国和平与发展基金，支持联合国工作，促进多边合作事业。二〇二〇年九月，习近平在第七十五届联合国大会一般性辩论上的讲话中宣布，基金将在二〇二五年到期后延期五年。二〇二二年六月，习近平在全球发展高层对话会上宣布，中国将加大对这一基金的投入，支持开展全球发展倡议合作。

〔29〕这里的世界自然遗产是：黄龙风景名胜区、九寨沟风景名胜区、武陵源风景名胜区、云南三江并流保护区、四川大熊猫栖息地、中国南方喀斯特、三清山风景名胜区、中国丹霞、澄江化石地、新疆天山、湖北神农架；这里的文化自然双重遗产是：泰山、黄山、峨眉山—乐山大佛风景区、武夷山。二〇一七年一月后，又新增青海可可西里、梵净山、中国黄（渤）海候鸟栖息地（第一期）三项世界自然遗产。

〔30〕见《荀子·大略》。

党必须勇于自我革命 *

（二〇一七年二月十三日）

勇于自我革命，是我们党最鲜明的品格，也是我们党最大的优势。中国共产党的伟大不在于不犯错误，而在于从不讳疾忌医，敢于直面问题，勇于自我革命，具有极强的自我修复能力。

我在去年底全国政协新年茶话会上讲了发扬将革命进行到底精神的问题，这是有深入考虑的。我们党作为一个具有九十五年多历史、执政六十七年多的马克思主义政党，如何始终保持革命精神是一个十分重大而又必须解决好的课题。对这个问题，我们党始终是高度重视的。一九四九年三月，全国革命胜利前夕，毛主席在七届二中全会上提出"两个务必"[1]，强调"中国的革命是伟大的，但革命以后的路程更长，工作更伟大，更艰苦"[2]，就是要求全党继续保持和发扬革命精神。改革开放以后，邓小平同志强调要"发扬革命和拚命精神"[3]。我们千万不能在一片喝彩声、赞扬声中失去了革命精神，逐渐进入

---

* 这是习近平同志在省部级主要领导干部学习贯彻党的十八届六中全会精神专题研讨班上讲话的一部分。

一种安于现状、不思进取、不敢斗争、贪图享乐的状态。如果那样，对我们党来说就是极大的危险。不忘初心，继续前进，就包含着不忘革命精神这个重大命题。

一个马克思主义政党，要保持先进性和纯洁性，实现崇高使命，必须"以补过为心，以求过为急，以能改其过为善，以得闻其过为明"[4]，一刻不放松地解决自身存在的问题，始终跟上时代、实践、人民的要求。我们党为什么能够在现代中国各种政治力量的反复较量中脱颖而出？为什么能够始终走在时代前列、成为中国人民和中华民族的主心骨？根本原因在于我们党始终保持了自我革命精神，保持了承认并改正错误的勇气，一次次拿起手术刀来革除自身的病症，一次次靠自己解决了自身问题。这种能力既是我们党区别于世界上其他政党的显著标志，也是我们党长盛不衰的重要原因所在。

我们党之所以有自我革命的勇气，是因为我们党除了国家、民族、人民的利益，没有任何自己的特殊利益。毛主席说："共产党员是一种特别的人，他们完全不谋私利，而只为民族与人民求福利。他们生根于人民之中，他们是人民的儿子，又是人民的教师，他们每时每刻地总是警戒着不要脱离群众，他们不论遇着何事，总是以群众的利益为考虑问题的出发点，因此他们就能获得广大人民群众的衷心拥护，这就是他们的事业必然获得胜利的根据。"[5]"无私者，可置以为政。"[6]"不私，而天下自公。"[7]不谋私利才能谋根本、谋大利，才能从党的性质和根本宗旨出发，从人民根本利益出发，检视自己；才能不掩饰缺点、不回避问题、不文过饰非，有缺点克服缺点，有问题解决问题，有错误承认并纠正错误。

党的十八大以后，我们提出全面从严治党，以敢于刀刃向内的勇气向党内顽瘴痼疾开刀，以一抓到底的钉钉子精神把管党治党要求落实落细，都贯穿着强烈的自我革命精神，体现了我们党自我革命的决心和意志。现在，世人惊叹中国理论创新、实践创新、制度创新步伐之快，惊叹中国社会面貌变化之大，要看到在这些发展变化背后是我们党永不自满、永不懈怠的品格，是我们党不断自我净化、自我完善、自我革新、自我提高的精神。

现在，世情国情党情深刻变化，我们党面临的挑战和风险更加复杂，面临的"四大考验"、"四种危险"更加严峻。任务越繁重，风险考验越大，越要发扬自我革命精神。在这种情况下，有没有强烈的自我革命精神，有没有自我净化的过硬特质，能不能坚持不懈同自身存在的问题和错误作斗争，就成为决定党兴衰成败的关键因素。

我们党拥有近八千九百万名党员、四百四十多万个基层党组织，是世界第一大党。这么大一个党，处在执政地位、掌控执政资源，很容易在执政业绩光环的照耀下，出现忽略自身不足、忽视自身问题的现象，陷入"革别人命容易，革自己命难"的境地。没有什么外力能够打倒我们，能够打倒我们的只有我们自己。前途命运都掌握在自己手上。要兴党强党，保证党永葆生机活力，就必须实事求是认识和把握自己，以勇于自我革命精神打造和锤炼自己。

　　坚持自我革命精神，关键要有正视问题的自觉和刀刃向内的勇气。"天下之患，莫大于不知其然而然。"〔8〕自我革命本身就是对着问题去的，讳疾忌医是自我革命的天敌。无论什么时候，问题总是客观存在的，怕就怕对问题熟视无睹、视而不见，结果小问题变成大问题，小管涌演变为大塌方。只有努力在革故鼎新、守正出新中实现自身跨越，才能不断给党和人民事业注入生机活力。

　　有些人迷恋西方多党轮替、三权鼎立那一套，认为一党执政无法解决自身存在的问题。实际上，纵观各国政党，真正像中国共产党这样能够始终如一正视自身问题，能够形成一整套自我约束的制度规范体系，能够严肃惩处党内一大批腐化变质分子的，可以说少之又少。

　　各级党委要对照党章和党纪党规，对照党的理论和路线方针政策，以"君子检身，常若有过"〔9〕的态度来发现自身的不足和短板，并进行由浅入深、由表及里的分析，做到知耻而后勇、知止而后定。对那些影响党的先进性和纯洁性的问题，对那些党内政治生活和党内监督方面存在的问题，对那些人民群众反映强烈的突出问题，必须拿出义无反顾、动真碰硬的勇气去解决，以永远在路上的劲头去解决，以实际成效取信于民。

注　　释

〔1〕见本卷《必须准备进行具有许多新的历史特点的伟大斗争》注〔2〕。

〔2〕见毛泽东《在中国共产党第七届中央委员会第二次全体会议上的报告》(《毛泽东选集》第4卷，人民出版社1991年版，第1438页)。

〔3〕见邓小平《贯彻调整方针，保证安定团结》(《邓小平文选》第2卷，人民出版社1994年版，第368页)。

〔4〕见唐代陆贽《奉天请数对群臣兼许令论事状》。

〔5〕见毛泽东《中共中央为抗战六周年纪念宣言》(《毛泽东文集》第3卷，人民出版社1996年版，第47页)。

〔6〕见《管子·牧民》。

〔7〕见东汉马融《忠经·广至理章》。

〔8〕见北宋苏轼《策略一》。

〔9〕见《亢仓子·训道篇》。

高起点高标准高水平
规划建设雄安新区[*]

（二〇一七年二月二十三日）

党中央决定规划建设雄安新区，大的背景就是京津冀协同发展。推进京津冀协同发展是党的十八大以来党中央作出的重大战略部署，同"一带一路"建设、长江经济带发展一起作为新形势下国家三大战略。二〇一六年三月和五月，中央政治局常委会会议、中央政治局会议审议北京城市副中心和河北雄安新区规划建设有关工作时，我强调，规划建设北京城市副中心和雄安新区是推进京津冀协同发展的两项战略举措，是历史性的战略选择，是千年大计、国家大事，要坚持用最先进的理念和国际一流水准规划设计建设，经得起历史检验。

规划建设雄安新区是具有重大历史意义的战略选择，是疏解北京非首都功能、推进京津冀协同发展的历史性工程，对探索人口密集地区优化开发模式、调整优化京津冀城市布局和空间结构、培育全国创新驱动发展新引擎具有

---

* 这是习近平同志在河北安新召开的河北雄安新区规划建设工作座谈会上讲话的主要部分。

重大现实意义和深远历史意义。

从国际经验看，解决"大城市病"问题，很多都用"跳出去"建新城的方法。从我国经验看，改革开放以来，我们通过建设深圳经济特区和浦东新区，有力推动了珠三角、长三角地区发展。在北京中心城区之外规划建设北京城市副中心和河北雄安新区，将形成北京新的两翼，拓展区域发展新空间。同时，这也形成了河北的两翼，一翼是以二〇二二年北京冬奥会和冬残奥会为契机推进张北地区建设，另一翼就是雄安新区。大家要统一思想、提高认识，用大历史观来看待这件事情。

目前，新区选址、规划、筹备工作已取得阶段性成效。总体感觉，新区选址处于京津保腹地，区位优势明显，交通便捷通畅，土地水利环境地质支撑条件优良，具有充裕的发展空间，是集中承接北京非首都功能疏解的首选之地。涵盖白洋淀生态修复、交通、新型城镇化等十九个专项规划和二十四个专题研究均取得阶段性进展，起步区规划和控制性详细规划已形成初稿，规划思路特别是"绿色生态宜居新城区、创新驱动发展引领区、协调发展示范区、开放发展先行区"的战略定位，总体符合党中央要求、契合河北实际。河北在管控、建设资金筹措、征拆安置准备等方面做了大量工作，为新区建设做了充分准备。

关于雄安新区规划设计建设，总的要求是高起点、高标准、高水平。这里，我重点强调几点。

第一，用先进的理念和国际一流的水准规划设计建设。雄安新区将是我们留给子孙后代的历史遗产，必须坚持"世界眼光、国际标准、中国特色、高点定位"理念，努力打造贯彻新发展理念的创新发展示范区。要坚持以人民为中心，从市民需要出发，做到疏密有度、绿色低碳、返璞归真，提供宜居的环境、优质的公共服务，有效吸引北京人口和功能疏解转移。要把握空间均衡，统筹生产、生活、生态三大布局，使生产、生活、教育、医疗等有机衔接，建设便利快捷的城市交通，逐步实现工作生活一体。要注重文化传承，体现我国传统经典建筑元素，同时要结合区域文化、历史传承、时代要求，打造城市特色风貌。

我特别强调，雄安新区紧邻白洋淀这个"华北之肾"，既要利用白洋淀自然生态优势，又要坚决做好白洋淀生态环境保护工作。要坚持生态优先、绿色发展，划定开发边界和生态红线，实现两线合一，着力建设绿色、森林、智慧、水城一体的新区。

第二，坚持高标准高质量组织规划编制。要坚持先谋后动、规划引领，借鉴国际经验，高标准编制新区总体规划和起步区规划、控制性详细规划、白洋淀生态环境治理和保护等相关规划，完善新区经济社会发展、交通体系、新型城镇化、土地利用等专项规划体系，在新区开展"多规合一"。要组织国内国际一流规划人才进行城市设计，规划好再开工建设，不留历史遗憾。要细致严谨做好单体建筑设计，特别是细节设计，建成标杆工程，成为今后城市建设的典范。规划定了就要严格执行，确保一张蓝图干到底。雄安新区规划还要加强同保定、廊坊、沧州等周边地区相关规划的衔接，促进合理分工、科学布局、错位发展。

第三，有计划分步骤推动新区建设。建设雄安新区是一项历史性工程，一定要保持历史耐心，有"功成不必在我"的精神境界。如果说前期工作是以谋划筹备为主，接下来规划批准后就将转入建设实施阶段，要尊重城市开发建设规律，合理把握开发节奏，稳扎稳打，一茬接着一茬干。要加强统筹推进力度，有序推进起步区土地整体预征、启动区征迁、重点片区安置房建设、交通生态工程等重大项目建设，平行启动一批重点功能疏解项目，力争基础设施建设和功能承接同步推动、早见成效。在新区建设初期，要选择特定区域作为启动区优先开发，加大投入和开发力度，形成集聚和承载能力，发挥示范带动作用。在新区发展中期，要实行科学管控措施，设置更高标准的落户门槛，实现均衡发展。要划定管控边界和开发红线，加强各功能组团土地用途及开发强度管制，实现土地集约节约利用，避免城市规模过度扩张，坚决防止形成新的"摊大饼"。新区所有项目都要经过科学论证评估，严格把控入区产业，严禁大规模开发房地产，严禁违规建设，避免社会投资借机炒作、抬高建设成本。要加强京津保三角地带管控，严格控制新区周边更大范围区域建设规模，加大造林和湿地恢复力度，统筹推进新区和周边地区城乡协调发展。要做好搬迁群众思想工作，解决好搬迁腾退中的实际问题，维护群众利益，为新区建设营造良好环境和氛围。

第四，推进体制机制改革创新。深圳经济特区从当年一个小渔村发展到今天这样的程度，除了中央和各有关方面大力支持外，更多是靠改革创新。雄安新区现在还是一张白纸，受到各方面利益牵绊较少，要发扬改革创新精神，建立体制机制新高地。要深化行政机制改革，科学设置管理机构，整合行政资源，建立精简、高效、统一的新区管理机构，赋予新区充分管理权限，提高服务效率。要运用市场化办法筹措建设资金，做好投融资平台组建工作，探索多种融资渠道，为项目建设和征迁提供资金保障。要强化政策创新和储备，在土地、财政、金融、投资等方面加强政策研究，鼓励探索创新。一些改革事项可以在新区先行先试，取得成效后再逐步推广。要发挥市场在资源配置中的决定性作用和更好发挥政府作用，推进简政放权、放管结合、优化服务，激发市场活力。要适应经济发展新常态，探寻经济发展新模式，培育经济发展新亮点，趟出一条新路来。

第五，统筹区域协调发展。雄安新区光靠自己闷头干是发展不起来的，在起步之初就要注重加强同北京、天津、石家庄、保定等城市的融合发展，特别要同北京中心城区、城市副中心在功能上有所分工，实现错位发展。雄安新区不同于一般意义上的新区，其定位首先是疏解北京非首都功能集中承载地，重点承接北京疏解出的行政事业单位、总部企业、金融机构、高等院校、科研院所等，不符合条件的坚决不能要。同时，要从全局出发，早点研究这个问题，真正转出一些高水平的功能，使雄安新区发挥对冀中南乃至整个河北的辐射带动作用，促进城乡、区域、经济社会、资源环境协调发展，带动整个河北发展。

还有一个问题，我要强调一下。基本公共服务均等化是有序疏解北京非首都功能的重要前提。人往高处走，水往低处流。公共服务水平高的地方更具吸引力。同北京、天津相比，河北在社会事业发展、公共服务水平上差距明显，环京津周边地区还存在一些国家扶贫工作重点县。我说过，这就像穿貂皮大袄上面补了两个大补丁，看着太扎眼。党中央对此高度重视，采取了一系列支持举措，但短期内还难以拉平。要加大对河北的支持力度，不断缩小差距。河北要主动作为，营造良好政策环境，提高公共服务水平。要促进优质教育医疗资源共享，优化区域教育医疗资源布局。要大力推进脱贫攻坚，在资金项目安排、产业发展、生态建设等方面加大支持力度。基本公共服务同老百姓利益息息相关，要抓实抓好，让老百姓得到更多实实在在的实惠。

携手推进"一带一路"建设 *

（二〇一七年五月十四日）

尊敬的各位国家元首，政府首脑，

各位国际组织负责人，

女士们，先生们，朋友们：

"孟夏之日，万物并秀。"[1]在这美好时节，来自一百多个国家的各界嘉宾齐聚北京，共商"一带一路"建设合作大计，具有十分重要的意义。今天，群贤毕至，少长咸集，我期待着大家集思广益、畅所欲言，为推动"一带一路"建设献计献策，让这一世纪工程造福各国人民。

女士们、先生们、朋友们！

二千多年前，我们的先辈筚路蓝缕，穿越草原沙漠，开辟出联通亚欧非的陆上丝绸之路；我们的先辈扬帆远航，穿越惊涛骇浪，闯荡出连接东西方的海上丝绸之路。古丝绸之路打开了各国友好交往的新窗口，书写了人类发展进步的新篇章。中国陕西历史博物馆珍藏的千年"鎏金铜蚕"，在印度尼西亚发现的千年沉船"黑石号"等，见

---

* 这是习近平同志在北京举行的"一带一路"国际合作高峰论坛开幕式上的演讲。

证了这段历史。

古丝绸之路绵亘万里，延续千年，积淀了以和平合作、开放包容、互学互鉴、互利共赢为核心的丝路精神。这是人类文明的宝贵遗产。

——和平合作。公元前一百三十多年的中国汉代，一支从长安出发的和平使团，开始打通东方通往西方的道路，完成了"凿空之旅"，这就是著名的张骞[2]出使西域。中国唐宋元时期，陆上和海上丝绸之路同步发展，中国、意大利、摩洛哥的旅行家杜环[3]、马可·波罗[4]、伊本·白图泰[5]都在陆上和海上丝绸之路留下了历史印记。十五世纪初的明代，中国著名航海家郑和[6]七次远洋航海，留下千古佳话。这些开拓事业之所以名垂青史，是因为使用的不是战马和长矛，而是驼队和善意；依靠的不是坚船和利炮，而是宝船和友谊。一代又一代"丝路人"架起了东西方合作的纽带、和平的桥梁。

——开放包容。古丝绸之路跨越尼罗河流域、底格里斯河和幼发拉底河流域、印度河和恒河流域、黄河和长江流域，跨越埃及文明、巴比伦文明、印度文明、中华文明的发祥地，跨越佛教、基督教、伊斯兰教信众的汇集地，跨越不同国度和肤色人民的聚居地。不同文明、宗教、种族求同存异、开放包容，并肩书写相互尊重的壮丽诗篇，携手绘就共同发展的美好画卷。酒泉、敦煌、吐鲁番、喀什、撒马尔罕、巴格达、君士坦丁堡等古城，宁波、泉州、广州、北海、科伦坡、吉达、亚历山大等地的古港，就是记载这段历史的"活化石"。历史告诉我们：文明在开放中发展,民族在融合中共存。

——互学互鉴。古丝绸之路不仅是一条通商易货之道,更是一条知识交流之路。沿着古丝绸之路,中国将丝绸、瓷器、漆器、铁器传到西方,也为中国带来了胡椒、亚麻、香料、葡萄、石榴。沿着古丝绸之路,佛教、伊斯兰教及阿拉伯的天文、历法、医药传入中国,中国的四大发明、养蚕技术也由此传向世界。更为重要的是,商品和知识交流带来了观念创新。比如,佛教源自印度,在中国发扬光大,在东南亚得到传承。儒家文化起源中国,受到欧洲莱布尼茨[7]、伏尔泰[8]等思想家的推崇。这是交流的魅力、互鉴的成果。

——互利共赢。古丝绸之路见证了陆上"使者相望于道,商旅不绝于途"的盛况,也见证了海上"舶交海中,不知其数"的繁华。在这条大动脉上,资金、技术、人员等生产要素自由流动,商品、资源、成果等实现共享。阿拉木图、撒马尔罕、长安等重镇和苏尔港、广州等良港兴旺发达,罗马、安息、贵霜等古国欣欣向荣,中国汉唐迎来盛世。古丝绸之路创造了地区大发展大繁荣。

历史是最好的老师。这段历史表明,无论相隔多远,只要我们勇敢迈出第一步,坚持相向而行,就能走出一条相遇相知、共同发展之路,走向幸福安宁和谐美好的远方。

女士们、先生们、朋友们!

从历史维度看,人类社会正处在一个大发展大变革大调整时代。世界多极化、经济全球化、社会信息化、文化多样化深入发展，和平发展的大势日益强劲，变革创新的步伐持续向前。各国之间的联系从来没有像今天这样紧密，世界人民对美好生活的向往从来没有像今天这样强烈，人类战胜困难的手段从来没有像今天这样丰富。

从现实维度看，我们正处在一个挑战频发的世界。世界经济增长需要新动力，发展需要更加普惠平衡，贫富差距鸿沟有待弥合。地区热点持续动荡，恐怖主义蔓延肆虐。和平赤字、发展赤字、治理赤字，是摆在全人类面前的严峻挑战。这是我一直思考的问题。

二〇一三年秋天，我在哈萨克斯坦和印度尼西亚提出共建丝绸之路经济带和二十一世纪海上丝绸之路，即"一带一路"倡议。"桃李不言，下自成蹊。"[9]四年来，全球一百多个国家和国际组织积极支持和参与"一带一路"建设，联合国大会、联合国安理会等重要决议也纳入"一带一路"建设内容。"一带一路"建设逐渐从理念转化为行动，从愿景转变为现实，建设成果丰硕。

——这是政策沟通不断深化的四年。我多次说过，"一带一路"建设不是另起炉灶、推倒重来，而是实现战略对接、优势互补。我们同有关国家协调政策，包括俄罗斯提出的欧亚经济联盟[10]、东盟提出的互联互通总体规划[11]、哈萨克斯坦提出的"光明之路"[12]、土耳其提出的"中间走廊"[13]、蒙古提出的"发展之路"[14]、越南提出的"两廊一圈"[15]、英国提出的"英格兰北方经济中心"[16]、波兰提出的"琥珀之路"[17]等。中国同老挝、柬埔寨、缅甸、匈牙利等国的规划对接工作也全面展开。

中国同四十多个国家和国际组织签署了合作协议，同三十多个国家开展机制化产能合作。本次论坛期间，我们还将签署一批对接合作协议和行动计划，同六十多个国家和国际组织共同发出推进"一带一路"贸易畅通合作倡议。各方通过政策对接，实现了一加一大于二的效果。

——这是设施联通不断加强的四年。"道路通，百业兴。"我们和相关国家一道共同加速推进雅万高铁[18]、中老铁路[19]、亚吉铁路[20]、匈塞铁路[21]等项目，建设瓜达尔港[22]、比雷埃夫斯港[23]等港口，规划实施一大批互联互通项目。目前，以中巴、中蒙俄、新亚欧大陆桥等经济走廊[24]为引领，以陆海空通道和信息高速路为骨架，以铁路、港口、管网等重大工程为依托，一个复合型的基础设施网络正在形成。

——这是贸易畅通不断提升的四年。中国同"一带一路"参与国大力推动贸易和投资便利化，不断改善营商环境。我了解到，仅哈萨克斯坦等中亚国家农产品到达中国市场的通关时间就缩短了百分之九十。二○一四年至二○一六年，中国同"一带一路"沿线国家贸易总额超过三万亿美元。中国对"一带一路"沿线国家投资累计超过五百亿美元。中国企业已经在二十多个国家建设五十六个经贸合作区，为有关国家创造近十一亿美元税收和十八万个就业岗位。

——这是资金融通不断扩大的四年。融资瓶颈是实现互联互通的突出挑战。中国同"一带一路"建设参与国和组织开展了多种形式的金融合作。亚洲基础设施投资银行[25]已经为"一带一路"建设参与国的九个项目提供十七亿美元贷款，丝路基金[26]投资达四十亿美元，中国同中东欧"16+1"金融控股公司[27]正式成立。这些新型金融机制同世界银行等传统多边金融机构各有侧重、互为补充，形成层次清晰、初具规模的"一带一路"金融合作网络。

——这是民心相通不断促进的四年。"国之交在于民相亲，民相亲在于心相通。""一带一路"建设参与国弘扬丝绸之路精神，开展智力丝绸之路、健康丝绸之路等建设，在科学、教育、文化、卫生、民间交往等各领域广泛开展合作，为"一带一路"建设夯实民意基础，筑牢社会根基。中国政府每年向相关国家提供一万个政府奖学金名额，地方政府也设立了丝绸之路专项奖学金，鼓励国际文教交流。各类丝绸之路文化年、旅游年、艺术节、影视桥、研讨会、智库对话等人文合作项目百花纷呈，人们往来频繁，在交流中拉近了心与心的距离。

丰硕的成果表明，"一带一路"倡议顺应时代潮流，适应发展规律，符合各国人民利益，具有广阔前景。

女士们、先生们、朋友们！

中国人说，"万事开头难"。"一带一路"建设已经迈出坚实步伐。我们要乘势而上、顺势而为，推动"一带一路"建设行稳致远，迈向更加美好的未来。这里，我谈几点意见。

第一，我们要将"一带一路"建成和平之路。古丝绸之路，和时兴，战时衰。"一带一路"建设离不开和平安宁的环境。我们要构建以合作共赢为核心的新型国际关系，打造对话不对抗、结伴不结盟的伙伴关系。各国应该尊重彼此主权、尊严、领土完整，尊重彼此发展道路和社会制度，尊重彼此核心利益和重大关切。

古丝绸之路沿线地区曾经是"流淌着牛奶与蜂蜜的地方"，如今很多地方却成了冲突动荡和危机挑战的代名词。这种状况不能再持续下去。我们要树立共同、综合、合作、可持续的安全观，营造共建共享的安全格局。要着力化解热点，坚持政治解决；要着力斡旋调解，坚持公道正义；要着力推进反恐，标本兼治，消除贫困落后和社会不公。

第二，我们要将"一带一路"建成繁荣之路。发展是解决一切问题的总钥匙。推进"一带一路"建设，要聚焦发展这个根本性问题，释放各国发展潜力，实现经济大融合、发展大联动、成果大共享。

产业是经济之本。我们要深入开展产业合作，推动各国产业发展规划相互兼容、相互促进，抓好大项目建设，加强国际产能和装备制造合作，抓住新工业革命的发展新机遇，培育新业态，保持经济增长活力。

金融是现代经济的血液。血脉通，增长才有力。我们要建立稳定、可持续、风险可控的金融保障体系，创新投资和融资模式，推广政府和社会资本合作，建设多元化融资体系和多层次资本市场，发展普惠金融，完善金融服务网络。

设施联通是合作发展的基础。我们要着力推动陆上、海上、天上、网上四位一体的联通，聚焦关键通道、关键城市、关键项目，联结陆上公路、铁路道路网络和海上港口网络。我们已经确立"一带一路"建设六大经济走廊[28]框架，要扎扎实实向前推进。要抓住新一轮能源结构调整和能源技术变革趋势，建设全球能源互联网，实现绿色低碳发展。要完善跨区域物流网建设。我们也要促进政策、规则、标准三位一体的联通，为互联互通提供机制保障。

第三，我们要将"一带一路"建成开放之路。开放带来进步，封闭导致落后。对一个国家而言，开放如同破茧成蝶，虽会经历一时阵痛，但将换来新生。"一带一路"建设要以开放为导向，解决经济增长和平衡问题。

我们要打造开放型合作平台，维护和发展开放型世界经济，共同创造有利于开放发展的环境，推动构建公正、合理、透明的国际经贸投资规则体系，促进生产要素有序流动、资源高效配置、市场深度融合。我们欢迎各国结合自身国情，积极发展开放型经济，参与全球治理和公共产品供给，携手构建广泛的利益共同体。

贸易是经济增长的重要引擎。我们要有"向外看"的胸怀，维护多边贸易体制，推动自由贸易区建设，促进贸易和投资自由化便利化。当然，我们也要着力解决发展失衡、治理困境、数字鸿沟、分配差距等问题，建设开放、包容、普惠、平衡、共赢的经济全球化。

第四，我们要将"一带一路"建成创新之路。创新是推动发展的重要力量。"一带一路"建设本身就是一个创举，搞好"一带一路"建设也要向创新要动力。

我们要坚持创新驱动发展，加强在数字经济、人工智能、纳米技术、量子计算机等前沿领域合作，推动大数据、云计算、智慧城市建设，连接成二十一世纪的数字丝绸之路。我们要促进科技同产业、科技同金融深度融合，优化创新环境，集聚创新资源。我们要为互联网时代的各国青年打造创业空间、创业工场，成就未来一代的青春梦想。

我们要践行绿色发展的新理念，倡导绿色、低碳、循环、可持续的生产生活方式，加强生态环保合作，建设生态文明，共同实现二〇三〇年可持续发展目标[29]。

第五，我们要将"一带一路"建成文明之路。"一带一路"建设要以文明交流超越文明隔阂、文明互鉴超越文明冲突、文明共存超越文明优越，推动各国相互理解、相互尊重、相互信任。

我们要建立多层次人文合作机制，搭建更多合作平台，开辟更多合作渠道。要推动教育合作，扩大互派留学生规模，提升合作办学水平。要发挥智库作用，建设好智库联盟和合作网络。在文化、体育、卫生领域，要创新合作模式，推动务实项目。要用好历史文化遗产，联合打造具有丝绸之路特色的旅游产品和遗产保护。我们要加强各国议会、政党、民间组织往来，密切妇女、青年、残疾人等群体交流，促进包容发展。我们也要加强国际反腐合作，让"一带一路"成为廉洁之路。

女士们、先生们、朋友们！

当前，中国发展正站在新的起点上。我们将深入贯彻创新、协调、绿色、开放、共享的发展理念，不断适应、把握、引领经济发展新常态，积极推进供给侧结构性改革，实现持续发展，为"一带一路"注入强大动力，为世界发展带来新的机遇。

——中国愿在和平共处五项原则[30]基础上，发展同所有"一带一路"建设参与国的友好合作。中国愿同世界各国分享发展经验，但不会干涉他国内政，不会输出社会制度和发展模式，更不会强加于人。我们推进"一带一路"建设不会重复地缘博弈的老套路，而将开创合作共赢的新模式；不会形成破坏稳定的小集团，而将建设和谐共存的大家庭。

——中国已经同很多国家达成了"一带一路"务实合作协议，其中既包括交通运输、基础设施、能源等硬件联通项目，也包括通信、海关、检验检疫等软件联通项目，还包括经贸、产业、电子商务、海洋和绿色经济等多领域的合作规划和具体项目。中国同有关国家的铁路部门将签署深化中欧班列合作协议。我们将推动这些合作项目早日启动、早见成效。

——中国将加大对"一带一路"建设资金支持，向丝路基金新增资金一千亿元人民币，鼓励金融机构开展人民币海外基金业务，规模预计约三千亿元人民币。中国国家开发银行、进出口银行将分别提供二千五百亿元和一千三百亿元等值人民币专项贷款，用于支持"一带一路"基础设施建设、产能、金融合作。我们还将同亚洲基础设施投资银行、金砖国家新开发银行[31]、世界银行及其他多边开发机构合作支持"一带一路"项目，同有关各方共同制定"一带一路"融资指导原则。

——中国将积极同"一带一路"建设参与国发展互利共赢的经贸伙伴关系，促进同各相关国家贸易和投资便利化，建设"一带一路"自由贸易网络，助力地区和世界经济增长。本届论坛期间，中国将同三十多个国家签署经贸合作协议，同有关国家协商自由贸易协定。中国将从二○一八年起举办中国国际进口博览会。

——中国愿同各国加强创新合作，启动"一带一路"科技创新行动计划，开展科技人文交流、共建联合实验室、科技园区合作、技术转移四项行动。我们将在未来五年内安排二千五百人次青年科学家来华从事短期科研工作，培训五千人次科学技术和管理人员，投入运行五十家联合实验室。我们将设立生态环保大数据服务平台，倡议建立"一带一路"绿色发展国际联盟，并为相关国家应对气候变化提供援助。

——中国将在未来三年向参与"一带一路"建设的发展中国家和国际组织提供六百亿元人民币援助，建设更多民生项目。我们将向"一带一路"沿线发展中国家提供二十亿元人民币紧急粮食援助，向南南合作援助基金[32]增资十亿美元，在沿线国家实施一百个"幸福家园"、一百个"爱心助困"、一百个"康复助医"等项目。我们将向有关国际组织提供十亿美元落实一批惠及沿线国家的合作项目。

——中国将设立"一带一路"国际合作高峰论坛后续

联络机制，成立"一带一路"财经发展研究中心、"一带一路"建设促进中心，同多边开发银行共同设立多边开发融资合作中心，同国际货币基金组织合作建立能力建设中心。我们将建设丝绸之路沿线民间组织合作网络，打造新闻合作联盟、音乐教育联盟以及其他人文合作新平台。

"一带一路"建设植根于丝绸之路的历史土壤，重点面向亚欧非大陆，同时向所有朋友开放。不论来自亚洲、欧洲，还是非洲、美洲，都是"一带一路"建设国际合作的伙伴。"一带一路"建设将由大家共同商量，"一带一路"建设成果将由大家共同分享。

女士们、先生们、朋友们！

中国古语讲："不积跬步，无以至千里。"〔33〕阿拉伯谚语说，"金字塔是一块块石头垒成的"。欧洲也有句话："伟业非一日之功"。"一带一路"建设是伟大的事业，需要伟大的实践。让我们一步一个脚印推进实施，一点一滴抓出成果，造福世界，造福人民！

祝本次高峰论坛圆满成功！

谢谢大家。

注　　释

〔1〕参见明代高濂《遵生八笺·四月修养法》。原文是："孟夏之月，天地始交，万物并秀，宜夜卧早起，以受清明之气。"

〔2〕见本卷《文明因交流而多彩，文明因互鉴而丰富》注〔2〕。

〔3〕杜环（生卒年不详），唐代京兆万年（今陕西西安）人。唐代旅行家。七五一年，在怛罗斯城（今哈萨克斯坦塔拉兹城附近）与大食（阿拉伯帝国）军作战时被俘。后游历中亚、西亚、北非等地多国，是第一个到过非洲并有著作的中国人。著有《经行记》。

〔4〕马可·波罗（约一二五四——一三二四），意大利旅行家。一二七五年来到元代上都（今内蒙古正蓝旗和多伦县境内），在中国先后居住了约十七年，曾到中国多地和缅甸等国游历。著有《马可·波罗游记》。

〔5〕伊本·白图泰（一三〇四——一三七七），阿拉伯旅行家、文学家。曾三次离乡出游，历时二十八年，游历北非、西亚、欧洲、西非等地多国。元代末年曾来到中国。著有《伊本·白图泰游记》。

〔6〕见本卷《文明因交流而多彩，文明因互鉴而丰富》注〔3〕。

〔7〕莱布尼茨，即戈特弗里德·威廉·莱布尼茨（一六四六——一七一六），德国自然科学家、数学家、哲学家。数理逻辑的创始人，微积分的创始人之一，唯心主义唯理论的主要代表人物之一。主要著作有《形而上学谈话》、《人类理智新论》、《以理性为基础的自然和神恩的原则》等。

〔8〕伏尔泰（一六九四——一七七八），原名弗朗索瓦-马里·阿鲁埃，法国启蒙思想家、作家、哲学家。主要著作有《哲学通信》、《形而上学论》、《哲学辞典》和哲理小说《老实人》等。

〔9〕见西汉司马迁《史记·李将军列传》。

〔10〕欧亚经济联盟，是俄罗斯、哈萨克斯坦、白俄罗斯、吉尔吉斯斯坦和亚美尼亚五国组成的经济联合组织，二〇一五年一月正式启动。同年五月，中国和俄罗斯签署《关于丝绸之路经济带建设和欧亚经济联盟建设对接合作的联合声明》。

〔11〕互联互通总体规划，包括《东盟互联互通总体规划》和《东盟互联互通总体规划二〇二五》。二〇一〇年十月，第十七届东盟首脑会议通过《东盟互联互通总体规划》。二〇一六年九月，并期举行的第二十八届、第二十九届东盟领导人会议通过《东盟互联互通总体规划二〇二五》，提出可持续基础设施、数字创新、无缝衔接的物流、良好的规章制度和人员往来等五大战略目标。二〇一九年十一月，中国和东盟签署《关于"一带一路"倡议与〈东盟互联互通总体规划二〇二五〉对接合作的联合声明》。

〔12〕"光明之路"，是哈萨克斯坦二〇一四年十一月提出的新经济政策。二〇一六年九月，中国和哈萨克斯坦签署《关于丝绸之路经济带建设与"光明之路"新经济政策对接合作规划》。

〔13〕"中间走廊"，即"中间走廊"计划，是土耳其二〇一五年提出的一条国际运输线路。该线路从土耳其出发，沿途经过格鲁吉亚、阿塞拜疆，穿越里海，横跨土库曼斯坦、哈萨克斯坦、乌兹别克斯坦、阿富汗、巴基斯坦等国，最终到达中国。其目标是通过土耳其将欧洲、中亚和中国连在一起。二〇一五年十一月，中国和土耳其签署关于对接"一带一路"倡议与"中间走廊"计划的谅解备忘录。

〔14〕"发展之路"，是蒙古国二〇一七年五月提出的国家战略规划，是对二〇一四年九月提出的"草原之路"倡议的升级。二〇一七年五月，中国和蒙古国签署中国"一带一路"建设与蒙古国"发展之路"计划对接谅解备忘录。二〇一九年四月，中国和蒙古国签署《关于共同推进共建"一带一路"倡议和"发展之路"倡议对接的合作规划》。

〔15〕"两廊一圈"，二〇〇四年五月，越南领导人访华时向我国提出共建"两廊一圈"建议，得到积极响应。其中的两廊是指"昆明（中国）—老街—河内—海防—广宁"、"南宁（中国）—谅山—河内—海防—广宁"经济走廊，一圈是指环北部湾经济圈。二〇一七年十一月，中国和越南签署《共建"一带一路"和"两廊一圈"合作备忘录》。

〔16〕"英格兰北方经济中心"，亦称英国"北部经济引擎"、"北方经济发展动力"计划、北部振兴计划，是二〇一四年六月提出的。二〇一五年十月发表的《中英关于构建面向二十一世纪全球全面战略伙伴关系的联合宣言》提出，双方对围绕中方"一带一路"倡议和英方基础设施升级投资计划及"英格兰北方经济中心"开展合作抱有浓厚兴趣，将在现有机制下就中英基础设施联盟进行进一步探讨。

〔17〕"琥珀之路"，是古代一条从欧洲北部北海、波罗的海，通往欧洲南部地中海运输琥珀的贸易道路。这条道路从北向南贯通欧洲大陆，向东发展连接亚洲的波斯、印度和中国，连接"丝绸之路"，增进了欧洲和亚洲的商贸往来。波兰位于欧亚大陆十字路口，是"丝绸之路"和"琥珀之路"的交汇点。

〔18〕雅万高铁，是中国和印度尼西亚共建"一带一路"的标志性项目，也是东南亚第一条高速铁路。连接印尼首都雅加达和第四大城市万隆，全长一百四十二公里，设计时速三百五十公里，是中国高铁首次全系统、全要素、全产业链在海外落地。建成通车后，两地通勤时间将由三个多小时缩短至四十分钟左右。

〔19〕中老铁路，是中国和老挝共建"一带一路"的标志性工程。北起中国云南昆明，南至老挝首都万象，是第一条采用中国标准、中老合作建设运营，并与中国铁路网直接连通的跨境铁路，全长一千零三十五公里。二〇二一年十二月通车，昆明到万象十小时可通达。

〔20〕亚吉铁路，是中非共建"一带一路"的标志性项目，是采用中国标准建设的非洲第一条跨国电气化铁路。连接埃塞俄比亚首都亚的斯亚贝巴和吉布提首都吉布提，全长七百五十二点七公里，设计时速一百二十公里。二〇一八年一月开通运营，使亚的斯亚贝巴至吉布提的运输时间从公路运输的七天降至十小时。

〔21〕匈塞铁路，是中国与中东欧国家共建"一带一路"的重点项目，实现了中国铁路技术和装备与欧盟铁路互联互通技术规范的对接。北起匈牙利首都布达佩斯，南至塞尔维亚首都贝尔格莱德，全长约三百五十公里，设计时速二百公里。全线通车后，从布达佩斯至贝尔格莱德的时间将从八小时缩短至三小时以内。

〔22〕瓜达尔港，位于巴基斯坦俾路支省西南沿岸，是中巴经济走廊的龙头项目和地区互联互通的重要节点。

〔23〕比雷埃夫斯港，位于希腊萨罗尼科斯湾畔，是地中海地区最大港口，也是中希共建"一带一路"的旗舰项目。

〔24〕中巴经济走廊，是中国和巴基斯坦共建"一带一路"的标志性项目之一，二〇一三年启动，空间范围包括中国新疆维吾尔自治区和巴基斯坦全境。中蒙俄经济走廊，是中国、蒙古国、俄罗斯对接"丝绸之路经济带"、"草原之路"（"发展之路"）倡议和欧亚经济联盟而共同建设的经济走廊，二〇一六年六月正式实施，旨在通过增加三方贸易量、提高产品竞争力、加强过境运输便利化、发展基础设施等合作项目，进一步加强中蒙俄三边合作。新亚欧大陆桥经济走廊，是"丝绸之路经济带"的重要载体，由中国东部沿

海向西延伸，经中国西北地区和中亚、俄罗斯抵达中东欧，以中欧班列等现代化国际物流体系为依托，重点发展经贸和产能合作，拓展能源资源合作空间，构建畅通高效的区域大市场。

〔25〕见本卷《坚持亲诚惠容的周边外交理念》注〔1〕。

〔26〕丝路基金，是响应"一带一路"倡议而专门设立的中长期开发投资机构。二〇一四年十一月，习近平在"加强互联互通伙伴关系"东道主伙伴对话会上宣布，中国将出资四百亿美元成立丝路基金。同年十二月在北京注册成立。基金依照《中华人民共和国公司法》，按照市场化、国际化、专业化原则，秉承互利共赢、开放包容的理念，通过以股权为主的多种市场化方式，重点为"一带一路"建设相关国家和地区基础设施、资源开发、产业合作和金融合作等领域的有关项目提供投融资支持。

〔27〕中国同中东欧"16+1"金融控股公司，指十六个中东欧国家和中国合作机制框架下的金融控股公司。二〇一五年十一月由中方倡议成立，二〇一六年十一月正式揭牌。由中国工商银行牵头组建，通过商业化运作从全球市场募集资金，遵守欧盟成员国主权债务规定，重点支持"16+1"框架下采购中国装备和产品的互联互通和产能合作项目。

〔28〕六大经济走廊，指新亚欧大陆桥、中蒙俄、中国—中亚—西亚、中国—中南半岛、中巴、孟中印缅等经济走廊。

〔29〕参见本卷《构建创新、活力、联动、包容的世界经济》注〔3〕。

〔30〕见本卷《坚持和运用好毛泽东思想活的灵魂》注〔8〕。

〔31〕新开发银行，是金砖国家共同出资设立的国际金融机构。二〇一五年七月成立，同月在上海开业。该行旨在为金砖国家及其他新兴经济体和发展中国家的基础设施建设和可持续发展项目动员资源，作为现有多边和区域金融机构的补充，促进全球增长与发展。

〔32〕南南合作援助基金，是习近平二〇一五年九月在联合国发展峰会上宣布设立的。首期提供二十亿美元支持发展中国家落实二〇一五年后发展议程。二〇二二年六月，习近平在全球发展高层对话会上宣布把南南合作援助基金整合升级为"全球发展和南南合作基金"。

〔33〕见《荀子·劝学》。

推动形成绿色发展方式和生活方式是发展观的一场深刻革命 *

（二〇一七年五月二十六日）

今天，中央政治局进行第四十一次集体学习，学习内容是推动形成绿色发展方式和生活方式。这是关系我国经济社会发展全局的一件大事，也是社会各方面十分关注的一个重大问题。下面，我谈几点想法。

一、推动形成绿色发展方式和生活方式是贯彻新发展理念的必然要求。

人类发展活动必须尊重自然、顺应自然、保护自然，否则就会遭到大自然的报复。这个规律谁也无法抗拒。人因自然而生，人与自然是一种共生关系，对自然的伤害最终会伤及人类自身。只有尊重自然规律，才能有效防止在开发利用自然上走弯路。我们强调推动形成绿色发展方式和生活方式，就是要坚持节约资源和保护环境的基本国策，坚持节约优先、保护优先、自然恢复为主的方针，形成节约资源和保护环境的空间格局、产业结构、生产方

---

* 这是习近平同志主持中共十八届中央政治局第四十一次集体学习时的讲话。

式、生活方式，为人民创造良好生产生活环境。

改革开放以来，我国经济社会发展取得历史性成就，这是值得我们自豪和骄傲的。同时，我们在快速发展中也积累了大量生态环境问题，成为明显的短板，成为人民群众反映强烈的突出问题。这样的状况，必须下大气力扭转。如果经济发展了，但生态破坏了、环境恶化了，大家整天生活在雾霾中，吃不到安全的食品，喝不到洁净的水，呼吸不到新鲜的空气，居住不到宜居的环境，那样的小康、那样的现代化不是人民希望的。所以，我们必须把生态文明建设摆在全局工作的突出地位，既要金山银山，也要绿水青山，努力实现经济社会发展和生态环境保护协同共进。

推动形成绿色发展方式和生活方式，是发展观的一场深刻革命。这就要坚持和贯彻新发展理念，正确处理经济发展和生态环境保护的关系，像保护眼睛一样保护生态环境，像对待生命一样对待生态环境，坚决摒弃损害甚至破坏生态环境的发展模式，坚决摒弃以牺牲生态环境换取一时一地经济增长的做法，让良好生态环境成为人民生活的增长点、成为经济社会持续健康发展的支撑点、成为展现我国良好形象的发力点，让中华大地天更蓝、山更绿、水更清、环境更优美。

二、推动形成绿色发展方式和生活方式任务依然艰巨繁重。

党的十八大以来，我们坚持把生态文明建设作为统筹推进"五位一体"总体布局和协调推进"四个全面"战略布局的重要内容，把推动形成绿色发展方式和生活方式融入经济建设、政治建设、文化建设、社会建设各方面和全面建成小康社会全过程，坚定不移走生产发展、生活富裕、生态良好的文明发展道路，开创了生态环境保护建设新局面。

这些年来，我们在推动绿色发展方面取得显著成效。二〇一六年，全国单位国内生产总值二氧化碳排放比二〇一一年下降百分之二十六点九，单位国内生产总值能耗降低百分之二十点九；七十四个城市空气质量优良天数比例比二〇一三年提高十三点七个百分点，京津冀 $PM_{2.5}$ [1] 平均浓度下降百分之三十三点三；全国地表水国控断面劣Ⅴ类水质比例比二〇一〇年下降七点九个百分点，达到或好于Ⅲ类水质比例提高十六点四个百分点；单位国内生产总值建设用地比二〇一一年下降百分之二十四以上、用水量下降百分之三十以上；全国化学需氧量（COD）和氨氮排放总量累计降幅超过百分之十三，森林覆盖率由本世纪初的百分之十六点六提高到百分之二十二左右。我们积极参与全球环境治理，率先发布《中国落实二〇三〇年可持续发展议程国别方案》，向联合国交存《巴黎协定》[2] 批准文书。二〇一六年，在第二届联合国环境大会上，联合国环境署专门发布《绿水青山就是金山银山：中国生态文明战略与行动》报告。正如大家所说的，党的十八大以来这几年，是我国生态文明建设力度最大、举措最实、推进最快、成效最好的时期。这一点必须充分肯定。

同时，我们必须看到，总体而言，我们面临的生态环境问题仍然十分突出，我国资源约束趋紧、环境污染严重、生态系统退化的形势依然严峻，特别是一些地方破坏生态环境的行为仍在频频发生、屡禁不止！

从生态看，生态退化依然严重。水土流失和荒漠化面积仍占陆域国土面积的百分之三十一和百分之三十，耕地退化面积占四成以上。每年流失土壤总量达五十亿吨，流失土壤养分相当于四千万吨标准化肥，因水土流失导致土地生产力下降的耕地超过三亿亩。可利用天然草原百分之九十存在不同程度退化，中度以上明显退化的接近百分之五十。二十世纪五十年代以来，全国面积大于十平方公里的六百九十六个湖泊中三分之一以上发生严重萎缩，天然陆域湿地面积减少百分之二十八。沿海大量自然岸线和滩涂水域被占用，自然岸线保有率已不足百分之四十。

从资源看，资源利用依然粗放。单位国内生产总值能耗是世界平均水平两倍多，水资源产出率仅为世界平均水平的百分之六十二，万元工业增加值用水量为世界先进水平的两倍。人均城镇工矿用地一百四十九平方米，人均村庄用地三百一十七平方米，远超国家标准上限。农业节水灌溉面积占有效灌溉面积不到一半，农田灌溉水有效利用系数远低于零点七至零点八的世界先进水平。水资源过度开发利用，海河、黄河、辽河流域水资源开发利用率已达百分之一百零六、百分之八十二、百分之七十六，北方平原区地下水平均开发利用率达百分之八十五，其中河北、天津、河南、山西超过百分之一百。地下水超采严重，超采区面积达三十万平方公里，平均每年超采地下水一百七十亿立方米，由此引发地面沉降、地面塌陷、海水入侵、土地荒漠化、泉水衰减等一系列严重生态环境问题，华北平原形成了巨大的漏斗区。

从环境看，污染形势依然严峻。全国主要污染物排放总量远高于环境容量，区域性灰霾污染和流域水污染仍呈常态化。主要污染物化学需氧量每年入河量超过九百万吨，全国百分之三十二的河流和百分之十一的湖泊污染物入河量超出水功能区纳污能力。全国监测评价的河流湖泊中，百分之二十三的河道长度、百分之五十五的湖泊面积水质劣于Ⅲ类，主要江河水功能区水质达标率只有百分之七十左右，地表水、地下水饮用水源地不达标率仍有百分之六点四和百分之十五，城市黑臭水体问题十分突出。

从农业看，面源污染依然较高。第一次全国污染源普查显示，农业源的化学需氧量、总氮、总磷排放量分别占全国排放总量的百分之四十三点七、百分之五十七点二、百分之六十七点三。农业面源污染已成为我国水源污染的主要原因之一。农业面源污染的主要来源为化肥和农药的大量使用以及畜禽养殖产生的大量粪便。我国化肥施用量占世界三分之一左右，高于耕地面积占世界的比例；化肥、农药综合利用率仅为百分之三十左右，远低于发达国家水平。残留的化肥和农药经过降水、地表径流、土壤渗滤进入水体中，导致土壤和水环境恶化。

从消费看，浪费现象触目惊心。仅就粮食看，在粮食生产、流通、加工、消费环节存在大量浪费现象，餐桌上的浪费尤为惊人。有人作过调查估算，全国每年在餐桌上浪费的食物高达二千亿元，相当于两亿多人一年的口粮。包装浪费现象也很严重，一些中高档消费品甚至普通消费品，在包装上里三层、外三层。过度包装，严重浪费资源，助长不健康消费心理。

上述这些数字，反映了我国生态环境的现状，每一个都是沉甸甸的。

我之所以这样详细点出生态环境保护上存在的问题，就是要让大家充分认识到推动形成绿色发展方式和生活方式的长期性、复杂性、艰巨性，在思想上高度重视起来，扎扎实实把生态文明建设抓好。如果不重视、不抓紧、不落实，任凭存在的问题再恶化下去，我国发展必将是不可持续的。

正因为如此，我对生态环境保护方面的问题看得很重，党的十八大以来多次就一些严重损害生态环境的事情作出批示，要求严肃查处。比如，我分别就陕西延安削山造城、浙江杭州千岛湖临湖地带违规搞建设、秦岭北麓西安段圈地建别墅、新疆卡山自然保护区违规"瘦身"、腾格里沙漠污染、青海祁连山自然保护区和木里矿区破坏性开采、甘肃祁连山生态保护区生态环境破坏等严重破坏生态环境事件作出多次批示。我之所以要盯住生态环境问题不放，是因为如果不抓紧、不紧抓，任凭破坏生态环境的问题不断产生，我们就难以从根本上扭转我国生态环境恶化的趋势，就是对中华民族和子孙后代不负责任。

三、把推动形成绿色发展方式和生活方式摆在更加突出的位置。

我们要充分认识形成绿色发展方式和生活方式的重要性、紧迫性、艰巨性，加快构建科学适度有序的国土空间布局体系、绿色循环低碳发展的产业体系、约束和激励并举的生态文明制度体系、政府企业公众共治的绿色行动体系，加快构建生态功能保障基线、环境质量安全底线、自然资源利用上线三大红线，全方位、全地域、全过程开展生态环境保护建设。

第一，加快转变经济发展方式。根本改善生态环境状况，必须改变过多依赖增加物质资源消耗、过多依赖规模粗放扩张、过多依赖高能耗高排放产业的发展模式。这是供给侧结构性改革的重要任务。我国多年形成的产业结构具有高能耗、高碳排放特征，高能耗工业特别是重化工业比重偏高。工业用能占全社会用能的百分之七十，其中钢铁、建材、石化、有色、化工等五大耗能产业就占近百分之五十。改变这种状况，并非一日之功，但必须加大力度、加快进度。我讲过，调整产业结构，一手要坚定不移抓化解过剩产能，一手要大力发展低能耗的先进制造业、高新技术产业、现代服务业。这两手都要坚定不移，下决心把推动发展的立足点转到提高质量和效益上来，把发展的基点放到创新上来，塑造更多依靠创新驱动、更多发挥先发优势的引领型发展。

第二，加大环境污染综合治理。要以解决人民群众反映强烈的大气、水、土壤污染等突出问题为重点，全面加强环境污染防治。要持续实施大气污染防治行动计划，全面深化京津冀及周边地区、长三角、珠三角等重点区域大气污染联防联控，逐步减少并消除重污染天气，坚决打赢蓝天保卫战。要加强水污染防治，严格控制七大重点流域[3]干流沿岸的重化工等项目，大力整治城市黑臭水体，全面推行河长制[4]，实施从水源到水龙头全过程监管。长江经济带发展要坚持共抓大保护、不搞大开发，突出生态优先、绿色发展。要开展土壤污染治理和修复，着力解决土壤污染农产品安全和人居环境健康两大突出问题。要加强农业面源污染治理，推动化肥、农药使用量零增长，提高农膜回收率，加快推进农作物秸秆和畜禽养殖废弃物全量资源化利用。要发展绿色清洁生产，有效控制污染和温室气体排放，推动优化开发区域率先实现碳排放达到峰值。要加大城乡环境综合整治力度，建设美丽城镇和美丽乡村。

第三，加快推进生态保护修复。要坚持保护优先、自然恢复为主，深入实施山水林田湖一体化生态保护和修复。要重点实施青藏高原、黄土高原、云贵高原、秦巴山脉、祁连山脉、大小兴安岭和长白山、南岭山地、京津冀水源涵养区、内蒙古高原、河西走廊、塔里木河流域、滇桂黔喀斯特地区等关系国家生态安全区域的生态修复工程，筑牢国家生态安全屏障。要开展大规模国土绿化行动，推进天然林保护、防护林体系建设、京津风沙源治理、退耕还林还草、湿地保护恢复等重大生态工程，加强城市绿化，加快水土流失和荒漠化石漠化综合治理。

　　第四，全面促进资源节约集约利用。生态环境问题，归根到底是资源过度开发、粗放利用、奢侈消费造成的。资源开发利用既要支撑当代人过上幸福生活，也要为子孙后代留下生存根基。要解决这个问题，就必须在转变资源利用方式、提高资源利用效率上下功夫。要树立节约集约循环利用的资源观，实行最严格的耕地保护、水资源管理制度，强化能源和水资源、建设用地总量和强度双控管理，更加重视资源利用的系统效率，更加重视在资源开发利用过程中减少对生态环境的损害，更加重视资源的再生循环利用，用最少的资源环境代价取得最大的经济社会效益。要全面推动重点领域低碳循环发展，加强高能耗行业能耗管理，强化建筑、交通节能，发展节水型产业，推动各种废弃物和垃圾集中处理和资源化利用。

　　第五，倡导推广绿色消费。生态文明建设同每个人息息相关，每个人都应该做践行者、推动者。要强化公民环境意识，倡导勤俭节约、绿色低碳消费，推广节能、节水用品和绿色环保家具、建材等，推广绿色低碳出行，鼓励引导消费者购买节能环保再生产品，推动形成节约适度、绿色低碳、文明健康的生活方式和消费模式。要加强生态文明宣传教育，把珍惜生态、保护资源、爱护环境等内容纳入国民教育和培训体系，纳入群众性精神文明创建活动，在全社会牢固树立生态文明理念，形成全社会共同参与的良好风尚。

　　第六，完善生态文明制度体系。推动绿色发展，建设生态文明，重在建章立制，用最严格的制度、最严密的法治保护生态环境。要加快自然资源及其产品价格改革，完善资源有偿使用制度。要健全自然资源资产管理体制，加强自然资源和生态环境监管，推进环境保护督察，落实生态环境损害赔偿制度，完善环境保护公众参与制度。要完善法律体系，以法治理念、法治方式推动生态文明建设。

实践证明，生态环境保护能否落到实处，关键在领导干部。一些重大生态环境事件背后，都有领导干部不负责任、不作为的问题，都有一些地方环保意识不强、履职不到位、执行不严格的问题，都有环保有关部门执法监督作用发挥不到位、强制力不够的问题。要落实领导干部任期生态文明建设责任制，实行自然资源资产离任审计，认真贯彻依法依规、客观公正、科学认定、权责一致、终身追究的原则。要针对决策、执行、监管中的责任，明确各级领导干部责任追究情形。对造成生态环境损害负有责任的领导干部，不论是否已调离、提拔或者退休，都必须严肃追责。各级党委和政府要切实重视、加强领导，纪检监察机关、组织部门和政府有关监管部门要各尽其责、形成合力。一旦发现需要追责的情形，必须追责到底，决不能让制度规定成为"没有牙齿的老虎"。

注　释

〔1〕PM_{2.5}，亦称细颗粒物，指在空中飘浮的直径小于或等于二点五微

米的可吸入颗粒物。被人体吸入后能进入肺泡，危害健康。

〔2〕见本卷《引导好经济全球化走向》注〔9〕。

〔3〕七大重点流域，指长江、黄河、珠江、松花江、淮河、海河、辽河流域。

〔4〕二○一六年十一月，中共中央办公厅、国务院办公厅印发的《关于全面推行河长制的意见》提出，全面建立省、市、县、乡四级河长体系。各省（自治区、直辖市）设立总河长，由党委或政府主要负责同志担任；各省（自治区、直辖市）行政区域内主要河湖设立河长，由省级负责同志担任；各河湖所在市、县、乡均分级分段设立河长，由同级负责同志担任。各级河长负责组织领导相应河湖的管理和保护工作。二○一七年十二月，中共中央办公厅、国务院办公厅印发的《关于在湖泊实施湖长制的指导意见》要求，在全面推行河长制的基础上，在湖泊实施湖长制，全面建立省、市、县、乡四级湖长体系。

服务实体经济，防范金融风险 *

（二〇一七年七月十四日）

全面提高金融为实体经济服务的
效率和水平

金融和实体经济是共生共荣的关系。实体经济是金融的根基，金融是实体经济的血脉，为实体经济服务是金融的天职，是金融的宗旨，也是防范金融风险的根本举措。正所谓："农工商交易之路通，而龟贝金钱刀布之币兴焉。"[1]

在经济循环中，实体经济供求循环发挥着基础性作用，这一循环畅通，经济就不会出大问题。我国经济发展面临的突出问题是需求结构升级了，但供给体系没有跟上，供需出现结构性失衡，导致实体经济循环不畅。这恰恰是供给侧结构性改革要解决的基本问题，也是当前和今后一个时期金融为实体经济服务的基本任务。

为实体经济服务是金融立业之本。新形势下，金融业

---

* 这是习近平同志在全国金融工作会议上讲话的一部分。

如何按照供给侧结构性改革的要求，以解决融资难融资贵问题为抓手，在修复我国经济失衡方面更好发挥作用，起到连接供求的桥梁和组织资源的作用，是一个必须破解的难题。

在经济高速增长阶段，金融业为实体经济服务有积极动力和有利条件，但在增速换挡阶段，相当多的实体产业回报率大幅下降，风险加大，使得金融业缺乏为实体经济服务的动力。反过来说，如果实体经济供求循环不畅，金融业发展也会困难重重。有些问题需要深入研究并出台管用的举措。比如，怎样在产能过剩行业促进"僵尸企业"退出，推动存量资产重组；怎样为分散不确定性创造金融产品，促进跨期限、跨产业、跨群体分散风险，增加有效投资；怎样为新兴产业发展提供金融支持，合理进行资产定价和权益保护；怎样适应绿色投资回报期长的特点，做好中长期资金供给的制度安排，等等。解决好这些问题，是产业界和金融业要共同承担的重任，也是宏观经济政策调节的重点。

要结合金融业发展规律和特点，把新发展理念贯彻好。经济增长快时，金融业可以跟着实体经济上规模，搞一些外延式扩张，但这条路已走到尽头。今后要树立质量优先、效率至上的理念，转向内涵式发展。特别是在产能过剩条件下，要更加注重供给侧的存量重组、增量优化、动能转换。金融业制度性利差明显，一度存在"坐地收钱"的强势思维，要突出以客户需求为导向、以服务创造价值，靠竞争力吃饭。

要下决心优化融资结构体系，打造适应实体经济发展的金融链。资本市场是我国金融体系的短板，直接制约着去杠杆进程。要把发展直接融资特别是股权融资放在突出位置，加快资本市场改革，尽快形成融资功能完备、基础制度扎实、市场监管有效、投资者合法权益得到充分保护的多层次市场体系。要更加注重提高上市公司质量，稳步推进股票发行注册制改革，完善退市制度，强化优胜劣汰。要发展天使投资、创业投资等风险投资。要改善间接融资结构，加快实现国有大银行战略转型，发展中小银行和民营金融机构。要完善中长期融资制度，满足准公益性产品和基础设施融资需求。要促进商业保险发挥长期稳健投资作用，发挥经济"减震器"和社会"稳定器"功能。

要强化服务意识，努力实现经济价值和社会价值统一。要多措并举降成本，精准发力补短板，在服务经济社会发展中创造价值和利润。各类金融机构要加快转变经营模式，做优主业，做精专业，特别是中小金融机构要注重业务本地化，下沉服务重心，不宜搞业务多元化和跨区域经营。要建设普惠金融体系，加强对小微企业、"三农"和偏远地区的金融服务，推进金融精准扶贫。要坚持金融惠民导向，为社会事业发展拓展融资渠道，创新融资方式，开发更多满足群众医疗、养老、教育培训等方面需求的金融产品。金融业要积极支持国家重大战略实施，优先满足国家重点建设项目的资金需求。要发展完善科技金融，鼓励发展绿色金融。要促进金融机构加强内部管理、降低经营成本，继续降低金融机构收费标准，坚决治理"不服务、只收费"现象。要清理规范中间环节，缩短资金链条，避免以"通道"、"名股实债"等方式变相抬高实体经济融资成本。要从一味追求高回报转向在风险可控条件下追求合理回报，从满足大批量、规模化需求转向更重视满足个性化、差异化、定制化需求。重资产和轻资产、大中小微企业、国有企业和民营企业、创新型产业和传统产业、回报周期长的基础设施和生态环境保护治理等需求不同，要区分不同情况，增强差异化服务能力。

要扎根于为实体经济服务、适应消费者和投资者需要进行金融创新。金融创新是要搞的，但不能乱创新，不能搞偏离实体经济需要、规避监管的"创新"，不能盲目扩张金融机构，不能大搞资金体内循环和脱实向虚，更不能搞庞氏骗局[2]。要加强对金融创新的风险评估，不行的坚决不能搞。要适应创新型产业和中小微企业特点，开发适应性强的金融产品。针对老百姓储蓄率高、投资渠道窄的问题，要发展大额存单、固定收益债券等金融产品。针对企业负债率高、资金来源单一和地方政府融资渠道不畅的情况，要丰富债券品种供给。针对互联网金融量大面广、灵活性和流动性强、风险控制难的特点，要在严格清理整顿的基础上，完善互联网金融市场准入、资金监测等制度，健全行业规范。

要保障金融机构和金融体系自身健康。国际金融危机[3]发生后，全球吸取的一个重要教训就是必须恢复和保持好金融机构健康。金融机构健康既包括资产负债表健康，也包括公司治理、内控体系、复杂金融产品交易清算以及重要金融基础设施健康。如果金融机构处于病态，就很难为实体经济服务好。我国金融机构和金融体系总体上是健康的，但在内控管理、资产质量、服务水平、竞争能力等方面还存在诸多不适应实体经济发展的问题，要抓紧采取有效措施加以解决。

在这里，我想强调一个问题，就是以公有制为主体、多种所有制经济共同发展是我国的基本经济制度，我们也一直强调坚持"两个毫不动摇"。但是，在现实生活中，一些国有企业拿低成本融到的钱买理财、投股市，主业不赚钱，金融反而成了主要盈利来源；而另一方面，民营企业在信贷政策、直接融资等方面还受到一些限制。金融系统要树立正确的价值观和行为准则，更好服务于完善我国基本经济制度。

坚决防范化解金融风险

防范化解金融风险，特别是防止发生系统性金融风险，是金融工作的根本性任务，也是金融工作的永恒主题。要把主动防范化解金融风险放在更加重要的位置，等出了事就来不及了。要科学防范金融风险，早识别、早预警、早发现、早处置，着力防范化解重点领域风险，着力整治各种金融乱象，着力加强风险源头管控，着力完善金融安全防线和风险应急处置机制。要积极稳妥防范处置突出风险点，严密防范化解流动性风险、信用风险、影子银行业务风险、资本市场异常波动风险、保险市场风险、房地产泡沫引发金融风险，切实防范金融网络技术和信息安全风险，有效防范跨境资金流动风险，不忽视一个风险，不放过一个隐患，防患于未然，确保金融安全高效稳健运行。当前，要重点抓好三件事。

第一，推动经济去杠杆。从一定意义上说，金融风险的源头在高杠杆。杠杆率指的是借用资金和自有资金的比例，宏观上通常用一个国家总债务和国内生产总值的比例来衡量宏观杠杆率。二〇一六年底，我国宏观杠杆率达到百分之二百四十七，同二〇〇八年相比上升一百零四个百分点。这么高的宏观杠杆率，有其客观原因，同高储蓄率和发展阶段性特征有关系，但高杠杆和杠杆结构不合理容易带来宏观经济不稳定性和脆弱性，助长投机行为，扩大资不抵债的规模和压力，干扰社会预期，加大政策调控和市场调节难度。正因为如此，我在强调供给侧结构性改革时明确把去杠杆作为重点任务之一。这是防范系统性金融风险的关键所在。

去杠杆，千招万招，管不住货币都是无用之招。过去我们常用国内生产总值增长率加物价上涨率、再加一定其他因素来界定货币供应增长的合理区间。按照这个标尺，当前货币信贷总体是比较充裕的。我们要坚定执行稳健的货币政策，保持中性，坚决管住货币信贷、防止宏观杠杆率继续快速上升，这是总闸门。货币政策实施要处理好稳增长、调结构、控总量的关系，既保持经济平稳运行、促进提高发展质量和效益，也防止货币供应过于宽松而加大系统性金融风险。

我国企业部门债务和国内生产总值的比例高达百分之一百六十五，在世界主要经济体中是最高的，其中国有企业中的"僵尸企业"负面影响最大。我们要紧紧抓住主要矛盾和矛盾的主要方面,把国有企业降杠杆作为去杠杆的重中之重,果断抓好处置"僵尸企业"工作。有的地方至今还在力保"僵尸企业",这是要不得的!治病有时候要用保守疗法,有时候要用介入疗法,对那些不彻底清除就会给身体带来严重后果的病灶,要下决心切除,不能拖延下去,否则最后会贻误整个治疗。我多次讲了这个问题,要坚定不移抓。国家对市场化法治化债转股已作出决策部署,要抓好落实。降低企业杠杆率,要同推动国有企业混合所有制改革结合起来,盘活存量资产,优化增量资产。要发挥资本市场和各类金融机构在企业兼并重组中的作用,实现新的价值创造。要增加中央财政在养老保险和去产能中下岗职工生活保障等方面的支出责任,发挥好地方政府作用,保持社会大局稳定。

要严控地方政府债务增量。地方政府要加快转变发展理念,不能再走靠高负债拉动增长的老路。要刹住无序举债搞建设的风气,防止融资平台公司变相替地方政府融资。要高度关注新出现的隐性债务,政府和社会资本合作(PPP)不能异化为新的融资平台,投资基金、政府购买服务不能异化为"二财政"。要加强审计问责,做到终身问责,坚决查处各类违法违规行为。地方财政要通过政府债券方式规范举债,合理确定发债规模,"开前门、堵后门",确保财政可持续。要加快编制和公布地方政府资产负债表,强化地方政府债务的市场约束。从了解的情况看,地方政府债务问题比较复杂,特别是限额外的隐性债务情况各异。要注意从实际出发,分类指导,审慎处理。从治本的角度看,要加快财税体制改革,建立合理的中央和地方财政关系，完善地方税体系。

降低经济杠杆率需要一个较长过程，我们要认清客观形势，明确责任主体，采取切实有效措施，经过持续努力，实现杠杆率稳步下降。

第二，整治金融乱象。古人说："市者，可以知治乱，可以知多寡。"[4]金融市场乱象丛生是引发系统性风险的重大隐患。今年以来，我多次对整治金融乱象、整顿金融秩序提出要求。有关部门已经开始行动，取得了初步成效。从查处的一些大案要案看，各种金融乱象特别是违法乱纪金融活动，后面牵涉到的都是巨大经济利益和诸多关系纽带。整治金融乱象不可能风平浪静，市场上免不了会有波动和各种负面舆论炒作。我们要有勇气、有定力，敢于刮骨疗毒，咬定青山不放松，不要被市场情绪和舆论绑架。

当前，要重点整治乱办金融、非法集资、乱搞同业、乱加杠杆、乱做表外业务、违法违规套利等严重干扰金融市场秩序的行为，加强互联网金融监管，严格规范金融市场交易行为，严格规范金融综合经营和产融结合。要强化金融风险源头管控，严把市场准入关，强化金融机构防范风险主体责任，加强社会信用体系建设。要坚决取缔非法金融机构，禁止非法金融活动，持续深入打击非法集资活动，一般工商登记注册企业一律不得从事或变相从事法定金融业务，谁都不能无照驾驶。特别是要依法严厉打击一些打着"高大上"旗号、花样百出的庞氏骗局。对违法犯罪金融活动要敢于亮剑，对涉嫌利益输送和权钱交易的内鬼、操纵市场和幕后交易的"金融大鳄"、顶风作案的非法集资和地下钱庄要加大惩处力度，形成震慑。

当然，整治金融乱象也要针对不同情况，根据问题的性质和产生的根源，分类处置，区别对待。对因金融监管规则没跟上、监管标准不完善、金融机构内控合规薄弱而产生的问题，只要没有违纪违法，就要本着惩前毖后、治病救人的方针，主要通过督促市场主体行为规范和完善公司治理机制、加强内控合规体系建设等逐步调整。

金融乱象频发，说明我们在法治上存在短板。我们正在全面推进依法治国，整治金融乱象要依法依规处置。在治理乱象、处置风险的过程中，要注意总结经验教训。吃一堑，长一智。代价不能白付！有关部门要建立健全符合我国国情的金融法治，刑法亦应针对各种金融乱象和违法犯罪行为作相应修订。

加强金融监管，要把握好节奏和力度，讲究方法。冰冻三尺非一日之寒，金融风险不是一日造就的，治理乱象也不可能一蹴而就。要把握好金融市场规律，管控好溢出效应和传染效应，防止出现政策叠加和行为不当带来资金链断裂。有关部门要分阶段制定目标，稳扎稳打，步步为营，取得实效。

第三，促进房地产市场平稳健康发展。从国际上看，金融风险往往同经济过度房地产化密不可分。我国这一轮房价上涨，收入、人口、土地、税收等都在其中起了作用，但宏观上的原因是宽松的货币环境，房地产市场充当了过量流动性的蓄水池。房地产企业和金融机构相互渗透，使经济增长、财政收入、银行资产及利润等对房地产业形成高度依赖，房价不断高涨也使要素配置日益扭曲。

应对房地产泡沫是一个世界性难题。我多次强调，要建立房地产健康发展的长效机制。要坚持"房子是用来住的、不是用来炒的"这个定位，立足全局思维，加快进度，加大力度，体现政策深度。近期，要更加重视对需求侧的管理，引导好预期，同时要完善土地供应制度，采取更科学的土地供应方式，防止房价大起大落。从中期看，要按照供给侧结构性改革的思路，完善住房供给体系，有效调整供给结构，在有条件的大城市以多种方式努力增加租赁住房供应，合理引导大中小城市空间布局，加强特大城市和中小城市互联互通，提高中小城市基本公共服务均等化水平，特别是发展好教育和医疗，增强中小城市对人口的吸引力，在发展中解决前进中的问题。房地产税改革有利于促进房地产调控走出困局，有关部门要按照党中央要求加快工作进度。

注　　释

〔1〕见西汉司马迁《史记·平准书》。

〔2〕庞氏骗局，是投资领域的一种欺骗性运作方式。以不正常的短期高额回报骗取投资者加入，但回报并非来自真实的商业业务产生的利润，而是来自新投资者的资金。一个名叫查尔斯·庞兹的投机商人一九一九年首次在美国波士顿策划了这样的投资骗局，因此被称为"庞氏骗局"。

〔3〕见本卷《顺应时代前进潮流，促进世界和平发展》注〔1〕。

〔4〕见《管子·乘马》。

推进强军事业，
建设世界一流军队*

（二〇一七年八月一日）

党的十八大以来，我们着眼于实现"两个一百年"奋斗目标、实现中华民族伟大复兴的中国梦，提出建设一支听党指挥、能打胜仗、作风优良的人民军队这一党在新形势下的强军目标，与时俱进创新军事战略指导，制定新形势下军事战略方针。我们在古田召开全军政治工作会议，大力加强政治建军，坚定不移开展党风廉政建设和反腐败斗争。我们推进全面深化国防和军队改革，建立军委管总、战区主战、军种主建的新格局，实现了人民军队组织形态的整体性重塑，迈出了构建中国特色军事力量体系的历史性步伐，人民军队体制一新、结构一新、格局一新、面貌一新。我们坚持依法治军、从严治军，推进治军方式根本性转变。我们坚持战斗力这个唯一的根本的标准，深入推进练兵备战，坚决捍卫国家领土主权和海洋权益。我们深入贯彻新发展理念，更加注重聚焦实战，更加注重创

---

* 这是习近平同志在庆祝中国人民解放军建军九十周年大会上讲话的一部分。

新驱动，更加注重体系建设，更加注重集约高效，更加注重军民融合，不断提高人民军队建设质量和效益。

经过五年努力，人民军队实现了政治生态重塑、组织形态重塑、力量体系重塑、作风形象重塑，人民军队重整行装再出发，在中国特色强军之路上迈出了坚实步伐。

历史车轮滚滚向前。今天的世界，国际形势正发生前所未有之大变局；今天的中国，中国特色社会主义正全面向前推进。实现中华民族伟大复兴的中国梦，我们面临难得机遇，具备坚实基础，拥有无比信心。同时，我们必须清醒看到，前进道路从来不会是一片坦途，必然会面对各种重大挑战、重大风险、重大阻力、重大矛盾，必须进行具有许多新的历史特点的伟大斗争。

站在新的历史起点上，我们更加深切地感受到，中华民族走出苦难、中国人民实现解放，有赖于一支英雄的人民军队；中华民族实现伟大复兴，中国人民实现更加美好生活，必须加快把人民军队建设成为世界一流军队。我们要不忘初心、继续前进，坚定不移走中国特色强军之路，把强军事业不断推向前进。

——推进强军事业，必须毫不动摇坚持党对军队的绝对领导，确保人民军队永远跟党走。党的领导，是人民军队始终保持强大的凝聚力、向心力、创造力、战斗力的根本保证。党对军队的绝对领导是中国特色社会主义的本质特征，是党和国家的重要政治优势，是人民军队的建军之本、强军之魂。无论时代如何发展、形势如何变化，我们这支军队永远是党的军队、人民的军队。全军要强化政治意识、大局意识、核心意识、看齐意识，坚决维护党中央权威，坚决贯彻党对军队绝对领导的根本原则和制度，坚决听从党中央和中央军委指挥。在这个重大原则问题上，头脑要特别清醒，态度要特别鲜明，行动要特别坚决，不能有任何动摇、任何迟疑、任何含糊。

——推进强军事业，必须坚持和发展党的军事指导理论，不断开拓马克思主义军事理论和当代中国军事实践发展新境界。人民军队之所以不断发展壮大，关键在于始终坚持先进军事理论的指导。党的十八大以来，我们党围绕国防和军队建设提出一系列新思想新观点新论断新要求，形成了党在新时期的强军思想。全军要认真贯彻党的军事指导理论，坚持用党在新时期的强军思想武装官兵，引领强军事业不断取得新进步。实践发展永无止境，认识真理永无止境，理论创新永无止境。强军是具有很强开创性的事业，我们要不断适应新形势、应对新挑战、解决新问题，在实践上大胆探索，在理论上勇于突破，不断丰富和发展党在新时期的强军思想，让马克思主义军事理论在强军伟大实践中放射出更加灿烂的真理光芒。

——推进强军事业，必须始终聚焦备战打仗，锻造召之即来、来之能战、战之必胜的精兵劲旅。安不可以忘危，治不可以忘乱。我们捍卫和平、维护安全、慑止战争的手段和选择有多种多样，但军事手段始终是保底手段。人民军队永远是战斗队，人民军队的生命力在于战斗力，必须强化忧患意识，坚持底线思维，全部心思向打仗聚焦，各项工作向打仗用劲，确保在党和人民需要的时候拉得出、上得去、打得赢。全军要贯彻新形势下军事战略方针，认真研究军事、研究战争、研究打仗，把握现代战争规律和战争指导规律，扎扎实实做好军事斗争准备各项工作。要坚持仗怎么打兵就怎么练，打仗需要什么就苦练什么，什么问题突出就解决什么问题，全面提高军事训练实战化水平。中国人民珍爱和平，我们决不搞侵略扩张，但我们有战胜一切侵略的信心。我们绝不允许任何人、任何组织、任何政党、在任何时候、以任何形式、把任何一块中国领土从中国分裂出去，谁都不要指望我们会吞下损害我国主权、安全、发展利益的苦果。人民军队要坚决维护中国共产党领导和我国社会主义制度，坚决维护国家主权、安全、发展利益，坚决维护地区和世界和平。

　　——推进强军事业，必须坚持政治建军、改革强军、科技兴军、依法治军，全面提高国防和军队现代化水平。要深入贯彻古田全军政治工作会议精神，发挥政治工作生命线作用，培养有灵魂、有本事、有血性、有品德的新一代革命军人，锻造铁一般信仰、铁一般信念、铁一般纪律、铁一般担当的过硬部队，永葆人民军队性质、宗旨、本色。全军要坚定不移深化国防和军队改革，深入解决制约国防和军队建设的体制性障碍、结构性矛盾、政策性问题，完善和发展中国特色社会主义军事制度，加快构建能够打赢信息化战争、有效履行使命任务的中国特色现代军事力量体系。要全面实施科技兴军战略，坚持自主创新的战略基点，瞄准世界军事科技前沿，加强前瞻谋划设计，加快战略性、前沿性、颠覆性技术发展，不断提高科技创新对人民军队建设和战斗力发展的贡献率。要增强全军法治意识，加快构建中国特色军事法治体系，加快实现治军方式根本性转变。

——推进强军事业，必须深入推进军民融合发展，构建军民一体化的国家战略体系和能力。把军民融合发展上升为国家战略，是我们党长期探索经济建设和国防建设协调发展规律的重大成果，是从国家发展和安全全局出发作出的重大决策，是应对复杂安全威胁、赢得国家战略优势的重大举措。要强化顶层设计，加强需求整合，统筹增量存量，同步推进体制和机制改革、体系和要素融合、制度和标准建设，加快形成全要素、多领域、高效益的军民融合深度发展格局，努力开创经济建设和国防建设协调发展、平衡发展、兼容发展新局面。我们的国防是全民的国防，推进国防和军队现代化是全党全国人民的共同事业。中央和国家机关、地方各级党委和政府要强化国防意识，满腔热忱支持国防和军队建设改革，为强军创造良好条件、提供有力支撑。

——推进强军事业，必须坚持全心全意为人民服务的根本宗旨，始终做人民信赖、人民拥护、人民热爱的子弟兵。军队打胜仗，人民是靠山。人民军队的根脉，深扎在人民的深厚大地；人民战争的伟力，来源于人民的伟大力量。全军要坚持把人民放在心中，牢记为人民扛枪、为人民打仗的神圣职责，坚决保卫人民和平劳动和生活。要发扬密切联系群众的优良传统，保持同人民群众水乳交融、生死与共的关系，永远做人民利益的捍卫者。要积极参加和支援地方经济社会建设，勇于承担急难险重任务，以实际行动为人民造福兴利。军政军民团结是我党我军特有的政治优势。全党全军全国各族人民要大力弘扬军爱民、民拥军的光荣传统，不断发展坚如磐石的军政军民关系。